致敬中国网络犯罪研究的先驱者！

网络犯罪通论

于冲 著

中国政法大学出版社

2025·北京

图书在版编目（CIP）数据

网络犯罪通论 / 于冲著. -- 北京：中国政法大学出版社, 2025. 8.
ISBN 978-7-5764-2249-8

Ⅰ. D917.7

中国国家版本馆 CIP 数据核字第 2025J5Y197 号

书　名	网络犯罪通论
	WANGLUO FANZUI TONGLUN
出版者	中国政法大学出版社
地　址	北京市海淀区西土城路 25 号
邮　箱	bianjishi07public@163.com
网　址	http://www.cuplpress.com (网络实名：中国政法大学出版社)
电　话	010-58908466(第七编辑部) 010-58908334(邮购部)
承　印	北京中科印刷有限公司
开　本	720mm×960mm　1/16
印　张	22.75
字　数	360 千字
版　次	2025 年 8 月第 1 版
印　次	2025 年 8 月第 1 次印刷
定　价	95.00 元

作者简介

    于冲，中国政法大学教授、博士生导师，中国政法大学党政办公室副主任兼法律事务办公室主任、数智社会法治一体化研究中心主任、习近平法治思想研究院兼职研究员，法学博士、政治学博士后。兼任中国刑法学研究会理事、中国刑法学研究会国际刑法学分会理事、国家体育总局反兴奋剂中心处罚委员会委员、最高人民检察院网络犯罪研究中心特邀研究员、中央军委装备质量管理工程技术专业组专家、中华全国妇女联合会维权智库专家、国家移民管理局移民管理法治研究基地专家、北京市人民检察院第二分院听证员、百度刑事法律专家团队资深专家、北京市昌平区青联委员、北京企业法治与发展研究会副秘书长。

序　言

　　随着信息时代和人工智能发展的深入，现实社会中的行为都得以在网络空间中予以实现，传统利益在网络空间中的延伸也使得犯罪延伸到网络空间之中。可以说，现实社会中的所有犯罪形式几乎毫无保留地"漂移"到网络空间之中。世界第一起受到刑事追诉的网络犯罪案件发生在1958年，当时一位美国的工程师将银行财务程序进行了篡改，进而连续多次修改其存款余额，直至案发。此后的1964年，又有一家美国金融公司通过计算机伪造各种保单，并利用计算机改变保险统计数据的方式骗取保险金，在将近十年的时间内累计骗取近20亿美元，这是全球首例法人组织利用计算机犯罪的案件。[1]如果说20世纪中晚期的网络犯罪主要集中在美国等发达国家，那么随着信息网络的迅猛发展和普及，网络犯罪几乎成为全球范围内同时面临的世界性难题，作为互联网人口最多的中国，也成为网络犯罪行为类型、样态最多也最复杂的国家。

　　我国第一起网络犯罪案件发生在1986年，被害人李某在中国银行深圳市和平路支行取款时发现其存款少了2万元，两个月后，该市迎春路支行也发生相似案件。经公安机关侦查发现，该行计算机终端操作员陈某利用银行内部的管理漏洞，通过微机联网系统接通了分行的主机，查阅了上述两个账户的存款记录，之后陈某又在存折上打印了存取账目的数据并署以假名，把盗抄来的账号录入存折上的磁条内伪造了两个存折，最终持伪造的存折到迎春路支行顺利地取走了存款。这一案件曾在一定范围内引起了关注，但由于当时涉及网络的犯

---

　　[1] 王云斌编著：《网络犯罪》，经济管理出版社2002年版，第2-3页。

罪案件微乎其微，因此，仅仅是作为一种新奇事物被关注。但是，随着我国信息网络的迅猛发展，网络在我国已经不再是新奇的"宝贝"，而是已深入社会生活的方方面面，与网络相关的犯罪也以极其迅猛的速度出现在社会公众面前。

网络空间中新型违法犯罪案件大幅上升的现状，尤其是新型违法犯罪行为不断出现、传统违法犯罪行为的异化现象突出，使得现行的立法难以适用、法学理论对于许多问题难以解释、司法解释无法涵盖诸多新型案件。当今信息时代背景下，建构适应网络发展与网络犯罪现状的刑法应对体系，已经成为迫切的时代性课题。但实际的问题却在于，由于网络犯罪作为一种新型技术型犯罪，自身具有极快的变异速度，使得当前源于农业时代、完备于工业时代的刑法学理论，已经开始滞后于网络犯罪的情势。因此，笔者关于网络犯罪刑法应对机制的研究，将全面揭示网络安全刑事立法应当具有的技术特征和法律规范方向，为相关规则、司法解释的起草提供指导思想、理论基础和切入点。

复杂的因特网已经滋生出新一代犯罪分子，这需要全世界的执法机关提供迅速而有效的对策。[1]因此，揭示网络空间的特点以及快速进行的代际转型对于传统刑法的实体影响与冲击，从整体上反思信息时代网络安全刑事立法体系的整体构建或者转型的必要性、可行性、建构路径等问题，在当前具有迫切的需求和现实意义。有鉴于此，本书从网络犯罪的源头开始探究，研判其发展轨迹及其对刑事立法、刑法理论的本质性影响，从而在全面反思技术因素与立法的基础上，从网络犯罪应对的现实基础、正当性基础、立法模式与立法技术等方面展开研究，进而着力构建适应于网络犯罪规制与评价的刑法基础理论，确定传统刑法延伸适用于网络空间的途径，推进网络背景下刑事立法的时代转型。

当前关于网络犯罪的理论基础先后进行了阶段化和梯次化研究，包括网络犯罪概念[2]认识、网络犯罪主要类型[3]、网络刑事法与技术制衡[4]、

---

〔1〕 ［英］尼尔·巴雷特：《数字化犯罪》，郝海洋译，辽宁教育出版社1998年版，序言。

〔2〕 参见但未丽：《网络犯罪概念与网络犯罪的刑法调整范围》，载张平主编：《网络法律评论（第7卷）》，北京大学出版社2006年版，第152-161页；王云斌编著：《网络犯罪》，经济管理出版社2002年版，第21-30页；皮勇：《论我国刑法中的计算机病毒相关犯罪》，载《法学评论》2004年第2期。

〔3〕 参见孙景仙、安永勇：《网络犯罪研究》，知识产权出版社2006年版，第151页；季境、张志超主编：《新型网络犯罪问题研究》，中国检察出版社2012年版，第78页。

〔4〕 参见刘守芬等：《技术制衡下的网络刑事法研究》，北京大学出版社2006年版，第107页。

网络犯罪的综合治理〔1〕、新型网络越轨行为入罪化、网络犯罪对应刑罚的增设〔2〕刑事管辖权，以及以新型犯罪类型为基础进行的具体现象的研究，近五年来学界逐渐加强对网络犯罪的教义学研究，重点对"帮信罪"等罪名的教义学阐释，对网络犯罪非实行行为实行化、数据犯罪、人工智能犯罪，以及网络暴力和电信诈骗等新型化、常态化犯罪等领域形成了一批研究成果。从形式上看，既有研究成果分属于刑法学、犯罪学、社会学、刑事立法研究、刑事司法研究等各个层面，对网络犯罪的回应主要可以归属为保守观点、改良观点和折中观点。保守观点认为网络犯罪只是传统犯罪在网络空间中的简单翻版，不过是行为人利用网络或者针对网络实施的犯罪行为，其犯罪模式与传统犯罪行为没有本质上的差别，传统刑法理论体系足以应对。〔3〕改良观点则认为，网络犯罪无论是从行为方式上讲，还是从危害结果上讲，都已经发生了不同于传统犯罪的异化，尤其作为网络犯罪发生平台的"网络空间"，更是与现实传统社会有着质的差别，在网络空间中发生的犯罪行为需要建立新的定罪量刑标准体系。折中观点认为在保有现有罪名体系的基础上，应区分情况不同应对，对于新型犯罪要积极入罪，对于传统犯罪则要保留现有罪名体系。综合现有研究成果，关于网络犯罪的应对模式可以一分为二：其一，立法对于原发型的网络犯罪需要着重思考的是，入罪化的依据及其合理性在哪；其二，立法对于传统型的网络犯罪需要着重思考的是，对于哪些行为应予以入罪，哪些行为传统刑法罪名体系可以评价，如果不能评价应如何完善，采取何种形式完善，通过司法解释的应对方案是否可行，等等问题。

从传统刑事立法到网络刑法的研究，将是一种时代性转换。网络空间是网络犯罪研究的基础和理论预设，网络社会理论是网络犯罪的社会基础，虚拟与现实相结合是研究网络犯罪的重要方法。〔4〕伴随信息网络的发展，逐渐型构出独属于信息时代的网络空间与网络社会，同时也引发了日益高发的网

〔1〕 张彦：《计算机犯罪及其社会控制》，南京大学出版社2000年版，第13页；李双其主编：《网络犯罪防控对策》，群众出版社2001年版，第21页。
〔2〕 参见杨正鸣主编：《网络犯罪研究》，上海交通大学出版社2004年版；许秀中：《网络与网络犯罪》，中信出版社2003年版，第29页。
〔3〕 参见张彦：《计算机犯罪及其社会控制》，南京大学出版社2000年版，第21页；李双其主编：《网络犯罪防控对策》，群众出版社2001年版，第46页。
〔4〕 刘文富：《网络政治——网络社会与国家治理》，商务印书馆2002年版，第29页。

络犯罪，尽管网络犯罪发生在网络空间之中，但对于传统现实社会造成了极大的破坏和冲击，亟须立法的规范和调整。本书立足于"双层社会"背景，面临传统犯罪的网络异化、网络犯罪的传统化两种并存趋势，伴随着网络黑产、网络爬虫、网络有组织犯罪等新型犯罪类型的出现，刑法对于网络犯罪的制裁和对法益的保护均需要明确相关行为的可罚性边界。本书针对网络犯罪行为在主观要件、客观行为要件、共犯表现形式、犯罪停止形态以及犯罪定量评价方面，均产生了有异于传统刑法理论的变化，系统地对"共犯行为正犯化""预备行为实行化""罪名增设的空间思维和平台责任的确立""网络数据安全的刑法保护"等网络犯罪刑法回应的基本问题进行了系统化回应，重点围绕共犯行为正犯化的属性之争以及相关罪名，探究网络犯罪共犯行为的刑法解决思路，并对网络平台责任及其边界进行了思考，提出了网络平台不作为责任的边界。

回顾网络犯罪研究的过程，亦深深感慨，本人自 2008 年开始懵懂研究网络犯罪已 15 年有余，本书作为继《网络刑法的体系构建》《动态数据与动态安全　大数据时代个人信息的刑法保护进路》等专著之后第 5 本关于网络犯罪研究成果的思考，仍然无法成熟地阐明网络犯罪刑法回应的核心机理，谨期望本书能有抛砖引玉之效。

本书是中国政法大学青年教师学术创新研究团队（25CSTD01）的阶段性成果，受中央高校基本科研业务费资助。

于冲

2024 年 6 月

目 录

上 篇

下 篇

上　篇

第一章

网络犯罪基本概念的刑法解构

纳米技术、生物技术、网络技术构建了现代科学技术的核心内容，随着信息网络技术的发展及其对人类社会的深刻影响，科学技术已融入人类生活的方方面面。科学技术与人类社会之间的分界已经模糊不清，技术塑造了新的社会范式，成为人类生活不能脱离的平台与载体。但是，恰如梅塞纳所言："新技术为人和社会创造了新的机会，也产生了新的问题。"[1]伴随信息网络技术的迅猛发展，网络犯罪日渐高发，成为严重危害公民人身财产安全、社会公共安全和国家安全的一种犯罪类型，迫切需要有效的对策体系予以回应。面对日渐猖獗的网络犯罪，不同领域形成了差异化的对策思路：技术论者认为唯有依靠技术防范措施才能有效遏制网络犯罪的增加，法律论者则认为，严密关于网络犯罪的法网与罪名体系，才能从根本上解决网络犯罪。两种对策的差异根源，在于网络犯罪防治过程中存在技术与法律的鸿沟，技术与法律作为网络有序发展的必不可少的两根缰绳，只有协调并进，才能实现对网络犯罪的有效防治。

第一节　网络社会与网络安全问题的回溯性探究

曾任 IBM 公司副总裁的电子商务学家查克·马丁曾经预言："最终，所有的人和物都将网络化。"[2]这种技术的迅速革新更加强化了规范与技术发展的迟滞效应，正如美国学者所指出的："技术常常比社会规则发展得更快，而这

---

〔1〕　参见吴国盛编：《技术哲学经典读本》，上海交通大学出版社 2008 年版，第 24 页。

〔2〕　［美］查克·马丁：《数字化经济》，孟祥成译，中国建材工业出版社、科文（香港）出版有限公司 1999 年版，第 2 页。

方面的滞后效应往往会给我们带来相当大的危害。"[1] 因此，网络犯罪对传统刑法理论和刑事立法提出了严峻挑战，传统刑法应如何应对愈演愈烈的网络犯罪，成为当前亟须思考的问题。

一、信息网络的发展轨迹与网络空间的形成

信息网络技术的迅猛发展，在短短 30 年内极大地推动了网络的代际发展与演变，从 Web 1.0 时代[2]迅速跨越到 Web 2.0 时代[3]、Web 3.0 时代[4]，与之相伴随，网络犯罪也以几何式倍增的速度发生转型和变异。因此，对于网络犯罪刑事立法与司法力量的投放，首先需要明确网络的代际转型及其在网络犯罪中的地位，从而进一步明确网络犯罪的代际类型与刑事应对策略。

（一）网络的代际演变："Web 1.0"到"Web 2.0"的跨越

1966 年美国国防部高级研究计划署架设完成了世界第一部 Internet 起源机组，至此之后，万维网（World Wide Web）、即时传讯（Instant Messenger）、移动互联网络（Mobile Internet）逐渐形成并普及，网络以短短 30 年左右的时间迅速遍及全世界。尽管当前网络已经深入社会生活领域的方方面面，但是，对于何为网络这个问题可能却一时难以言尽。由于其并非笔者所述重点，在此也仅做简单介绍以为下文做好铺垫。

对于网络的概念，一般将其分为两种，网络从目的和功能出发称为信息网络，从技术基础出发又称为计算机网络。[5] 通常所理解的网络则属于第一种，即从网络目的和功能进行的定义，因此，笔者将网络的概念界定为："将相关信息设备经由一定方式的软硬件链接达到信息分享、资源共享的目的称

---

〔1〕 ［美］理查德·A. 斯皮内洛：《世纪道德 信息技术的伦理方面》，刘钢译，中央编译出版社 1998 年版，Ⅵ。

〔2〕 Web 1.0 时代简单来讲是指 2003 年以前的互联网模式，其主要特征就是通过浏览器进行被动的信息获取，网络参与主体主要表现为大型法人单位和国家机关的门户网站，交互性上主要体现为网络对用户的信息投放。

〔3〕 Web 2.0 时代简单来讲就是自 2003 年以来的互联网模式，其主要特征是实现了网络受众与施众的统一，参与主体主要表现为网民，以 P2P 技术为基础的交流方式实现了网民之间的最大流量动量。

〔4〕 对于 Web 3.0 的理解目前尚存在着争议和分歧，对于 Web 2.0 与 Web 3.0 的代际界限是什么以及 Web 3.0 时代的具体特征是什么均没有统一的认识，但是其发展方向主要表现为最大限度的人工智能化、网络的数据库化以及网民的最大解放和自由。

〔5〕 齐爱民：《中国信息立法研究》，武汉大学出版社 2009 年版，第 250 页。

为网络。"[1]从层次和范围上讲，网络的三个层次即局域网、城域网和广域网，广域网是目前最为核心的网络，其中万维网是其主要形式。需要明确的是，当前信息网络在社会生产、生活各个层面的渗透，尽管对人类的生产、生活方式引发了质的飞跃与变革，但是根本上仍然没有改变人的活动范围和形式，网络空间概念的产生和发展，某种程度上只能属于人类生活空间的一种扩张。[2]

过去近 30 年内，网络迅速实现了从 Web 1.0 时代到 Web 2.0 时代、Web 3.0 时代的跨越，这种网络的代际转型不仅对技术和社会生活产生了重大影响，也深刻影响了网络犯罪的代际演变（如表 1-1 所示）。

表 1-1 网络的代际演变

网络代际	技术特征	典型示例
Web 1.0	网络—人（单向信息，只读）	个人网站
Web 2.0	人—人（以网络为沟通渠道进行人与人沟通）	维基、博客
Web 2.5 …… Web 3.0	人工智能、关联数据和语义网络构建，形成人和网络以及网络与人的沟通 ……	博客技术为代表；虚拟货币的普及和普遍；网络财富的认同 ……

在 Web 1.0 时代，完整的信息网络尚未形成，网络的主导力量仍然局限于国家机关与大型企业、商业机构的门户网站，个人在此时仅仅是单纯的网络"受众"而非网络的参与者。因此，此时网络犯罪的类型，基本上属于对国家机关以及公司企业等机构的大型门户网站及其所属计算机信息系统的攻击。这一时期，各国立法对于网络犯罪的主要打击对象，都是以制裁此类针对计算机信息系统实施的攻击行为为主，而且重点集中在侵害关涉国家安全的计算机信息系统的行为上。但是，在 Web 2.0 时代，网民全面参与到信息网络之中，从网络被动的客体转变为网络的主体，实现了网络"受众"与网络"施众"的统一，个人成为网络发展的重心。在此背景下，网络犯罪的对

---

〔1〕 袁文宗、邵晓薇、郭雨涵：《电子商务导论 网络基础篇》，中国青年出版社 2000 年版，第 63 页。

〔2〕 郑伟：《网络道德：非实存的规范体系——兼论"网德"》，载《社会科学》2002 年第 9 期。

象也迅速由攻击大型计算机信息系统转变为对个人的攻击，网络诈骗、网络诽谤、网络敲诈勒索等随即成为 Web 2.0 时代主要的网络犯罪类型。

信息时代背景下，"信息网络不再限于单纯的信息媒介，而是已经成为社会公众不可或缺的生活平台，成为人们日常活动的'第二空间'。网络空间与现实空间正在逐步地走向交叉融合，双层社会逐步形成，社会公众活动的空间演变客观上成为网络犯罪"行为的助推力量。[1] 当前，互联网不再限于单纯地提供信息交流和娱乐的工具，网络交友、网络贸易、网络营销等新型网络活动的出现，给网民带来了前所未有的便捷体验与享受。只要一台可以上网的终端设备，足不出户便可以实现几乎所有在现实空间想要做的事情，学习、工作、购物、看病都可以瞬间在网络上完成。"某种程度上讲，网络逐步实现了由信息传播平台向社会公众生活、工作平台的转换，并成为社会主流人群的基础性应用工具。此外，网络不再单纯属于被动的信息传播平台，而是成为一种信息共享平台，网民通过网络互动逐步成为信息传播的主体。概括来讲，网络已经从精英化（典型的特征表现为网络犯罪初期对于'黑客'的技术恐惧）转变为平民化（典型的表现为普通网民也成为网络犯罪的主体），从信息传播工具（表现为简单的搜索引擎）转变为信息制造工具（表现为 BBS 论坛、微博等网络媒介的兴起）。"[2] 以微博为例，微博的兴起突破了传统媒体的线性传播和单向传播模式，演变出独特的链状、环状、树状的对话结构，客观上为网络诽谤言论的迅速传播、聚合和裂变带来了可能。[3]

（二）网络空间的形成：网络所型构的人类第二活动"空间"

"空间"从通俗意义上理解，是指与时间相对的一个概念，往往具备了"上下左右"可以感觉的物理形式，如房间、车站、游乐场等物理空间。本质上讲，空间概念与人类的活动范围和技术水平是紧密相连的，故而随着技术的进步与发展，人类所活动的空间也在不断地扩张，如宇宙空间、网络空间

---

〔1〕 于冲：《网络诽谤行为的实证分析与刑法应对——以 10 年来 100 个网络诽谤案例为样本》，载《法学》2013 年第 7 期。

〔2〕 于冲：《网络诽谤行为的实证分析与刑法应对——以 10 年来 100 个网络诽谤案例为样本》，载《法学》2013 年第 7 期。

〔3〕 于冲：《网络诽谤行为的实证分析与刑法应对——以 10 年来 100 个网络诽谤案例为样本》，载《法学》2013 年第 7 期；薛国林：《微博时代：谣言"传染"路线图》，载《人民论坛》2011 年第 10 期。

即是在航天技术、信息技术催生下所产生的概念。

网络空间（Cyberspace）这一概念最早出现在加拿大科幻小说家威廉·吉布森（W. Gibson）的科幻小说中，他在作品里向读者阐释了以信息网络为基础存在的人类生活空间，在这一空间中，人类的生产、生活方式均因信息网络技术的发展发生了质的飞跃。[1]具体来讲，网络空间是指通过分布在不同地域空间的上网终端，通过信息网络将各地终端进行连接，最终实现信息传输与分享的网络环境——互联网络（通俗讲）。[2]当前，网络空间早已从科幻小说转移到现实社会生活之中。信息技术的发展极大地改变了传统的社会生活方式，在现实社会之外，产生了一个新的与现实社会并行存在的虚拟空间，又称网络空间。在网络空间中，电脑运行记录可以发现犯罪，电脑成为人的第二大脑，里面有不想被别人知道的秘密，有自己的生活习惯，某个网络空间里面可能储存着大骂上司的记录，绅士电脑里可能储存着美女的比基尼艳照，电脑里隐藏着大部分不想被人知道的秘密，网络终端不是虚拟的，而是可能成为最接近人类本性的空间，是最真实的空间。

因此，网络空间并不是专指某个具体的网络实体，而是既包括诸如国际互联网（internetwork，简称 internet）这样的全球性网络，也包括地区性的局域网。从概念外延上来讲，网络空间可以理解为包括因特网、信息通信体系、信息数据库等在内的所有网络操作系统和操作平台。从形式上理解，也可以将其认为是局域网、城域网和广域网的另一种称谓，问题的本质在于，正是这些网络已经成为与人类活动紧密联系的符号和平台，故而将其称为"网络空间"。

网络空间的形成与发展使人类传统的时空概念出现了根本性的改变，对人类及其生存的空间环境都产生了巨大的冲击和影响。如前所述，随着信息网络的迅猛发展和网络空间的形成，网络空间已经成为人类活动的主要场所，不管是主动入网，还是被动式地被"网"进网络空间，几乎整个世界都被网络所覆盖。网络空间的形成开创了人类社会发展的新纪元，信息网络成为主要的生产工具和生活工具。曾经作为人类唯一活动场所的物理空间，已经逐渐

---

〔1〕　［美］劳拉·昆兰蒂罗：《赛博犯罪　如何防范计算机罪犯》，王涌译，江西教育出版社 1999年版，第 1 页。

〔2〕　许秀中：《网络与网络犯罪》，中信出版社 2003 年版，第 4 页。

被网络空间所蚕食，网络空间已经成为人类赖以相互交往发展的新场所。[1]对此诚如学者所言：网络空间本质上是由信息技术所构建起来的世界，"在网络空间中，信息技术不再像工业革命时期的技术那样，通过间接地影响'人与自然'的关系来塑造'人与人'的关系，而是直接通过延伸人的交往、活动空间来改变人的社会属性"。

二、网络社会的产生与"双层社会"的时代架构

突破时空限制的网络空间中，剔除了现实空间国界、种族和距离的限制，任何两个点的网络均可以通过网络连接起来，继而出现网络社群并迅速壮大，最终无数个点的组合型构了当前的网络社会。诚如美国社会学专家齐美儿教授所言：当社会公众的交往频率和密度能够足以达到改变传统交往模式的情况下，而且如果这种改变足以使社会公众之间形成一种新的交往形式，那么此时一个社会便形成了。[2]美国学者吉恩·斯蒂芬斯甚至曾预言：到2025年，今天有关互联网和网络犯罪的所有概念可能会被扔进历史的垃圾箱。到那时，最大的威胁可能是将虚拟网络世界同现实世界加以区分的极端困难。心理学家已经警告我们，观念可能比真理更重要：如果网络世界比现实世界更让人可信，那么虚拟世界将成为"真实"的世界。[3]

（一）人类活动与网络的技术联姻：网络社会的形成及概念界定

网络社会是以信息为社会发展的基本动力，信息技术成为实现网络社会特征的基本手段，以信息经济为维系社会存在和发展的主导经济，以信息文化改变人类教育、生活和工作方式以及价值观念和时空观念的新型社会形态。[4]关于网络社会形成的认识，借用马克思的理论："当今人类的观点、判断、信仰和神话都已经从根本上被其技术环境改造了。"[5]因此，当信息网络成为生产、生活的普遍形式和重要工具时，它就设计出一种历史总体：一个虚拟世界。

---

〔1〕 刘文富：《网络政治——网络社会与国家治理》，商务印书馆2002年版，第4页。

〔2〕 参见袁亚愚、詹一之主编：《社会学——历史 理论 方法》，四川大学出版社1989年版，第39页。

〔3〕 参见刘品新：《网络法学》，中国人民大学出版社2009年版，第119页。

〔4〕 参见刘文富：《网络政治——网络社会与国家治理》，商务印书馆2002年版，第5页。

〔5〕 参见吴国盛编：《技术哲学经典读本》，上海交通大学出版社2008年版，第94页。

1. 网络社会的概念界定与特征展示

任何概念性术语对于信息时代或者信息社会的界定都有其泛泛性或者不周延性，这是因为信息技术的发展使得信息社会每天都在发生着质的变化。但从本质上讲，信息社会仍然具备有别于传统社会的实质特征，有学者将信息社会的本质归纳为"五大社会功能"和"三大主要特征"。所谓"三大主要特征"是指：（1）开放性，即通过网络所连接起来的网络系统将社会成员及相关组织相互联结起来，打破了人类交往模式的传统地域界限；（2）社会性，即信息网络以其自身极强的辐射能力，广泛地融入人类生活的方方面面；（3）融合性，即信息网络将社会最大限度地连接起来，使其更加成为融合的紧密联系体。[1]

2. "双层社会"的逐步形成："网上网下"与"楼上楼下"

根据中国互联网络信息中心（CNNIC）2014年1月发布的第33次《中国互联网络发展状况统计报告》，截至2013年12月，中国网民规模达到6.18亿，全年共计新增网民5358万人，互联网普及率为45.8%，较2012年底提升3.7个百分点。网络实现了由"虚拟空间"向"虚拟社会"、由"信息媒介"向"生活平台"的转换，现实社会与双层社会并存的时代逐渐到来。

网络的迅猛发展和信息技术革命推动人类社会实现了质的飞跃，几乎使人类社会生产、生活的方方面面都打上了网络的痕迹和烙印。尤其是网络空间和网络社会的逐渐形成，推进了虚拟空间与现实空间的联动，人类社会逐渐进入现实社会与网络社会并存的"双层社会"。打一个比方，当前人类生活的社会好比是一栋两层的别墅，第一层是现实社会，第二层是网络虚拟社会，起初人类生活的空间只有一层，随着信息网络技术的迅猛发展，人类逐渐开辟了第二生活空间，逐步在一层的基础上搭建了"第二层"空间，在搭建的过程中，由于楼梯相对狭窄，起初只有很少一部分人能进入二楼生活。因此，早期的二楼空间因为很少有人涉足，仍然只是在很小范围内的使用，普通公众对于二楼往往充满了想象和敬畏。因此，此时所有人对能够进入二楼的人"肃然起敬"，认为他们是"天才"。同时，由于二楼只有很少一部分人存在，里面并没有过多的经济利益和价值，所以此时针对二楼实施的犯罪大部分是为了显示自己能够进入二楼的自豪感和满足感。

---

[1] 参见赵廷光：《信息时代的电脑犯罪与刑事立法》，载《法商研究》1997年第2期。

随着信息技术的进一步发展，人们将一楼通往二楼的楼梯进一步改造，使得几乎大部分在一楼生活的人都能够进入二楼生活，一楼的人可以将自己的生产工具、生活工具搬到二楼，几乎在一楼可以做的事情都能够在二楼完成，二楼也具备了同一楼几乎一样的生活场景。随着二楼经济利益的增多，一楼存在的犯罪也几乎同时与一楼的"物品"一起被"搬到"二楼，此时针对二楼实施的犯罪已经几乎具备了一楼的所有形式，"楼上楼下"的"双层社会"遂告形成。但是，毕竟由于二楼生活空间的经营时间较短，一楼所形成的规则秩序无法完整地直接适用于二楼，因此如何将一楼的规则一同搬到二楼成为新的别墅生活空间所亟须解决的问题。

（二）进一步的发展："三网融合"背景下网络社会的深度扩张

中国互联网络信息中心（CNNIC）2014年1月发布的第33次《中国互联网络发展状况统计报告》显示，截至2013年12月，我国手机网民用户突破了5亿人，占全体网民总数的81%。随着智能手机的普及，手机终端已经渐渐成为重要的网络终端，移动互联网在信息网络中的作用日渐凸显，智能手机几乎成为部分工作24小时不离身的"超级伴侣"，他们通过手机从事的活动时间已经远远超过了电脑和电视。

尤其随着"三网融合"[1]的初步完成，互联网的发展进入了"大网络"时代，信息网络具备了更广更大的内涵和外延。网络在人类社会中的地位将更加强化，手机、电脑、电视甚至其他的家用电器将逐渐实现功能共享和资源共享，而这种跨平台的网络互动主要体现为"三屏合一"。所谓"三屏合一"是指电视（大屏）、电脑（中屏）和手机（小屏）三大网络终端的形式合一与功能合一，这种跨平台的网络融合典型地体现为当今以智能手机为核心的移动网络与计算机网络的信息共享与功能联动。

三、"双层社会"背景下的网络安全与公共安全

根据全国人民代表大会常务委员会通过的《关于维护互联网安全的决定》，计算机安全是指计算机网络系统的运行安全和信息安全。不管是计算机

---

[1] 三网融合是指在信息传输过程中，将不同传输载体网络中的存储和传输数据融合在一起，实现了计算机互联网、电信网与有线电视网三大网络信息传输的统一，但这种统一并不是简单指三大网络之间的物理形式的融合。

系统的运行安全，还是信息安全，都是自网络产生以来便成为网络发展所面临的重大难题，并伴随网络发展始终成为世界各国亟须重点解决的问题。网络安全已成为关涉国家安全和国家发展的重大战略问题，也成为关涉社会生产、生活秩序的核心问题。例如，一个国家可以从网络上消失，使该国无法通过信息网络与外部世界进行信息交流，例如，2004 年 4 月，".ly"域名瘫痪导致利比亚从互联网上消失了 3 天，随后据报道，原因是有两人对顶级域名管理权问题发生分歧。

（一）网络安全问题的时代关注

2013 年以来，世界各国对于网络安全均给予了高度关注，截至目前，已有 40 多个国家先后制定了网络空间安全战略。例如，印度 2013 年 5 月出台的《国家网络安全策略》中明确构建"安全可信的计算机环境"，日本 2013 年 6 月出台的《网络安全战略》确立了"网络安全立国"的发展目标，美国 2014 年 2 月宣布启动美国《网络安全框架》，欧盟也于同一时间明确欧洲独立互联网的数据安全，计划于 2014 年年底通过欧洲数据保护法案。同世界各国一样，当前中国作为世界网络大国，制定国家网络安全实施战略已经成为极为迫切的课题之一。2012 年 11 月 8 日，党的十八大强调，今后应高度关注海洋、太空、网络空间安全，指出"加强网络社会管理，推进网络依法规范有序运行"。2014 年 2 月 27 日，中央网络安全和信息化领导小组宣告成立，中共中央总书记、国家主席、中央军委主席习近平亲自担任组长，这进一步体现出国家在保障信息网络安全方面的决心和努力。

（二）"双层社会"背景下网络安全面临的挑战与内容扩张

网络几乎成为现代社会运转的物质基础，网络安全随之成为关系个人人身财产安全、社会公共安全以及国家安全的重要因素。换言之，信息网络安全关涉着公民个人权益、公共利益以及国家事务的正常运行，与一国的国家安全紧密联系，是国家安全发展的重要基石。因此，网络安全成为当前迫切需要解决的问题，而网络安全解决的关键即在于相关规则体系的构建。目前，我国网络安全正面临着巨大的冲击，网络违法犯罪行为层出不穷，尤其随着双层社会的形成，网络逐渐成为社会生产、生活的重要空间，这对于网络安全的维护更加提出了挑战。2012 年 9 月 11 日公布的诺顿网络安全报告显示："我国 2011 年涉网受害者超过 2.5 亿人，直接经济损失将近 3000 亿元人民币，如此推演，平均每天超过 70 万人受到侵害，平均每分钟就有 480 多人遭受损失。"〔1〕庞大的犯罪人数量不仅与我国迅速增加的网民相关,更加显示了网络犯罪高发的严峻态势。

同互联网发展初期不同,网络犯罪的主要对象为计算机信息系统本身,网络安全的实质成为计算机安全,因此,早期的网络犯罪被称为计算机犯罪。但是,随着网络空间与双层社会的形成,网络空间成为公民工作生活的重要场所,空间安全成为公共安全的重要组成部分,甚至已经成为社会公共安全、国家安全的核心内容。因此,可以预见,未来随着网络空间化与社会化程度的逐渐加深,尤其是前文所述的"楼上楼下"式的人类双层生活空间的形成,使得网络空间在相应规则体系尚未完全建立的情况下,很难对网络违法犯罪行为形成有效的防治体系,导致网络安全保护存在诸多滞后与不足,这也就给网络安全带来了新的挑战,而这不仅仅是刑法所面临的亟须思考的问题,而是成为民法、行政法等所有部门法均需面临的难题。

第二节　网络犯罪的体系化梳理与刑法关切

关于网络犯罪的研究,有学者认为不宜站在刑法学的角度去谈论,并反对仅仅从刑事立法的角度来设计预防计算机犯罪的对策,认为"应当始终从犯罪学的角度透视有关的犯罪现象,分析其产生、发展的原因和条件,并积极探寻对之进行预防、控制的各种有效对策"。客观讲,从犯罪学角度思考网络犯罪并不阻碍刑法学的研究,只有从刑事立法的角度进行思考,才能完善规范,提供法律保障。刑法学是一门规范学,更是一门实践学,既要立足现有的刑事法律法规,又要关注实践需求,脱离于实践研究的纯规范性思考必然脱离司法实际需求。因此,对于网络犯罪这种新型技术类犯罪,从刑法学的角度研究确实有着不可避免的局限性。刑法学作为一种规范学科,更大程度上关注规范性研究,即关注现有犯罪的研究;犯罪学作为一门现象学,其研究对象主要为犯罪现象,即客观存在的具备社会危害性的现象及其行为。从这个层面上讲,犯罪学的研究范围远远大于刑法学。因此,网络安全刑事立法的研究,很大部分内容属于犯罪学的研究范畴,而这正是基于网络犯罪行为本身的演变规律进行的选择。某种程度上讲,在犯罪学与规范刑法学双

---

〔1〕 佚名:《中国网络犯罪损失达 2890 亿元》,载《微电脑世界》2012 年第 10 期。

重层面上研究网络犯罪的类型、特征及演变规律，可以多角度地审视网络犯罪并寻求立法应对的有效路径。

一、网络犯罪的基础内容："双层社会"视野下的网络危害行为

在犯罪的实施过程中，网络技术及信息网络扮演了基本的角色。网络犯罪伴随着信息网络的技术变革，其邪恶力量也在发生变化和增长，这个增长过程分为三个阶段，各阶段与信息处理发生的变革也密切相关：20 世纪 70 年代，是信息网络普及的时期，主要犯罪行为是软件盗版和假冒信用卡；自 1980 年起，各种区域网、局域网的相互联结导致诈骗资金的案件大量出现，攻击美国航空航天局（NASA）或五角大楼系统的电脑黑客开始作祟；20 世纪 90 年代以来，随着信息技术的迅猛发展和互联网的普及，逐渐开创了虚拟、潜在世界的新纪元，也仿佛为一切纷繁复杂的犯罪活动开启了"地狱之门"。[1]

（一）网络危害行为的一般性解读

计算机和通信技术的结合推进了网络的诞生，在技术迅猛发展的浪潮下，"网络"也经历了数次的概念转换。当前，在信息时代背景下，信息网络及其所型构的系统空间已经成为人类活动的"第二空间"，几乎为公众提供了与现实空间相同的活动场所。网络的发展某种程度上改变了人类的行为方式，人们的行为被越来越多地打上了网络的烙印。

1. 网络行为的概念界定：虚拟与现实的结合

行为的物理性质被削弱，人机分离使得行为认定变得复杂。虚拟性是网络及其所涵摄的网络空间的本质特征，网民的操作行为也均被虚化为 0 和 1 的字符组合。网络空间中实施的任何行为都必须通过操作指令进行，行为人的行为体现为指令所产生的计算机处理结果。因此，从外在的物理形式上来看，网络行为均体现为一系列的操作指令。无论是日常的网络交际、网络购物还是在网络空间中实施的诽谤、诈骗等犯罪行为，其物理表现形式均体现为一系列的操作指令。某种程度上讲，随着网络技术的迅猛发展和网络在社会生活中的广泛应用，信息网络在人类社会中所扮演的角色和地位将日渐凸

---

[1] ［法］达尼埃尔·马丁、弗雷德里克-保罗·马丁：《网络犯罪 威胁、风险与反击》，卢建平译，中国大百科全书出版社 2002 年版，第 2 页。

显，届时社会公众大部分的行为都将通过信息网络来实现，诸如滑动鼠标、触摸敲击键盘等将成为主要的"行为"。

除了网络行为的虚化之外，网络行为的结果也发生了异化。行为人通过输入指令所引发的行为结果在网络空间中无限地延伸，行为结果因被无限放大而具备了不确定性，行为人对行为结果往往并无明确的预见。例如，病毒编写者在编写病毒时大多不会预见到其可能带来的损害。

2. 网络危害行为的现实意义：网上网下的分离到网上网下的统一

尽管网络空间是虚拟无形的，但却被越来越多地赋予了社会意义和现实认可，其中的虚拟行为和结果均可以在现实社会中找到对应。具有社会意义的虚拟空间不再是纯粹的虚拟世界，而是逐渐演变成为与现实社会相互交互的生活空间；同样，发生在网络空间中的虚拟行为也因具备社会意义而成为真正的可被现实评价的行为。正是现实空间与网络空间的交互融合，几乎所有发生在网络空间中的行为最终都要"落地"，使得大部分的网络行为均可以在现实社会中找到映射。加之随着科学的发展，一些罪分子犯罪手段呈现智能化趋向，利用自己所掌握的技术，以计算机网络为手段进行形形色色的犯罪。[1]

(二)"双层社会"视野下人类行为的广度延伸

目前，网络不再只和虚拟信息有关，它开始决定我们的生存。[2]在信息网络时代，几乎社会生活中的任何环节都被网络化所代替，犯罪也找到了前所未有的广阔空间。对此曾有学者指出，除了强奸犯罪等人身对人身的亲手类犯罪无法通过计算机实施之外，计算机犯罪几乎囊括了所有的传统犯罪形式，甚至包括利用计算机杀人。[3]诚如美国学者劳拉·昆兰蒂罗教授所言："一个与现实世界有些相似的世界，是一个既存于现实世界，又存在于现实世界之外的无法界定的地方。"[4]"如同网络造谣诽谤一样，一句看似漫不经心的诽谤性谣言将可能造成现实社会数以千万甚至数亿、数十亿的经济损失，

---

〔1〕 谭志君：《论网络时代的刑事领域变革》，载《湖南公安高等专科学校学报》2001年第6期。

〔2〕 ［美］劳拉·昆兰蒂罗：《赛博犯罪——如何防范计算机罪犯》，王涌译，江西教育出版社1999年版，第1页。

〔3〕 参见陈兴实、付东阳编著：《计算机 计算机犯罪 计算机犯罪的对策》，中国检察出版社1998年版，第38页。

〔4〕 ［美］劳拉·昆兰蒂罗：《赛博犯罪——如何防范计算机罪犯》，王涌译，江西教育出版社1999年版，第1页。

'海南香蕉致癌'、'四川柑橘出现蛆虫'等诽谤性言论造成果农的巨大损失即是此例。尽管网络的虚拟性仍然是其本质特性，但这一特性已经越来越多地失去其本来意义，网络行为不再单纯仅仅限于虚拟行为，而是被越来越多地赋予了现实意义。不仅是网络行为与现实社会紧密相融，而且网络空间中所滋生的诸多新型法益也在逐步地受到现实社会的重视，诸如 QQ 币、游戏装备、网络知识产权等早已不再为我们所陌生的网络财富也已成为现实社会的重要财富。"[1]

随着网络空间的形成以及网络社会的发展完善，网络危害行为不再仅仅局限于网上网下的传统模式，换言之，部分网络危害行为本身已经具备了实际的社会危害性，其无须落地即可产生社会危害后果。例如，在网络空间中寻衅滋事，严重扰乱网络空间秩序的行为，即使对现实社会秩序尚未造成危害，但依然具备了严重的社会危害性。这是因为，网络空间秩序在双层社会视野下，已经具备了独立的社会内涵，成为社会秩序的重要组成部分，这也对网络犯罪的刑法回应与网络安全的刑法保护带来了新的挑战。

二、网络犯罪的类型化探究：基于横向与纵向的双重视野

网络犯罪的发展演变伴随网络技术的变革，经历了从以计算机、互联网络为对象实施的犯罪，到以网络为工具的犯罪，直至以网络为空间的犯罪的转变，此为网络犯罪的一般类型与发展轨迹。同时，值得注意的是，横向上，网络犯罪与传统犯罪的异化形态作为并列存在的犯罪形态，成为网络犯罪的又一类型划分。

（一）纵向标准：对象犯罪—工具犯罪—空间犯罪的三位一体

以网络犯罪演变为根据进行的类型划分模式，诠释了网络犯罪的演变过程，从纵向上将网络犯罪概括为以计算机网络为对象的犯罪，以网络为工具的犯罪，以网络为空间的犯罪。同时，以上三种犯罪类型依次产生，但又同时并存，成为目前网络犯罪研究与刑法回应的主要根据——此谓网络犯罪的三位一体。

1. 初期阶段：以计算机、网络为对象的犯罪

网络发展初期，互联网的用户主要限于国家机关以及大型的商业门户网

---

〔1〕　于冲：《网络诽谤行为的实证分析与刑法应对——以 10 年来 100 个网络诽谤案例为样本》，载《法学》2013 年第 7 期。

站，因此，此时的计算机系统本身便成为犯罪行为人攻击的主要对象。这种背景下，网络犯罪是"跨时代"第一次出现，因此，刑法对于此类犯罪唯一的反应就是增设新罪名。随着计算机的普及和信息网络的迅猛发展，"点对点"的计算机信息系统逐渐发展为"点对面"的计算机网络、信息网络，也相应实现了从"计算机犯罪"到"互联网犯罪"（狭义的网络犯罪）再到"信息网络犯罪"（三网融合背景下的"大网络犯罪"）。从犯罪演变的规律可以发现，随着犯罪对象的变化，犯罪的类型和划分也发生着质变，计算机系统及网络作为网络犯罪的特殊对象，决定着网络犯罪的变迁。1994年通过的法国《信息技术攻击与威胁意见》将针对信息系统的威胁分为事故威胁、故意威胁、主动威胁、被动威胁和物理威胁。事故威胁是指对信息系统的非故意损害的威胁。故意威胁是故意行为的结果。主动威胁是对信息系统的现状进行故意的、未经许可的修改的威胁，一旦这种威胁成为现实，信息系统或信息社会就会实实在在地受到损害或破坏。被动威胁是在不修改系统现状的情况下，未经许可泄露信息的威胁。物理威胁是对系统物理状态的威胁。事故和传输过程中的失误通常都是由疏忽大意等原因造成的，但其所产生的后果与恶意破坏所造成的结果往往不相上下。

2. Web 2.0 时代：以网络为工具的犯罪

如果说 Web 1.0 时代，计算机系统与互联网络还是离公众生活较远的"高端装置"，那么到了 Web 2.0 时代，计算机与互联网已经完全融入社会生活的各个层面，也单纯地从国家机关和大型商业机构转向平民生活，从"虚幻"到"民间"的手段使得计算机为普通公众所接触并深陷其中，以至于网络逐渐成为当下社会重要的生产、生活工具。在这种背景下，网络也随即成为犯罪分子所青睐的重要犯罪工具，而且实施犯罪的对象不再单纯限于对信息系统和网络的攻击，而是为了攫取网络背后所隐藏的巨大的经济利益和价值。

3. 发展趋势：以网络为空间的犯罪

如前文所述，"双层别墅"中逐渐形成了"双层社会"，两层生活空间中由于生产、生活的大交汇、大融合，也必然使得与人类社会相伴始终的犯罪"迁移"至网络空间，网络对于网络犯罪的意义不再是犯罪对象、犯罪工具，而是直接蜕变为新的犯罪空间和犯罪平台，这样就使得犯罪同时具备了"网上网下""线上线下"两个平台和空间。当前"双层社会"日渐形成的背景下，网络早已不再是纯粹的虚拟空间，"也不再是无法无天的'自由'王国，其与现实空间的紧密衔接正在不断地削蚀着网络行为的虚拟性，网络行为被赋予了越来越多的现实性和真实性。任何发生在网络空间中的人类行为都可以在现实空间中找到回应，其行为结果必然能够在现实社会中有所体现，网络与现实空间中的'蝴蝶效应'已经成为现实，轻轻点击电脑键盘所实施的网络行为，甚至可能引发现实社会中的重大反应"。[1]因此，网络的虚拟性在当前已经被逐渐淡化，转而具备了越来越强的现实性，网络行为也被赋予了越来越多的社会意义。网络当前正在由虚拟性空间转向"虚实结合""虚拟向现实"过渡的空间，单纯的"虚拟空间""虚拟社会"或者单纯的"现实社会"已经被"双层社会"所取代。

（二）横向标准：网络犯罪与传统犯罪的网络异化形态并存

网络犯罪融合了信息时代背景下的新型犯罪与异化的传统犯罪，成为新型犯罪的一种集中体现形式。因此，网络犯罪概念既是传统犯罪的一种异化形式，也是技术变革下的一种新的形式演变。除了网络对象犯罪—工具犯罪—空间犯罪三位一体的类型划分之外，网络犯罪与传统犯罪异化形态并存的犯罪类型格局，也成为网络犯罪研究与刑法关切的又一着力点。

1. 传统犯罪网络异化日益严重

三网融合背景下，由于计算机信息网络、移动电信网络、有线电视网络之间的网络融合与互动，使得网络犯罪也实现了跨平台、跨空间的飞跃，极大改变了网络犯罪的犯罪规律和实施手段，甚至进一步推进了网络犯罪的案发数量和高发态势。尤其黑客与普通网民之间的鸿沟边界正逐渐变得模糊，狭义上理解的网络犯罪日益高发的同时，传统犯罪的网络异化也不断给网络犯罪的惩治带来新的难题。

技术革新促进了新的犯罪形式的出现，无论是犯罪对象、犯罪方法、犯罪工具还是犯罪环境载体，在新的技术革命背景下均会产生新的样式。例如，剑的出现铸造了刺客的"英勇风姿"，枪的出现则成就了"威风凛凛"的枪手，也给犯罪提供了新的犯罪工具，但技术给犯罪带来的飞跃并非局限于此，除了犯罪工具的革新之外，还为犯罪提供了全新的犯罪空间和场域环境，也

---

〔1〕　于冲：《网络诽谤行为的实证分析与刑法应对——以 10 年来 100 个网络诽谤案例为样本》，载《法学》2013 年第 7 期。

带来了犯罪行为目的、行为方式、社会危害性的异化。例如，网络犯罪社会危害性的客观表现和评判标准均有着不同于传统犯罪的特殊之处。（1）网络犯罪社会危害性的多重叠加性。传统犯罪的侵害模式往往属于"一对一"模式，即一个犯罪行为对应着一方特定的受害者。但是，网络空间中实施的犯罪既可以表现为"一对多"模式，也可以表现为"多对多"模式，即一个犯罪行为对应着多方的受害者，或者多个犯罪行为同时对多方受害人实施侵害。（2）网络犯罪社会危害性的无限延展性。受网络开放性的影响，网络犯罪产生的影响瞬间可以传遍全球各地。（3）网络犯罪的聚合性。鉴于网络犯罪社会危害性的异化与特性，对网络犯罪社会危害性的评价标准应当有别于传统犯罪，而且应确立高于传统犯罪的评价基点。

2. 新型网络犯罪不断增加

随着以智能手机为主要平台的移动互联网的发展，网络犯罪的实施空间也逐渐"漂移"到"移动网络空间"。这种网络犯罪空间的扩张和转移，某种程度上更加推进了网络犯罪的高发，使得网络犯罪的实施在空间、时间上所受的束缚更加缩小，使得随时随地实施犯罪成为可能，也极大地降低了网络犯罪的实施门槛。因此，随着移动网络在社会生活中地位的迅速提高，对移动网络用户实施的犯罪必然随之"水涨船高"。甚至可以预测，三网融合的进一步深化将使得手机终端与计算机网络终端之间的界限逐渐淡化，针对移动网络用户实施的犯罪甚至可能超过计算机网络犯罪。例如，当前随着移动互联网的迅猛发展，盗用移动号码的犯罪也已经成为困扰各国通信业和电话用户的严重问题。

需要进一步注意的是，随着三网融合和信息技术的逐步实现和完善，传统的互联网将逐渐被当前的信息网络所取代，而当前的信息网络已经集移动网络、有线电视网络、计算机互联网络于一身，也使得诸如电视机、智能手机甚至汽车[1]、家用电器也成为信息网络终端。这就导致网络被攻击的概率被极大地提升，也使得公众权利被侵害的可能性极大增加，由于三网融合所实现的"大网络"建构，任何部分的网络损害和攻击都将可能导致整个网络

---

〔1〕 汽车成为一个大型的计算机，可以针对用于电脑操作汽车的引擎、变速器、空调等设备状态的电子控制装置 ECU（Electronic Control Unit），通过 U 盘输入扰乱汽车 ECU 的恶意代码，控制汽车速度以致伪造车祸事故实施杀人犯罪。

的破坏和瘫痪，尤其是移动网络在缺乏有效防护措施的情况下与计算机网络的融合和对接，更使得网络被攻击的概率极大提高。

信息网络的发展也同时为犯罪提供了实施犯罪行为的"新大陆"，在这块新大陆上，犯罪人更是如鱼得水，他们制造传播计算机病毒、破坏他人计算机信息系统，疯狂实施网络诈骗、网络诽谤等。例如，身份盗窃这一新型犯罪开始出现，美国大片《网络追击》也向我们展示了身份被盗之后的地狱般生活：一位终日只与电脑打交道的女士偶然在网上发现了一款威力无穷的电脑病毒程序，为了夺回被她拷贝的病毒，制造这种病毒的黑势力欲将她置于死地。于是他们抢走了她的护照和所有有效证件，并在美国联邦电子档案库中将她原来清白的记录篡改成了一个十恶不赦的盗窃犯。导致她的房子被拍卖，周围的邻居没有一个人能够再证明她就是"她"。而且她成了黑社会和警方共同追捕的对象。[1]

（三）网络犯罪的整体转型：从"黑客帝国"[2]（The Matrix）转向"幽灵"（Ghost）[3]

当前，人类社会的上空飘荡着一个"幽灵"，网络犯罪已经从"高精尖"的"虚幻犯罪"、黑客犯罪形式转变为与任何普通公众都可能相伴相随的"幽灵"，在信息时代背景下，任何人都无法摆脱网络犯罪这一"幽灵"的袭扰。随着网络犯罪的代际转换，相关文学作品也随之发生转换。例如，在网络犯罪影视中，从《黑客帝国》（The Matrix）里面虚幻的代码、符号转变为《幽灵》（Ghost）里面恶意侵入普通网民电脑的现实版不法行为，从远离普通社会公众的"科幻"镜头转向发生在公众身边的电脑侵入。任何带有超市促销、游戏推广的恶意邮件、恶意软件中均隐藏着类型众多的恶意代码，稍不留神即刻中招，被恶意代码侵入的网络终端瞬间成为远程控制的"显示器"，侵入了网络终端的远程控制人实际上进入了被害人的生活空间，被害人的所有生活将被一览无余。此外，《幽灵》（Ghost）剧中对网络赌博、网络诽谤、网络

---

〔1〕孙伟平：《猫与耗子的新游戏　网络犯罪及其治理》，北京出版社1998年版，第92页。

〔2〕《黑客帝国》是由美国导演安迪·沃卓斯基1999年执导的讲述网络黑客故事的动作、科幻电影，导演以极其科幻的形式向公众展示了20世纪90年代网络犯罪的高端、虚幻。

〔3〕《幽灵》是由韩国导演金亨植2012年执导的一部关于网络犯罪题材的电视剧，讲述了韩国虚拟安全局（NPAC）下属的虚拟搜查队与网络犯罪斗智斗勇，一次次揭开另一个网络世界中所隐藏的人类秘密和犯罪行为。

窃取个人信息、网络杀人、智能手机犯罪、针对国家电力系统实施 DDoS 攻击等诸多新型犯罪案件进行了完整描述，并对病毒软件与杀毒软件的性质等问题进行了讲述，完整展现了信息时代背景下针对社会公众实施的各种犯罪形式，同时依然保留着传统的针对计算机信息系统实施的犯罪，但此类犯罪也只是作为实施其他犯罪的一个手段。

随着网络的普及与发展，网络空间与现实空间相比，有着较现实世界更大的"犯罪优势"：其不仅突破了实施犯罪的现实空间限制，而且技术性的作案手段更是在某种程度上简化了传统犯罪的"风险"和"门槛"，唯一受限制的技术因素也随着"黑客学校""黑客技术联盟"的"技术普及"而得到解决，使得网络犯罪逐渐成为平民犯罪。因此，网络犯罪成为犯罪行为人首选的"发财之道"，对此有学者指出：赛博空间有现实世界所不具有的几项优势，上百万的可能受骗者，信息快速散布而且匿名，行骗者只需盯着虚拟世界就能暴富，而无须再到这个虚拟世界之外探寻了。[1]

三、网络犯罪的内涵化明确：关于网络犯罪的概念剖析

网络犯罪是网络刑法的评价对象，应当对其基本概念与基本事实进行准确合理的把握。网络犯罪并不是违反某种传统法律规范的一类罪名，它是一个十分宽泛的概念，甚至是一个有些模糊的概念，既包括很多全新的犯罪类型，还包括传统犯罪的异化形式。因此，至今尚未对网络犯罪的概念形成一般性通说，甚至某种程度上讲，网络犯罪只是作为一个编号或者名称被用于各种场合，因而对于网络犯罪的研究呈现出"百花齐放、百家争鸣"的特点。当前，随着网络犯罪逐渐成为立法、司法中不可回避的话题，有必要对网络犯罪的内涵与外延作一科学的界定，进而确定网络犯罪的刑法打击半径，进而为刑事立法与刑事司法确定一个明确的标杆。

（一）关于网络犯罪概念的学说争鸣

客观地讲，当前对于网络犯罪的概念并没有明确的界定，已有的成果均是对于计算机犯罪概念的界定，主要分为广义、狭义说，"犯罪工具说""犯罪对象说""复合说"两大类观点。

---

[1] ［美］劳拉·昆兰蒂罗：《赛博犯罪——如何防范计算机罪犯》，王涌译，江西教育出版社1999 年版，第 79 页。

1. 广义、狭义说

狭义的计算机犯罪概念简单来讲就是指针对计算机信息系统及其所存储的信息数据所实施的犯罪。[1]广义的计算机犯罪概念可概括为以计算机信息系统为犯罪工具或者以计算机信息系统为犯罪对象（物理性破坏除外）而实施的危害社会并应受到刑罚处罚的行为。所谓网络犯罪，是计算机犯罪发展到一定阶段的产物和高级形态。[2]

因此，广义、狭义说的区分关键即在于，在对以网络为工具实施的犯罪是否属于网络犯罪的判定上，广义说与狭义说某种程度上也成了肯定说与否定说的另一种形式。否定说认为，以网络为工具实施的犯罪只是传统犯罪手段的改变，是传统犯罪在网络空间中的延伸，不能单纯因为手段的变化而归结出一种新的罪名。[3]例如，农业时代以刀杀人为杀人罪，当出现了火枪并以之实施杀人行为，不能因为手段的改变而增加火枪犯罪罪名。

2. 关于网络犯罪的内涵和外延

对于网络犯罪的内涵和外延的理解，目前尚存有争议，归纳起来大致有"犯罪工具说""犯罪对象说""复合说"三种观点。

（1）理论界关于网络犯罪概念的争讼。

"犯罪工具说"认为：网络犯罪是利用计算机实施的危害计算机网络系统安全的行为。[4]"网络犯罪是发生在网络空间，针对计算机网络信息系统的信息功能或者网络系统中存储的信息进行的危害网络安全的触犯刑法的行为。"[5]"复合说"认为：网络犯罪是指以网络为犯罪工具或者犯罪对象，实施的危害网络信息系统安全的不法行为。[6]还有学者认为："网络犯罪大体说来可以分为以网络计算机系统为对象的犯罪和以网络计算机系统为工具的犯罪

---

〔1〕　参见陈开琦：《计算机犯罪定义之我见》，载《现代法学》1992 年第 5 期。

〔2〕　冯卫国、张立宇：《网络空间的犯罪与刑法面临的挑战》，载张平主编：《网络法律评论（第 2 卷）》，法律出版社 2002 年版，第 215-220 页。

〔3〕　但未丽：《网络犯罪概念与网络犯罪的刑法调整范围》，载张平主编：《网络法律评论（第 7 卷）》，北京大学出版社 2006 年版，第 152-161 页。

〔4〕　吴桂静：《网络犯罪的实质特征与传统犯罪的界限》，载《辽宁经济》2003 年第 2 期；许秀中：《网络与网络犯罪》，中信出版社 2003 年版，第 166 页。

〔5〕　但未丽：《网络犯罪概念与网络犯罪的刑法调整范围》，载张平主编：《网络法律评论（第 7 卷）》，北京大学出版社 2006 年版，第 152-161 页。

〔6〕　杨正鸣主编：《网络犯罪研究》，上海交通大学出版社 2004 年版，第 11 页。

两大类。"〔1〕传统犯罪学上的定义也将网络犯罪界定为以网络为工具和以网络为对象实施的犯罪，即网络犯罪的概念实际上涵盖了两种类型的刑事犯罪：①以网络或者计算机信息系统及其所存储数据私密性、完整性或者可用性为侵害对象的犯罪，也称为纯正的网络犯罪；②以网络为工具或者方法实施的犯罪。〔2〕笔者认为，鉴于当前网络犯罪的复杂现状，关于网络犯罪的复合说观念基本成为主流观点。

（2）网络犯罪概念的比较研究。

美国司法部将计算机犯罪的概念界定为："在导致成功起诉的非法行为中计算机技术和知识起到了基本作用的非法行为。"这种定义同样没有区分违法和犯罪的概念，因而不适用于我国的违法犯罪二元立法体系，而且过于夸大了计算机技术在实施犯罪过程中的作用。美国研究者在20世纪90年代的研究成果中，将计算机犯罪概念分割为三个层面进行了界定，分别将其解释为计算机滥用行为、计算机犯罪行为以及与计算机相关的犯罪行为。德国犯罪学家施奈德将计算机犯罪定义为"以计算机等数据处理终端为工具或者以其为侵害对象实施的犯罪"，并将其表述为"计算机间谍犯罪、破坏计算机存储数据、盗用计算机流量"等多种类型。〔3〕此外，日本警察厅在1987年以前曾经将计算机犯罪界定为："不恰当地利用计算机或者损害计算机信息系统功能的犯罪。"但此定义一出即引发了诸多质疑，如认为其"不恰当"表述不明确，不利于实践把握。后日本警察厅充分听取各方建议，于1987年6月借日本刑法修正的机会对其定义进行了修改。

（二）关于网络犯罪的定义形式

如前所述，对于计算机犯罪的概念曾经经历了一个"百花齐放、百家争鸣"的过程，对于计算机犯罪的概念尚未形成定论，其概念将随着信息网络技术的进步不断地扩展其内涵和外延。但是，对应着实践的检验和司法的操作，仍然可以总结出一个较为统一的定义。

第一种为概括式，经济合作与发展组织给计算机犯罪所下的定义就是典

---

〔1〕 冯卫国、张立宇：《网络犯罪及其相关问题》，载《科技与法律》2001年第4期。

〔2〕 ［法］达尼埃尔·马丁、弗雷德里克-保罗·马丁：《网络犯罪 威胁、风险与反击》，卢建平译，中国大百科全书出版社2002年版，第10—11页。

〔3〕 ［德］汉斯·约阿希姆·施奈德：《犯罪学》，吴鑫涛、马君玉译，中国人民公安大学出版社1990年版，第81页。

型例证，其将所有计算机相关不合规范的行为都纳入网络犯罪的概念之中，而不管是违反道德规范还是违反法律规范，甚至将违法数据处理职业道德的行为上升到犯罪层面，这显然是不准确的。

第二种为列举式，《联合国关于预防和控制与计算机相关犯罪手册》规定：计算机犯罪是指包括计算机欺诈、计算机伪造、破坏或修改计算机数据或程序、非授权访问计算机和非法复制计算机软件的行为。《网络犯罪公约》通过列举的方式将网络犯罪概括为四种类型：（1）针对计算机数据和系统的机密性、完整性与可利用性的犯罪，包括非法侵入、非法拦截、数据干扰、系统干扰和技术滥用的犯罪等；（2）计算机相关犯罪，即以计算机系统、网络等为犯罪工具实施的传统犯罪行为，包括与计算机有关的伪造罪、诈骗罪等；（3）有害信息犯罪，主要指"涉及儿童色情的犯罪"，包括制造、提供、分发、获取或保存儿童色情资料的行为等；（4）侵犯版权与相邻权的犯罪，即违法相关规定，为实现商业营利通过计算机系统实施的故意侵犯版权及相邻权的行为。

第三种为折中式，《网络犯罪公约》对网络犯罪采取了一种折中的方法进行界定，其中序言将网络犯罪的形式和类型进行了一系列的列举，但经过梳理也不难发现，其表述前半句实际上是指纯正的网络犯罪，后半句是指不纯正的网络犯罪。

（三）网络犯罪的概念特征

网络犯罪融合了信息时代背景下的新型犯罪与异化的传统犯罪，成为新型犯罪的一种集中体现形式。因此，网络犯罪概念既是传统犯罪的一种异化形式，也是技术变革下的一种新的形式演变。但归根结底，网络犯罪仍然属于传统犯罪的一种延伸。网络犯罪并不是一个规范的概念，它和"青少年犯罪""暴力犯罪""性犯罪"等术语一样，是基于此类犯罪的共性所形成的一种集合性概念。在我国刑法中，实际上也不存在"网络犯罪"这一典型概念，它既不是类罪名，也不是一个独立罪名。我国《刑法》[1]中并不存在"网络犯罪"或"计算机犯罪"的专有罪名，除了《刑法》第285条、第286条的罪名之外，利用网络实施的犯罪行为均以《刑法》现有罪名定罪处罚。因此，

---

〔1〕　为表述方便，本书中涉及的我国法律法规直接使用简称，省去"中华人民共和国字样"。如《中华人民共和国刑法》简称为《刑法》，全书统一，不再说明。

"网络犯罪"这一术语，是人们在长期使用中约定俗成的。各国、各地区、各领域由于经济、专业等差异，对网络犯罪的理解在内涵和外延上从不同的角度有不同的理解。

从本质上讲，网络犯罪的概念更属于不同时代背景下的不同发展"族群"或者不同的"犯罪群"，是对信息技术在不同发展阶段各种犯罪类型的统称，是跨越了以网络（计算机）为犯罪对象、以网络为犯罪工具、以网络为犯罪空间的犯罪形式在不同阶段的统称。计算机犯罪和网络犯罪一样，不是我国刑法上的类罪名，更不是具体的罪名，而是基于犯罪学的研究方法，根据其共同特征对于一定的犯罪现象给予的归类，本质上属于一种"现象罪名"，属于犯罪学意义上的犯罪概念。犯罪学上有"准犯罪"[1]和"待犯罪化的犯罪"[2]的概念，因此，笔者所研究的网络犯罪在概念上包含了犯罪学的准犯罪和待犯罪化的犯罪两种概念形式。

具体来讲，网络犯罪的理解需要把握以下三个方面。

（1）网络犯罪发生在网络空间中但不限于网络空间。对于网络犯罪而言，网络提供了一种全新的犯罪平台，是犯罪所赖以产生的前提性基础。有学者指出，"网络犯罪必然发生在网络空间"，即危害行为与危害结果均应发生在网络空间中，否则只有一部分危害行为实施于网络空间，而危害结果发生于现实社会则不属于网络犯罪。[3]如此，限缩了网络犯罪的外延，不利于整体立法的体系化构建。对于此类犯罪，即使脱离了网络依然可以通过其他途径实施，其并不必然存在于网络空间之中。只是由于网络的虚拟化、数字化等特点，使这些传统犯罪呈现出一系列新的特点，如犯罪对象新颖、涉案价值难以估量、犯罪状态难以判定等。

（2）网络犯罪的技术特征。网络犯罪再也不是某些网络精英的专利，随着黑客网站的出现，任何一个希望实施网络犯罪的人都可以在相关的黑客网站中找到实施网络攻击的工具，网络犯罪的门槛已经随着互联网知识的普及和"黑客软件"的泛滥传播极大地降低。但是，网络犯罪的技术特征同样不

---

〔1〕 准犯罪是指那些不具有应受刑罚处罚性因而未被法定为犯罪，却具备严重的社会危害性因而应当作为犯罪来研究的行为。参见白建军：《犯罪学原理》，现代出版社1992年版，第97页。

〔2〕 待犯罪化的犯罪是指具有严重的社会危害性，应当法定为犯罪但未被法定为犯罪的行为。

〔3〕 但未丽：《网络犯罪概念与网络犯罪的刑法调整范围》，载张平主编：《网络法律评论（第7卷）》，北京大学出版社2006年版，第152-161页。

能被忽视，网络社会本质上仍然是建立在网络技术基础之上的现实社会中的一个组成部分，现实社会中几乎所有的犯罪类型均可以在网络空间中得以实现。同时不容否认的是，也存在一些带有明显网络特征的犯罪形式。因此，网络犯罪的基本类型虽大致与现实社会的犯罪类型相同，但也有许多新特点。诚如有学者指出：网络犯罪的特征在于"在典型行为或犯罪情节的本质要素中蕴涵着凭借事先预设的程序实现电子数据自动化处理的信息和远程通信新技术（或者他们的组成部分、产品以及处理对象）"。[1]

（3）网络犯罪的本质仍在于侵害或威胁法益。网络犯罪作为一种犯罪，必然是行为人通过信息网络在网络空间中实施的侵害或者威胁特定法益的行为，这一点是网络犯罪与其他犯罪形式所统一具备的共性特征。但是，需要进一步研究的则是，网络犯罪所侵犯的法益除了传统法益之外，还存在着诸多新的形式，这就需要刑事立法、司法进一步采取应对策略。

（四）网络犯罪与计算机犯罪的概念辨析

谈及网络犯罪，首先应从计算机犯罪谈起，有学者将网络犯罪理解为计算机犯罪的一个分支，[2]笔者深以为不可。二者本质上属于不同时代发展背景下的两种行为现象，二者互不附属。用一个形象的比喻就是，二者的关系如同元谋人到现代人的转变一样，现代人并不属于元谋人的一部分。需要明确的是，网络犯罪是在计算机犯罪基础上"孵化"出来的。[3]网络犯罪与计算机犯罪有着紧密的联系，计算机犯罪是在计算机发展初期所产生的犯罪形式，随着信息互联网时代的到来，网络犯罪开始出现，但计算机犯罪并不必然包括网络犯罪，网络犯罪是计算机犯罪发展到一定阶段的产物。

"计算机犯罪"一词在新近的研究成果中出现的频率开始降低，逐渐被"网络犯罪"一词所取代，对于二者的区别，从字面上看关键在于计算机与网络的区分。计算机单纯是指能够根据预先编制的程序和指令对信息进行处理的机器，即计算机硬件。但是，刑法上所指的计算机犯罪并不是针对计算机硬件实施的犯罪，此时的计算机实质上指的是计算机系统，即由计算机硬件与软件紧密结合在一起所构成的系统。网络犯罪是计算机犯罪发展到一定阶

---

〔1〕　［意］劳伦佐·彼高狄：《信息刑法语境下的法益与犯罪构成要件的建构》，吴沈括译，载赵秉志主编：《刑法论丛》（2010 年第 3 卷　总第 23 卷），法律出版社 2010 年版，第 315 页。

〔2〕　参见王云斌编著：《网络犯罪》，经济管理出版社 2002 年版，第 21 页。

〔3〕　参见杨正鸣主编：《网络犯罪研究》，上海交通大学出版社 2004 年版，第 9 页。

段的产物，二者有着如下区别。

（1）形成于不同的互联网代际和发展时期。计算机犯罪形成于计算机单机系统形成发展时期，网络犯罪形成发展于互联网时期。

（2）侵害的对象不同。计算机犯罪的对象为计算机单机系统，具有特定性；网络犯罪的对象具有不特定性和广泛性，尤其随着网络在公众各个生活领域的渗透，使得网络犯罪的触角几乎延伸到所有的公众生活领域。

（3）危害后果不同。计算机犯罪破坏的是单机系统及其数据，网络犯罪危害则较之更大。

综上所述，网络犯罪并不是一个具体的、独立的罪名，而是对一类犯罪行为的统称。从这个角度来讲，对于网络犯罪客观要件的理解，不能简单地认为是某种单独的行为，而应当是若干行为的集合。[1]笔者认为，网络犯罪概念界定应采广义说、复合说的界定方法，在形式上以概括和列举并用的表述方法。因此，笔者将网络犯罪界定为以信息网络为工具、以信息网络为侵害对象或者以信息网络为犯罪实施空间，实施的侵害计算机信息系统、信息网络和网络数据以及利用网络实施传统犯罪的行为。

第三节　网络犯罪刑法应对的实践与理论探索

"技术是一柄双刃剑。"这几乎成为人类发展史上一条屡经证实的、颠扑不破的真理。我们发明了汽车，我们就接受了尾气污染；我们制造出了飞机，就增加了很多空难，正如恩格斯所言：人类每进步一次，就加大一步对自己惩罚的力度。[2]网络社会的形成和发展，以及信息网络技术，催生了需要法律予以保护的新的价值和权益，而传统刑法对犯罪客体的设定已经无法完全囊括这些新型法益。同时，由于网络技术发展的日新月异，其发展的速度远远超过社会制度所能跟进的层次，对于社会关系的影响也几乎一直在发生着变化，行为人利用新技术对社会秩序造成的危害也变幻莫测，更加使得网络犯罪杂乱化。因此，信息技术变革在推进社会发展与进步的同时，技术异化带来的网络安全风险随之增加，网络犯罪成为困扰当今社会的时代性难题。

---

〔1〕　刘品新：《网络法学》，中国人民大学出版社 2009 年版，第 121 页。

〔2〕　参见孙景仙、安永勇：《网络犯罪研究》，知识产权出版社 2006 年版，第 1 页。

从某种程度上讲，信息技术变革所带来的技术风险远远超越了工业社会带来的风险。科学技术在造福人类社会的同时，也间接推动了犯罪工具和犯罪手段的更新，更给刑事立法带来了极大挑战。

如前文所述，信息时代背景下，犯罪行为在行为类型、行为对象、行为模式以及犯罪数量、犯罪异化速度等方面呈现出急速的变异与膨胀，迅速从计算机犯罪演变为网络犯罪。"囿于成文法本身的局限性和立法技术的不足，刑事立法的规定难免存在模糊和不合理之处。诚如拉德布鲁赫所言：'我们的时代已不再有人相信这一点。谁在起草法律时就能够避免与某个无法估计的、已生效的法规相抵触？谁又可能完全预见全部的构成事实，它们藏身于无尽多变的生活海洋中，何曾有一次被全部冲上沙滩？'"[1]

一、背景性铺垫：技术进步与法律变革之间的关系解读

人类社会的发展是漫长的，从石器时代发展到当今信息时代，均昭示出科学技术遵循人类自身进化路线不断发展。技术作为人类改造客观世界的方法，不断地扩展着人类自身的力量，为人类发展提供了超强的外界支持，同时也为法律制度、社会制度的变革起到了强有力的推动作用。例如，20 世纪60 年代，随着环境污染问题的日渐严重和凸显，逐渐产生了环境保护的技术评估和环境法学两门新兴学科。

（一）技术悖论：技术提升人类能力的同时诱发犯罪的更迭

随着新材料技术以及新能源技术、生物技术、信息技术，以及海洋开发技术等新兴技术的迅猛发展，当前人类改造客观世界的手段和能力也得到了前所未有的加强。与之同时，犯罪也伴随着新技术的应用彰显出巨大的危害力，以新技术作为犯罪手段的犯罪和以新技术成果作为犯罪对象的犯罪成为技术革新背景下的主要犯罪形式。犯罪始终伴随着人类社会，在人类社会漫长的演变历程中，犯罪行为也在不断地翻新与变异，但梳理其中的犯罪规律可以发现，犯罪手段随着人类社会的发展和科学技术的进步也在逐渐地变革与更新。自从化学剧毒药品——三氧化二砷（俗名"砒霜"）问世之后，砒霜毒杀人便成为频繁使用的犯罪类型……随着技术变革，现今的科学技术成

---

〔1〕　于冲：《海洋资源盗窃行为的刑法学思考——以"盗挖海砂"现象为背景》，载《江西警察学院学报》2011 年第 3 期。

果不断被用于犯罪之中。[1]

尽管科学技术变革一次次地提高了人类自身的能力和活动空间，但人类操控技术的能力却始终无法满足技术变革的需要。每次技术跃升在解放人类的同时，往往伴随着人类对于技术操作的失控。例如，汽车带来了便捷，却无法控制汽车带来的交通犯罪；同样，网络给人们提供了现实世界之外的第二活动空间，但信息网络技术却不断呈现出"崩盘"的态势，人类远远无法控制信息网络技术所产生的不良后果。因此，从某种程度上来讲，信息网络技术使人类自身能力得以延伸和放大的同时，也极大地降低了人类对于信息网络技术乃至自身行为的操控能力。

（二）技术引发的风险要求相关规则体系的应对

随着人类对于科学知识和科学技术的掌握，人类自身的能力不断得到放大。尤其在信息时代背景下，网络的普及和发展极大地解放了生产力，也使得个人的能力得到了前所未有的扩张，与工业革命带来的技术飞跃对人类能力的促进相比，信息技术革命带来的人类能力呈现出几何性倍增。与之同时，人类能力被网络放大的同时，新技术伴随的制造危险和实施破坏的能力也得到了极大扩张，这使得人类社会面临着前所未有的信息风险和犯罪风险。对此，德国学者曼海姆教授指出："在技术日益发达的现代社会中，如果个人和全体人类的理性控制能力不能与技术的发展同步，那么我们当前的社会秩序将荡然无存。"

二、时代命题：网络技术与网络风险对传统刑法的挑战

网络技术因素的介入使得传统犯罪在行为手段、行为结果上均发生了变异，也对案件管辖规则、证据规则等程序法发起了挑战，迫切需要刑事立法与刑法传统理论的时代更新。

（一）信息技术变革引发的犯罪异化对传统刑法理论形成冲击

网络技术的迅猛发展将人类带入了信息时代，信息安全随之成为人类面临的又一难题。从某种程度上讲，信息技术变革所带来的技术风险远远超越了工业社会所带来的风险。正如笔者所多次提到的，科学技术在造福人类社会的同时，也间接推动了犯罪工具和犯罪手段的更新。网络犯罪在产生的初

---

[1] 刘守芬：《论新技术犯罪》，载《北京大学学报（哲学社会科学版）》1989年第3期。

期，其没有从本质上改变传统犯罪的本质，仍然是传统犯罪在信息时代的一种异化形式。因此，只要网络对传统犯罪的异化作用没有动摇传统犯罪的基本犯罪构成，就完全可以根据传统罪名体系予以评价。当然，此类行为在量化评价、程序规则评价方面的变异，仍然需要新规则的确立，而这些与罪名的增设没有直接关系。

当前，信息网络的发展使人类社会的发展进入了"真正的狂飙时期"，社会基础不断发生革命性的变化，对人类社会生活的方方面面形成了冲击。在此背景下，犯罪的主观方面、客观方面、侵害客体等传统犯罪构成要件要素也受到了冲击。例如，关于危害行为的判定上，传统的因果行为论将行为等同于客观上的人的举止，将行为解释为基于主观意思活动导致外在行为的因果反应过程，故而将人的主观方面抛除在考虑的范围之外。客观地讲，因果行为论在解释网络行为的时候面临重大问题，即网络行为因其自身的虚拟特性，使得对于此类行为的规范评价必须考虑行为人的意思内容。这是因为，网络行为所体现的物理形式仅仅是点击鼠标或者敲击键盘，单单评价此类行为将变得毫无意义。目的行为论强调行为是特定目的的实现，是受身体支配的身体动作。但是，网络行为的不确定性使得行为不再简单地受身体支配，只要行为人输出了特定的指令，其在网络空间中的行为结果将不再受其意思和身体的支配，人的"意志力""控制力"在网络空间中的物理形式被极大削弱。因此，抛开目的行为论对于过失行为解释的乏力，网络行为的虚拟性和人机分离性使得目的行为论对于网络行为的评价也更加捉襟见肘。[1]

同时需要格外注意的是，随着科学技术的发展和风险社会的到来，过失理论的重要性日渐彰显。过失理论的发展正可谓得益于科学技术的迅猛发展，正是技术的变革带来了过失理论。关于技术变革背景下犯罪主观因素的判定，具体到网络犯罪之中，行为人对于网络行为结果的预见和控制力被极大地削弱，人们对技术控制力的减弱和网络风险的增加，使得网络空间中的过失责任理论应当有所扩容。换言之，网络犯罪中，行为人对其行为危害后果的认识程度应有所降低。在网络犯罪中，犯罪主体对危害结果的预见和一般犯罪应有所区别，并不需要行为人对其行为的后果有很清楚的认识，与之相对应

---

〔1〕 刘守芬、方泉：《行为与罪责：基于网络技术的几点适应性考量》，载《北京大学学报（哲学社会科学版）》2004 年第 3 期。

的过失理论可以称为新过失理论。新过失理论强调结果避免义务，但问题在于，人们对于网络行为及其结果是无法准确控制的，这又使得网络空间中的结果避免显得强人所难。但是，即使无法避免或者无法预见，更应严格规范自己的网络行为，避免产生较大的损害后果，这或许就是网络空间中的结果避免义务。此外，信息网络技术同时拓展了犯罪对社会的危害范围，危害后果倍增，网络犯罪给刑法因果关系的认定也带来了挑战。

（二）伴随技术变革而引发的网络犯罪普遍存在刑法真空

网络的虚拟性与开放性使得传统法律失去了发挥作用的立足点，现实社会的时间、空间概念在网络空间中基本失去了原有意义，以致刑法在大部分情况下陷入了司法适用的困境。[1]但是，伴随着新技术的日新月异，网络犯罪的高发态势和立法的滞后之间的矛盾开始显现。规则的制定一般都是等技术对社会的反面影响达到一定的程度，才会引发社会的重视与反应，并且只有达到了一定的危害结果，立法者才想到对相关的行为予以惩治，在一系列的规则制定完毕后才会想到刑法的存在。因此，刑法在应对网络犯罪方面的缺场虽然紧迫，却也有面对技术变革的几分无奈。

例如，三网融合的逐步实现和完善，使得智能手机、有线电视甚至智能家用电器都可能成为信息网络终端，以往针对计算机系统实施的犯罪也必然随之转移到智能手机甚至智能家用电器上。对于针对智能手机实施的犯罪案件，如何予以定性曾经一度成为困扰司法机关的重大难题，即智能手机能否扩大解释为计算机信息系统？尽管当前纯粹以计算机信息系统和网络为对象实施的犯罪逐渐减少，但随着犯罪对象的演变，司法解释仍需对以网络为对象实施的犯罪进行时代性的跟进解释，其对"网络"的解释就是很好的例证。例如，2011年《最高人民法院、最高人民检察院关于办理危害计算机信息系统安全刑事案件应用法律若干问题的解释》（以下简称《危害系统安全解释》）对于"系统""程序""工具"进行了技术性解释，却没有对"数据"等技术性较强的概念进行解释。因此，2013年《最高人民法院、最高人民检

---

〔1〕 刑事责任大小确定的传统根据主要包括三个方面，即犯罪侵害的客体、犯罪行为的性质、犯罪主体的情况及其主观因素。但是，网络犯罪中，上述要素均产生了不同于传统犯罪的变异：犯罪对象的不断扩张对刑事立法形成挑战；犯罪行为的不断异化和更新对罪名体系产生冲击；犯罪主体更加广泛且呈现出组织化、集团化的趋势；犯罪目的的多元化对传统罪名体系产生冲击，如侵犯著作权犯罪中营利目的的异化，这些均给刑事司法带来极大挑战。

察院关于办理利用信息网络实施诽谤等刑事案件适用法律若干问题的解释》（以下简称《网络诽谤司法解释》）第 10 条规定："本解释所称信息网络，包括以计算机、电视机、固定电话机、移动电话机等电子设备为终端的计算机互联网、广播电视网、固定通信网、移动通信网等信息网络，以及向公众开放的局域网络。"

三、法律与技术的鸿沟：网络犯罪回应模式的对策之争

刑事司法实践中，存在着网络法律专家不懂技术、网络技术专家不懂法律的尴尬窘境，这就使得网络技术专家与网络法律专家在网络犯罪的应对策略上形成了"鸿沟"：用技术解决网络犯罪，还是用法律解决网络犯罪？不同行业或者不同研究领域的人对于网络犯罪的惩治方法形成了不同的观点：唯技术对抗论的观点认为，刑法评价属于事后评价，鉴于网络犯罪往往具备极大的隐蔽性，网络违法犯罪行为难以被发现，更加难以取证，从而使得大部分的网络非法犯罪人难以被追究刑事责任乃至非刑事的法律责任，唯有依靠技术防范措施才能有效遏制网络犯罪的增加；法律防控优先论的观点则认为，只有加大网络犯罪的查处和惩治力度，严密关于网络犯罪的法网与罪名体系，才能从根本上解决网络犯罪问题。笔者认为，技术与法律作为网络有序发展的必不可少的两根缰绳，只有协调并进，才能实现对网络犯罪的有效防治。

（一）技术对抗论：以技术对抗技术

人类面临技术反制的整体性问题，技术论者普遍认为科技造成的问题还需要依靠科技自身来解决。按照杰里米·里夫金的观点：技术只是自然能量的转化器，技术的应用必然产生熵，技术规模越大越复杂，耗能越多，因而熵的世界观认为技术异化是不能克服的，因而必须实现价值观念的转变。

1. 技术对抗论观点概览

技术对抗论的观点围绕法律与技术哪种更能解决网络犯罪问题，从正反两方面进行了回答，笔者将其分别称为技术决定论和法律无用论。

技术对抗论者认为，技术是一种超越人类控制力、失却人性的独立力量。法国哲学家雅克·埃吕尔（Jacques Ellul）在其《技术社会》一书中指出，技术超出人类的控制范围，它已经具有自主性，并造就了一个遵守自身法则、抛弃所有传统的无所不能的世界。相似的观点还有："所谓的'技术本位'（technological fix）理论，认为许多社会问题和技术最好通过更进一步的技术

发展来解决。例如，农业和医学革新带来的人口过剩问题，最好是通过节育的技术加以解决。"[1]具体到网络犯罪的技术防治优先论，有学者认为："在网络空间，你会被那些伪装在言辞后面的人愚弄……以计算机为媒介的交流提供了愚弄别人的新途径；只有当足够多的人学会审慎地使用该媒介，这种明显的网络不法行为才可能销声匿迹。"[2]技术决定论者除了声称技术在反制网络犯罪中的作用之外，还从具体对策上给出了建议。"针对重要部门信息网应考虑加强技术安全防范，开发网络安全技术，包括加密、网络入侵预警、处理与防范、防止非法存取技术、查明黑客来路的跟踪系统、病毒检测与消除技术及数据密码技术、网络监测及安全性分析等，完善网络安全保护体系。"[3]

法律无用论者与技术决定论者相比，更加绝对地否定了法律在规制网络犯罪方面的作用，认为："通过法律和规范来控制技术一直是一个徒劳无益的举措，而用技术'校正'技术一直更为有效。法律制度很难禁止色情在互联网上的传播，但是，过滤下流信息的屏蔽软件却要成功得多。这反映了网络自相矛盾的本质——它确实赋权于个人，允许他们更加有力地行使自己的权利，如自由言论；但它也产生了有效损害这些权利的技术控制。"[4]

2. 技术对抗论观点评析

从以上观点可以发现，技术对抗论者过大地估计了技术自身的作用，某种程度上也是对于人类规制调整能力的消极认识。对此，马尔库塞在《单向度的人》一书中指出："现代科学只关心那些可以衡量的东西及其在技术上的应用，而不再追问技术的人文意义，……这种状况下形成的发达工业社会不可能是一个正常的社会，而只能是一种与人性不相容的'病态社会'。"[5]在马尔库塞的观点中，他将工业社会比喻为一个"病态社会"，指出工业社会的技术变革在解放人类、为人类社会提供更多自由条件的同时，给人所加载的

---

[1] 吴国盛编：《技术哲学经典读本》，上海交通大学出版社 2008 年版，第 41 页。

[2] ［英］戴维·冈特利特主编：《网络研究　数字化时代媒介研究的重新定向》，彭兰等译，新华出版社 2004 年版，第 285-299 页。

[3] 参见卓翔：《网络犯罪综合治理刑事政策刍议》，载《福建政法管理干部学院学报》2002 年第 4 期。

[4] ［美］理查德·斯皮内洛：《铁笼，还是乌托邦　网络空间的道德与法律》，李伦等译，北京大学出版社 2007 年版，第 1 页。

[5] 参见刘英杰：《作为意识形态的科学技术》，商务印书馆 2011 年版，第 147 页。

强制和束缚也在增强，人在这种社会背景下异化为麻木不仁的"单面人"。

技术对抗论思想的根结或许在现实生活中也可以找到体现。例如，科幻电影中，人类社会被电脑或者机器控制，人类成为机器的奴隶，这一看似荒诞的情境其实也是当前信息社会的部分写照。事实上，科学技术的迅猛发展，在解放人类双手的同时，也使人类对于技术的依赖程度逐渐增强，反过来人类逐渐成为技术的被奴役者，甚至产生了人类行为的异化；同样，技术的工具价值也逐渐发生异化，由被控制者异化为统治者。随着技术对人类社会影响的深入，人类理性逐渐丧失了价值理性的成分而慢慢仅剩下工具理性，而且信息网络技术的发展使得这一工具理性得到了进一步强化。[1]人类在网络空间中价值理性的逐渐丧失以及信息技术的巨大能量，使得人类社会开始面临缺乏理性支撑的问题。因此，尽管唯技术对抗论者表面上看似对技术自身的自信，但实际上却没有看到人类自身对技术的依赖。这是因为，人们虽然享受信息网络技术带来的巨大便利，但受压抑和异化现象却更加严重，在技术控制面纱背后所显现出的是人类被全面奴役的现实。人们很容易被网络的技术便捷所驯服，根据广告、电视、广播等传媒不断涌现的宣传去追求技术便利，从而渐渐失去了操作和控制技术的能力，因此，以技术对抗技术，某种程度上讲是不现实的。

此外，更为重要的是，技术对抗论者忽视了国家、社会对于网络犯罪的否定性评价。网络犯罪的防治不仅仅是犯罪人与被害人或者与国家之间的博弈较量，其中还蕴含了国家、社会对于网络犯罪的否定性评价，技术对抗论恰恰忽视了这一点，将技术优劣作为网络空间的生存法则，必然造成"弱肉强食"的混乱局面，也必然导致社会公众对于网络犯罪人的技术膜拜，淡化网络犯罪本身所具有的的受谴责性和违法性，这正是技术对抗论的关键问题。

（二）刑事法律防控论：为技术构建规则

随着网络监控[2]、网络过滤[3]、网络陷阱侦查技术在打击网络犯罪实

---

[1]　刘守芬、方泉：《行为与罪责：基于网络技术的几点适应性考量》，载《北京大学学报（哲学社会科学版）》2004年第3期。

[2]　网络监控是指侦查机关针对网络运行中的数据进行的截获、复制、记录等取证活动。

[3]　网络过滤是指具有特定职权的机构及其人员出于保护国家安全等特定目的，运用网址封锁等各种特定的网络技术手段，依法限制对违反国家法律法规的特定信息数据进行访问和读取的一种公法行为。

践中的应用，网络技术在网络犯罪治理中的作用不可小觑，但其仍无法取代刑事立法与司法的地位。

1. 刑事法律防控论观点综述

对于网络犯罪，典型的刑事法律防控论者认为网络犯罪作为未来社会的主要犯罪形式之一，已经远远不仅是技术防控的问题，而是上升为法律范畴的问题。因此，应当从法律和国家政策层面采取有效对策。因此，法律优先论的观点对唯技术对抗论进行了质疑："技术员本人能够控制技术吗？现在的麻烦是技术员总是专家，而且除了他自己的技术之外，根本谈不上已经控制了其他任何一项技术。一些人认为技术在自身中承载了它的意义，他们几乎不会发现赋予他们行动以意义的价值。他们甚至不会去寻找它们。他们能做的唯一事情是应用其技术专长，协助技术改良。他们原则上不可能俯览技术问题整体，或者从全球维度来观察它。因此，他们完全没有能力控制它。"[1]

从20世纪60年代起，世界各国相继展开计算机网络和网络犯罪的立法，为打击网络犯罪提供了有力的法律依据，并对犯罪分子起到了一定的震慑作用。例如，德国犯罪学家施奈德认为："专门针对计算机犯罪的刑法条款比之把计算机犯罪归属于一般的刑法条款（诈骗、盗窃、侵占、贪污）具有更大的震慑作用。这种专门的刑法条款不仅仅服务于明确无误地适用刑法，而且也能够为形成一种计算机职业内部的职业道德打下基础。"[2]还有学者强调了规则在技术时代的重要性，认为"一个文明社会的法律前提，即凡是采取某种行动的人将在其行动中以应有的注意不使其他人遭到不合理损害的危险。所以，当我们穿过街道时，可以合理地期望不会有人不顾红绿灯的交通管理规则而开车撞到我们身上来"。[3]

2. 刑事法律防控论观点评析

刑事法律防控论的观点，客观上看到了技术的可被控制性，关于人类在调控技术作用方面，认为"人类可以根除技术的负效应，可以有效地操纵这一工

---

[1] 吴国盛编：《技术哲学经典读本》，上海交通大学出版社2008年版，第124页。

[2] [德] 汉斯·约阿希姆·施奈德：《犯罪学》，吴鑫涛、马君玉译，中国人民公安大学出版社1990年版，第72页。

[3] [美] 罗斯科·庞德：《通过法律的社会控制》，沈宗灵译，商务印书馆2010年版，第49页。

具以改善人类的状况"。[1]但是，这种观点仅仅认识到法律规则在调控技术发展方面所具有的不可替代的意义，却忘却了"徒法不足以自行"的教条，也忽视了技术防护在防治网络犯罪中必不可少的基础作用和"防线"作用。[2]客观地讲，目前关于网络犯罪的侦查、审判等活动中均无法舍弃计算机技术和网络技术的配合，而电子证据更是与信息网络技术紧密相关，因此，离开了技术的保障，关于网络犯罪的立法也会失去执行的物质基础和保障，很大程度上使得相关条文成为一纸空文。

关于刑法对于网络犯罪的规制，恰如英国物理学家彼得·狄克拉所指出的："如果在技术与人中要责备一方，那么应该是制造和使用工具的人，而绝不应该是工具。"[3]这是因为技术并不是独立于人之外的无关客体，是人本质力量的外化，是人的行为和存在方式。因而，首先要控制人本身，才能控制技术，而这又恰恰需要刑法的积极介入，去将人类利用网络技术实施的不法行为及其带来的恶果予以及时的评价和规制。

四、"马法非法"之辩：网络犯罪刑法应对的时代必然

鉴于当前网络犯罪的高发态势和现有立法的滞后，通过完善当前的刑法体系，可以为网络犯罪的治理提供刑法保障与后盾。但是，同时也应兼顾刑事立法与技术防控的协调。概言之，关于网络犯罪的惩治，技术防护是必不可少的物质基础和技术保障，刑法规范是重之又重的坚强后盾和规范保障。

为了应对网络犯罪难题，世界各国从 20 世纪八九十年代就开始了相关的立法探索。经过 30 余年的立法尝试与努力，初步完成了网络犯罪立法从无到有、从创建到完善的历程，基本解决了网络犯罪立法必要性的争论议题。需要强调的是，从刑法角度研究网络犯罪，并不不同于以往的大部分网络犯罪研究，总是基于特殊的网络犯罪行为或者网络犯罪现象开始研究，此类研究往往给人"为现象立法"之感。笔者曾经戏称，当前网络犯罪的研究完美地实现了犯罪学与刑法学研究的有机契合，犯罪学提供前提和基础，刑法学给予更深层次的规范性思考。网络社会本质上仍然是建立在网络技术基础之上

---

[1]　[美]理查德·斯皮内洛：《铁笼，还是乌托邦　网络空间的道德与法律》，李伦等译，北京大学出版社 2007 年版，第 8 页。

[2]　参见皮勇：《网络安全法原论》，中国人民公安大学出版社 2008 年版，第 99 页。

[3]　参见邹删刚：《技术与技术哲学》，知识出版社 1987 年版，第 40 页。

的现实社会中的一个组成部分，现实社会中几乎所有的犯罪类型均可以在网络空间中得以实现。同时不容否认的是，也存在一些带有明显网络特征的犯罪形式。因此，网络犯罪的基本类型虽大致与现实社会的犯罪类型相同，但也有许多新特点，这也决定了网络刑法与传统刑法的调整领域。

（一）网络犯罪立法的必要：技术变革助推刑法整体更新

对于网络行为的调控是否需要制定特殊法律，曾经一度引发过激烈的争论，即网络空间是否需要一套特殊的法律？或者，适用于现实空间的法律做一些调整和完善后，是否也适用于网络空间？对此，弗兰克·伊斯特布鲁克（Frank Easterbrook）法官曾经指出，正如没有必要制定"马法"（Law of Horse）一样，也没有必要制定"网络法"，[1]此言就是后来大家所熟悉的"马法非法"之争。

将网络法理解为"马法"没有对网络法的概念进行准确认识，没有看到网络背后所存在的一系列法律问题，仅仅将其简单地理解为与网络有关的法律。例如，隐私权的保护在网络空间与现实社会中是截然不同的，网络的技术力量给公众隐私的保护带来了前所未有的挑战，1997年10月美国《时代》周刊以"隐私之死"作为封面标题指出了信息时代背景下隐私权保护的重大难题。为了应对网络发展对公民隐私带来的侵害，西方发达国家相继出台了《数据保护法令》，根据网络发展的特色专门制定出网络空间中的隐私保护法。例如，德国的有关网络犯罪立法，对于"数据资料"进行了较为完整的保护，与我国以"系统"为核心的罪名体系不同，德国立法更像是以"数据"为核心的立法体系。德国刑法围绕数据资料进行了刑事立法的保护，尤其对于企业信息数据安全给予了特殊保护。德国的网络犯罪立法模式以保护数据安全为己任，围绕对数据安全的保护，对于侵犯数据安全，干扰数据正常运行的行为进行了刑法制裁。这与我国以保护计算机信息系统为中心的立法模式不同，因为计算机以数据为中心，保护数据即可以使得网络犯罪立法不至于过

---

〔1〕 Frank Easterbrook, "cyberspace and the law of horse", *university of Chicago law forum*, 1996: 207. 所谓"马法"源自1996年在美国芝加哥大学召开的一次网络空间法研讨会，其间对于网络法的地位产生了激烈的争论，美国联邦上诉法院弗兰克·伊斯特布鲁克法官抛出了"马法非法"的言论，他将网络法比喻为"马法"（关于马的法律），并指出"马法"不是一个必要的法律部门，马的所有权问题由财产法规范，马的买卖问题由合同法约束，马伤人由侵权法明晰责任……如果企图将上述问题汇集为一部"马法"，将极大地损害法律体系的统一性。同样，网络空间的许多行为都可以归入传统法律体系加以调整，为了网络而人为地分割现行法律创制网络法没有任何积极意义。

度滞后于互联网的迅猛发展。某种程度上讲，我国当前刑事立法滞后于网络犯罪的根源之一也在于以保护计算机系统为核心的立法模式选择，满足不了当前的网络犯罪高发态势。梳理当前网络犯罪，其本质上都是针对数据的妨害展开的，即使诈骗罪也是以编造、修改数据信息实施的犯罪行为。德国1986 年 8 月 1 日的第二次经济犯罪防治法即对该国刑法加以修正，加入了有关防治计算机犯罪之各项规定，其主要包括计算机欺诈罪、资料伪造罪、刺探资料罪、变更资料罪、计算机破坏罪等规定。从内容上讲，德国围绕数据资料分别设置了资料伪造罪、刺探资料罪、变更资料罪，分别对应于德国《刑法》第 269 条规定："意图在法律交往中进行欺骗而储存或变更可辨识状态下为伪造或变造文书之重要证据资料，或使用在此状态下所存储或变更之资料者，处 5 年以下自由刑或罚金。本罪之未遂犯，处罚之。第 267 条（笔者注：伪造文书罪）第 3 项之规定（情节特别严重者），准用之。"德国《刑法》第 303 条 A 规定："非法删除、隐藏，使不能使用或变更资料者，处 2 年以下自由刑或罚金。本罪之未遂犯，处罚之。""第一项所称资料，仅指以电子、磁性或其他非可直接以感官辨识之方式所存储或传送者。"根据该规定可以发现，变更资料罪的犯罪构成不以对客体作物理性侵害为必要，即将记忆或储存中的资料予以删除或妨害者亦可构成，且包括将资料"隐匿"之情形，故其处罚范围明显比一般的毁损罪更为广泛。除此之外，对于网络言论自由、大数据保护、虚拟财产等问题，都面临着现有法律评价短板的问题。当然，目前已经很少有人质疑网络犯罪立法的必要性，只是对于网络犯罪立法的迫切性还存在争议。

（二）网络犯罪立法中技术规则的吸收：技术防护与刑法规制的协调

网络犯罪的治理模式应当坚持技术与刑法的相互协调，技术规则与法律规范在本质上都是一种规则体系，二者之间也有着相似的运行原理（如表 1-2 所示）。社会规范与技术规则作为指导人类活动的规则模式，其本质上均是一种导向性规则，区别在于导向领域与导向形式的差异，尽管二者在评价范围、评价内容、评价结果等方面存在形式的差异，但其内部也存在着相关联之处，这就给技术规则与社会规范之间的协调与借鉴提供了契机。

表 1-2　社会规范与技术规则的运行机制[1]

	社会规范	技术规则
定义的层面	主体通性的日常用语	缺乏联系的语言
定义的种类	相互的行为期待	有条件的预测 有条件的绝对命令
谋求职业的机制	角色的内在化	技能和资格评定
行为类型的功能	制度的维护（在相互强化 基础上的规范的一致性）	问题的解决（目的的达到， 用目的和手段的关系说明之）
破坏规则时应 受到的制裁	以惩治条例为依据的 惩罚：功利的丧失	没有成果：实际的失败
"合理化"	解放，个体化， 自由交往活动的扩大	生产力的提高， 支配技术力量的扩大

　　一方面，立法是跟着技术变革而更新还是不跟进技术步伐。技术发展迅速，立法实际上无法跟进技术的发展，因此需要把握技术发展的方向。网络犯罪立法天然地与技术性因素相联系，在立法内容[2]与立法形式[3]上均可能体现信息技术特色，这就使得作为社会规范的刑法规范可以最大限度地吸收技术规则的内容，尤其是法律法规中的技术性规范则是典型的技术规则的立法吸收。同时，对于犯罪圈大小的确定也需要考虑技术措施因素，即只有单靠技术对策无法解决的问题才能纳入法律评价范围之内，其中对于具备一定社会危害性的行为才能纳入刑法评价范围之内，这也最大限度地实现了技术规则与刑法规范在调整社会活动上的契合与合作。另一方面，重视技术对于网络犯罪的防范作用。这是因为网络犯罪更多的时候，只有发生了一定的损害和危险，才能找到具体的被害人。例如，大多情况下我们并不知道我们

---

[1] 参见吴国盛编：《技术哲学经典读本》，上海交通大学出版社 2008 年版，第 152 页。

[2] 技术性词汇，如侵入、计算机信息系统等。

[3] 对特定专有技术名词应给予明确化解释，这就需要增加特殊的条款甚至章节去明确特定技术名词的专有概念，这也是罪刑法定原则的形式要求。

的计算机信息系统在遭受攻击，而当我们有所察觉时，后果可能已经非常严重了。之前技术控制往往只关注技术应用所带来的后果，即对技术应用阶段的控制。但是，今后技术设计应在源头上注重控制和减少技术负效应，主要包括技术决策、设计、研发、应用、评价的全过程，"全程控制"的思想就是技术设计的核心。综上所述，技术作为一种中立的力量，它完全依赖于人类的目的和目标。技术规则可以从技术层面约束技术的发展和应用，而社会规范则更多地是对技术应用过程中的调整和干预，二者重点针对的阶段与方向均有所差异，从这个层面讲，技术规则调整在前，社会规范调整在后。因此，修订刑法的客观标准还需考虑是否存在法律之外的技术防护手段。

第二章

网络犯罪刑法处罚的可罚性边界

面对愈演愈烈的网络犯罪给现实社会秩序形成的冲击，包括我国在内的世界各国均在积极探索立法应对模式，以此保障网络空间中的正常秩序和现实法益。关于具体的立法思路，康德曾经指出："一切立法，不论是涉及内在的或外在的行为，也不论它来自纯粹理性的先验的命令，或者是由于别人的意志的规定，都涉及两个因素：第一是法则，该行为出于客观上的必然性，是应该发生的，因而把这种行为变成义务；第二是动机，他把意志对上述行为作出决定的原则，以及内心对上述行为的表述，主观地联系起来，因此，这个法则式的义务成为该行为的动机。通过第一个因素，该行为便体现为一种义务。通过第二个因素，要按此行动的责任，便与意志本身作出决定的原则在主体中联系起来了。"[1]从立法论上讲，哪些行为应该纳入刑法的打击半径，其入罪化的标准及根据何在，网络犯罪立法的价值取向为何，针对网络犯罪立法的目标是什么，重点回答网络犯罪立法所应保护的法益是什么，当前社会受到的网络犯罪的威胁是什么，以及应对此类威胁立法所要采取犯罪化的标准和限度是什么？对此，诚有学者从刑事政策建构的角度作出相似的论述：为了合理建构网络犯罪的立法体系，我们有必要有意识地在静态意义上去理解网络犯罪立法的核心理念与要旨，从中挖掘出网络犯罪立法的内涵、外延、立法价值、立法目标、立法原则等。[2]

---

〔1〕 ［德］康德：《法的形而上学原理——权利的科学》，沈叔平译，商务印书馆 1991 年版，第 19 页。

〔2〕 参见侯宏林：《刑事政策的价值分析》，中国政法大学出版社 2005 年版，第 116 页。

第一节　网络犯罪刑法应对的基本理念

网络犯罪立法首先需要解决的问题是立法价值的协调，唯有明确各种价值与权限的衡平，才能在理念和方向上指导相关立法应对策略的选择。对此，诚如古希腊思想家亚里士多德所言："要使事物合于正义，须有毫无偏私的权衡，法恰恰是这样一个中道的权衡。"[1]

一、法律价值的现实抉择：网络自由与网络秩序的立法体认

诚如哈耶克在《自由秩序原理》一书中对于自由的探究，自由与法律之间、自由与社会秩序之间，究竟该如何衡平，一直成为学界论争的理论焦点。因此，某种程度上讲，无论是网络犯罪的刑法回应，还是网络刑法的体系化构建，均应对网络空间中自由与秩序的价值衡平进行思考。目前，关于网络空间中的表达自由、网络规范构建等方面的理论研究不断完善，网络实名制的制度尝试、公民网络信息保护等方面的制度探索也在日益展开，这都表明无论是理论层面，还是制度层面，都已经开始关注并致力于网络秩序的规范。在此背景下，应结合网络违法犯罪的特征和发展趋势，合理平衡名誉权与公民的表达自由，在现有罪名体系的框架内充分发挥司法能动性，着力思考网络犯罪行为的刑事治理策略。

（一）网络秩序与网络自由的价值博弈

随着社会法治的进步，个体尊严和自我价值受到了前所未有的重视，因为它是主体作为一个人所应具有的最起码的社会地位并且受到他人和社会最起码的尊重的最基本条件。诽谤罪的存在价值，就在于捍卫这个个体存在的基本权利。但是，诽谤罪的适用，将不可避免地涉及另一项基本的宪法权利：表达自由权。表达自由是民主政治的基石，而且也是国际人权规范的重要内容。1948 年的《联合国人权宣言》首次规定了表达自由权。该宣言的第 19 条规定："人人有权享有主张和发表意见的自由；此项权利包括持有主张而不受干涉的自由，和通过任何媒介和不论国界，寻求、接受和传递消息和思想的自由。"1966 年的《公民权利和政治权利国际公约》将表达自由权扩展到

---

[1]　[古希腊]亚里士多德：《政治学》，吴寿彭译，商务印书馆 1981 年版，第 169 页。

了所有的媒体："人人有自由发表意见的权利，此项权利包括寻求、接受和传递各种消息和思想的自由，而不论国界，也不论口头的、书写的、印刷的、采取艺术形式的，或通过他所选择的任何其他媒介。"《经济、社会及文化权利国际公约》要求跨越国与国之间的表达自由必须考虑和重视全人类社会、科学和文化的发展，特别是首次确认了通过互联网使不同地区、不同国家、使用不同语言的人之间进行各种各样的交流，各国不应当对互联网上的表达自由进行过多的限制。[1]我国《宪法》第 35 条亦规定了表达自由与言论自由。

客观地讲，在法的诸价值——正义、自由、秩序、安全、效率中，自由和秩序价值成为立法所应首要关注的核心价值，尤其在网络空间中，关于自由与秩序的平衡更是重中之重。根据联合国 1946 年第 59 号决议宣告："查情报自由原为基本人权之一，且属联合国所致力维护之一切自由之基石。"但是，当世界各国都在通过立法保护公民的"网络自由"和"信息自由"时，却很少有人从根本上思考网民在网络中真的自由吗？对此，笔者不用过多的篇幅去论证，仅借用一学者的研究观点做一概述："技术绝不可能产生自由。当然，技术把人类从古代限制的整体中解放了出来。很明显，比如说，通过技术，人从强加在其上的时空限制中解放出来；通过技术中介，生活在今日技术社会中的人，又被强加上另外的限制，而它们和传统的限制一样压抑而严酷。各种新的限度和技术的压抑已经取代了旧的、自然的限制，而我们肯定不能断言已经获得了许多。更加深刻的问题是：技术的运行与自由相违背，这一运行是决定论的和必然的。这全都是很好地表达为一种必然的秩序和确定的过程，而它不可能让自由的、异端的，以及无根据的和自发的领域渗透其中。后面这些可能会把不和谐和无秩序引进来。社会中技术行为增加得越多，人的自主性和主动性就消失得越多。"[2]

由于上述价值之间存在着目标与实现方式的不同，使得其间必然存在诸多冲突。因此，有效处理与协调相关法的价值，对于指导今后立法活动的重心与方向具有重要意义。具体到网络犯罪的立法层面，由于网络空间中对于网络安全的关注某种程度上更加高于现实空间，随着信息网络技术的迅猛发

---

〔1〕 参见郭道晖：《论表达权与言论自由》，载《炎黄春秋》2011 年第 1 期。
〔2〕 吴国盛编：《技术哲学经典读本》，上海交通大学出版社 2008 年版，第 126 页。

展，网络空间所赖以存在的基础网络和信息系统愈加庞大，其中所承载的信息内容、财产价值等逐渐增多，网络安全几乎关系到整个社会的安全，对于网络空间秩序的破坏必然对现实社会产生巨大的影响。因此，对于网络犯罪的管控某种程度上更加重视对网络秩序的维护，而这就需要通过立法去有效维护网络空间中的秩序与安全，具体模式就是"把自由与责任联结，为平等的自由提供保护机制。社会生活中的自由与责任是对立统一的：一方面，责任是对自由的制约与限定；另一方面，责任又是对自由的保护机制"。[1]这也是一般所讲的"法律的目的不是废除或限制自由，而是保护和扩大自由"。[2]需注意，尽管网络安全的维护需要个人牺牲一部分自由去保障秩序的实现，但应时刻警惕以秩序为名牺牲自由的危险。

（二）网络犯罪刑法评价的基本理念：网络秩序与网络自由的衡平

网络犯罪同现实社会中的犯罪一样，网络犯罪的刑法规制也面临着言论自由与公共秩序保护的合理平衡问题：一方面需要采取合理步骤确保公众权益受到保护，另一方面又需要确保网络言论的顺畅表达。网络言论某种程度上反映了民众的现实愿望，是彰显网络民意的重要渠道，不合理的压制网络民意极易侵犯网民的言论自由权。但是，在保障言论自由权的同时，个人名誉权同样也应受到尊重。以网络诽谤为例，网络诽谤的法律性质在于，通过非法捏造虚假事实并采取密集发帖、撰写博客等方式，在网络空间中发布、传播诽谤信息，实现诋毁他人名誉和人格的目的。但是，这种发生在网络空间中的虚拟行为，实质上却是对他人在现实社会中名誉的诋毁，并在实际上严重损害了他人合法权益。具体言之，网络诽谤行为的刑法评价核心在于诽谤，网络只是诽谤者实施诽谤行为的工具和场所，尽管网络诽谤行为发生在网络空间中，但其法律性质、行为表现形式乃至犯罪构成都与现实社会中的诽谤行为毫无差异。网络诽谤与现实社会诽谤行为的显著区别，即在于发布、传播诽谤信息的载体和空间由现实社会转移到了网络空间中，但此类行为的性质并没有发生改变，同样也不会影响法律责任的承担。对此曾有学者指出：发生在现实社会中的诽谤行为，其发布和传播的媒介往往表现为书籍、杂志、报纸、检举信件等平面的纸质媒介，尽管在网络空间中实施的诽谤行为的信

---

〔1〕　刘爱龙：《立法的伦理分析》，法律出版社 2008 年版，第 123 页。

〔2〕　〔英〕洛克：《政府论（下篇）》，叶启芳、瞿菊农译，商务印书馆 1964 年版，第 36 页。

息载体发生了变化，但行为的性质和违法犯罪目的并没有发生变化，甚至有过之而无不及。有鉴于此，《关于维护互联网安全的决定》第4条指出："为了保护个人、法人和其他组织的人身、财产等合法权利，对有下列行为之一，构成犯罪的，依照刑法有关规定追究刑事责任：（一）利用互联网侮辱他人或者捏造事实诽谤他人；……"

网络诽谤实质上仍然属于诽谤的一种，不能仅仅因为其发生在网络空间中就对其予以放纵或者苛严，只是由于网络的特殊性使其相较于现实社会中的诽谤违法犯罪行为具备更为广阔的内容，在侵犯对象上不仅包括了个人，还包括了对公司商誉的诋毁，在形式上不仅限于一般的媒体平台，还延伸到了网络聊天室、网络游戏、网络公告板。因此，鉴于网络诽谤行为的一般性与特殊性，今后的防控措施既应考虑到现实社会中诽谤行为的特点，又要兼顾到网络诽谤的特殊属性，尤其是"网络水军"的出现更为网络诽谤的法律评价带来了新的难题。但是，合理解读一系列网络诽谤行为背后所体现的法律性质，就可以对利用网络实施的诽谤等犯罪惩治与预防问题形成清醒的认识。因此，通过对网络诽谤行为的性质及其危害性解读，可以发现网络水军实施的诽谤行为某种程度上正呈现出日益高发的态势，并且社会危害性也进一步放大。有鉴于此，今后应当加大对网络水军实施诽谤行为的打击力度，遏制网络诽谤愈演愈烈的高发态势，为真实网络民意表达营造健康的网络空间，防止网络民意被网络水军所架空。

从国外司法实践来看，诽谤罪目前几乎很少适用，在国内也出现了限制诽谤罪适用，甚至废除诽谤罪名的呼声。例如，有学者明确指出：为了杜绝因涉嫌诽谤罪刑拘公民、网友的事件，应从立法层面上将侮辱诽谤罪名从刑法中剔除，对该类案件应以民事纠纷论处，适用2009年《侵权责任法》而非《刑法》。[1]客观地讲，我国现阶段立刻将侮辱诽谤罪予以非犯罪化有些难度，但较为可行的是，应当严格限制诽谤罪的适用范围，避免司法过多地干预公民言论权利，避免频繁发生的网民"因言获罪"的司法尴尬。因此，在目前利益多元化的网络背景下，立法者和司法者的职责就是应通过对法律利益的分配和协调，将各种利益冲突控制在合理的范围之内，最终实现最大多数人的利益。诚如有学者所言："刑法保护社会秩序不在于将个人置于立法者

---

〔1〕 参见李凤梅：《诽谤罪：解读与抉择》，载《中国检察官》2010年第12期。

或司法者所预期的位置，或者要求个人达到国家或社会为其设立的特定目标，而在于确保个人自由行动时不违背有利于社会秩序生成的条件。"[1]具体到网络诽谤案的处置模式中，就是应当将平衡网络言论自由与名誉权摆在首要位置。进言之，尽管"网络水军"的存在某种程度上诱使网络诽谤频发，甚至粗暴地干预了网络民意，但不能因此对网民的言论自由进行过多限制，否则就有因噎废食之嫌。因此，为了保障公民的言论自由，有必要限制公权力对诽谤案件的介入，在网络诽谤案的司法实践中应当严格坚守法律底线。通过对网络诽谤案例的实证研究发现，司法对于网络诽谤的主动介入在很大比例上属于针对政府机关和国家公职人员的案件，对于针对普通个人实施的网络诽谤却推脱不属于公诉案件范围，甚至出现了一系列关于诽谤政府、诽谤国家公职人员的"冤假错案"，如山东曹县青年段磊诽谤案、河南灵宝青年王帅诽谤案最终均以证据不足撤案，并由公检法人员向本人赔礼道歉。这些都导致公众将网络诽谤的司法治理潜意识地理解为权力机关打击公众言论自由的手段。因此，对于网络诽谤的司法治理，在维护网络秩序的同时，更应关注的是怎样做到公民表达自由、公民网络监督权利与他人名誉权利的平衡，以及怎样做到网络诽谤案件的司法介入既不滥权又不越权。网络言论某种程度上反映了民众的现实愿望，是彰显网络民意的重要渠道，不合理地压制网络民意极易侵犯网民的言论自由。但是，在保障言论自由的同时，个人名誉权同样也应受到尊重，因为任何权利的行使都有其法律界限，言论自由当然也不能逾越相关的法律边界。

二、刑法介入网络的限度把握：刑法权力与公民权利的衡平

本质上讲，刑事立法中自由价值与秩序价值平衡的关键在于，对刑罚权的限度把握，这需要限制刑事权力在网络空间中的无限扩张，明确刑事执法权在网络空间中的范围。

（一）刑法干预社会与社会自由的协调

犯罪的总量某种程度上与社会的自由有着一定的关系。公权力介入社会的范围越广、管控越严密，犯罪总量则可能越少，但社会的自由度却被大大降低。反之，公权力对社会的管控越少，社会则越有活力，但由于公权力管

---

[1]　参见曲新久：《刑法的精神与范畴》，中国政法大学出版社 2000 年版，第 125 页。

控的减少则可能导致犯罪量的增加。犯罪量与社会自由、与公权力介入社会管控的严密程度相生相克，要想实现犯罪最大限度地减少就需要牺牲最大限度的自由。但是，刑事立法需要思考的应当是，如何在保证社会自由的同时减少犯罪，即刑法对社会的管控应该保持在何种程度才既能实现打击犯罪的功能，又能不过多地侵犯社会自由。

在网络空间中，开放性、创新性和自由性均属于网络运行发展的重要根基，刑法对于网络调控的深度和广度应当有所节制，刑法过度地干预网络空间可能会极大地限缩网络的开放性和创新性，甚至使网络蜕变为缺乏生机活力的一种纯粹工具。

1. 本质问题：刑法权力与公民权利之间的协调

刑法打击犯罪权力的行使，往往可能与公民的部分权利相冲突。例如，对于网络的监管可能侵犯公民的隐私权、通信自由权。如何协调通信自由、个人隐私与公民社会责任是网络犯罪立法需要考虑的关键问题。当前信息时代背景下，网络几乎给人们提供了和现实空间同样的活动场所，成为公众社会活动的"第二空间"和"第二社会"。网络空间中也面临着与现实空间同样的自由与秩序的争议问题，由于网络的开放性和虚拟性，公民自由行使权利的过程中可能对其他公民的自由造成侵害，对于危害性严重的行为则需要刑法的介入。与日益频发的网络犯罪案件相对应，我国司法机关对于网络违法犯罪行为也进行了有力的回应。诸如"深圳判决首例'网络推手'案件""伊利商誉案'网络推手'获刑"等案件的报道，展示了我国司法机关应对网络违法犯罪所作出的努力，但其中也不乏诸多争议，即刑事司法机关是否可以主动介入"未严重危害社会秩序和国家利益"的诽谤行为，以及如何避免国家公权力对公民言论自由的过度侵犯？

同样以网络诽谤为例，"网络水军"介入的诽谤案中只有很少一部分案件的行为人被给予刑事制裁，目前进入刑法打击半径最多的还是个人诽谤行为，但通过对此类行为的透视，也不难对刑事司法应对网络诽谤行为时所面临的司法困惑管窥一斑。例如，在备受舆论关注的陕西汉中"韩某昌诽谤案"中，社会公众以及部分刑法学者对于公安机关主动介入这起网络诽谤案件侦查普遍质疑，认为其违反了诽谤案件告诉才处理的法律规定，属于滥用职权。[1]但在"艾滋女闫某利"案件中，社会态度却发生了完全相反的转变，纷纷指责公安机关"不作为"，后在舆论压力下，警方才主动介入案件调查并最终破获此案。通过对比前后两个案例发现，司法实务部门面对网络诽谤案件时往往处于极为尴尬的司法境地，无论是主动介入还是"静观其变"，都会在某种程度上受到社会公众乃至刑法学者的诟病。但必须指出的一个问题是，愈演愈烈的诽谤行为对于被害人的名誉和人格具有极大的破坏性，由于网络的虚拟性和加害人的隐蔽性，使得受害人在锁定加害者、调查取证等方面存在较大的难度，往往无法顺利地提起自诉。故而在网络诽谤案件中，面对受害人在网络面前的弱小和加害人的日益猖獗，司法机关是否应该主动介入尚缺乏法律的明确规定，从而导致目前公安机关面临"作为"与"不作为"的两难困境。

2. 问题的侧面：公诉权力的部分转移

在美国等西方国家中，大多数网络犯罪案件往往都是通过民事侵权诉讼程序获得救济。具体到我国应对网络诽谤的司法实践，不妨也可以将网络诽谤的起诉权最大限度地交给受害人，将本质上属于民事个体之间侵权纠纷的诽谤案件尽力剥离于刑事案件之外，充分保障公众的意思自治和言论自由。诚如《国语·周语上》所云："防民之口，甚于防川，川壅而溃，伤人必多，民亦如之。是故为川者，决之使导；为民者，宣之使言。"

目前诟病最多的就是公安机关直接对网络诽谤案件立案侦查的问题。具体言之，我国《刑法》第 246 条规定诽谤属于自诉案件，只有在"严重危害社会秩序和国家利益"的情况下才可以由公安机关立案。但是，由于网络诽谤犯罪的隐蔽性和取证难度，大部分此类案件需要借助公安机关的力量才能及时查明真相，这就导致了诽谤案件本身的自诉性质和网络诽谤取证需要国家公权机关介入的矛盾。值得注意的是，这种矛盾不仅存在于司法实践中，而且也延伸到理论界关于诽谤罪完全自诉化与反自诉化的争论中。有学者建议诽谤罪须自诉化，[2]然笔者认为，如果单从现实社会中的诽谤犯罪来讲，完全可以实现自诉化，但对于网络诽谤而言，则不能一概而论。这是因为，

---

〔1〕　同样受到质疑的还有河南"王某跨省追捕案"、内蒙古"吴某全案"以及甘肃"王某案"……他们大都因为在网上发帖举报，被冠以诽谤罪名逮捕，后均被无罪释放。此类错抓错捕案件的频发使得"跨省追捕"成为网络流行的新鲜名词，也给司法机关介入网络诽谤行为的合理性、合法性与保障公民言论自由之间的平衡带来了诸多值得反思的地方。

〔2〕　参见鲁生：《遏止公权滥用，诽谤罪须自诉化》，载《法制日报》2010 年 12 月 3 日，第 3 版。

除了网络诽谤职业化特征日趋明显、社会危害性倍增性扩张等特点外，网络诽谤的匿名性使得单凭受害人个人举证很难达到刑事案件的自诉标准，这就迫切需要公权力提供司法援助。因此，在坚守法律介入诽谤案件底线的同时，推进网络诽谤案件自诉与公诉的有效衔接也是加强网络诽谤治理的应有之义。

从操作层面来讲，首先就要明确国家公权机关在网络诽谤案件中所应承担的职责，对于涉嫌严重危害社会秩序和国家利益的案件以及受害人举证困难的案件，通过自诉转公诉的合理机制将案件及时转移到刑事司法机关，推进相关案件顺利进入刑事侦查、刑事追诉以及刑事审判程序。详言之，网络诽谤案件在一般意义上必须坚守案件的自诉程序，没有受害人起诉，公权力不得介入案件，只有在受害人起诉并由法院对于受害人起诉事由进行审查后，才可以经受害人申请或者决定收集证据，亦可以委托公安机关介入案件侦查。这种程序安排既能避免国家公权力的滥用，又能保护网络诽谤受害人的合法权益，而且公安部1998年5月14日发布实施的《公安机关办理刑事案件程序规定》也从规范层面提供了依据，其第14条第2款规定，对人民法院直接受理的被害人有证据证明的刑事案件，因证据不足驳回自诉，可以由公安机关受理并移交的，公安机关应当受理。

从长远来讲，最好的解决模式还是推进网络参与环境由"不互信"向"互信"的回归。在网络发展的早期，网络用户往往属于特定的个人或者群体，网络服务对象对应于现实社会中的真实身份，他们之间受到现实社会道德与法律规则的约束，存在着现实社会中的"网络互信"。但是，随着网络的普及和网民数量的迅速增加，网络逐渐变成了"陌生人社会"，"在网络空间中没有人知道你是一条狗"成为当前网络空间的真实写照。正是由于这种网络用户之间的虚拟性，使得网络互信前提大大减弱，这也就导致网络言论似乎成为不受法律约束的法律真空地带，某种程度上刺激了网络诽谤的猖獗。因此，改变目前网络身份虚拟的现实，或许能够从根本上解决网络诽谤言论盛行的难题。对此，可以借鉴韩国、澳大利亚等国推动并日益成熟的网络实名制度，通过在网络空间中构建起一个真实的现实社会，最大限度地减少网络违法犯罪行为的发生。

（二）刑法的积极性与谦抑性的兼顾

从本质上讲，刑法更多地受到国家政治体制的影响，其担负着维护社会秩序、保障公共安全的时代使命。因此，当某些恶性"法治事件"引发社会众怒的情况下，刑事立法便被作为应急性手段"千呼万唤出来"。继而新罪名的制定，则往往给社会公众以安抚，宣示了相关社会问题已经从国家立法层面得到解决，此时刑法更多地充当了安抚民众的角色。但是，在风险社会中以保护社会为由侵犯公民自由的可能性极大增加，如果借口保护社会不断蚕食公民自由，那么对公民权益的过分剥夺会导致整个刑法被毁弃。因此，不能片面追求刑法对社会的保护，在刑法保护社会的同时，强调公民的自由权利更为重要。诚如我国有学者指出：刑法顺应时代变革，对社会转型过程中出现的新问题作出积极回应是应该的，但是这种刑法主动应当谨慎前行，以避免带来一个新的制度风险——风险社会的刑法危险。[1] 刑法与其他部门法一样，有着通过评价功能塑造社会公众行为模式的价值功用，但是对于刑法的机能不能过于苛刻，不能强迫刑法超越法律功能以外的范围去履行使命，一味地苛求刑法保护社会的机能将可能导致刑法正当性和威慑性的减损。因此，刑法本身所具有的功能局限性，使它成为维护社会秩序、保护社会所不得已采取的必要手段，除此之外，对于刑法功能的寄托都是过度的执迷。因此，必须客观地看待刑法的功能，这是因为"刑法首先是一部律法，只是具备法律的功能，不能超出法律的功能去苛求实现法律领域之外的目的；其次，刑法只是一部部门法，不能超出部门的意义去实践非刑事法领域的功利"。[2] 如前所述，网络诽谤的刑法制裁不仅关涉名誉权与公民言论自由的平衡，还涉及公权力与私权利的界限问题。因此，对于网络犯罪的治理应在发挥司法能动性的基础上，针对集团化、团体化等危害严重的网络犯罪行为从严打击，针对网民正常的言论发表则应避免过多介入。另外，对于国家公职人员的监督和批评，不能盲目地定性为网络诽谤，尽管网民对于国家公职人员的批评过于苛刻甚至与实际情况相背离，但只要其主观上不具有造谣诽谤的故意，就应当最大限度地不作为犯罪处理。这一方面能够充分保障公民的批评监督权和举报权，实际上，正是网民通过网络监督挖掘出了"表哥"杨达才、"天价烟"周久耕、"离婚承诺书"单增德，以及郑州"房妹"事件，网络反腐成为当前反腐工作的重要线索渠道；另一方面鉴于以往司法机关对于"官员

---

〔1〕 参见龙敏：《秩序与自由的碰撞——论风险社会刑法的价值冲突与协调》，载《甘肃政法学院学报》2010 年第 5 期。

〔2〕 参见孙万怀：《刑法的功能贫困——惩治腐败的阶段性思考》，载《华东政法学院学报》2003 年第 4 期。

诽谤案"积极介入导致的"冤假错案"和民众对于政府打压网络舆论的反感，今后司法过程中对于涉及国家公职人员的网络诽谤案，首先应当对行为人言论自由进行充分尊重，避免"因言获罪"的不良影响再次产生。因此，为了保障公民的言论自由，有必要限制公权力对诽谤案件的介入，根据诽谤对象的不同确定司法介入的程度和模式。具体到网络诽谤案的处置模式中，就是应当将平衡网络言论自由与名誉权摆在首要位置，类似于河南"王帅案"、内蒙古"吴保全案"、甘肃宁夏"王鹏案"等举报政府违法行为的案件，在举报事实没有重大纰漏且不存在诽谤恶意的情况下，完全没有必要将其纳入刑法打击的半径。进言之，尽管网络造谣诽谤严重诋毁他人，甚至粗暴地干预了网络民意，但不能因此对网民的言论自由进行过多限制，否则就有因噎废食之嫌。

因此，为了保证罪刑法定原则在网络空间中的适用，必须严格限制刑法在网络空间中的滥用，这就首先需要考虑，对于网络空间中的各种不法行为所引发的不同程度的危险而危及的法益进行精准描述，以此作为刑法介入网络空间的根据。信息网络系统经常作为实施传统犯罪的工具，某种程度上讲确实给犯罪插上了"翅膀"，为传统犯罪的实施提供了丰富的手段、广阔的平台和极为隐秘的掩饰（例如，如果采用传统的手段，此案可能根本不会发生）。但是，从刑法规范评价的角度来讲，这种以网络为工具的网络犯罪，仅仅属于犯罪手段的网络化而已，只是犯罪在信息时代所"探索"的一种新型犯罪手段，并不存在刑法层面的规范意义。但是，不得不承认的是，尽管以网络为工具实施的犯罪行为对于刑法理论并无实质的冲击，但是随着信息网络数据在日常生产生活中所占据的重要位置，传统的各种法益确实受到了不合理使用信息网络技术不法行为的威胁。例如，个人信息数据、企业信息与安全、信息网络诈骗、在线洗钱等。从某种程度上讲，尽管这些行为只不过是传统行为在网络空间中的触角延伸或者变异，但各国现有法律体系对于各种此类危害所威胁到的法益而言，确实未提供充分的保护。因此，从当前网络犯罪的案发数量和审判数量来看，日渐多发的信息网络不法行为逐渐导致传统法益的刑法保护受到削弱，这一现实情况迫切表明：刑事立法应从整体上予以调整和适应。当然，这种刑法上的调整应当是谨慎的。

从传统刑法的保护范围来讲，其往往仅限于有形的、确实的、可视的法益，如果贸然扩大刑法的保护范围将其半径延伸至网络虚拟空间，则可能违背罪刑法定原则。例如，传统的伪造罪仅要求物质性的文件或者证照被伪造，而把更改存储于计算机内的信息排除在此类犯罪之外（当然有其他罪名定性）。这仍然表明，利用网络实施的传统犯罪对某些法益的侵害仍然无法得到全面完整的刑法评价，对于这些侵犯刑法保护法益的新型手段是否需要刑法介入需要进一步的评估。其基础在于，首先对网络犯罪和非网络犯罪的社会危害性进行比较，结果不难发现，网络犯罪比传统犯罪更具危险性，特别是网络诈骗远比传统的诈骗危害范围和规模大得多。另外，网络犯罪比传统形式实施同类犯罪的机会多很多，某些情况下，网络技术的迅猛发展已经导致一些需要保护的新型法益受到威胁。这些法益本质上仍然属于传统法益在网络空间中的衍生。网络法益与传统法益的差异在于：资料的存储、处理和传输方式及资料本身的有效性；计算机信息系统及其所容纳资料的完整性；对某些资料的排他性。某种程度上讲，当前社会已经开始建立在信息数据的流通基础之上，对于信息的保护也不应给予财产权意义上的绝对的、排他性的保护。根据处于危境中的信息的特殊形式和涉及的安全措施，必须形成具体的见解以决定信息这一特殊形式究竟应该获得何种程度的保护，信息占有者的利益与社会要求新知识自由流通的利益需要加以平衡。因此，对于在社会生产生活中日益重要的数据及其无形价值的保护，应当提上刑事立法的议事日程。

第二节　网络越轨行为犯罪化的刑事政策

信息技术变革所带来的犯罪对象的扩大和犯罪手段的变异，是以往任何时代所无法比拟的，对于几乎呈几何性倍增的网络越轨行为，刑法不可能也没有穷尽列举，问题的关键在于对现实社会传统法益和社会关系的维护。尽管随着信息技术的发展和网络社会的壮大，刑法所保护的法益在形式、类型上均发生了异化与增生，但大部分仍然可以通过刑法的扩大解释和刑法条文的延伸予以解决。因此，在网络犯罪层出不穷的信息时代背景下，刑法对于网络犯罪制裁的问题本质并不在于随着犯罪的异化疲于奔命式地填补立法漏洞，而在于对信息时代背景下如何保障传统法益与社会核心利益，如人的自由、人身安全、财产安全，等等。但是，进一步的问题在于，任何网络犯罪都是侵害信息网络安全及网络秩序的行为，刑法所保护的网络安全或者网络法益界定于何种限度则需要进一步思考和回答，即刑事立法需要明确网络越轨行为犯罪化的根据和标准是什么。

一、网络越轨行为犯罪化刑事政策的一般性考察

所谓"犯罪化（Incrimination）是指将不是犯罪的行为在法律上作为犯罪，使其成为刑事制裁的对象"。[1]因此，在网络越轨行为入罪化的研究中，把握影响此类行为入罪化的红线即在于技术的更迭与犯罪进而与立法之间的关系。

有学者指出："犯罪化源于两个不同的思路：一个思路是保护社会免受新型犯罪的侵害，这些犯罪通常是与新技术联系在一起的，这种政策可以称之为现代化的政策（应对新技术的发展）；另一个思路是确认新的权利并加以保护，这种犯罪化的刑事政策可以称之为保护化的政策。"[2]（与新的权利出现相关联）。无论是现代化的政策，还是保护化的政策，犯罪化的实现本质上是通过刑事司法活动进行的。这同时说明立法上的犯罪化（正式犯罪化）与实施上的犯罪化（事实上的犯罪化）之间会有一定的差距，而犯罪化的顺利进行则是将这种差距降到最低。

（一）现代化的政策：传统罪名的延伸适用

刑法面临新技术、新方法适用于网络犯罪的现象时，核心的应对思路应该是在现有刑法规范的基础上挖掘现有刑法的潜力，使其能够延伸适用于新的不法行为，这可以称为"司法上的犯罪化"。信息技术的进步和革新导致了一系列偏离现有规范的越轨行为的出现，这些行为不仅侵犯财产权（如网络诈骗犯罪），而且也对公民人身安全产生危害（如侵害公民个人信息犯罪）。对此，世界各国均创制了一系列的规范予以应对。

现有刑法罪名体系在历经多次修正与完善之后，无论是罪名数量上还是条文内容上，均足以满足现实社会惩治刑事犯罪的需要。故而，真正对现行刑法形成冲击与挑战的，是现有罪名体系在当前信息时代与"双层社会"背景下能否继续适用于网络空间的问题。因此，除了对于定量标准的重点关注

---

〔1〕［日］大谷实：《刑事政策学》，黎宏译，法律出版社 2000 年版，第 85 页。

〔2〕［法］米海依尔·戴尔玛斯—马蒂：《刑事政策的主要体系》，卢建平译，法律出版社 2000 年版，第 243 页。

之外，司法解释对于网络犯罪的犯罪对象、客观行为、主观目的、危害性判定等方面均作出了较为完整的解释，尽管这些解释性规定尚未形成体系，但对于指导司法实践，打击网络犯罪发挥了重要作用。

（二）保护化的政策：新罪名的增设

网络空间中新的权利和法益的出现，迫切需要刑事立法作出新的罪名设置，对此需要明确法益与犯罪化运动之间的紧密关系。面对网络犯罪浪潮，全球范围内刑事立法接连不断地出台，某种程度上表明各国的立法者在突飞猛进的信息网络技术面前是惊慌失措的，也表明了立法对数字化、仿真化、信息化的犯罪活动制裁的难度。[1]但是，由于新增罪名属于实质意义上的犯罪化，此类立法行为应该严格把握。对此，有学者从犯罪构成的主观要件上提出了限制，例如，对于网络犯罪的主观罪过，有学者指出：网络犯罪只能是故意犯罪，这是因为随着信息技术的发展和网络的普及，刑法在网络空间中的适用范围不断扩大，为了防止网络越轨行为的过度犯罪化，对于网络犯罪必须限定为故意犯罪。[2]

1. 罪名增设的前提：网络空间新的权益扩张

诚如有学者指出：刑法分则中的每个条文都有其所保护的经过筛选的重要基本价值、利益，即"法益"，"法益就好像天上的星星，在不同时代都有不同的星星显得特别光亮"（Manuel da Costa Andrade 教授语）。事实上，在我们当今网络已经渗入社会生活各个领域的信息时代，已经出现了新的价值、利益"显得特别光亮"。对于这些信息时代不断涌现的新的"星星"，有必要从规范层面及时认定并予以刑法保护。漫游在人类历史发展的长河中，可以发现，人类社会每进步一次，伴随在人类身边的利益和权利就扩张一次，当然，与人类社会相伴始终的犯罪侵害的对象也就扩张一次。以财产犯罪为例，犯罪的对象从有体物、无体物再到虚拟财产。财产权利的保护也经历了从以所有权为核心向以使用权保护为核心的转变。除了诸如大数据等新型权益的产生，传统法律权力在网络空间中也获得了巨大的法益增生。以商标权为例，一般认为，商标产生的最初功用就在于商品标示和信誉保证，随着网络对商

---

〔1〕 ［法］米海依尔·戴尔玛斯-马蒂：《刑事政策的主要体系》，卢建平译，法律出版社 2000 年版，第 247 页。

〔2〕 王世洲：《论我国刑法对电脑信息的保护》，载《法学杂志》2000 年第 3 期。

标领域的渗透，商标所承担的广告功能逐渐被无限放大。对于商标的广告宣传功能，美国法官法兰克福的精辟观点经常在理论研究中被引用："商标是一个推销捷径，它诱导消费者去选择所需要的，或者被引导选择认为自己所需要的商品。商标所有人竭尽全力地运用商标的吸引力来培养市场氛围以利用这种人类天性。不论采用何种方法，其结果都是相同的——通过商标向潜在消费者传递该品牌商品的吸引力。一旦上述目的达到，商标所有人就会获得经济利益。"[1]当然，除了商标的广告宣传功能，商标的商品标识功能、商品保证功能在网络空间中也不容忽视。因此，网络空间中商标的标识功能、保证功能、广告功能被网络进行了无限的放大，尤其网络的开放性和便捷性更使得商标标识商品来源的功能得到了充分发挥，并随之带来了争夺网络市场占有份额的"商标大战"。诚如有学者指出："随着网络技术的迅速发展，尤其是电子商务的突飞猛进使得网上争夺顾客注意力的竞赛日趋变得白热化，已经有人将这场战争称为争夺'眼球'的大战。谁能够锁定客户的注意力，谁就可以在网络空间中生存和发展。"[2]在这种背景下，各种不正当竞争和商标冒用行为随之在网络空间中迅速发展。诚如法谚有云：有利益的地方就有犯罪（Ubi commodum，ibi auctor.），商标权益的网络扩张使得新型网络商标"冒用"的行为迅速增加，刑事立法和司法关注这一网络犯罪异化现象越来越具有必要性和紧迫性。

2. 罪名增设的现实依据：网络权益面临侵害威胁

信息时代背景下，信息数据逐渐成为社会运行的基础性要素，并已逐渐成为重要的生产力要素。信息技术的特点以及网络的开放性，使得网络犯罪的成本极低，同时由于网络的虚拟性又给网络犯罪提供了较好的伪装与掩护，使得网络犯罪具有高度的隐蔽性。但是，真正的危险并不是信息失窃被用于令人反感的每天无休止的推销，而是用于其他犯罪目的。从客观方面讲，计算机信息系统存储的数据逐渐成为财富的象征，成为犯罪人觊觎的目标。加之计算机信息系统自身的脆弱性，使其极易成为犯罪攻击的目标。计算机信息系统中，信息与财富高度集中，使得网络犯罪获利极大，远远比实施传统

[1] Mishawaka Rubber & Woolen Mfg. Co. V. S. S. Kresge，316 U. S. 203，205（1942）. 转引自文学：《商标使用与商标保护研究》，法律出版社 2008 年版，第 34 页。

[2] 黄晖：《商标识别与表彰功能的法律保护》，载郑成思主编：《知识产权文丛（第 5 卷）》，方正出版社 2001 年版，第 335 页。

犯罪获取的经济回报高出成千上万倍。尤其是那些代表货币的计算机信号最容易遭到拦截、偷窃。高明的银行抢劫犯可以不动刀枪就抢劫银行，他们可能藏匿在世界上任何一个角落，通过电话和互联网来达到抢劫的目的。但这仅仅是一般的偷盗，如果公司的信息资源管理不善，就会有信息挟持、恐怖和破坏的犯罪行为发生。有价值的信息存在哪里，哪里就容易变成信息犯罪分子或者犯罪组织攻击的目标。数字化犯罪最主要的一部分是围绕着利用互联网（计算机社会赖以存在和发展的通信方式）犯罪。[1]

3. 罪名增设的合理限度：网络空间新增法益的保护范围与内容

当前信息系统存储着海量的数据信息，其经济价值已经被大家所公认。信息的海量、密集化以及其中存在的漏洞，使网络犯罪立法的保护核心定位于对信息的保护。在信息社会背景中，信息毫无疑问将成为仅次于有形财产的关键内容。在网络社会与现实社会并存的双层社会背景下，发生在现实空间中的传统犯罪并不会消失，而是与网络犯罪并存或者互为主次。犯罪随着新技术的应用不断创新，而刑法理论与刑事立法也应随着犯罪的"创新"而不断"创新"。

二、网络越轨行为犯罪化刑事政策的评估指标

犯罪化的刑事政策为刑事立法的未来思路指明了方向，但是，关于网络越轨行为入罪化的具体标准应如何把握呢？对此，法国政治家弗朗索瓦·基佐曾经指出，"刑罚不能超越公正和效用的界限"。以此为原则，弗朗索瓦·基佐以公正与效用相关的两组指标为基础，通过设定一系列的计算指标，根据所得算值来判定特定行为类型中刑罚的存与废。

网络越轨行为入罪化所要解决的另一个问题是对社会危害性的考察。行为的社会危害性是说明入罪化正当性的关键所在。对于行为社会危害性的考察，法国刑法典修正委员会和法国刑事司法与人权委员会制定了一个由违法行为、侵害客体以及损害后果三个指标组成的组合，将其作为界分犯罪行为与一般违法行为的评判指标（如表 2–1 所示）。[2]

---

〔1〕　王世洲：《论我国刑法对电脑信息的保护》，载《法学杂志》2000 年第 3 期。

〔2〕　［法］米海依尔·戴尔玛斯-马蒂：《刑事政策的主要体系》，卢建平译，法律出版社 2000 年版，第 248 页。

表 2-1　网络越轨行为犯罪化的严重性标准

指　标	标　准	接近程度
违法行为	故意过错 疏忽大意的过错（一般或严重） 客观过错	3 2 1
侵害客体	需高度保护的价值（绝对或基本绝对） 民主社会所必需的限制或例外以外的权利与自由 社会生活纪律规则	3 2 1
损害	定量侵害大 定量侵害小 侵害的危险	3 2 1

根据表 2-1，法国刑法典修正委员会列举了需高度保护的价值，包括人的尊严、生命权、国家领土完整，第二类权利与自由包括了个人自由、人身安全、所有权、私生活与家庭生活、思想言论自由等，第三类生活纪律规则包含了社会活动规则。三类指标中，都与其社会危害性程度相关联，并根据严重程度分值依次从 1 到 3 由低到高。当上述三类指标根据不同程度评定得分时，根据法国刑法典修正委员会确立的分值基数，可以将某种行为进行入罪（该委员会将可入罪的分值规定为 7 分）。对于低于这一分值的行为，有关机构将继续根据其他标准进行进一步评估和二次评分（如表 2-2 所示）。[1]

表 2-2　网络越轨行为犯罪化的效用标准

指　标	标　准	接近程度
现有刑事制裁的效率 （总结）	没有刑事制裁 虽有刑事制裁但无效 有刑事制裁且有效	3 2 1
现有非刑事制裁的效率（总结）	没有非刑事制裁 虽有非刑事制裁但无效 有非刑事制裁且有效	3 2 1

---

〔1〕［法］米海依尔·戴尔玛斯-马蒂：《刑事政策的主要体系》，卢建平译，法律出版社 2000 年版，第 229 页。

续表

指　　标	标　　准	接近程度
建议采取的制裁的有效性	对争议定性及处理的方法均充足	3
	对争议定性方法充足但处理方法不足	2
	对争议定性方法不足	1

　　基于对信息网络安全和网络犯罪的不同理解，对于刑事立法介入网络空间的范围和限度也存在着不同的观点。对于网络越轨行为的犯罪化，存在着诸如"缩小刑法打击面""刑法的最后性要求刑法应让位于其他部门法"等观点，体现在网络犯罪的刑法打击上，就是要求刑法避免过度干涉网络空间，刑法对于网络不法行为的制裁应首先让位于其他部门法。

　　随着网络技术的普及与应用，网络虚拟财产等开始受到法律的保护，但随着被纳入法律保护范围之内权利的增加，刑法如何取舍并予以保护也是值得思考的问题。网络空间中的利益迅猛增长，刑法不可能自动地对这些利益均给予立法保护，更不意味着刑法需要制定新的条款来适应网络空间中新型权益的产生。刑法作为其他法律的最后保障法，应首先让位于民法、行政法等部门法，只有在这些部门法无法管控的情况下，刑法才可以介入。但是，这并不意味着刑法在网络领域的放弃使用。因民法、行政法等部门法具有局限性，对于打击网络不法行为仍需要刑法的介入。网络违法犯罪的惩治中，刑法应扮演重要的角色。一般认为，刑法作为其他部门法的最后法，具有最后性和严厉性。因此，有观点认为对于违法行为只要可以用其他部门法予以解决，就应避免用刑法去解决，客观上将刑法与其他部门法摆在了一种对立面的位置上。但是，却忽视了刑法与其他部门法之间的包容与共生关系，刑法与其他部门法之间不是互相排斥的关系，对于大部分的社会关系均可以同时由刑法和其他部门法予以调整。因此，并不能因为有些行为可以被民法等部门法所调整，就绝对杜绝刑法对相关领域的涉猎。

第三节　刑法谦抑与网络犯罪刑罚圈的扩张

　　刑法在网络犯罪领域中的谦抑原则，是指重视民法、行政法等部门法的法律作用，将刑法应用于解决其他法律不能行之有效规制，而行为危害性又极大的行为。因此，面对日益严峻的网络犯罪态势，刑法在扩大自己"射程"的同时，需要合理把握其最后性和谦抑性的特质，合理平衡罪名扩张的需要与限度。从刑事政策的角度来讲，就是需要明确刑法的谦抑性与刑法的扩张性之间的协调，诚如日本学者山中敬一所言：谦抑的刑事政策指导下的刑法理论与积极的刑事政策指导下的刑法理论含义相去甚远。后者首先是以行为规范的特别预防为指向的刑法理论，其次是经验的一般预防指向的刑法理论；而前者代表的刑法理论除报应刑的自由主义刑法理论之外，还表现为谦抑的事后预防刑法理论。[1]

一、刑法谦抑性的时代新辩：审视刑法的犯罪化历程

社会转型与风险社会的逼近，导致违法犯罪行为日益呈现高发态势。基于现实使命的需要，刑法不断加强对民生领域的刑法保护。处于社会转型时期的中国刑法，就如何应对社会风险与新型犯罪开展了一系列探索。尤其近年来社会转型与风险社会的双重背景，使得当今中国刑法面临着严峻的挑战，"中国刑法将何去何从"这一哈姆雷特式的问题摆在了中国刑法面前。在时代变革的背景下，刑法也在随着社会转型而不断发展，并呈现出法益保护前置化、民生保护强化以及越轨行为犯罪化加强的发展脉络。

（一）刑法发展的时代轨迹：犯罪化浪潮澎湃

刑法的谦抑性源于西方国家的刑法理论，我国同世界上大部分国家的刑事立法不同，存在着定性加定量的特点，对于大部分犯罪都设定了数额较大、情节严重等定量标准，由此划分出"违法"与"犯罪"这一二元体系。同国外相比较，不难发现我国所有的违反治安管理处罚法的行为在国外都属于犯罪行为，而且国外刑法中甚至对于许多违反道德义务的行为也规定为犯罪，在此背景下提出刑法的谦抑性正是为了限制刑罚的过度适用，而这与我国的法情、罪情恰恰相反。由于我国刑法已经设置了较高的入罪门槛，刑法的打击半径被严格限缩在很小的空间内，这种情况下再去强调刑法的谦抑性显得有悖国情。

1. 刑法罪名扩张的中外对比

客观地讲，犯罪化曾在世界范围内得到极度扩张，美国刑法学者道格拉

---

[1] 参见［日］山中敬一：《刑法总论Ⅰ》，有斐阁1999年版，第42页，转引自张晶：《风险刑法 以预防机能为视角的展开》，中国法制出版社2012年版，第90页。

斯对此坦言："任何一位研究当代刑法规范的学者，都可能被无所不及的规范以及刑法规范认可的可罚的行为数量众多所震惊。"[1]例如，根据法国《国家犯罪调查统计表》的数据，法国 20 世纪末刑法规定为犯罪的行为达 12 500 种以上；[2]英国 1980 年有 7200 种罪名，1996 年上升至大约 7540 种，[3]十多年间罪名增加了 340 种。考察中国罪名体系，中国 1979 年《刑法》的 129 个罪名，到《刑法修正案（八）》公布实施以来所确立的 452 个罪名，客观地讲，我国刑法目前罪名数量整体上仍然偏少，刑法规范体系还不够具体，因此，可以预见犯罪化将成为中国刑事法治的长期发展轨迹。当然，伴随犯罪化扩张的同时，非犯罪化也是与之相随的另一种趋势。只不过中国刑事法规范体系实质上仍然不够具体，尤其二元立法体系更是使得能够纳入刑法打击半径的犯罪行为少之又少。某种程度上讲，行政治安处罚已经在数十年以前承担了中国非犯罪化的任务。非犯罪化在中国完成的速度已经远远超过了中国犯罪化的速度。[4]因此，我国在坚持罪刑法定原则与保障人权前提下，对于具备严重社会危害性的不法行为，尤其针对新型网络犯罪，适度扩大刑法的打击半径是必要的也是迫切的。

2. 我国刑法的罪名发展

实际上，随着中国刑事法治进程的推进，刑法分则罪名体系有了较大程度的扩张，并呈现出进一步扩张的趋势。尤其 1997 年《刑法》实施以来，刑事法网网眼逐步严密化，通过罪名分解（如 1997 年新修订的《刑法》将流氓罪分解为强制猥亵、侮辱妇女罪、猥亵儿童罪、聚众淫乱罪、聚众斗殴罪、寻衅滋事罪等），以及经济、行政违法行为（如危险驾驶入罪）的犯罪化，正使得犯罪圈不断扩大，这基本符合了刑法防卫社会的时代使命。

（1）刑法的变迁脉络：法益保护的前置化。

客观地讲，我国犯罪的高门槛设置，情节、结果的定量设置使得刑法弹性与张力稍显不足，这就使得刑法面对新的社会危害性行为而不断将法益保

---

[1] ［美］道格拉斯·N. 胡萨克：《刑法哲学》，谢望原等译，中国人民公安大学出版社 2004 年版，第 2 页。

[2] 参见［法］卡斯东·斯特法尼等：《法国刑法总论精义》，罗结珍译，中国政法大学出版社 1998 年版，第 112 页。

[3] 参见李贵方：《自由刑比较研究》，吉林人民出版社 1992 年版，第 21 页。

[4] 于冲：《论刑法的理性与功能再定位——社会转型期刑法发展脉络的梳理与反思》，载《学习论坛》2014 年第 1 期。

护前置化，这种前置化趋势逐步在恐怖主义犯罪、毒品犯罪、网络犯罪等立法中体现出来。

伴随刑法法益保护的不断前置、犯罪门槛的不断降低以及犯罪既遂时间点的向前推进，彰显出来的是刑法法益保护范围的扩大和对犯罪容忍度的降低。这种立法趋势符合现代刑法理念，对于改革传统的犯罪定性加定量、高门槛设置的立法格局具有较大的进步意义。以生产、销售假药罪为例，1979年《刑法》中生产、销售假药罪在犯罪构成上属于结果犯（以营利为目的，制造、贩卖假药危害人体健康的），伴随生产、销售假药犯罪行为的日益猖獗和社会公众要求严厉制裁生产、销售假药犯罪行为的呼声，1993年7月2日第八届全国人民代表大会常务委员会第二次会议通过的《关于惩治生产、销售伪劣商品犯罪的决定》和1997年《刑法》均将生产、销售假药罪的构成要件规定为"危害人体健康的"，并将生产、销售假药罪的最高法定刑由1979年《刑法》中的"二年以上七年以下有期徒刑"提高到"死刑"，这一立法转变将"生产、销售假药罪"由"结果犯"改为"危险犯"，顺应了严厉打击生产、销售假药犯罪行为的民众诉求和社会环境。当前，2011年颁行的《刑法修正案（八）》针对涉案"假药"是否属于"足以严重危害人体健康"因果关系难以证明的司法困境，再次将生产、销售假药罪直接修订为行为犯。[1]

梳理1979年以来《刑法》关于生产、销售假药罪的演变历程，可以发现该罪经历了结果犯→危险犯→行为犯的沿革，本质上表明了刑法法益保护层前置的思想，也是刑法及时跟进社会变革与犯罪态势的必然结果。因此，基于法益保护前置化理念进行的抽象危险犯的刑法扩张，有着时代发展的契合性和正当性，但是考虑到犯罪化的扩张关涉相关行为人的人身自由与财产权益，应当秉守一定的刑法克制，严格把握犯罪化的界限与合理内核。因此，今后应全方位、渐进立体式地实现刑法的改革与现代化，以应对逐步新增的严重危及社会重大公共利益的不法行为，实现刑法维护社会秩序、保护社会法益的重要机能。

---

〔1〕 参见于冲：《生产销售假药定罪量刑中的司法尴尬及完善》，载《北京化工大学学报（社会科学版）》2010年第4期。

（2）刑法的发展重心：民生犯罪的重点防控。

2011 年《刑法修正案（八）》第一次对包括刑法总则在内的近 50 个条文进行了大规模修正，醉驾入刑、欠薪治罪等"民生犯罪"震撼冲击着媒体舆论、社会公众的眼球，也引发了部分刑法学者对于刑法保护社会机能越位的反思。随着风险社会的来临，刑法的社会保护范围不断扩张，尤其是社会生活的复杂化和社会冲突的频发化，使得越来越多曾经由其他部门法解决的社会问题被推到刑法面前，刑法在当今时代对于市民生活介入的深度和广度远远超过了传统刑法的范围预期。[1]刑法作为其他部门法的最后保障法，对于宪法、行政法、民法等一系列法律规范所确认的民生法益有着广泛的保护功能，因此刑法对民生的关注和保障当然无可非议，其也是刑法保护人权与公民基本权利的应有之义，更是刑法保护社会机能的重要体现。例如，《关于〈中华人民共和国刑法修正案（八）（草案）〉的说明》中明确指出："对一些社会危害严重，人民群众反响强烈，原来由行政管理手段或者民事手段调整的违法行为，建议规定为犯罪……"这种犯罪化动因在很大程度上吸收了民众的呼声，这本无可置疑，因为关注保障民生是刑事立法的重要使命和基本价值追求，但是刑法对于民生的关注和干预应该维系在多大程度上，则需要刑事立法理念的明确和刑法保护民生目标的合理定位。

（二）刑法谦抑的本义：不代表网络犯罪规则中刑罚权的自动退出

中国社会目前处于社会转型过程中，生态风险、食品风险、网络风险等日益成为摆在立法者、司法者与研究者面前的重大课题。刑事立法面对"山雨欲来风满楼"的紧迫情势，积极推进刑法修正，犯罪化随之成为刑事立法、刑法学者解决社会问题的不二法门。危险驾驶、考试作弊、使用虚假证件等行为的入罪均取得了良好的法律效果，对于新型网络犯罪的入刑当然也是我国目前刑法罪名体系完善的应有之义。

合理把握刑法谦抑原则的本质与刑法在信息时代打击网络犯罪的必然，可以发现解决问题的"密钥"似乎并不困难。传统观点中，由于对刑法谦抑性概念产生背景的忽视，片面地将刑法的谦抑性作为我国刑事立法的一条"铁律"。

我国违法与犯罪的二元并立使得部分违法行为具有了双重违法性，即此

---

〔1〕　参见董启元：《社会热点入刑，引发专家热议》，载《民主与法制时报》2010 年 9 月 20 日，第 D02 版。

类行为既触犯了行政法律法规，需要承担行政法律责任，又触犯了刑法，需要承担刑事责任。因此，在刑事二元立法背景下，行政法规先行予以分流，刑事法律的实施很多情况下以行政执法为前提，当行政违法行为达到一定的社会危害性并触犯刑法时，就转化为犯罪行为。刑法作为其他部门法的保障法，为部门法的实施提供了坚强后盾，刑法也在某种程度上被其他部门法视为"尚方宝剑"吸收在自己的条文之中。因此，几乎在所有其他部门法律法规中，均有关于"构成犯罪的，依法追究刑事责任"条款，这似乎成为立法者尤为"钟情"的偏好用语，以至于反复跻身于法律责任条款之中。[1]因此，问题随之而来，刑法作为其他部门法的"终极保障"，承担着极其"伟大和神圣"的要务，几乎所有部门法的责任问题都需要与刑法有所交集。但是，事实上，究竟刑法能够在多大程度上保证其他部门法的实施，一直是理论界和司法实务部门关注的话题。对此曾有学者戏称，在非刑事法律法规中，似乎只要将刑事责任条款移至本法"后院"，不管是"尚方宝剑"还是"纸老虎"，都能使本法获得巨大的威慑力。但实际上，由于这些刑事责任条款与刑法的衔接存在诸多缝隙，使得此类刑事责任条款往往成为法律法规中的摆设性条款，被学界戏称为"稻草人"条款。诚如有学者指出：此类刑事责任条款通常由于"湮没"在经济法律或者行政法律之中，不属于专门的刑事法律规范，因而其威慑效果必然被极大地削弱，根本无法实现预防犯罪和协调部门法与刑法的立法目的和初衷。[2]同样不能忽视的是，尽管民法可以对某类行为进行评价，但是当此类行为具备严重社会危害性的时候，恐怕民法会出现评价不足的尴尬，此时则必须依靠刑法的介入。例如，从民法角度来讲，在当前信息爆炸的时代，对于日渐活跃的"大数据"在权利属性上尚存在巨大争议，对于相关的侵权行为在责任认定上还处于立法的空白。但是，刑法并不能因为民法等部门法尚未对相关权利进行立法规定就不予评价，刑法将具备严重社会危害性的行为纳入其评价半径，并非违背刑法的谦抑性或者最后性特质，而是在坚守罪刑法定原则的前提下，对于民法、行政法等部门法无

---

[1] 于冲：《论"行刑衔接"的立法形式完善》，载陈泽宪、李少平、黄京平主编：《全国刑法学术年会论文集（2013） 当代中国的社会转型与刑法调整（下卷）》，中国人民公安大学出版社2013年版，第546页。

[2] 吴情树：《〈食品安全法〉中刑事责任条款的设定——以附属刑法为研究视角》，载《重庆工商大学学报（社会科学版）》2008年第6期。

法评价或者评价不足的行为，在现有罪名体系下进行责任的补足；进言之，即使在民法、行政法等其他部门法尚未设定相关物权属性、相关侵权行为或者相关违法行为的情况下，刑法在现有刑法框架内，将严重侵犯社会公共秩序、具备严重社会危害性的行为予以入罪化，也是正当、合法、合理的。

当前，网络犯罪正逐渐成为刑事立法、刑事司法以及刑法学界所共同关注的重大命题之一。一方面，新型网络违法行为不断涌现，诸如窃取公民个人信息、数据盗窃等以往闻所未闻的行为，正在网络空间中不断产生并日益成为当今社会秩序的重大安全隐患；另一方面，传统违法犯罪行为的网络异化逐渐加剧，网络诽谤、网络赌博、网络诈骗等传统不法行为在同网络技术深度结合后，不仅社会危害性呈几何式倍增，而且危害行为、危害后果及相应的定量评价体系给传统立法和理论带来巨大挑战，这不仅是刑法面临的问题，更是其他部门法所共同面临的问题。

二、刑法谦抑与犯罪化的把控：犯罪范围的扩张限度

作为对网络越轨行为犯罪化的限度分析，需要思考的问题就在于，哪些行为应该纳入刑法的打击半径，其入罪化的标准及根据何在。总之，如前文所述，判定某种行为是否应纳入刑法的评价范围，根据主要有二：不法行为是否造成了法益侵害；是否已穷尽其他法律手段。此外，对于新刑法条款的效力也应予以明确。

（一）网络越轨行为犯罪化的界限明晰

刑法作为最严厉的制裁法，网络犯罪入罪的前提必须是，要对使用信息网络技术时受到某些行为侵害或者危害的个人利益、社会利益进行明确界分和阐释。

1. 避免刑法万能主义倾向

中国封建统治时期确立了民刑合一、以刑为主的立法体系，这种扭曲的民刑配置关系使中国社会长期泛滥着刑罚泛化、刑法万能的观念认识。现阶段，刑法万能观在中国公众乃至法学专家心目中仍然有着较大的影响力，每每面对重大的法治事件，社会公众和法学家往往会普遍地将心中的不满和对公平正义的期待寄托在刑事法律上，呼吁刑法增设新罪名惩治某类犯罪现象。回顾危险驾驶罪、不支付劳动报酬罪以及曾经被提议入罪的"胎儿性别鉴定罪""买卖假证罪"的犯罪化历程，大体可以将之归纳为个案轰动→民意沸腾

→舆论关注→司法纠结→犯罪化。犯罪化过程很大程度上受到了公众民意、社会舆论的影响甚至过度干预。但是，通过刑法解决社会问题、引导社会民生，不免有些"用高射炮打蚊子""大材小用"之感。对此已有学者指出：长期以来，我们对于刑法往往有着过高的希冀，在某种危害现象普遍化的时候，希望通过刑法来解决这一问题（即使刑法没有规定）；当某一社会现象引起社会情感剧烈波动的时候，希冀通过重刑化来加以解决。[1]以危险驾驶罪为例，《刑法》第 133 条之一第 1 款第 1 项至第 2 项规定：在道路上驾驶机动车追逐竞驶，情节恶劣的，或者在道路上醉酒驾驶机动车的，处拘役，并处罚金。可见，该罪名最高刑为拘役，与其他罪名相比，抛开最高刑为死刑的罪名不说，单就某些轻罪的最高刑也为 3 年有期徒刑，危险驾驶罪跻身"犯罪"罪名之列颇有"凑热闹"之感，损害了刑法罪名体系间的刑罚均衡。

如果说中国公众依靠传统的对刑罚的敬畏，能够对于现有的罪名心存畏惧，但在刑法的修改次数、罪名数量达到一定限度以后，这种敬畏很可能就会减损甚至消失，而对于法律的信仰则应是长期引导的核心，培养公民守法意识不应单纯通过刑法实施。正如法国学者所指出的："庞大的罪名增修足以动摇我们关于正义的理念，因为当很多公民都可能被贴上犯罪标签时，对犯罪的惩罚就会失去意义，刑法会成为虚无。"[2]

2. 立足我国现有立法体系

从中国法律体系的整体框架来看，中国刑事立法呈现出典型的二元化（也称三元处罚体系：刑事罚、治安罚、行政罚）特征——根据社会危害性的大小，将违法行为划分为行政处罚与刑事处罚两个领域，即仅具有"严重社会危害性"才能进入刑法的打击半径，对一般违法行为则进行行政治安处罚。与我国不同，大部分西方国家立法体系中并不存在像我国那样庞大的行政处罚圈，而是往往只存在是否予以刑事处罚的问题。因此，考虑到我国特殊的二元立法体系，刑法的犯罪化进程应当兼顾本土特有的国情、法情，而不能像国外刑事立法一样简单地将原先不受刑事处罚的行为纳入刑事处罚体系。进言之，在我国二元立法体系之下，在刑事罚之外还存在治安罚，刑法的犯

---

〔1〕 参见孙万怀：《反对违法交通行为的过度立法与司法犯罪化》，载《中国社会科学报》2009 年 8 月 18 日，第 7 版。

〔2〕 参见〔法〕卡斯东·斯特法尼等：《法国刑法总论精义》，罗结珍译，中国政法大学出版社 1998 年版，第 112 页。

罪化大部分情况下是将曾经应受行政处罚的行为纳入刑事罚的打击半径，是对行政处罚权润物细无声的渐进式限缩。笔者认为，在现有的"违法""犯罪"二元规范体系下，刑法应坚守自身的治理半径，在积极扩大犯罪圈的同时，应当克制避免侵犯原本属于"违法"的行政处罚领域。但遗憾的是，频频颁布实施的刑法修正案却忽视了"违法"与"犯罪"的界限，将大量原本属于"违法"的行为积极地进行入罪化。以危险驾驶罪的增设为例，这一罪名突破了刑事罚与行政罚的分水岭，将原本属于治安管理处罚法的醉驾和飙车行为纳入刑事处罚体系，却规定了最高法定刑仅仅为拘役的危险驾驶罪，不仅破坏了原来的刑罚体系，而且将原本泾渭分明、相互独立的部门法之间的平衡打破。因此，在短时间无法改变整个立法体制的情况下，单独以刑法打破上述二元分立体系实无必要，而完全可以以中国特色的规范性评价体系去应对层出不穷的社会问题，做一个推倒重来式的大刑法变革去适应无限多变的犯罪态势无异于"夸父追日"。

具体到网络越轨行为的犯罪化，同样应当严格把握其界限，以保护网络新型法益为前提。对于网络犯罪这种"现象型罪名"（鉴于网络犯罪这一称谓更多地属于犯罪学上的一种界定，缺乏规范性依据，也不具备规范性的界定条件，但又必须属于刑法所调整的现象，笔者姑且将其称为"现象型罪名"）很难找到一个精准的、全面的定义来概括形容，同样在实践中对于网络犯罪所实际具有的社会危险性和危害性也很难予以界定。因此，简单谈及网络犯罪侵犯的法益似乎有些困难，因为网络犯罪作为一种不同类型罪名的归纳，其所侵犯的法益几乎涵盖了整个刑法系统所保护的法益。对于此类法益的界定，有很多的途径，如通过对受到网络犯罪侵害的被害人类型、司法案件中的实证分析予以界定，等等。尤其其中对于数据和信息究竟需要刑法给予何种程度的保护，才能杜绝刑法滥用随便出入人罪的危险。私以为，在确定受侵害的法益及其需要保护的程度时，可以依据传统划分犯罪类别的明显尺度对于网络空间和现实社会中的同类案件进行比较，寻找定罪量刑的应有尺度。有学者对网络犯罪的类型进行了概括，将其划分为原发型的网络犯罪和传统型的网络犯罪，前者是伴随网络而生的新型犯罪模式，如非法侵入计算机信息系统罪、非法获取计算机信息系统数据罪；后者是传统犯罪在网络空间中的转化形式，其犯罪模式与传统犯罪一样，只不过是利用网络实施的，因而具有不同于传统环境中实施该犯罪的特点。[1]一方面，立法对于原发型的网络犯罪，需要着重思考的是，入罪化的依据及其合理性在哪；另一方面，针对传统型的网络犯罪，需要着重思考的是，对于哪些行为应予以入罪，哪些行为传统刑法罪名体系可以评价，如果不能评价应如何完善，采取何种形式完善，通过司法解释的应对方案是否可行等问题，努力使刑事立法不随意出入人罪，减少和避免当前网络犯罪"刑罚不足"与"刑罚过剩"的难题。

（二）网络越轨行为犯罪化的范围把握

清末举人陈澹然在《寤言》中有云："不谋万世者，不足谋一时，不谋全局者，不足谋一域。"因此，中国网络犯罪罪名体系的扩张应立足于我国目前整体刑法体系和犯罪态势的大视野，鉴于网络犯罪的无限性和刑法的有限性，在防治网络犯罪的长期策略上，严格把握刑法底线，引导公众形成守法的社会格局。

1. 避免刑法跃进：社会评价体系发展滞后于刑法变革步伐

在中国特色的社会环境中，将某种行为纳入犯罪圈，除了刑事立法的规范性评价之外，还存在着其他法律法规的规范性评价以及来自社会公众的自发的非规范性评价，而这将给行为人甚至其近亲属的生活带来严重影响。因此，与犯罪化相伴随的一个问题在于，在刑法扩大犯罪圈的同时，相关的配套制度和社会观念却没有及时跟进。

（1）规范性评价体系的滞后：以前科制度为例。

犯罪化的结果除了刑罚之外，还存在着其他法律规范的否定性评价。以前科制度为例，尽管没有明确的法律表称，但前科制度广泛地散见于中国法律规范体系中，并将伴随着犯罪圈的扩大介入更多的曾经受过刑罚处罚的人的大部分生活中。例如，《教师法》第14条规定："受到剥夺政治权利或者故意犯罪受到有期徒刑以上刑事处罚的，不能取得教师资格；已经取得教师资格的，丧失教师资格。"但是目前我国的前科制度是不完备的，即只存在前科制度而不存在前科消灭制度，这种对行为人资格或者权利的无限期剥夺或者限制，过度侵犯了犯罪人的权益，甚至阻碍了犯罪人正常的社会复归；同时，尤其对于所有犯罪人"一刀切"式的资格限制或者权利剥夺，对于某些轻罪的行为是相对不正义的，例如对于过失致人重伤罪与故意杀人罪（被判处自

---

[1] 孙景仙、安永勇：《网络犯罪研究》，知识产权出版社2006年版，第24页。

由刑的）的行为人，不加以区别地一概予以无限期的剥夺或者限制相关资格，对于某些轻罪行为入罪化是不公平的。尽管刑法解决了一时之难题，但却可能在其他法律法规上给某些犯轻罪的行为人带来无限期的资格减损。

（2）社会非规范性评价体系的滞后：以公众传统"犯罪观"为例。

在西方国家，对于一些闯红灯或者在公共场合抽烟的行为都认定为犯罪，因此这些国家民众的"犯罪观"与我国存在明显的差异。我国传统社会对于犯罪有着天然仇视，社会公众对于犯罪人有着根深蒂固的敌视和防范心理。"犯罪"这一在中国社会极其敏感的词汇，只要加诸某个个体，就将会给其自身乃至整个家庭带来极大的社会压力和道德阴影。在中国传统的社会结构下，犯罪人及其近亲属在家乡父老面前"抬不起头"，严重干扰了行为人及其亲属的正常生活。[1]除社会公众的避而远之和"贴标签"之外，在民事、行政法律法规中普遍存在的"前科株连"现象还会导致犯罪人的近亲属在资格和权利上受到限制甚至剥夺，而这主要存在于入学、公安司法院校招生、征兵以及特定行业的就业中。因此，刑法的犯罪化既涉及行为人的权利资格问题，也涉及社会公众对于犯罪的非规范性评价，在中国公众传统犯罪观仍无改变的情况下，大范围的犯罪化必然严重影响到行为人及其近亲属的社会生存环境。

2. 坚守刑法的最后性：与其他部门法共担时代重任

一般来讲，网络越轨行为的犯罪化，需要在穷尽一切法律手段之后才能将其诉诸刑法。但实际上，回顾近年来刑法新罪名的增设，更多的是在重大刑事案件或者强大民意的基础上形成的。尤其近年来，刑法立法呈现出比较积极的活跃态势，而社会在迅速发展过程中仍将不断出现新的问题和挑战，推动刑法修正的"社会需求"与民众诉求仍将长期存在。但是，鉴于刑法的局限性和滞后性以及刑罚的"两面性"，单靠刑法的修补完善去解决社会问题未免有些"强法所难"，今后须极力纠偏动辄入罪的泛刑法化倾向。诚如有学者指出："刑法毕竟是一种杀伤力很强大的法律武器，在立法和运用中如果稍有不慎，将本来可以通过其他相对平和的社会规范如纪律的、道德的或者民事、行政、经济等法律手段解决的问题，一律诉诸刑事手段，无助于社会公

_____

〔1〕　参见陈莫强、李红辉：《按自报认定被告人身份存在的问题与对策》，载《中国刑事法杂志》2007 年第 2 期。

平正义的实现。"[1]我们绝不能在没有经过其他控制手段的试验，或者以行政管理太难或不具有利益为理由，将对这种行为的控制转而交给刑法来完成。[2]

诸如刑法新增的"组织残疾人、儿童乞讨罪""恶意欠薪罪"，尽管此类行为在实践中存在一定的数量和社会危害性，但针对某些地区或者某类案件的严重社会危害性就要将其纳入刑法打击半径，其必要性与合理性值得商榷。确切地讲，严密行政管理手段完全有必要抑制此类行为的发生，但由于行政管理中存在的某些不作为导致此类危害行为长期难以根治，于是乎将皮球踢给了刑事立法。此类行为的入罪，根本上不是由于穷尽了行政管理手段而无法根治，而更多的是由于执法不严、行政执法与刑事司法衔接不畅所造成的"犯罪假象"。另外，入罪化的功利价值还在于试图通过刑罚的严苛和中国民众对于刑罚根深蒂固的"恐惧"，通过刑罚的震慑作用使公民守法。这种做法有着其合理性，但是通过"刑罚恐吓"去构建守法秩序未免遭受正当性和合理性质疑。

自《刑法修正案（八）》增设危险驾驶罪以来，对醉驾行为起到了相当的震慑作用，据公安部交管局数据，自2011年5月1日《刑法修正案（八）》实施至2012年4月20日近1年时间内，全国公安机关共查处酒后驾驶35.4万起，同比下降41.7%。其中，醉酒驾驶5.4万起，同比下降44.1%。[3]这一硕果固然说明了危险驾驶行为入罪的科学合理性，但笔者在此思考更多的是，除了刑罚对于民众的震慑之外，这一硕果某种程度上还体现了公安干警加大治理醉驾、酒驾行为的力度，这也应得益于广大公安干警的醉驾"严打"，对此公安部交管局有关负责人曾表示："公安机关将健全完善严查酒后驾驶的长效机制，坚持对酒后驾驶行为实施'零容忍'。"对此笔者认为，如果及早加大行政管理手段的实施，及早采取对酒后驾驶行为的"零容忍"，那么危险驾驶罪可能就丧失了入罪的动因和可能性。

---

[1] 参见郎胜：《在构建和谐社会的语境下谈我国刑法立法的积极与谨慎》，载《法学家》2007年第5期。

[2] 参见姜涛：《诉讼社会视野下中国刑法的现代转型》，载《云南师范大学学报（哲学社会科学版）》2010年第6期。

[3] 参见辛闻：《醉驾入刑一年全国酒驾醉驾降幅均超四成　公安部交管局表示，将健全长效机制对酒驾"零容忍"》，载《人民公安报》2012年4月30日，第1版。

三、网络犯罪刑罚圈的边界：网络中立行为的可罚性探究

随着网络空间的形成，网络服务提供商以及第三方支付平台在网络犯罪中开始扮演起特殊的角色。网络服务商、支付平台等行为方在网络犯罪中的地位主要体现在"一对多"式的帮助行为，以及不作为责任的确立。2016 年 1 月 7 日，北京市海淀区人民法院审理的"快播案"，曾经一度引发社会舆论关注与热议，更是引发了网络"中立"帮助行为是否入罪，以及如何入罪的争议。快播软件本身作为一个中性软件，不存在刑法评价的可能性，但是，由于快播软件 P2P 技术在传播淫秽物品中的大范围使用，使得快播软件管理人具备了管理和删除的义务，此时，刑法评价的不再是快播软件本身，也非快播软件本身的技术中立问题，转而应当评价快播软件的管理者和受益者对于快播软件引发的淫秽物品传播行为的责任。因此，"快播案"中刑法所评价的并非其中立的软件和技术帮助行为，而是管理者和获利者应当明知其提供软件的行为涉嫌犯罪而继续提供技术支持的行为责任。

关于中立帮助行为的入罪化，刑法在定性上，设定了主观"明知"这一构成要件要素；在定量上，普遍将"情节严重""造成严重后果"设置为入罪门槛，通过刑法定量因素和入罪门槛的设置，限制中立的帮助行为可罚边界，将大部分中立性的帮助行为、不具备主观明知的帮助行为排除在了刑罚圈之外。某种程度上可以认为，帮助行为的正犯化推进了刑法罪名的法定化和体系化，将帮助行为类型化的同时确立了帮助行为的可罚性边界，本质上是对于刑罚圈的限制。诚如李斯特所言：刑法既是善良人的大宪章，也是犯罪人的大宪章。帮助行为的入罪化解决了司法实践中关于部分帮助行为定罪的司法难题，同样为帮助行为的定罪量刑设定了刑法框架，为司法权设置了不可逾越的藩篱。从立法、司法解释实践来看，根据帮助的行为类型，对于社会生活中较为常见、普遍存在的日常行为，将其认定为帮助犯均需与实行犯有通谋才能成立犯罪。反之，对于国家管制、特许的行为，例如，生产、买卖、运输酸酐、乙醚、三氯甲烷等需要国家许可，明知他人实施毒品犯罪而依然帮助他人实施上述行为即具备了刑事违法性，而不要求帮助行为人具有帮助的故意。但是，对于大部分的中立行为成立犯罪，仍然需要依托于实行行为。以望风行为为例，如果甲站在某小区门口看风景，无须刑法评价；但如果帮助盗窃犯罪人观察周围情况发送信号，则成立犯罪。此种情况下，

帮助行为本身在刑法层面上不具有独立性和类型性，其是否进入刑法的评价范围之内，需要依托于被帮助一方的行为是否构成犯罪。

对结果的发生不具有重要影响的中立帮助行为，不宜作为犯罪处理。明知他人行骗而制作虚假的宣传手册或者名片，此种情况不宜作为帮助犯罪处理。对结果的发生具有重要影响的中立帮助行为，属于国家管控、可替代性低的行为，明知他人实施犯罪，而为其提供网络技术支持等帮助的，鉴于此类行为能够增加犯罪既遂的可能，增加被害人的被害危险，[1] 例如，行为人开发出某种软件，通过使用该软件可以实施侵犯著作权的行为，并将该软件置于网上传播，任何人均可下载使用，此种情况下，行为人应当成立概括性帮助犯，即行为人对于帮助他人实施犯罪具有概括的故意。但是，恰如"快播案"，行为人的概括故意和主观明知则须完整的证明体系。因此，司法解释有必要对于成立犯罪的中立帮助行为的主观"明知"作出进一步界定。当然，在严厉打击具有法益侵害性的帮助行为的同时，也应避免犯罪圈的过度扩张。

---

〔1〕 黎宏：《论中立的诈骗帮助行为之定性》，载《法律科学（西北政法大学学报）》2012 年第 6 期。

第三章

网络犯罪刑法因应的基本逻辑与靶向

伴随网络犯罪的逐渐高发，网络犯罪的罪名体系不断扩张，对于制裁不断异化的网络犯罪发挥了重要作用。但是，由于网络犯罪的急速变异，刑法对于网络犯罪的制裁与评价却相对滞后，罪情与法情的现实尴尬不断呼唤刑法新罪名的制定。《刑法修正案（九）》在以往立法经验的基础上，从制裁以信息网络为对象的犯罪，转而同时制裁以网络为工具和以网络为平台的犯罪，尤其关于网络犯罪治理的空间思维不断增强；同时，从网络犯罪共犯的评价、网络犯罪预备行为的评价等方面展开了全方位扩充。

第一节 网络犯罪刑法应对的模式考察

立法模式的选择与一国法律传统和法律观念有着密切关系，并受立法者对于网络犯罪立法定位的影响。面对日益高发的网络犯罪，各国都展开了应对模式的探索，从各国的立法经验和立法实践来看，网络犯罪立法应对模式的选择同特定时间的法益保护现状、传统刑法罪名体系在新时代的延伸适用能力等因素有着紧密联系。

一、网络犯罪刑法应对模式的类型化审视

随着信息技术与互联网在社会经济生活领域中的广泛应用和深入发展，亟须立法保护或者已经作为立法保护对象的利益逐渐增多，这一立法诉求在全球范围内引发了立法更张与司法创新。当前，几乎所有国家的立法面对网络犯罪的猖獗高发态势，均先后从不同侧面以不同形式制定了有关网络安全的法律法规，还有部分国家对刑事法典进行了修正。但是，在各国的探索过

程中，针对网络安全的立法尚没有形成体系性的立法模式，尤其是刑事立法的完善更显急迫。围绕着刑法如何回应网络犯罪，形式上主要形成了三种路径争议：制定网络特别刑法还是保留一般刑法，即打破常规还是不打破常规？如果排除单独制定特别刑法，那么罪名安排应是独立章节还是非独立章节？如果排除单独规定网络犯罪章节，那么刑法应当增设罪名还是不增设罪名，罪名增设是以法益增生为据还是不以法益增生为据？

（一）网络犯罪立法模式选择的理论争讼

从立法上应对网络犯罪对传统罪名体系的挑战，在当前应该不再是一种前瞻性的观点和实践，但是，围绕立法究竟是选择专门立法还是选择附属刑法，抑或仅在现有规范基础上增设新罪名，产生了较大的争议。

对于网络犯罪的立法模式选择，理论界主要围绕是否制定专门的网络犯罪法展开了争论，形成了肯定论与否定论两种观点。肯定论认为，网络作为一个独立于现实社会的空间，应该具备其特有的规则。而产生并发展于网络空间中的网络犯罪，作为一种不同于传统犯罪的新的犯罪类型，传统刑事立法及相关理论已经稍显滞后，无法满足打击日益高发的网络犯罪的现实需要，需要传统刑法理论及刑事立法的时代更张。亦有学者持相似观点，认为单独立法可以体现网络犯罪的本质特征，网络犯罪几乎触及了所有的社会秩序和社会关系，单独立法可以根据现有的刑法罪名体系增设新的章节罪名。[1]否定论认为，尽管网络犯罪表现出一系列新的特点，并且对于传统刑事立法及刑法理论提出了挑战，但这种挑战并不足以彻底推翻原有的刑法架构，只需对传统立法进行适当修改完善就足以应对网络犯罪，无须在传统刑法之外单独制定网络犯罪法。反之，不仅破坏了刑事立法的体系性，也是对立法资源的一种浪费。[2]

上述观点对于网络犯罪的刑法回应方式进行了较为客观的反思与评析，对于网络犯罪的防治均具有积极的指导意义。但是，上述观点存在的问题在于，过去单方面地去寻找网络犯罪的应对之路，对于网络犯罪的立法模式或者说反应模式缺乏统一性的思考。对此，笔者认为，关于网络犯罪立法模式的选择，应当根据特定时期的罪情、法情作出有差异化的回应。换言之，由

---

〔1〕 参见肖中华、方泉：《对网络刑法的技术制衡》，载《政法论丛》2001年第4期。
〔2〕 孙景仙、安永勇：《网络犯罪研究》，知识产权出版社2006年版，第23页。

于信息网络发展瞬息万变，往往很难通过立法评估各种行为的合法性，有鉴于此，刑法对于网络犯罪的回应方式可以在结合现有罪名体系现状（法情）的基础上，针对不同的现有立法现状和网络犯罪现状作出不同的回应模式。

（二）网络犯罪立法模式选择的考量因素

从网络犯罪的应对思路上来讲，有必要区分"质"与"量"的差异，进而从政策上把握不同类型犯罪的应对策略：对于"质"上改变的网络犯罪类型，有必要增设新的罪名；对于仅在"量"上改变的网络犯罪类型，则需要作出进一步的修改完善。对此有学者指出："若无法从根本上把握这种新犯罪形态的'质'与'量'，就不可能制定出有针对性的法律法规，无法使所订立的法规达到预期的效果，甚至在徒劳无功之余，还可能造成'恶法亦法'之窘境。"

面对信息时代日益涌现的新型法益和不断新增的侵害行为，有学者明确指出应分别从"质"和"量"两个方面去研判网络犯罪的应对思路：其一，基于"质"的改变。信息时代，信息技术革命所催生的新型法益迫切需要刑法介入与保护，如虚拟财产、公民信息、大数据等，以及新的犯罪构成要件亟须确定，如侵犯著作权犯罪"以营利为目的"的异化，唯有如此，才能使公民权益得到保护，使"网络正义"得以伸张。有学者明确指出："新的法益的出现不能予以否认，应当制定新的保护性规则；对于固有的传统法益，伴随着技术性因素的介入，应当重新加以评价，对其固有保护规则加以更新。"反之，如果不法行为侵害了新的法益或者新的侵害行为尚未被刑法构成要件所涵盖，那么根据罪刑法定原则，此类行为将无法被纳入刑法的打击半径。此谓之"质"的改变对传统刑法提出的挑战。其二，基于"量"的变化。事实上，目前网络犯罪类型中，大部分都是传统犯罪行为在网络空间中的异化表现，如网络诽谤、网络赌博、网络诈骗等行为，均在现行刑法中有对应的罪名相匹配。因此，尽管此类行为发生在网络空间之中，但其本质仍然属于传统犯罪。问题的关键即在于，由于网络的开放性、渗透性和即时性，使得传统犯罪在网络空间的危害当量迅速蹿升，在法律的评价上对原有规范提出了"量"的挑战，并对现行刑法提出了挑战。

立法模式的选择决定着一国立法应对网络犯罪效果的好坏。例如，在意大利的立法模式中，出现了网络犯罪规范片段化或者部门化的图景，网络犯罪构成要件与刑事处罚的设定之间以及与先前的立法之间冲突不断，无法型构成统一的整体。[1]因此，世界各国均展开了对网络犯罪立法模式的探索。从立法实践上讲，有些国家对于现行定义或者犯罪构成进行修改或再次界定就足以使传统犯罪分类（如伪造罪）适用于新环境（例如，加拿大、英国、芬兰等国就在"文件"的定义中加入存储于资料承载器的信息等内容）。还有一些做法是，在现行条款中增加新的犯罪方式或增加定义的组成因素——个别情况仅仅是增加一个小类而已。此外，还有一些国家的做法是在现行条款之后以增加新类的方式（如奥地利、德国）制定全新的刑法条款，这种做法可以非常有效地消除滥用刑法的危险。目前，各国对于网络犯罪刑事立法的类型大致有如下三种：（1）在原刑法典中将网络犯罪刑事法规单列为一章单独规定，如法国；（2）在原刑法典的各章中分别设置网络犯罪刑事法规，或者对刑法典中原有的有关条款进行修改，如德国、日本等，这也是大部分国家采取的网络犯罪立法模式；（3）制定单行的"网络犯罪刑事法规"，如美国等。上述立法模式是各国结合其本国法律制度和司法实践经验制定选择的，其实际效果各有利弊。

英国学者尼尔·巴雷特认为，防范信息时代的犯罪，有三种基本的相关法律或法规：一是已经存在的虽与计算机无关但还无须作任何修改便可应用于信息时代的犯罪的法律，如偷窃计算机零部件的行为；二是通过增加特别条款或者通过判例来延伸原来法律的适用范围；三是非计算机时代的法律未全面概括的犯罪，如黑客行为。[2]简言之，防范网络犯罪的刑事立法，整体上有两种思路：（1）在原来刑法的基础上增加特别条款或延伸原来法律的适用范围；（2）制定专门的网络犯罪法，如美国1994年《计算机滥用修正法案》、英国《计算机滥用法》。[3]

此外，值得注意的是，在专门的网络犯罪立法中，其罪名主要用于新出现的保护对象的范围，例如，非法侵入计算机信息系统、非法获取公民个人信息资料。尽管从某种程度上讲，这些行为也可以根据现有的罪名体系予以评价，但是全新的法益更迫切需要刑罚的全新评价。因此，在罪名设置上，网络犯罪立法设定的犯罪类型主要包括利用信息网络获取非法利益；非法取

---

〔1〕［意］劳伦佐·彼高狄：《信息刑法语境下的法益与犯罪构成要件的建构》，吴沈括译，载赵秉志主编：《刑法论丛》（2010年第3卷　总第23卷），法律出版社2010年版，第313页。

〔2〕［英］尼尔·巴雷特：《数字化犯罪》，郝海洋译，辽宁教育出版社1998年版，第104页。

〔3〕孙景仙、安永勇：《网络犯罪研究》，知识产权出版社2006年版，第126页。

得信息网络系统服务；非法侵入信息网络系统进行盗窃、破坏、篡改数据和文件。典型的计算机犯罪条文如下：未经许可存取数据，更改或盗用计算机存储的信息或资料；未经许可存取信息或输入虚假信息，侵犯他人利益；利用网络实施传统犯罪；故意删除、篡改、损害、破坏程序、数据、文件，破坏、更改计算机系统，中断或拒绝计算机服务；非法获得计算机服务，未经批准使用计算机信息系统资源。

二、我国网络犯罪刑法回应模式的探索与评价

我国当前网络犯罪的立法模式，是不断修订现有的罪名体系使其能够适应网络犯罪的需要，扩大现有罪名体系的打击半径，通过扩大解释将一些新型网络犯罪纳入刑法评价范围，待条件成熟以后，再逐步制定网络犯罪单行法。对此，有学者将之称为"渐进的立法方式"，[1]这种立法模式，客观上保证了法律的形式统一性和稳定性。

尽管我国当前无论是刑事立法，还是司法实务界，均开始慢慢探索起网络犯罪的应对模式，但尚没有形成体系化的研究与证明。与之相比，在1997年《刑法》修订之前，我国刑法学界曾经对网络犯罪立法（当时称计算机犯罪立法）进行了广泛的研究，在立法模式上分成了两种截然对立的观点。第一种观点认为，应在我国刑法典中增设有关计算机犯罪的条款或对相关条款进行修正。其根据有二：（1）我国计算机使用规模仍处于初级阶段，计算机犯罪的社会危害性尚未体现出来，而且犯罪类型有限，通过在现有刑法基础上进行修正足以涵盖计算机犯罪类型；（2）我国刑法整体上比较原则，兼容性较大，对于一些新型的犯罪均具有"包容能力"，而且已知的大部分计算机犯罪形式，如利用计算机诈骗、盗窃等行为与传统犯罪并无差异，只是作案工具、手段不同而已。第二种观点认为，应当在刑法典之外另行制定单独的计算机犯罪法。其根据有三：（1）我国计算机应用范围迅速扩大，新型计算机犯罪逐渐高发，现有刑法条文无法满足惩治计算机犯罪的需要；（2）受计算机犯罪特性的影响，其无法被我国刑法理论中的犯罪客体分类法所接纳，故而无法将其分列各章之中；（3）如果将有关计算机犯罪的条文分列于刑法

---

〔1〕 刘守芬、房树新：《八国网络犯罪立法简析及对我国立法的启示》，载《法学杂志》2004年第5期。

分则各章之中，难免产生各法条、各罪名之间的重复与繁杂，从而影响刑法典的整体完整性，从立法技术上讲欠缺合理性。[1]

关于我国网络犯罪立法模式的选择，应着重考虑三个因素，即我国的立法传统、当前立法现状和网络犯罪的实际情况。我国作为成文法系国家，法皆出于明文成为我国长期的立法传统，加之当前由于我国网络犯罪日益高发，传统的刑法罪名体系已经开始严重滞后于网络犯罪的步伐，面对日益严峻的网络犯罪，刑法在诸多领域出现了评价的真空。因此，鉴于此种情势，从长远来讲，不断完善相关的网络犯罪立法将成为今后立法的发展方向。笔者赞同将网络犯罪立法模式的选择分为三步：第一步针对网络犯罪的主要类型进行刑法修正；第二步将网络犯罪扩大为专章，同时修订相关的行政法规使其与刑法能够有效衔接；第三步制定专门的网络犯罪法。[2]但是，由于制定专门的网络刑法或者说网络犯罪法可能存在与刑法典如何衔接的问题，而且有损于刑法典的完整性，因此在相关立法技术与立法理论研究成熟之前，应当尽量避免专门的网络犯罪法的制定，而应在现有刑法框架之内，逐渐以刑法特别条款的形式应对网络犯罪。

第二节　网络犯罪刑法应对的方向与内容架构

随着计算机与信息网络技术的发展，基于计算机或者信息网络在犯罪中所占据的不同地位，网络犯罪经历了变化较大的演变历程，把握网络犯罪的态势变迁，根本的依据在于网络在网络犯罪中的地位转换。20 世纪 90 年代，网络犯罪立法逐步开始从单纯的计算机犯罪立法向信息犯罪立法转变，尽管这一时期的立法仍然以维护国家安全为主，但已经开始对公民个人信息安全和企业信息安全进行保护，立法的重点仍然以惩治威胁国家安全的计算机犯罪和信息犯罪为主。随着网络犯罪的高发，《刑法修正案（九）》《刑法修正案（十一）》开始多视角、全方位地思考网络犯罪的回应思路，分别基于不同网络犯罪类型，有差异、成体系地构建起网络犯罪的制裁体系。

---

〔1〕　参见陈开琦：《我国计算机犯罪的刑事立法初探》，载《法学研究参考》1992 年第 2 期。

〔2〕　刘守芬、房树新：《八国网络犯罪立法简析及对我国立法的启示》，载《法学杂志》2004 年第 5 期。

一、网络数据安全的刑法保护

从 21 世纪开始，反网络犯罪立法成为刑事立法的主流之一，反网络犯罪法在许多国家成为一部独立的法律。网络犯罪立法的核心观念在于对国家信息安全、企业及公民的信息安全进行立法保护，保护领域也从国家安全为中心转变为对国家与公民个人的同等保护，在立法技术上也更加复杂化和精密化。同世界其他国家一样，我国从 1997 年《刑法》到《刑法修正案（十一）》，也在不断充实着网络犯罪的罪名体系，尤其《刑法修正案（十一）》的出台更是反映出刑事立法在当前信息时代背景下对于网络犯罪的回应思路。

中国互联网络信息中心（CNNIC）2015 年 7 月发布的第 36 次《中国互联网络发展状况统计报告》显示，截至 2015 年 6 月，中国网民规模达 6.68 亿，互联网普及率为 48.8%，已超过世界平均水平。欣喜于互联网迅速普及的同时，网络安全问题也随之而来。国际标准化组织（ISO）将计算机网络安全定义为："为数据处理系统建立和采取的技术和管理的安全保护，保护计算机硬件、软件数据不因偶然和恶意的原因而遭到破坏、更改和泄漏。"计算机网络安全包括物理安全、软件安全、数据安全和运行安全四个方面。网络在为人们带来无数便利的同时也带来了信息的大爆炸，各种信息充斥于互联网中，网络的数据安全同样成为网络安全的重要内容。[1]在此需要强调的是，数据安全与信息安全的概念应有所差异。一般而言，数据的外延要远远大于信息的外延，例如，大到网络空间中存储的视频、音频、图片、文档等，小到个人计算机终端所存储的影视文档，都属于数据的范畴。信息的概念则相对较小，一般指个体所获得的外界认知和知识，属于知识的上位概念。因此，关于网络犯罪立法中所保护的对象应限定于数据的保护，这种保护的外延要远远大于对信息的保护。

以公民个人信息为例，《刑法修正案（七）》增设的出售、非法提供公民个人信息罪和非法获取公民个人信息罪中，对于本罪的犯罪对象（公民个人信息）设置了"国家机关或者金融、电信、交通、教育、医疗等单位的工作人员，违反国家规定，在履行职责或者提供服务过程中获得的"来源限定，这种列举式的条文表述看似为本条保护的对象进行了界定，也凸显了刑法对

---

[1] 参见李源粒：《网络安全与平台服务商的刑事责任》，载《法学论坛》2014 年第 6 期。

于国家工作人员或者社会公共单位工作人员出售或者非法提供公民个人信息行为的重点防范。但是，此种列举式规定导致司法实践中对公民个人信息的界定存在诸多困惑。因此，为了加强对公民个人信息的刑法保护，《刑法修正案（九）》扩大了相关犯罪的主体范围，同时增设了出售或者非法提供公民个人信息的犯罪。概言之，《刑法修正案（九）》对于公民个人信息保护的立法调整已经趋近成熟。在现实效果上，不仅面对现实危害严重且日趋增长的数据犯罪作出了及时回应，而且在制裁方向上，重点选取了对内部数据犯罪和数据犯罪下游非法产业链两个关键点，有效地建立了刑事法网。在立法技术上，明确以"公民个人信息"这一核心概念作为整个体系的基础，正确合理地扩张了犯罪主体及对象的范围，回应了现实情况的同时也充分契合了未来可能的解释需求。

二、罪名增设的空间思维和平台责任的确立

网络服务提供者作为连接网络使用者与互联网之间的关键桥梁，作为屏蔽各种有害信息进入互联网的第一道关卡，其与犯罪行为的结合将产生巨大的社会危害性。因此，通过刑法手段为网络服务提供者设立必要的行为规范，成为今后刑事立法应对网络犯罪、实现网络安全保护的重要方向。

（一）网络服务提供者刑事责任的确立思路

随着"双层社会"的形成，两层生活空间中由于生产、生活的大交汇、大融合，也必然使得与人类社会相伴始终的犯罪"迁移"至网络空间，网络对于网络犯罪的意义不再是犯罪对象、犯罪工具，而是直接蜕变为新的犯罪空间和犯罪平台，这样就使得犯罪同时具备了"网上网下""线上线下"两个平台和空间。当前"双层社会"日渐形成的背景下，网络早已不再是纯粹的虚拟空间，也不再是无法无天任君驰骋的"自由"王国，其与现实空间的紧密衔接正在不断地削蚀着网络行为的虚拟性，网络行为被赋予了越来越多的现实性和真实性。网络服务者作为网络犯罪的平台管理方，对其刑事责任的追究一度存在空白。考虑到网络服务者在当前网络社会中的地位日渐攀升，网络服务者几乎成为次于国家机关的重要社会管理组织。因此，在网络逐步形成独立网络空间时，网络空间的管理者也相应地承担起应负的法律责任。在此背景下，《刑法修正案（九）》第28条第1款规定"网络服务提供者不履行法律、行政法规规定的信息网络安全管理义务，经监管部门责令采取改

正措施而拒不改正",符合法定情形的,构成犯罪。这一规定将网络服务者独立作为刑法评价的对象,正是反映了网络空间思维下刑法的转型。2006 年施行的《信息网络传播权保护条例》,根据网络服务提供者的不同类型分别规定了免责事由,依据该条例可以将网络服务提供者分为以下四种类型:网络接入服务提供者、网络缓存服务提供者、网络主机服务提供者以及网络搜索服务提供者。[1] 依据《刑法修正案(九)》字面意思理解,《信息网络传播权保护条例》的四种类型均包含在内,有学者将其划分为网络连线服务提供者、网络平台服务提供者和网络内容服务者。需要明确的是,不同类型的网络服务提供者因其职能的不同,在网络犯罪中承担着不同的角色,因此司法实践中应有所区分。以网络连线服务提供者、网络平台服务提供者和网络内容服务者为例,网络连线服务提供者的职能在于提供线路使用户与网络相连接,如移动、联通、电信等网络提供者,其承担的责任范围应主要限定于"对网络犯罪主体身份失察允许其入网"的相应责任;网络平台服务提供者的职能在于通过平台服务以便用户取得资讯或者进行网上信息交换,如天涯论坛、百度搜索、淘宝等平台服务提供者,其承担的责任范围应主要限定于"对平台上犯罪分子实施危害行为缺乏有效监督,没有及时删除清理"[2] 的责任;网络内容服务者的职能在于利用其设立的网站为终端用户提供各类信息与服务,如网上广告、代制作网页等,承担的责任范围应主要限定于"为犯罪分子提供信息服务帮助"的责任。

(二) 网络服务提供者帮助行为的入罪化

随着网络空间的形成,网络服务提供商以及第三方支付平台在网络犯罪中开始扮演起特殊的角色。网络服务商、支付平台等行为方在网络犯罪中的地位主要体现为"一对多"式的帮助行为,以及不作为责任的确立。

网络平台向网络违法犯罪行为提供的互联网接入、费用结算等帮助行为,可以按照帮助违法行为的正犯化思路予以解决。网络淫秽色情、网络赌博、网络传销等违法犯罪活动大多通过第三方支付平台进行交易,很多支付平台在明知他人实施网络传播淫秽色情、网络赌博违法犯罪的情况下,依然提供

─────────

〔1〕 参见陈强:《网络服务提供者的分类对侵权法责任承担规则的影响——以〈侵权责任法〉第 36 条为视角》,宁波大学 2012 年硕士学位论文。

〔2〕 参见张伟:《中立帮助行为探微》,载《中国刑事法杂志》2010 年第 5 期。

支付服务并从中获利。如果仅从网络传播淫秽色情或者网络赌博的个案来看，可能因其数额较小或者数量较低不成立犯罪，但由于第三方支付平台巨大的客户数量，往往使其成为网络违法犯罪中最大的获利方。如果根据共犯理论，无法对其进行定罪处罚。有鉴于此，2004 年 9 月 3 日公布的《最高人民法院、最高人民检察院关于办理利用互联网、移动通讯终端、声讯台制作、复制、出版、贩卖、传播淫秽电子信息刑事案件具体应用法律若干问题的解释》第 7条规定："明知他人实施制作、复制、出版、贩卖、传播淫秽电子信息犯罪，为其提供互联网接入、服务器托管、网络存储空间、通讯传输通道、费用结算等帮助的，对直接负责的主管人员和其他直接责任人员，以共同犯罪论处。"此外，《最高人民法院、最高人民检察院关于办理利用互联网、移动通讯终端、声讯台制作、复制、出版、贩卖、传播淫秽电子信息刑事案件具体应用法律若干问题的解释（二）》明确了"电信业务经营者、互联网信息服务提供者、广告主、广告联盟、第三方支付平台以及网站建立者、直接负责的管理者等的刑事责任，有利于从源头上切断传播淫秽电子信息的利益链条"。[1]

在"双层社会"视野下，任何发生在网络空间中的人类行为都可以在现实空间中找到回应，其行为结果必然能够在现实社会中有所体现，网络当前正在由虚拟性空间转向"虚实结合""虚实向现实过渡"的空间，单纯的"虚拟空间""虚拟社会"或者单纯的"现实社会"已经被"双层社会"所取代。正是基于此，《刑法修正案（九）》将网络服务提供者作为一类特殊的犯罪对象纳入刑法的评价范围。

三、网络犯罪预备行为的实行化

《刑法修正案（九）》第 29 条对于利用信息网络，"设立用于实施诈骗、传授犯罪方法、制作或者销售违禁物品、管制物品等违法犯罪活动的网站、通讯群组的；发布有关制作或者销售毒品、枪支、淫秽物品等违禁物品、管制物品或者其他违法犯罪信息的；为实施诈骗等违法犯罪活动发布信息的"行为单独作为犯罪予以制裁。尤其考虑到此类行为本身所具备的社会危害性，

---

[1] 徐日丹：《依法严惩淫秽电子信息犯罪　净化互联网和手机媒体环境——"两高"负责人就〈关于办理利用互联网、移动通讯终端、声讯台制作、复制、出版、贩卖、传播淫秽电子信息刑事案件具体应用法律若干问题的解释（二）〉答记者问》，载《检察日报》2010 年 2 月 4 日，第 3 版。

将本该属于其他犯罪的预备犯作为正犯行为予以评价，例如，将"为实施诈骗等违法犯罪活动发布信息的"行为独立入罪即反映了立法对于以网络为工具实施相关行为社会危害性的高度重视。

从《刑法修正案（九）》的规定可以看出，刑法对于以网络为工具实施的犯罪呈现出全面制裁的态势，原因有二：一是经过近二十年的完善，刑事立法已经针对计算机犯罪形成了较为完备的罪名体系，对于应对网络犯罪首先有了基础的立法依据和司法自信；二是以网络为工具实施的犯罪，尽管形式上与网络紧密相关，而且部分犯罪仍然存在对计算机信息系统及信息网络的攻击，依靠已有的计算机犯罪罪名和传统的刑法罪名体系基本可以予以解决，但是在看到这些已有的进步条件时，却也存在着司法适用障碍、立法无法全面评价的新问题。对于此类问题，动用立法资源去逐一对原有罪名进行完善虽然可以一劳永逸，但是短期内却又无法实现，对于此，唯有通过司法解释针对具体网络犯罪类型作出规范性解释和指引，使传统刑法延伸适用于网络空间，这种以计算机犯罪立法为基础，以传统罪名体系为主体，以司法解释为配套，以立法完善为方向的应对策略不失为当下可以选择的思路之一。

四、网络犯罪共犯行为的正犯化

随着网络犯罪的高发，网络犯罪共犯行为的社会危害性正日益显现，成为网络犯罪链条中的关键环节。但是，根据现有刑法罪名体系，网络犯罪共犯行为主要以下游网络犯罪的共犯形式进行制裁，刑事立法滞后与司法无力导致此类行为日益猖獗。有鉴于此，《刑法修正案（九）》针对网络犯罪共犯行为多发、社会危害性严重等情况，将"明知他人利用信息网络实施犯罪，为其犯罪提供互联网接入、服务器托管、网络存储、通讯传输等技术支持，或者提供广告推广、支付结算等帮助"的行为纳入刑法评价范围之内。

（一）关于共犯从属性说的一般性检视

根据共犯的成立是从属于正犯还是独立于正犯，存在共犯从属性说和共犯独立性说。共犯从属性说认为，需要正犯者实施了一定的实行行为，方可成立共犯；共犯独立性说则认为，由于共犯者的固有行为而成立狭义的共犯并带有可罚性。[1]有学者针对共犯独立性说指出，此种理论视野下的"共

---

〔1〕　[日] 大塚仁：《刑法概说（总论）》，冯军译，中国人民大学出版社 2003 年版，第 242 页。

犯"名不副实，在实行行为不存在或者不构成犯罪的情况下，就不可能存在帮助犯，此种思路必然会造成逻辑的混乱，即帮助犯是谁的帮助犯、与谁一起构成共同犯罪？[1]因此，共犯从属性说，尤其是共犯限制从属性说逐渐成为德日刑法的理论通说。例如，德国《刑法》第29条规定，任何一种参加者，均无须考虑他人的罪责，而依照自己的罪责加以处罚，以此确立了罪责独立性的基本原则，而这应当为我国理论界所深思和借鉴。

共犯限制从属性说主张"个别责任原则"，即在各犯罪参与者之间，"违法是连带的、责任是个别的"。共犯限制从属性说仍然立足于共犯理论下，以存在正犯为前提，解决共犯责任的认定问题，对于不存在正犯的帮助行为仍然无法评价。因此，有必要对帮助违法、事后帮助等欠缺正犯的帮助行为予以独立入罪化。以帮助信息网络犯罪活动罪为例，有学者指出，《刑法修正案（九）》所增设的帮助信息网络犯罪活动罪，并非共犯行为的正犯化，而仅仅是一种特殊的量刑规则，即对此类行为不再以从犯进行处罚。换言之，帮助信息网络犯罪活动罪的成立，以明知他人利用信息网络实施犯罪为要件，以正犯实施符合犯罪构成要件的实行行为为前提，此种立法模式依然属于共犯从属性说。笔者虽不赞同此种解释思路，但关于共犯限制从属性说的理论确认必能解决大部分帮助行为的入罪化问题。

（二）网络犯罪共犯行为正犯化的立法思路

网络犯罪帮助行为正犯化的探索模式体现在司法层面，即通过司法解释的形式对于具有严重社会危害性的网络犯罪帮助行为，赋予独立的评价标准，实现"司法上的犯罪化"；[2]体现在立法层面，即通过刑法修正案的形式对于司法的成功探索予以立法确认，全面实现网络犯罪帮助行为的正犯化。

以侵犯公民个人信息犯罪为例，非法获取公民个人信息的行为往往伴随着后续的犯罪行为，在这种情况下，对于信息提供者或者信息中间交易者是单独定性为出售、非法提供公民个人信息罪，还是定性为后续犯罪行为的共犯？对此，需要明确两种情况区别对待：（1）在信息提供者或者中间交易者对于行为人实施的后续犯罪行为不知情的情况下，如果非法获取信息的行为

---

〔1〕夏勇：《定罪与犯罪构成》，中国人民公安大学出版社2009年版，第164页。

〔2〕司法上的犯罪化由张明楷教授提出，指在司法解释制度的情形下，使刑法不断适应变化的犯罪事实，将新型违法行为予以司法上的犯罪化处理，以实现刑法保护法益和人权保障的机能。参见张明楷：《司法上的犯罪化与非犯罪化》，载《中国检察官》2009年第1期。

人利用该信息实施了后续性的严重违法犯罪行为，尽管信息提供者或者中间交易者对行为人的后续行为并不知情，但这一事后结果也应当成为评价此次出售、非法提供公民个人信息行为是否构成犯罪以及是否对其"从重处罚"的重要依据。例如，信息利用者根据从信息提供方处非法获取的他人家庭信息，锁定被害人位置后将其杀害，即使信息提供方对于行为人的后续杀人行为毫不知情，但被害人被杀害的结果仍应成为评价其非法提供公民个人信息行为的从重处罚情节。（2）在信息提供者或者中间交易者对于行为人实施的后续犯罪行为知情的情况下，或者意识到行为人是为了实施其他犯罪行为而仍然向其提供信息，此类情形中应毫无疑问地将信息提供者认定为后续犯罪行为的共犯，特别是在强奸、绑架、抢劫等恶性犯罪中，对于明知或者应知信息可能被用于恶性犯罪而仍然提供信息的，应当坚决地将其认定为强奸等恶性犯罪的共犯甚至教唆犯处理。

（三）帮助行为正犯化的模式确立及其制裁体系的完善

网络犯罪规制体系建构的关键在于，在当前"双层社会"背景下，立法应怎样回应网络时代的需求，厘清网络空间中的行为边界，对于网络犯罪的惩治制定完整的规范体系。由于网络犯罪作为一种技术型犯罪，与信息技术的发展有着紧密的联系，因此，网络犯罪的变异速度随着信息技术的不断革新也在迅猛变异。由此带来的问题就是，网络犯罪的立法总是滞后于网络犯罪的变化，如何通过有限的立法应对无穷尽的网络犯罪成为摆在立法者面前亟须思考的问题。从《刑法修正案（三）》到《刑法修正案（十一）》，几乎每次刑法修正都要将网络犯罪的变迁在刑法修正案中予以体现。尽管通过刑法的数次修正，已经使我国网络犯罪的罪名体系逐渐严密，但也体现出就事论事型的"救火式"立法现象。客观地讲，信息技术变革所带来的犯罪对象的扩大和犯罪手段的变异，是以往任何时代所无法比拟的，对于几乎呈几何性倍增的网络越轨行为，刑法不可能也没有穷尽列举，问题的关键在于对现实社会传统法益和社会关系的维护。尽管随着信息技术的发展和网络社会的壮大，刑法所保护的法益在形式、类型上均发生了异化与增生，但大部分仍然可以通过刑法的扩大解释和刑法条文的延伸予以解决。因此，在网络犯罪层出不穷的信息时代背景下，刑法对于网络犯罪制裁的问题本质并不在于随着犯罪的异化疲于奔命式地填补立法漏洞，而在于对信息时代背景下如何保障传统法益与社会核心利益，如人的自由、人身安全、财产安全，等等。但是，进一步的问题在于，任何网络犯罪都是侵害信息网络安全及网络秩序的行为，刑法所保护的网络安全或者网络法益界定于何种限度则需要进一步思考和回答，即刑事立法需要明确网络越轨行为犯罪化的根据和标准是什么。

第三节　网络犯罪规制体系建构的整体把握

一、网络犯罪规制体系建构中传统刑法规则的延伸适用

网络犯罪立法总是滞后于网络犯罪的变化，那么接下来的问题在于探究如何立法，是为技术立法还是为行为立法成为需要回答的问题。

网络犯罪已经极大地侵犯了现有的法益，破坏了网络空间与现实空间的正常秩序，应尽可能让现有的刑法罪名去适应网络犯罪的新情况，明确现有的罪名体系可延伸到网络空间中。对于现有法规无法延伸评价的，则应制定相应规范。那么，何种情况才可考虑修改或制定新的刑法条款？犯罪的数量是首先需要明确的。某种新型犯罪行为的出现频率对犯罪学和刑事立法、刑事政策的选择与制定都有重要意义。例如，对于某种行为现行立法明显无法评价，但是此类不法行为实际上却很少发生，从立法的经济性上来讲，就无须耗费巨大力量"为行为立法"。因此，启动网络犯罪立法的前提需要明确某类网络不法行为的程度及其危害性的明确数据支持。"或者我们考虑一下：怎样从关于运输工具的任务这一基本原则出发，把为马车所定出的法令，统一地推广适用于公共马车、铁路、电车、卡车和飞机，而不需要对相继出现的运输工具规定各种新的规则。也考虑一下，怎样统一地把这些法令推广适用于电报、电话、无线电、煤气、电灯和动力。然后，我们来看法律工作者如何定出一个在一类公共事业中关于任务的更广泛的原则，这种方法使我们的法律由于提供一个作为论证的出发点，因而能应付这些一个接着一个的急剧发展的公用事业部门。"[1]

为了避免网络犯罪立法或者司法解释的碎片化、"小流域化"，应当使网络犯罪立法或者司法解释更加体系化。无论是司法解释，还是刑事立法，其所关注的对象均应是刑法典中的规范性条款及其相关立法术语，而应当避免

---

〔1〕　[美] 罗斯科·庞德：《通过法律的社会控制》，沈宗灵译，商务印书馆 2010 年版，第 28 页。

针对层出不穷的犯罪行为作出解释和立法，这是因为依靠有限的规范性文件去追赶无限的网络犯罪，不论是在司法资源的浪费上，还是在打击犯罪的紧迫性上，均是不明智的。犯罪行为尤其是网络犯罪行为，往往具有瞬息万变的特点，其在犯罪对象、行为手段、行为特征上均存在着比普通犯罪更快的变异性。因此，唯有以某类新型网络犯罪为基础，结合已有的司法实践经验和研究成果，从刑法规范上着重对相关的条文作出解释和立法，不断为传统刑法罪名体系注入新时代的新鲜血液。

二、网络犯罪规制体系建构的主线

明确网络犯罪立法不能为现象立法，不能桎梏于追赶技术发展的"救火式立法"状态中，那么网络犯罪立法关注的对象，抑或立法关注的内容是什么？笔者认为，鉴于网络犯罪变异速度极快，在不得已进行的立法中，首先需要明确立法规制的对象属于何种类型的网络犯罪，即网络犯罪立法的核心内容在于针对不同类型的网络犯罪采取不同的回应模式。换言之，无论是对于网络犯罪的立法投放，还是司法解释的投放，都需要明确其所要解决的问题或者惩治的网络犯罪属于何种类型，即明确立法或者司法所要评价的对象是什么。否则，如果不分对象，"一刀切"似的乱打一通，必然会在实际执行效果上面有所减损，甚至平白造成国家立法资源的浪费。如前文所述，以网络为对象实施的犯罪行为，作为网络犯罪的最初形式，也经历了犯罪对象从孤立的计算机信息系统到计算机互联网络再到信息网络的演变，这种演变也推动了刑法视野下计算机犯罪向网络犯罪的转化。[1]整体上讲，网络发展初期，网络犯罪立法的核心要旨在于维护国家信息安全，立法重点主要针对威胁国家安全的网络犯罪行为。

从网络犯罪的演变轨迹来看，从产生、发展到现在基本经历了三个阶段，而划分的根据则在于"网络"在"网络犯罪"中的性质转换，即由"犯罪对象"到"犯罪工具"再到"犯罪空间"。"网络"在"网络犯罪"中的地位不同，决定了"网络犯罪"的不同发展历程，即经历了以网络为犯罪对象的犯罪→以网络为犯罪工具的犯罪→以网络为犯罪场所和犯罪空间的犯罪。从

---

〔1〕　计算机犯罪向网络犯罪的转化并不是相互替代的关系，是随着犯罪对象的内容变化和重点转移而产生的犯罪类型的变化，两种犯罪在形式上是并存的，在内容上是合一的。

当前网络犯罪的发展态势来看，其正在从"以网络为犯罪工具的犯罪"转向"以网络为犯罪空间的犯罪"。整体上讲，目前以网络为"犯罪对象""犯罪工具"和"犯罪空间"的三种犯罪形式处于并存的现状，但三种类型犯罪案件在案发数量、社会危害性以及案发规律等方面有着不同的特点，因此，网络犯罪立法需要对此采取不同的反应模式。

以网络为"犯罪对象"相关的典型立法，如法国于1994年3月1日生效的《刑法典》，其设专章（第三卷第二编第三章）规定了"侵犯资料自动处理系统罪"。其中分别对侵害计算机信息系统、侵害计算机存储数据以及相关特殊处罚的行为进行了规定，主要包括以下三项内容。

（1）针对计算机信息系统实施的犯罪。法国刑法典用比较系统的篇幅对非法侵入计算机信息系统、破坏计算机信息系统的行为进行了规定，主要包括：①非法侵入系统或者在系统中非法停留。法国《刑法典》第323-1条第1款规定："采用欺诈手段，进入或非法滞留在某一数据资料自动处理系统之全部或一部分的，处1年监禁，并处10万法郎罚金。"学术界对此已经形成共识，所谓"非法"就是指"违反系统主人的意愿"。在法国刑法罪名体系中并没有规定盗窃数据资料，但法国《刑法典》第323-1条对盗窃数据资料的行为间接进行了惩处。因为要想实施盗窃数据的行为，必然需要先进入系统，而如果进入系统的目的是盗窃，则应认定为非法侵入。②破坏计算机信息系统。根据法国《刑法典》第323-1条第2款的规定，此类行为应处2年监禁，并处20万法郎罚金。

（2）针对计算机存储数据实施的犯罪。这一犯罪类型主要包括：①破坏存储数据犯罪。法国《刑法典》第323-1条第2款规定，此类行为应处2年监禁，并处20万法郎罚金。此外，需要强调的是，法国刑法对于侵入计算机系统引发的破坏数据的结果和追究的破坏数据的结果仍然是加以区分的，尤其是对过失犯罪作出了处罚规定。②非法输入数据犯罪。对于此类行为，依照法国《刑法典》第323-3条的规定，应处3年监禁，并处30万法郎罚金。

（3）特殊条款。法国《刑法典》除了对典型网络犯罪类型进行规制之外，还针对网络犯罪的组织形态、犯罪停止形态的处罚作出了规定。①网络犯罪未遂的处罚。法国刑法不同于我国刑法体系，其将刑法罪名分为了违警罪、轻罪和重罪，且仅处罚轻罪和重罪的未遂犯。而为了严厉打击网络犯罪，法国《刑法典》对于网络犯罪的未遂形态专门作出了处罚规定。②网络犯罪集团的处罚。法国《刑法典》第 450-1 条规定了犯罪集团罪（法国刑法中这一罪名直译为"坏人结社罪"，包含了我国刑法理论中的犯罪团伙、犯罪集团等概念）。以一项或多项实际行动，准备实行一项或多项重罪，或准备实行一项或多项当处 10 年监禁之轻罪，由此组成的任何集团或达成的默契，均构成组织犯罪集团罪。出于打击犯罪的考虑，法国立法机关希望对于准备实施第 323-1 条至第 323-3 条所规定犯罪而组成的任何集团或达成的默契也要予以惩处。于是有了法国《刑法典》第 323-4 条，对于信息犯罪集团所实施的上述犯罪，处该犯罪本身当处之刑罚，或者择一重罪处断。

日本作为大陆法系的代表性国家，在关于网络犯罪的立法模式与内容上基本沿袭了德国的有关立法经验。日本 1987 年以刑法修正案的形式通过了第一部关于网络犯罪的罪刑规范，对于"电磁记录""文书"等信息时代的新概念进行了术语界定，某种程度上也是对网络时代背景下新型法益的一种积极承认。从内容上讲，日本关于网络犯罪的罪名主要包括了损害电子计算机系统等妨害计算机系统罪（这一罪名后来被指责过于宽泛，事后被修改）、毁弃文书罪、非法制作和提供电磁记录罪、计算机欺诈罪等罪名。但是，由于面临信息技术飞速变革引发的网络犯罪的技术变异，导致日本立法同样严重滞后于网络犯罪的发展态势。鉴于此，日本在遭受一系列黑客犯罪袭扰之后，于 2000 年继续完善关于网络犯罪的罪名体系。由此可以发现，在全球范围内，不光中国，诸如日本、美国等国家同样面临着立法滞后于网络犯罪发展态势的现状。

同以网络为"犯罪对象""犯罪工具"的犯罪类型相比，以网络为空间的犯罪面对的问题更加复杂化。三种类型严格意义上讲并无本质差异，因为以网络为空间实施的犯罪本质上仍然属于以网络为工具实施的犯罪，但是带给刑法的问题却在于需要更加全面、系统地予以应对。对于以网络为工具实施的犯罪，通过司法解释将传统刑法延伸适用于以网络为工具实施的传统犯罪不存在问题。但是，在以网络为空间实施的犯罪中，仅仅通过司法解释扩大传统罪名的适用和新型犯罪的定性不再那么有效，这是因为以网络为空间实施的犯罪几乎将所有的传统犯罪搬到了新的"犯罪场域"，这就迫切需要对网络犯罪进行全面地应对，不仅要解决网络犯罪的罪名适用和定性问题，还需要解决网络犯罪的定量问题；不仅要解决传统罪名的延伸适用问题，还需要解决网络空间出现的特殊犯罪的入罪问题；不仅要解决针对具体罪名进行的解释问题，还需要解决几乎所有的规范术语和规则术语的转换问题。

三、网络犯罪规制体系建构的路径

当前随着信息网络在社会各个方面的渗透和介入，也给犯罪的增长和异化带来了新的发展契机和实施平台。因此，由传统犯罪网络异化和新型网络犯罪迅速增长所引发的刑事立法完善与转型问题，已经不再是一个理论命题，也不再是单纯的立法问题，而是逐渐成为一种立法方向需要考虑的问题，就是将传统的刑事立法延伸适用于网络空间，抑或死守"罪刑法定原则"自动退出网络犯罪的防治体系，还是"推倒重来"，重新构建全新的单独适用于网络空间的罪名体系？

（一）法律解释的必要性

面对迅猛变异和激增的网络犯罪，单靠重新打造全新罪名体系的应对思路，某种程度上不仅会极大地浪费立法资源，而且在实施效果上也无异于"夸父追日"，因为用有限的立法去追赶无限的犯罪情势变迁，在制定或成本上是不经济的，在法理上也是不理性的。因此，当前背景下，面对迅猛发展的网络犯罪，在补足立法、完善罪名体系的同时，还应积极将传统罪名体系延伸适用于网络空间，甚至更应将传统罪名体系作为打击网络犯罪的主体。同时，仅有刑事实体法的改革与罪名完善，仍不足以应对网络犯罪的挑战。这是因为即使刑法罪名体系再完善，刑罚设计再合理，如果刑事司法无法执行，相关的刑法条文也只能是一纸空文。因此，刑事司法在网络犯罪的惩治中发挥着极为关键的作用，而决定刑事司法能够顺利执行的关键问题还在于对法律的解释与适用上。尤其面对迅速异化和更新的网络犯罪，传统的刑法罪名体系总是在疲于应对，要么增设新的罪名，要么束手无策。因此，应对网络犯罪的关键，除了完备的立法，对现有的立法在坚持罪刑法定原则基础上进行新的解释也是应有之义。

立法活动不仅停留在立法阶段，而且存在于法律规范的司法适用与解释之中。诚如王泽鉴先生所言："凡法律均须解释，盖法律用语多取诸于日常生活，须加阐明；不确定之法律概念，须加具体化；法规之冲突，更须加以调和。"[1]尤其是在网络犯罪相关的刑法条文中，不可避免地包含部分专业术

---

[1] 转引自梁慧星：《民法解释学》，中国政法大学出版社1995年版，第125页。

语，有必要对此类技术术语进行明确界定和解释，至于这些解释性条款的形式和安排需要进一步探讨。

（二）刑法解释形式的选择：司法解释、立法解释和单行刑法

整体上讲，传统罪名体系向网络空间延伸的模式主要包括三种选择：司法解释、立法解释和单行刑法。这三种模式在效力位阶、解释对象、制定成本等方面均存在着较大差异（如表3-1所示），因此，应当根据这三种应对模式各自的特有属性，有针对性地应用于不同的网络犯罪罪名的解释。

表 3-1 刑法罪名解释体系

	效力位阶	解释对象	制定成本	今后适用频率
司法解释	低	立法术语	低	常态化解释
立法解释	中	具体罪名条款	中	必要性解释
单行刑法	高	立法术语、罪名条款	高	大规模构建罪名体系性解释

1. 司法解释

首先从反应的及时性和针对性上讲，司法解释有着天然的优势，而且相较于立法解释，司法解释制定的成本较低，程序也相对简单，通过司法解释对网络犯罪进行及时的跟进将成为今后主要的应对方案。鉴于司法解释制定的成本相对较低，而且可以及时地弥补立法的滞后与不足，也是对司法实践中所取得的探索经验的积极认可，尤其可以为相关的司法实践提供规范性的指导和参考，因此，针对网络犯罪适时地出台相关司法解释应成为应对网络犯罪的主要模式。当前，针对网络犯罪已经出台了一系列的司法解释，这为今后形成应对网络犯罪体系化的司法解释奠定了初步的基础。

2. 立法解释

但是，司法解释适用的对象不能超越刑法原有的立法本意，如果通过司法解释无法对刑法进行扩大解释时，立法解释则成为考虑的选择模式。从效力层级上讲，立法解释相比司法解释在效力层次上更往前了一步，因此它可以突破刑法的原有框架进行"深层次"的解释。

3. 单行刑法

单行刑法无论是在效力上，还是在内容的广泛性上，均能够成体系性地

将涉及网络犯罪的罪名予以系统化地规定，在形式上和内容上均可以保证罪名设置的完整性和统一性。同时，通过单行刑法的形式将以往司法解释乃至立法解释所确立的罪名体系以及相关构成要件的解释予以统一，对司法实践中基本达成共识的相关内容予以认可，对于网络犯罪的罪名体系构建具有重大意义。例如，全国人民代表大会常务委员会通过的《关于维护互联网安全的决定》，集中对"他人电子邮件或者其他数据资料""淫秽书刊、影片、音像、图片"等进行了界定和定性，扩大了"知识产权""通信自由和通信秘密"等传统立法术语在信息时代的概念外延。因此，随着当前我国立法机关、司法机关以及刑法学界对于网络犯罪的理解和研究的不断深入，已经形成了相对较为体系化的解释和对策，今后有必要对于已有的司法解释、实践经验和研究成果适时地予以立法认可，对涉及网络犯罪的传统立法术语进行"批量化"的立法认可和罪名扩张。在网络犯罪已经趋近泛滥的背景下，此种应对模式，是信息时代背景下刑事立法的应有之义和必要选择。

除了上述三种解释模式，还可以通过刑法修正案的模式直接将相关罪名或者术语的解释纳入刑法典之中。实际上，相关的术语界定已经存在于现有刑法典之中，例如，《刑法》总则第93条对"国家工作人员"作出的专门界定，以及我国《刑法》分则第367条对"淫秽物品"所作出的专门性界定。

（三）网络犯罪传统罪名体系解释的关键：传统刑法术语的词义扩张

技术变革的影响，不仅挑战了传统罪名的适用空间和适用范围，而且对传统立法语言的适用也形成了冲击。尽管表面上，网络社会与现实社会的语言差异并不会影响传统规则在网络空间中的适用，但从本质上看，随着诸如他人财物、淫秽物品、社会秩序等传统概念在网络空间中的形式扩展，迫切需要立法或者司法通过一定的解释规则将相关术语予以扩张。

1. 传统刑法术语扩张的背景："双层社会"下的语言"鸿沟"

尽管"双层社会"的初步形成，已经逐渐将虚拟空间与现实社会紧密地衔接在一起，二者之间的差异和隔阂正在逐步地被削蚀，但需要注意的是，网络社会与现实社会之间的特有属性依然存在，二者仍然属于两种不同的"社会空间"，这从根本上决定了两个社会空间在社会结构组成、社会交往模式、社会行为模式等因素上需要进行对接与"转换"。这就好比两个不同地域或者国家之间，尽管都属于人类社会，但语言、生活习惯、道德习惯、规则习惯等均存在诸多差异，两种空间社会的链接必须在上述方面进行沟通与对接，其中"语言转换"则是首要解决的问题。同时，日本有学者就指出："与某个社会相适应的规范性评价的内容，从大的方面讲，虽然长时间内并无变化，但是也能看出其显著的流动性，战后 35 年间，在我国'猥亵'概念表现出极大的变貌，可以想象今后还是会发生一些变化的。"〔1〕相似的例子，还有"毒品"概念的演变，也可以看出时代变化使得刑法概念内涵和外延的扩张。30 年前的"毒品"概念主要包括鸦片、大麻、可卡因、吗啡等类型，但随着化学合成等科学技术的进步，K 粉、摇头丸、冰毒等新型毒品不断出现，已经使得现在的"毒品"概念极大地区别于 30 年前的毒品内涵和外延。

客观地讲，由于人们在现实空间与网络空间中有着不同的行为习惯、道德习惯和交流习惯，现实社会的法律规则要想顺利地在网络空间中适用必须考虑网络空间的特有属性。如前所述，现有刑法罪名体系的形成和发展均源自现实社会的习惯用语，这与网络空间中的术语存在"鸿沟"甚至"风马牛不相及"，尤其网络空间中存在的新型法益、行为类型、危害后果有着区别于现实社会的特殊形式，这就需要根据现实社会与网络社会的差异对于现行刑法罪名体系进行转换与对接，其中主要的路径就是对现行刑法的扩大解释，使传统刑法规则能够在网络空间中找到适合其发挥价值的"网络土壤"，使刑法中的"罪状关键词"、法律核心术语能够适用于网络空间并为社会公众所知悉，从而使刑事立法在网络空间与现实社会中实现有效贯通。

2. 传统刑法术语扩张的思路：网络刑法规范术语体系的构建

客观来讲，刑法中的用词固然重要，但对犯罪的描述应注意文法上的技巧，以避免这样的情况：不久的将来由于网络技术的迅猛发展使犯罪行为的方式略有改变，现在新制定的条款随之失效。所以，犯罪行为应以广义上的更为抽象的措辞进行描述，同时又能保证其精确性，防止出现犯罪行为界定的模糊，并且能对公民行为起到应有的规范指引作用。那么，如何选择需要重点解释的规范术语呢？如果从刑法条文尤其是其中显现的犯罪构成要件角度讲，今后重点解释的方向则为犯罪构成要件要素的解释。在构成要件要素〔2〕中，一般以构成要件要素是否需要价值判断为标准，将其划分为记述性构成

---

〔1〕　[日] 大塚仁：《犯罪论的基本问题》，冯军译，中国政法大学出版社 1993 年版，第 53 页。

〔2〕　所谓构成要件要素，是指立法者用以描述犯罪构成要件的基本单位和具体元素，例如反映主客观要件的他人财物、胁迫、国家工作人员、故意、过失，等等。

要件要素与规范性构成要件要素。[1]

可以预见，今后一段时间内，网络犯罪仍将是刑法打击和防范的重点。除了相关罪名的增设与犯罪构成要件的扩大解释之外，还有必要重视相关立法语言的表达方式和立法技术。例如，我国《刑法》第 285 条、第 286 条中所涉及的"计算机信息系统""破坏性程序"等术语均缺乏明确的刑法界定，仅仅根据技术方面的解释难以使其为司法适用所理解，这是因为针对此类术语进行的技术方面的解释，核心在于对其技术构成的解释，无法直接转化为刑法层面上的规范术语。

我国刑法罪名体系中的"术语群"有着不同的来源，并且基于具体罪名的特征有着不同的表述方式。例如，从来源上讲，当前刑法具体条文中的"关键词术语"有的是从旧刑法中继承而来，有的是对外国法的参酌，还有的是对社会生活用语的转化……正是通过对这些不同类型术语的立法整合，最终构建成了现在的刑法罪名体系，但是，不管刑法吸收和转化哪一种术语，都经过了立法者的鉴别、选择和"深加工"的过程。在我国刑法条文表述中，立法者将来源各异的"词语"深加工为刑事立法术语，这些立法术语作为支撑刑法罪名体系的基本单位，成为解释刑法的核心词汇或者说是"关键词"。这些"关键词"作为刑法的基本组成单元，在具体罪名的选择与适用上有着极为关键的作用，某种程度上成为确定罪与非罪、此罪与彼罪的决定性根据。因此，对于刑法中此类"关键词"的体系化解释成为传统刑法罪名延伸适用于网络空间中的首要前提。

---

[1] 参见张建军：《论规范性要素明确性的困境与出路》，载《法学论坛》2013 年第 3 期。

第四章

网络犯罪罪名体系的立法架构

自人类社会形成以来，犯罪就成为挥之不去的阴影，成为全人类的公敌。任何社会形态的领导者都在寻求抵制不道德或者败坏行为，由此而定义那些被认为应受惩罚的行为，侵犯个人、财产或者政府的犯罪则一直以来都是打击的重点。尽管不同社会形态、不同社会背景的社会组织围绕着其特殊的生活方式制定出不同的法律，但犯罪的形式都是基本相似的。[1]当前社会"正在迅速从一个在'汽车轮子上的国家'向一个在'网络空间中的国家'转变。这些变化都要涉及到人们社会生活的'游戏规则'的改变，需要'变法'"。[2]回顾过去对网络犯罪的回应历程，我国刑法的立法指向，主要以增设罪名以应对网络犯罪的反应模式为主，这在以网络为工具、为对象的网络犯罪初期阶段，通过单行刑法、立法解释补充罪名体系，不失为一条可行性路径，也对严密法网具有积极意义。整体上讲，伴随网络犯罪的日渐多发和变异，我国网络犯罪罪名体系逐渐细腻化和精致化，从1997年《刑法》"两点一面"式立法到《刑法修正案（九）》，完成了多次转型和罪名扩充，形成了逐渐严密的网络犯罪罪名体系。但是，由于网络犯罪的极速变异性，使得刑法立法普遍存在滞后与不足。随着网络安全保护力度的增强，网络犯罪罪名体系将继续充实和完善，并在罪名设置上逐步由"系统思维"转向"网络思维"，在安全防护上由"数据思维"转向"空间思维"，逐渐与网络犯罪的时代变迁相契合。

---

[1] ［英］尼尔·巴雷特：《数字化犯罪》，郝海洋译，辽宁教育出版社1998年版，第19页。

[2] ［美］劳拉·昆兰蒂罗：《赛博犯罪——如何防范计算机罪犯》，王涌译，江西教育出版社1999年版，序言。

第一节　我国网络犯罪罪名的立法投放与严密化历程

我国 1979 年《刑法》及之后通过的单行刑法均没有规定网络犯罪。1997 年《刑法》在第二编第六章"妨害社会管理秩序罪"第一节"扰乱公共秩序罪"中增加了关于网络犯罪的规定，以三个条文的篇幅规定了计算机犯罪和利用计算机实施的其他犯罪的定罪量刑制度，对于早期的计算机犯罪的防治起到了积极有效的作用。1997 年 12 月 9 日最高人民法院审判委员会第 951 次会议通过的《关于执行〈中华人民共和国刑法〉确定罪名的规定》，将《刑法》第 285 条、第 286 条确定为两个新罪名，即非法侵入计算机信息系统罪和破坏计算机信息系统罪。其中，1997 年《刑法》第 285 条规定："违反国家规定，侵入国家事务、国防建设、尖端科学技术领域的计算机信息系统的，处三年以下有期徒刑或者拘役。"第 286 条规定："违反国家规定，对计算机信息系统功能进行删除、修改、增加、干扰，造成计算机信息系统不能正常运行，后果严重的，处五年以下有期徒刑或者拘役；后果特别严重的，处五年以上有期徒刑。违反国家规定，对计算机信息系统中存储、处理或者传输的数据和应用程序进行删除、修改、增加的操作，后果严重的，依照前款的规定处罚。故意制作、传播计算机病毒等破坏性程序，影响计算机系统正常运行，后果严重的，依照第一款的规定处罚。"对于利用计算机实施的犯罪行为，1997 年《刑法》第 287 条规定："利用计算机实施金融诈骗、盗窃、贪污、挪用公款、窃取国家秘密或者其他犯罪的，依照本法有关规定定罪处罚。"2000 年 12 月 28 日第九届全国人民代表大会常务委员会第十九次会议通过的《关于维护互联网安全的决定》对利用计算机（互联网）实施的传统犯罪行为，明确规定"构成犯罪的，依照刑法有关规定追究刑事责任"。这种立法模式虽然在整体上有利于打击和防范早期的黑客侵入和破坏计算机信息系统的犯罪，但其最大缺陷却在于无法全面反映计算机犯罪、网络犯罪的本质特征和实际情况。尤其在信息社会高速发展的当今时代，网络已经成为人们基本的生活平台，网络犯罪几乎在所有传统领域和全新领域向社会秩序发起了挑战，各种新型网络犯罪远远不止《刑法》第 285 条和第 286 条规定的纯粹针对计算机信息系统的犯罪。

随着网络技术的迅猛发展和计算机犯罪的日益猖獗，传统的罪名体系已经无法满足高发的犯罪态势。有鉴于此，2009年通过的《刑法修正案（七）》在吸收一系列司法解释和实践经验的基础上，进一步扩大了计算机犯罪的罪名体系，增加了非法获取计算机信息系统数据、非法控制计算机信息系统罪；提供侵入、非法控制计算机信息系统程序、工具罪。其中在《刑法》第285条新增规定："违反国家规定，侵入前款规定以外的计算机信息系统或者采用其他技术手段，获取该计算机信息系统中存储、处理或者传输的数据，或者对该计算机信息系统实施非法控制，情节严重的，处三年以下有期徒刑或者拘役，并处或者单处罚金……""提供专门用于侵入、非法控制计算机信息系统的程序、工具，或者明知他人实施侵入、非法控制计算机信息系统的违法犯罪行为而为其提供程序、工具，情节严重的，依照前款的规定处罚。"面对网络犯罪从无到有、从有到滥，我国刑事立法经历了一个自我更新与完善的历程。就像其他的时代一样，在信息网络时代，我国刑事立法也制定出了一系列罪名规范来回应网络犯罪对传统刑法和社会秩序的冲击。

一、对以网络为对象的犯罪的回应：从1997年《刑法》到《刑法修正案（九）》

网络发展初期，其作为一种"高端、大气、上档次"的新兴事物，在受到网民热捧的同时，也成为犯罪分子所觊觎的攻击对象。"黑客犯罪""计算机犯罪"成为网络发展初期的主要犯罪类型，这类犯罪在特征上主要针对计算机信息系统实施非法侵入、破坏等行为，大型门户的计算机信息系统成为此时网络犯罪的主要攻击对象。在此阶段，通过增设和构建全新的罪名体系，进行网络越轨行为的入罪化，是制裁网络犯罪的根本途径。可以预见，随着信息时代新型法益的出现和网络犯罪对象的增加，网络犯罪罪名体系的扩大也将是不可阻挡的刑事立法趋势之一。

（一）网络犯罪罪名体系的原始布局：1997年《刑法》中的"两点一面"

随着网络犯罪的出现与恶化，我国刑法开始对网络犯罪的正式回击严格意义上始于1997年。尽管1997年《刑法》之前我国没有明确关于网络犯罪的法律法规，但《计算机信息系统安全保护条例》初步实现了对计算机信息系统安全的防护，初步构建起了对计算机信息系统防护的规范性框架，并对侵害计算机安全的行为作出了规定。1997年《刑法》之前的立法体系重点在于对计算机信息系统的保护，1997 年 12 月 11 日施行的《计算机信息网络国际联网安全保护管理办法》则开始强调对信息网络安全的保护，《互联网信息服务管理办法》《互联网电子公告服务管理规定》《互联网上网服务营业场所管理条例》等规范性文件的制定基本上构建了较为完整的网络安全防护体系。

1997 年《刑法》受时代条件的限制，基本没有涉及网络犯罪，只规定两个计算机犯罪罪名，远不能涵盖现有的网络犯罪。但需要明确的是，网络犯罪立法的滞后性是当前全球范围内面临的世界性难题，即使西方发达国家的相关立法也很不完善。反观我国 1997 年《刑法》所增设的罪名，除了第 285 条、第 286 条属于实质的网络犯罪罪名之外，《刑法》第 287 条仅规定了传统刑法延伸适用的方式，即"利用计算机实施金融诈骗、盗窃、贪污、挪用公款、窃取国家秘密或者其他犯罪的，依照本法有关规定定罪处罚"。由此可见，我国刑法对于以计算机为工具实施的犯罪并未纳入计算机犯罪之中，也表明立法并未将以计算机为工具实施的传统犯罪理解为新的犯罪，而是将其与第 285 条、第 286 条共同形成了网络犯罪"两点一面"的罪名体系。

（二）网络犯罪罪名体系的首次扩充：《刑法修正案（七）》的尝试性努力

《刑法修正案（七）》在原有刑法基础上增设了非法获取计算机信息系统数据、非法控制计算机信息系统罪；提供侵入、非法控制计算机信息系统程序、工具罪两个罪名，进一步严密了网络犯罪罪名体系。

1. 网络犯罪罪名的扩容与增设

以网络为对象的犯罪，尽管是网络犯罪的最早形式和最初状态，但其并没有随着网络犯罪的变异而消失，而是随着信息技术和信息网络的发展，不断拓展出新的犯罪形式和新的犯罪对象。例如，近年来对公民个人信息的侵犯，以及迅猛发展的"大数据"都会成为网络犯罪的攻击对象。因此，非法获取计算机信息系统数据罪的增设即是针对以计算机信息系统数据为对象实施的犯罪行为所设置的罪名。此外，《刑法修正案（七）》在立法层面进一步扩充了非法侵入计算机信息系统的打击半径，将国家事务、国防建设、尖端科学技术领域以外的计算机信息系统纳入刑法的保护范围。但是，刑法将非法侵入计算机信息系统的行为视为犯罪，设置了差异化的评价模式。鉴于行为犯的设置模式稍显严厉，故而刑法并未将所有侵入计算机信息系统的行为统一认定为犯罪，而是只对《刑法》第 285 条规定的"国家事务、国防建设、尖端科学技术领域的计算机信息系统"有差异地进行了重点保护，对于非法侵入《刑法》第 285 条以外的其他信息系统的行为，只能在其"造成严重后果"的情况下才能定罪处罚。

除上述两个罪名之外，《刑法修正案（七）》还增设了提供专门用于侵入、非法控制计算机信息系统程序、工具罪，这一规定将典型的网络犯罪的帮助行为予以正犯化处置，加强了刑法对于网络犯罪上游帮助行为的打击。从立法目的上看，刑法修正案增设这一罪名即是为了对于近年来近乎猖獗的计算机病毒产业链给予严厉打击，切断网络犯罪的上游和源头犯罪。客观来讲，网络犯罪作为一种技术性犯罪，其实施需要一定的技术条件，而正是由于网上提供、传播用于侵入、非法控制计算机信息系统的程序、工具等不法行为的猖獗，通过向其他不法行为人提供入侵系统的病毒程序、盗号病毒等专用病毒性程序，直接推动了下游网络犯罪的实现和完成。正是此类专业化的提供计算机病毒性程序行为的泛滥，成为网络犯罪逐渐高发的重要原因之一。因此，《刑法修正案（七）》设立的第 285 条之三的罪名，正是为了打击此类网络犯罪的"帮助行为"，进一步将刑法的打击半径予以扩张和延伸。但是，这一罪名仍然存在不足，其仅将提供专门用于侵入、非法控制计算机信息系统的程序、工具的行为纳入刑法打击半径，对于故意传播相关的黑客技术的行为却没有予以规制，使得本罪名的打击外延被极大地限缩，这是因为随着网络犯罪隐秘化的加强，明目张胆提供网络犯罪程序、工具的行为已经很少出现，而是多以培训网络技术、传播黑客技术的形式存在，使得刑法对于此类行为面临评价的困惑与不足。

2. 信息社会特殊罪名的重点关注

在当前信息社会背景下，公民个人信息的重要性与日俱增，关涉公民个人的隐私安全、人身财产安全乃至家庭安全。侵害公民个人信息违法犯罪滋生的电信诈骗、敲诈勒索、绑架以及非法讨债等下游犯罪屡禁不止，社会危害严重。而传统法律将个人信息置于隐私权之下予以保护，随着信息时代背景下各种个人信息侵权犯罪案件的大量发生，对于个人信息的传统保护模式已经难以满足个人信息保护的要求。因此，在公民权利日益受到重视的社会背景之下，在公民个人信息所代表和依附的社会利益和内容越来越多的社会趋势之下，应当说，民众对于买卖个人信息行为的容忍度越来越低，以刑法手段来制裁非法交易公民个人信息行为已经越来越有必要。

由于信息社会的迅猛发展和网络因素的介入，导致立法由正常的"步行速度"突然变为"跳跃"行进，"个人信息安全"成为刑法关注的重点，公民个人信息也相应成为刑法保护的重点，出售、非法提供公民个人信息和非法获取公民个人信息的行为实现了入罪化。《刑法修正案（七）》第7条规定："国家机关或者金融、电信、交通、教育、医疗等单位的工作人员，违反国家规定，将本单位在履行职责或者提供服务过程中获得的公民个人信息，出售或者非法提供给他人，情节严重的，处三年以下有期徒刑或者拘役，并处或者单处罚金。窃取或者以其他方法非法获取上述信息，情节严重的，依照前款的规定处罚。单位犯前两款罪的，对单位判处罚金，并对其直接负责的主管人员和其他直接责任人员依照各该款的规定处罚。"刑法增设这一条的目的，是有效应对越来越严重的非法泄露、非法获取、非法利用公民私人信息的社会现实，因此，对于非法提供公民个人信息的行为加以刑法制裁，以严厉打击目前日趋猖獗的个人信息犯罪行为，有助于切断信息犯罪的产业链。

鉴于目前职业化地提供和出售公民个人信息已经成为网络诈骗、敲诈勒索等下游违法犯罪大幅上升的主要原因之一，《刑法修正案（七）》设立的"非法获取公民个人信息罪"和"出售、非法提供公民个人信息罪"的立法目的之一某种程度上也可以解读为，在客观上达到了有力制裁和打击此种为网络诈骗等下游违法犯罪提供公民个人信息的犯罪行为的效果。具体而言，《刑法修正案（七）》扩展了侵犯公民个人信息犯罪的制裁范围，将刑法打击侵犯公民个人信息犯罪的时间介入点前移，将干预阶段向上游延伸，进一步严密了法网，增强了刑法的威慑力。详言之，对于出售、非法提供公民个信息的人而言，即使只出售、非法提供了一条公民个人信息，如果获取信息的人利用这一信息实施了违法犯罪，当然属于"情节严重"，应当依法以"出售、非法提供公民个人信息罪"追究刑事责任。[1]

3.《刑法修正案（七）》的刑法转向

从《刑法修正案（七）》的罪名完善来看，其基本上体现了刑法的三个转向，即从单纯保护特殊领域计算机信息系统转向保护所有计算机信息系统，从单纯保护计算机信息系统安全转向同时保护计算机数据安全，从单纯制裁直接侵害计算机信息系统安全犯罪转向同时制裁为非法侵入、控制计算机信息系统非法提供程序、工具犯罪。以上三个转向表明了立法对网络犯罪的重

---

〔1〕 于冲：《侵犯公民个人信息犯罪的司法困境及其解决》，载《青海社会科学》2013年第3期。

视，但仍然无法满足日益严峻的罪情需要。问题的症结在于，尽管《刑法修正案（七）》对非法侵入计算机信息系统罪作出了补充，扩大了刑法的打击半径，但是现有法律存在的主要问题已经不再仅仅是以网络为对象实施的纯正的网络犯罪，而是以网络为工具、为空间所实施的新型越轨行为的定罪量刑问题，对于大部分具备严重社会危害性的网络越轨行为仍然存在着"无法可依"或者"有法难依"的情形。此外，非法获取计算机信息系统数据罪、非法控制计算机信息系统罪在保护对象上仅限于国家事务、国防建设、尖端科学技术领域的计算机信息系统，将其他非法侵入计算机信息系统的行为排除在了这两个罪名的保护范围之外。其他非法侵入计算机信息系统的行为本应受到更全面的立法保护，但新增罪名却将其排除在刑法保护范围之外，只能在其"造成严重后果"的情况下才能定罪处罚。

（三）《刑法修正案（九）》对于网络犯罪的全面回应

随着网络犯罪的高发，《刑法修正案（九）》《刑法修正案（十一）》开始多视角、全方位思考网络犯罪的回应思路，分别基于不同网络犯罪类型，有差异、成体系地构建起网络犯罪的制裁体系。《刑法修正案（九）》增设"帮信罪"等罪名，本质上亦是为了对于近年来近乎猖獗的网络犯罪给予提前打击，阻断网络犯罪的发展进程。客观来讲，随着网络犯罪的增多及其社会危害性的倍增，迫切需要在网络犯罪行为发生之前便予以严厉打击。因此，《刑法修正案（九）》将利用信息网络设立用于犯罪的网站、发布实施犯罪的信息等行为纳入刑法的打击半径。此外，《刑法修正案（九）》第28条第1款规定，"网络服务提供者不履行法律、行政法规规定的信息网络安全管理义务，经监管部门责令采取改正措施而拒不改正"，符合法定情形的，构成犯罪。这一规定将网络服务者独立作为刑法评价的对象，正是反映了网络空间思维下刑法的转型。

二、对以网络为工具的犯罪的回应：传统犯罪网络异化与网络犯罪传统化并存

当前主要的网络犯罪属于以网络为工具实施的传统犯罪，网络此时变得越来越具有工具性，而不再主要作为犯罪对象出现。此阶段的网络犯罪实质上与传统犯罪并没有任何区别，只是犯罪形式、犯罪手段、犯罪工具等发生

了变异，此类犯罪行为并没有对传统的刑事法规则产生实质性颠覆，传统的罪名体系通过扩大解释仍然可以延伸适用，而不需要进行新罪名的增设。事实上，对于以网络为工具的犯罪问题，已经形成了较为体系化的解释。例如，全国人民代表大会常务委员会通过的《关于维护互联网安全的决定》对于以网络为工具实施的传统犯罪的定性问题进行了系统性解释，某种程度上扩大了刑法的保护对象，使得刑法对网络犯罪的打击半径从局限于计算机信息系统本身扩大至对网络安全的保护。同时，该决定对网络犯罪作了进一步的界定，并对1997年《刑法》所确立的罪名进行了明晰化的解释和拓展式的细化，对利用网络实施的传统犯罪进行了列举式的规定，根据网络犯罪侵害的同类客体将网络犯罪分为五大类。客观地讲，该决定的规定对于网络犯罪的防治起到了里程碑式的意义，尤其是该决定在1997年《刑法》的基础上，进一步明晰了非纯正网络犯罪的类型，从立法层面将非纯正网络犯罪纳入网络犯罪的罪名打击半径。

该决定并非单纯地规定利用互联网实施的传统犯罪根据刑法有关规定定罪处罚，也未通过简单的列举形式一一对各章节罪名的适用进行列举，而是明确规定了新型网络犯罪行为的适用问题。例如，该决定第4条第2项规定，非法截获、篡改、删除他人电子邮件或者其他数据资料，侵犯公民通信自由和通信秘密构成犯罪的，根据《刑法》第252条侵犯通信自由罪追究刑事责任。而《刑法》第252条侵犯通信自由罪的要件却是"隐匿、毁弃或者非法开拆他人信件，侵犯公民通信自由权利，情节严重的"行为，对此不难发现，决定明确将"电子邮件或者其他数据资料"视同为"信件"，将包括电子邮件在内的广大数据资料扩张解释为"信件"，为相关罪名的适用提供了规范性依据，体现了立法对于网络犯罪的重视，也为今后有关网络犯罪立法的模式提供了借鉴。

除了立法的进步之外，该决定自身还存在一系列的缺憾，其只是列举了利用互联网实施的犯罪行为的刑事责任，并没有涉及新罪名的增设或者特殊的刑罚规定。这可谓对工具型网络犯罪的一次细化规定，但表现出立法者对于网络犯罪行为与刑法滞后矛盾尚没有充分重视，仍然将网络犯罪定位于传统犯罪在网络时代的新样式，认为现有罪名体系完全可以评价，利用网络实施的传统犯罪在社会危害性上并没有特殊的增减，尚未产生影响行为人刑事责任的情形，认为不仅从定性上，而且从定量上，现有刑法完全满足了惩治网络犯罪的需要。

三、对以网络为空间的犯罪的回应：以网络暴力犯罪为典型

当前，网络已经不再限于简单的犯罪工具，法益增生带来的刑法冲击也不再是难以解决的难题，新的挑战在于网络空间和网络社会的形成。随着网络的迅猛发展和普及，网络在公民生活中的地位迅速提升，并逐渐形成了以网络为空间的新型社会模式，以现实社会和网络社会同时并存的"双层社会"初具雏形。在此背景下，网络在为人们提供便捷生活的同时，也为犯罪提供了新的平台和空间。详言之，在"双层社会"背景下，几乎所有的犯罪都可以在网络空间中实施，也可以在网络空间与现实空间同时进行。网络空间的形成和壮大，间接扩大了犯罪实施的空间，对此有学者指出，网络空间的存在，使得传统犯罪由"现实空间"一个平台增加为"现实空间"和"网络空间"两个平台，一个犯罪行为既可以是全部犯罪过程都发生于网络空间，也可以同时跨越网络空间和现实空间两个平台。在此背景下，面对着潮水般涌来的网络犯罪，传统的依靠修正案增设罪名的立法回应模式已经稍显无力，迫切需要新的回应模式。

尽管刑事立法尚未对网络犯罪的此种变化作出回应，但司法机关已经开始了相关的探索。2013 年《网络诽谤司法解释》的出台被称为"迈出了网络法治化的坚实步伐"，但也带来了一些质疑，例如"转发次数的规定会不会过于苛刻"、信息网络不是"公共场所"，等等。客观地讲，《网络诽谤司法解释》的进步是不容忽视的，尤其是对寻衅滋事罪的解释也给未来反思网络空间犯罪问题的立法回应打开了思路。

《网络诽谤司法解释》除引发了积极的探讨之外，某种程度上也体现了刑事立法和刑事司法普遍面临的时代难题——网络犯罪的定量问题。《网络诽谤司法解释》出台后，499 次被称为网络上的热点词汇，以硬性数字进行罪与非罪的划分，是否显得过于僵硬？对此有学者指出：司法解释并不是单纯地以次数作为网络诽谤犯罪的唯一定性标准，这一红线的划设是为了厘清罪与非罪的界限，意图为网络空间中的言行制定一个可供参考的规则。这种司法争议很快反映在司法实践中，"寻衅滋事第一案"甘肃张家川初三学生杨某被刑拘案，引发了社会的广泛关注，杨某曾经发微博指出该县一名男子非正常死亡案件另有隐情，当地警方以该帖"转载 500 次以上"将其以寻衅滋事罪予以

刑拘。[1]此案只是司法机关理解的错误，错误地将"转发 500 次"作为寻衅滋事罪的定罪根据，但实际上"转发 500 次"只是诽谤罪的入罪条件，而并非寻衅滋事罪的入罪条件；构成寻衅滋事罪需要"造成公共秩序严重混乱"。

　　网络犯罪具有着纷繁杂乱之感，对于网络犯罪的罪名设置也颇显难寻章法。但是，诚如我国整个刑法体系的构建一样，网络犯罪的罪名设置也存在着一条可以贯穿其始终的主线，正是对这条主线的把握才能搭建起完整的罪名体系。反观我国刑法现有罪名，其主线仍然属于以计算机信息系统为核心的罪名设置，计算机信息系统仍然是刑法保护的重点。刑法明确规定了行为人与计算机系统的功能、程序和数据发生关系的行为方式来区分此罪和彼罪的原则。刑法规定的四种罪的客观方面表现为非法侵入、删除计算机信息系统功能、应用程序和数据的行为，都以行为人与计算机信息系统功能等发生关系的行为方式来界定。

　　总结我国网络犯罪的立法应对历程可以发现，网络犯罪已经极大侵犯了现有的法益，破坏了网络空间与现实空间的正常秩序。回应的思路可以归结为：应尽可能让现有的刑法罪名去适应网络犯罪的新情况，明确现有的罪名体系可延伸到网络空间中；对于现有法规无法延伸评价的，则应制定相应规范。

第二节　我国网络犯罪罪名体系的整体性缺憾与反思

　　我国现有罪名体系已经逐步走向完善，形成了当前以刑法为主体，以刑法修正案和单行刑法为辅的立法格局，确立了从计算机信息系统防护到公民个人信息保护的罪名体系，明确了以网络为工具实施的传统犯罪的定罪规则。我国当前的网络犯罪立法已经逐渐拉近与世界主要国家的距离。但是，不容忽视的问题也存在着，即我国现有刑法不可避免地存在着自身的不足与问题，迫切需要今后的立法予以重视和完善。

一、我国网络犯罪罪名体系的整体特点

　　我国现行立法已经设置了较为完善的罪名体系来应对网络犯罪，甚至某

――――――――

〔1〕刘子溪：《"转发超 500 次"涉寻衅滋事罪?》，载《新京报》2013 年 9 月 20 日，第 A02 版。

种程度上已经追赶上了西方发达国家的立法步伐。整体上讲，我国网络犯罪立法体系已经开始初具规模和特色，尽管伴随信息网络的迅猛发展和技术变革开始呈现出滞后性，但在打击网络犯罪方面仍然发挥着重要作用。

（一）宏观特征：网络犯罪罪名归属的章节体系

我国 1997 年《刑法》在第六章第一节用三个条文两个罪名规定了非法侵入计算机信息系统罪和破坏计算机信息系统罪，这两个罪名成为我国最初的网络犯罪[1]罪名。自 1997 年《刑法》将计算机犯罪纳入刑事立法体系以来，我国刑法就将计算机信息系统安全秩序确立为公共秩序中的一类独立现象，在妨害社会管理秩序罪一章中，规定了扰乱计算机信息系统安全秩序管理的四种罪名，对于关涉国家安全的计算机信息系统给予了特殊保护，对于关涉国家安全的计算机信息系统侵入的行为设置了刑事可罚性。

网络犯罪既不同于一般的妨害社会管理秩序的犯罪，也不同于一般的侵害公民人身财产权利的犯罪，而是既有其独立的犯罪客体，也有利用计算机（网络）实施传统犯罪侵害的一般客体。详言之，网络犯罪侵害的客体大多属于复杂客体，既侵犯了计算机信息系统安全与网络空间中的正常运行秩序，也侵犯了存在于网络空间中的其他权益（如公民个人信息、公民虚拟财产）。基于此，立法者既没有将网络犯罪单独归属于一章，也没有将其单独列为一节，而是将其统一置于"扰乱公共秩序罪"一节之中。从某种程度上讲，我国刑法对网络犯罪的此种章节安排，也符合了网络犯罪所侵犯法益之广泛性的特征，将网络犯罪安排在客体较为多样的扰乱公共秩序罪一节，也反映出网络犯罪所侵犯的客体的实际情况。但是，诚如有学者所指出的：我国现行《刑法》第六章"妨害社会管理秩序罪"中的罪名，大多是不能将其纳入刑法分则其他章节之中的犯罪，或者属于难以明确将其归为现行刑法分则章节中何种同类客体的犯罪，而第六章所设九个分节，一是基于"立法者认为这些类罪层级较低，难以升级为独立的一章"，二是基于立法者对刑法明确性的要求。[2]因此，立法者将网络犯罪作为层级较低的法益、作为扰乱公共秩序罪的一部分，表明了立法者对于网络犯罪的重视程度仍然不够，将网络犯罪

---

〔1〕　我国《刑法》第 285 条、第 286 条规定的罪名本质上更属于计算机犯罪的罪名体现，笔者在此统一将其理解为网络犯罪罪名的初期形式。

〔2〕　参见赵秉志主编：《环境犯罪及其立法完善研究——从比较法的角度》，北京师范大学出版社 2011 年版，第 135 页。

局限于若干条文的规定中。

（二）微观特征：网络犯罪立法的罪名结构

尽管刑法将网络犯罪置于扰乱公共秩序罪一节之中，却没有过多地设置罪名，而是统一将利用计算机、互联网实施的其他犯罪根据刑法相应的规定定罪处罚。这种"一刀切"的处理方法简单地将以网络为工具实施的犯罪统一按传统犯罪处理，实际上是将网络犯罪统一合并为一个罪名，[1]也表明了立法者普遍认为网络犯罪只是犯罪形式与犯罪工具上的变异，没有认识到网络因素的介入对刑事立法所造成的冲击。

从当前我国现有的刑事立法体系来看，我国针对网络犯罪构建了"五点一线一面"[2]的罪名体系，五点即：非法侵入计算机信息系统罪，非法获取计算机信息系统数据罪，非法控制计算机信息系统罪，提供侵入、非法控制计算机信息系统程序、工具罪，破坏计算机信息系统罪（《刑法》第285条、第286条）。一线：出售、非法提供公民个人信息罪，非法获取公民个人信息罪（《刑法》第253条）[3]。一面：利用计算机、网络实施的传统犯罪（《刑法》第287条）。不难发现，针对网络犯罪设定的此种罪名体系整体上愈加完善，但却无法完整地涵盖网络犯罪的罪情，也未能体现出网络犯罪的本质特征。某种程度上讲，正是基于我国当前的这种网络犯罪的罪名特征，使得我国刑法理论界乃至刑事司法部门普遍认为，网络犯罪仅仅是简单几种侵害计算机信息系统、计算机信息系统数据的犯罪，目前的罪名设置足以评价相应的犯罪，而对于大部分的网络犯罪与传统的犯罪在本质上并无根本区别，只是形式上由于具备网络的特征而被冠之以"网络犯罪"之称。因此，对于此类犯罪，传统刑法罪名体系完全可以应对，传统刑法理论及在其基础上构建

---

〔1〕皮勇：《电子商务领域犯罪研究》，武汉大学出版社2002年版，第195-199页。

〔2〕有学者将我国当前的网络犯罪罪名体系总结为"两点一面"式立法，所谓"两点"是指我国《刑法》第285条和第286条所规定的两种侵犯计算机信息系统的犯罪，即非法侵入计算机信息系统罪和破坏计算机信息系统罪，"一面"是指除前述两种犯罪外，将其他所有形式的利用计算机、网络实施的犯罪都按照传统犯罪来处理。参见皮勇：《我国网络犯罪刑法立法研究——兼论我国刑法修正案（七）中的网络犯罪立法》，载《河北法学》2009年第6期。

〔3〕笔者将出售、非法提供公民个人信息罪，非法获取公民个人信息罪作为网络犯罪罪名体系的一种，是鉴于信息网络背景下，其立法诱因具有明显网络特色，而且在未来信息社会，对于公民信息、公司信息等信息数据的保护也将逐渐成为重点，笔者将以此为起点的信息数据保护称为网络犯罪罪名的"一线"。

的传统刑法罪名体系也足以应对各种类型的网络犯罪，而这似乎又回到了"马法非法"的争论。因此，刑法明确了以计算机为犯罪工具或手段进行的犯罪行为的处理原则，即以计算机为工具实施的传统犯罪，根据手段、目的和过程、结果的牵连关系的处理原则进行处断。根据《刑法》第 287 条规定，立法者已经明确将利用计算机实施的传统犯罪行为剥离于网络犯罪之外，对于此类行为依照现有罪名体系定罪处罚，而无须再立新罪。但是，随着信息网络的迅猛发展，网络逐渐成为社会公众生活的第二空间，尤其是在"双层社会"逐渐形成的背景下，网络犯罪几乎在人类社会的各个角落发起挑战，不断变异和增生的新型犯罪早已不再局限于刑法所规定的几个简单的罪名，《刑法》第 287 条的"兜底性规定"也不再可能去准确地涵盖、评价大部分的网络犯罪类型。

二、我国网络犯罪罪名体系的缺憾与反思

（一）传统刑法保护对象的失衡：重"系统"而轻"网络"

我国传统刑法重点突出了对计算机信息系统的保护，却严重忽视了对于信息数据的保护，尤其在当前"大数据"时代背景下，立法对于信息数据保护的忽视已经愈加明显。目前，我国刑法关于信息数据的明确规定，即是《关于维护互联网安全的决定》第 4 条第 2 项：非法截获、篡改、删除他人电子邮件或者其他数据资料，侵犯公民通信自由和通信秘密构成犯罪的，依照刑法有关规定追究刑事责任，即以侵犯通信自由罪追究刑事责任。对此，刑法应当及时跟进信息网络时代关于信息数据保护的时代需求。诚如有学者指出："国家不仅应该在传统的法律领域制定法律和规章，而且还应该确保新的利益不受侵犯，采取措施对新型犯罪进行惩治。"[1]

在计算机发展初期，信息系统之间相互独立，还没有形成当前四通八达的互联网络。在这一阶段，信息系统安全或者网络安全的核心在于系统安全，而信息系统成为人们关注的焦点，这就形成了当时以系统为中心的立法保护模式。因此，保护对象决定了该时期的立法定位，"未经授权""非法侵入""系统攻击"成为该时期立法的基本范式。在互联网 2.0 时代，网络成为社会

---

〔1〕［法］达尼埃尔·马丁、弗雷德里克-保罗·马丁：《网络犯罪　威胁、风险与反击》，卢建平译，中国大百科全书出版社 2002 年版，第 83 页。

的基本生活工具和基础设施，网络安全与个人财产安全、人身安全以及社会公共安全、国家安全之间的关系变得愈加紧密。在网络空间中，信息已不再仅仅是信息，而是网络中的一切。[1]信息属于网络空间中刑法所应保护的重要法益，信息资源成为网络犯罪的主要侵害对象。而在我国，计算机信息系统一直是刑法保护的重点，涵盖从特殊领域的计算机信息系统的重点防护到其他计算机信息系统的保护，但是却没有对计算机信息数据给予足够的重视。刑法的规定仍限于对象性网络犯罪阶段，难以满足当前惩治网络犯罪的需要。因此，今后刑法的保护重点应当从对计算机信息系统的保护转向对计算机信息数据的保护。

在法国，自 1978 年起，其就已经拥有了在全国范围内对记名信息进行法律保护的制度，并组建了法国信息与自由全国委员会（CNIL）。随后，法国《刑法》第 226-16 条至第 226-25 条就围绕计算机信息数据设置了完善的罪名体系，规定了违反信息处理管理规则的犯罪、有关信息收集的犯罪、侵犯信息保护体制的犯罪、侵犯作为信息处理对象的人身权的犯罪四类罪名。（1）制裁违反信息处理管理规则的犯罪。法国《刑法》第 226-16-20-21 条规定，对记名信息进行自动处理，其中包括不慎而进行了处理，或指使他人进行处理，而未遵守法律规定的相关手续的，处 3 年监禁并处 30 万法郎罚金；未经法国信息与自由全国委员会（CNIL）的同意，对保存期限已经届满的记名信息仍擅自保存的，处 3 年监禁并处 30 万法郎罚金；擅自改变信息用途的，处 5 年监禁并处 200 万法郎罚金。（2）有关信息收集的犯罪。法国《刑法》第 226-18 条规定，采用欺诈、不正当手法或非法手段收集数据资料的，处 5 年监禁并处 200 万法郎罚金。（3）侵犯信息保护体制的犯罪。法国《刑法》第 226-22 条规定，将信息泄露给未经允许的第三人的，处 1 年监禁并处 10 万法郎罚金。[2]（4）侵犯作为信息处理对象的人身权的犯罪。法国《刑法》第 226-18 条规定，不顾他人基于合法原因提出的反对，对有关该人的记名信息进行处理的，处 5 年监禁并处 200 万法郎罚金。当然，随着信息网络的发展，对于信息数据的保护需求开始转向对于信息网络的防护需求，包括法国在内

---

〔1〕 李双其主编：《网络犯罪防控对策》，群众出版社 2001 年版，第 2 页。

〔2〕 ［法］达尼埃尔·马丁、弗雷德里克-保罗·马丁：《网络犯罪 威胁、风险与反击》，卢建平译，中国大百科全书出版社 2002 年版，第 104 页。

的几乎全世界的国家刑事立法都开始出现滞后，这的确是现在的实际情况，正因为如此，我国应当把握当前机遇，在网络犯罪立法方面及时发出中国声音，使中国也能参与到全球性网络安全立法中去。

从当前信息网络的发展轨迹来看，单纯的计算机信息系统发展已经逐步转向数据的发展和网络的发展。如前文所述，从当前主要网络运营方式也不难看出，当前几乎所有的网络运营商均不再是单纯地开发计算机系统或者依靠系统去营利，系统或者相关软件成为免费的使用工具或者不再是主要的营利工具，其营利模式所依靠的即在于免费软件背后的信息网络价值。但是，我国现有立法体系的关注点和保护对象却仍然止步于对计算机信息系统及其少量存储数据的保护，已经落后于网络的发展。因此，从某种程度上讲，我国当前关于网络犯罪的立法仍然属于早期的计算机犯罪刑事立法的思维，没有体现网络犯罪的网络性和网络化。但同样值得肯定的是，随着几次"刑法修正案"的制定，我国网络犯罪罪名体系正不断趋于完善，尤其《刑法修正案（九）（草案）》更是对信息数据的刑法保护、网络空间秩序的保护给予了较高关注。

（二）刑法打击半径的滞后：网络犯罪罪名体系的评价范围狭窄

从西方发达国家关于网络犯罪的立法来看，其中所涉及的网络犯罪罪名种类较多，涵盖的领域也较为广泛。反观我国现有的网络犯罪罪名体系，不仅在罪名上数量较少，而且刑法所保护的范围也较为狭窄，保护对象仍局限于对网络发展初期的计算机信息系统的保护。

我国《刑法》第285条至第286条只规定了两个罪名，第287条仅作了比较适用的规定，这种罪名设置不仅在内容上过于简单，而且形式上也存在着表述不清的缺陷。对此有学者指出：《刑法》第287条规定只是对利用计算机实施的传统犯罪进行了简单列举，并没有以更符合刑法法理的视角去设置网络犯罪罪名，即以犯罪所侵害的同类客体为标准进行分类。尽管网络犯罪可能触犯的罪名繁杂多样，但其侵害的客体却整体上可以进行宏观的分类。[1]因此，根据罪刑法定原则的要求，刑法面对层出不穷、同时具备严重社会危害性的网络犯罪行为，表现出软弱的一面，因其无法及时有力地惩处相关犯罪，例如，不以营利为目的在网络空间传播他人著作以获取网站点击

---

〔1〕 王作富主编：《刑法》，中国人民大学出版社2009年版，第251页。

率和访问量，给权利人造成重大经济损失的行为；又如，随着诸如学位证、毕业证、驾驶证、从业资格证等证照的上网，使得伪造证照类犯罪的最终完成必须以进入相关计算机信息系统篡改、增删相关数据才能实现，否则其所伪造的证照根本无法以假乱真，这就给传统伪造证照犯罪的完成形态判定带来了新问题。

实际上，网络越轨行为将面临无法可依的困境，使得大部分不法行为无法进入刑法的打击半径。目前对于以网络为工具的犯罪的解释，除了《刑法》第287条和《关于维护互联网安全的决定》的有关规定之外，大多也都属于"提示性"或者"宣示性"的规定，其宣示意义大于实际意义，也可称之为"稻草人"条款。例如，2001年1月17日最高人民法院出台的《关于审理为境外窃取、刺探、收买、非法提供国家秘密、情报案件具体应用法律若干问题的解释》第6条规定："通过互联网将国家秘密或者情报非法发送给境外的机构、组织、个人的，依照刑法第一百一十一条的规定定罪处罚；将国家秘密通过互联网予以发布，情节严重的，依照刑法第三百九十八条的规定定罪处罚。"该条司法解释表明了司法机关对于利用网络实施的泄露国家秘密案件的重视，但某种程度上也表明了司法解释对于此类犯罪的司法不自信，这一规定的宣示意义大于实际意义。此种思路下，对于利用网络实施的传统犯罪，司法解释的制定只需宣告"利用/通过互联网实施＊＊＊＊，依照刑法＊＊＊条的规定定罪处罚"，这种司法解释的模式定位对于"不言自明"的行为动用司法解释意义有限，某种程度上更是对司法资源的一种浪费。但是，对于需要司法解释予以重点关注的规范性构成要件要素，司法资源的投放却严重不足。例如，根据司法实践中面临的司法难题却缺乏明确的指引，没有及时将新的刑法保护对象或者新的行为模式通过扩大解释纳入刑法的评价范围。

关于网络犯罪罪名的章节安排，还有学者指出，随着信息网络应用的广泛与普及，网络犯罪的社会危害性将变得越来越大，也将越来越具有危害公共安全的性质。因此，将网络犯罪的部分罪种由妨害社会管理秩序罪这一犯罪群调整至危害公共安全罪这一犯罪群，或者在危害公共安全罪一章中设立有关网络犯罪的独立罪种，将随着社会的发展变得越来越有必要。

（三）刑法制裁力度的疲软：网络犯罪法定刑当量配置不足

对计算机犯罪的惩罚，国外通常规定了自由刑、财产刑和资格刑，而我国刑法仅规定了自由刑，没有规定财产刑和资格刑。这不符合当前打击网络犯罪的立法趋势，属于立法上的一大缺憾，不仅形式上与刑罚的整体发展趋势相悖，而且对于当前以侵财目的为主的网络犯罪难以实现有效遏制。同时，自由刑较轻，侵入计算机信息系统罪法定最高刑仅为3年，这类犯罪对国家秘密的破坏非常严重，从罪刑相适应原则出发，对此类较传统犯罪危害性更强的犯罪应从重处罚。

1. 刑罚设置的失衡：网络犯罪的刑罚普遍偏轻

《刑法修正案（七）》新增设的网络犯罪罪名中，除了基本犯的法定刑与非法侵入计算机信息系统罪一样，都是"三年以下有期徒刑或者拘役"，还增加了"并处或者单处罚金"财产刑。对于刑法修正案所增设的罚金刑，符合了网络犯罪的非法牟利性质，有助于更好地惩治网络犯罪，尤其是对非法获取计算机信息系统数据、非法控制计算机信息系统罪和为非法侵入、非法控制计算机信息系统提供程序、工具罪的刑法规制更具有针对性，让犯罪人从经济上受到惩治更能符合此类犯罪的趋利性质，同时对于网络犯罪仅予以"单处罚金"也可以避免短期自由刑的固有弊端。

以现有罪名体系对"网络化的传统犯罪"来追究刑事责任，基本上能够实现有罪必罚，却忽略了以网络为工具实施的传统犯罪在"量"上已经极大地区别于传统犯罪的危害当量。实际上，在原有刑罚之上，对于涉及网络因素犯罪予以从重处罚也是大多数国家的通行做法。例如，日本《刑法》第234条之二"损害计算机妨害业务罪"是日本《刑法》1987年修正新增的罪名，其中规定："损坏供他人业务上使用的电子计算机或供其使用的电磁记录，或将虚伪信息或者不正当指令输入他人业务上使用的电子计算机中，或以其他方法使电子计算机不能按照使用目的运行或者违反使用目的运行，妨害他人业务的，处5年以下惩治役或者100万元以下罚金。"日本《刑法》中传统的业务妨害罪主要通过散布谣言或以威胁手段妨害他人的业务成立，其对象是具体的个人，而损害计算机妨害业务罪的对象则是计算机。因此，新增的计算机妨害业务行为就不能归入传统的妨害业务罪中。如果要对原来的业务妨害罪无法涵盖的部分进行补充立法的话，那就可以采用"除前条之外……"的形式。但立法者却采用了损害计算机妨害业务罪这一独立罪名，并对之处以重罚。对此，在日本学界曾引发了较大关注和争议，即刑法对于损害计算机妨害业务罪从重处罚的根据何在？将其独立于传统的业务妨害罪罪名之外的根据何在？解决上述问题的关键在于损害计算机妨害业务罪中受保护的法益，即损害计算机妨害业务罪保护的法益是否大于传统刑法中妨害业务罪的法益。答案明显是否定的，因为本罪同传统的业务妨害罪罪名一样，并没有产生侵害社会法益或者产生公共危险，本质上仍然属于对个人法益的保护。那么对损害计算机妨害业务罪从重处罚的根据似乎不在于法益保护的差异上，而是考虑到损害计算机妨害业务罪在损害的质上、量上可能具有的潜在规模，即日本刑法对于损害计算机妨害业务罪从重处罚的根据在于损害规模的大小。但是问题在于，并不是所有的损害计算机妨害业务罪的损害规模都大于传统犯罪，那么对损害计算机妨害业务罪无差别地适用重刑显然违背罪刑相适应原则。因此，有日本学者主张该罪名在受害严重的情况下方可适用，严格限制其适用空间。但这种所谓的受害严重如何界定又缺乏明确的解释，所以仍然难以实行。因此，以法益或者社会危害性理论考察该罪名的设置，其在某种程度上将计算机犯罪特权化了。在实践中，自该条文实施之后的 4 年内，适用案件只有一件。

我国对于以网络实施传统犯罪予以从重处罚也已经有了先例和明确规定，尽管我国刑事立法尚未将利用网络实施传统犯罪的行为予以特殊的处罚，但是司法实践探索却为立法提供了借鉴性思路，也为相关的司法解释的起草提供了借鉴，例如，早在 2001 年《最高人民法院、最高人民检察院关于办理组织和利用邪教组织犯罪案件具体应用法律若干问题的解释（二）》第 1 条就规定："制作、传播邪教宣传品，宣扬邪教，破坏法律、行政法规实施，具有下列情形之一的，依照刑法第三百条第一款的规定，以组织、利用邪教组织破坏法律实施罪定罪处罚：（一）制作、传播邪教传单、图片、标语、报纸 300 份以上，书刊 100 册以上，光盘 100 张以上，录音、录像带 100 盒以上的；……（三）利用互联网制作、传播邪教组织信息的……"可以明确发现，这一司法解释将利用互联网实施相关犯罪直接等同于"情节严重"，而不论是否达到传统的××册、××张、××盒等定量标准，只要利用互联网实施此类传统犯罪，均直接以情节严重定罪处罚。我国司法机关在司法实践中对于利用网络实施的传统犯罪予以从重处罚已有了明确的认识，对于利用互联网实施的传统犯罪的社会危害性也有了差异化的对待。

2. 刑罚的无差异化：网络犯罪与传统犯罪缺乏明确的立法界分

根据《刑法》第 287 条的规定，《刑法》第 285 条、第 286 条之外的其他利用计算机（网络）实施的传统犯罪行为，依照刑法有关规定定罪处罚，而未将此类犯罪与传统犯罪相区别。即使 2000 年 12 月 28 日第九届全国人民代表大会常务委员会第十九次会议通过的《关于维护互联网安全的决定》，也仅仅是简单地列举出了利用互联网实施的五大类、21 种犯罪行为，从立法层面指出了相关犯罪依靠传统罪名定罪处罚的依据，却没有作出差异化的特殊规定。这在某种程度上也表明立法者对于以互联网实施的犯罪并未给予特殊的认识和对待，对于其社会危害性的放大也没有认识，因此未能在立法中对于相关行为人的刑事责任给予从重的评判。当然，随着信息网络的迅猛发展和网络犯罪的急速变异，各种新型网络犯罪也会层出不穷，各种传统犯罪的网络异化程度和广度也将逐渐加强，对所有的利用网络实施的传统犯罪或者涉及网络的犯罪"一刀切"似的从重处罚没有必要，也是不可能的，但是，同样"一刀切"似的不予特殊考量，简单地套用传统刑法条文去定罪量刑在某些情况下也确有"强人所难"之嫌。

除了对于通过网络实施传统犯罪予以从重处罚的立法例之外，对于以网络实施的其他传统犯罪的定性问题，一些国外立法例也单独作出了特殊规定。对于以网络为工具实施的传统犯罪，尤其是诈骗犯罪，德国《刑法》设定了专门的条文规定。德国《刑法》第 263 条 A 规定："意图为自己或第三人获得不法利益，而制作不正当程序，使用不正确、不完全或无权限之资料，或以其他方法无权限地干预资料处理之过程，影响资料处理之结果，因而损害他人之财产者，处五年以下自由刑或罚金。第 263 条第 2 项至第 5 项之规定（有关未遂之处罚、情节特别严重者、被害轻微之情形等），准用之。"德国《刑法》专门设定计算机诈骗罪的考虑在于，传统诈骗罪构成须以实施诈骗手段使他人陷入错误而发生财产损害为要件，但是计算机等自动化机器代替人类作出判断而处分财产时，计算机完全依据自动程序处理，即无适用诈骗罪之余地。这也解决了我国在许霆案等盗窃案中所面临的机器能否被诈骗的争议。

第三节　网络犯罪罪名体系的调整与完善思路

由于网络犯罪的高发态势与立法的整体滞后，使得网络空间中社会危害性较为严重的不法行为无法进入刑法的打击半径。根据罪刑法定原则，对于此类行为的法律评价必须在现有的罪名体系之内。而对于大部分现有刑法罪名体系无法评价的不法行为，应成为今后刑事立法关注的重点。但值得注意的是，对于网络犯罪行为的入罪化，应当基于刑法的谦抑性原则慎重进行。因此，在未来刑法应对网络犯罪的征程中，必然受到各种立法原则的束缚与指引，合理把握这些立法原则将有助于相关立法起点、立法限度的确立。概言之，随着信息时代网络空间中新型法益的不断形成，以及以网络为工具实施的传统犯罪构成中主次客体的变化，已经开始要求刑法分则罪名体系作出相应的调整以适应新的犯罪情势的需要。

一、刑法分则罪名体系的内容性调整

法益作为刑法保护的核心内容，某种程度上也决定着刑法罪名体系的增设或者修改。因此，"法律发现这些利益迫切要求获得保障，以确定在什么样限度内要竭力保障这样被选定的一些利益，同时也要考虑到其他已被承认的得益和通过司法或行政过程来有效地保障它们的可能性"。[1]

（一）全新法益的刑法认可

网络犯罪立法的目的主要有三个层次，即保护公民个人人身财产安全、保护社会公共秩序及其利益、保护国家利益与安全。这三个目的是相互转换的，并且在不同时期有着不同的立法选择，对于不同形式的网络犯罪也有着不同的立法目的和价值定位。但是，问题的共性在于，不管是网络公共安全，还是网络个人安全，所有的集合点均在刑法关于特定法益的保护上。法益作为刑法的核心要旨，关系着网络安全刑事立法的关键内容与调整范围。因此，未来刑法调整与发展的方向，首先需要明确刑法所应保护的核心利益是什么，而后根据其所确定的保护利益去划定不同的犯罪类型和刑法保护范围。例如，在现代信息社会背景下，信息数据成为社会重要的生产力。信息不再是虚无不定的抽象存在，已经逐渐被物化为实实在在的物质财富，而且其价值正随着信息时代发展的逐渐深入而在不断扩大。某种程度上讲，我国刑法当前对于信息数据的保护，在形式上是较为完备的，但是对于诸如大数据等新生法益，刑法却存在保护的真空，这就有必要积极地明晰此类新型法益的本质，积极地将相关利益纳入刑法的调控范围。例如，企业信息安全面临的重大威胁，德国《刑法》早在20多年前就已给予关注。德国《刑法》第303条B规

---

〔1〕 ［美］罗斯科·庞德：《通过法律的社会控制》，沈宗灵译，商务印书馆2010年版，第41页。

定："对于某经营体或企业或政府机构具有实质意义的数据处理有下列妨害行为者，处 5 年以下自由刑或罚金：（1）实行第 303 条 A 之第一项行为；（2）毁弃、损坏、使不能使用、删除或变更数据处理设备或数据媒体。本罪之未遂犯，处罚之。"本罪名某种程度上可以理解为变更资料罪的加重规定，只是本条对"具有实质意义"没有明确界定。对此可以理解为只要行为对数据处理产生阻碍即可，无须以对全部的数据处理产生阻碍，只要产生了妨碍即可构成本罪。

（二）以法益为标准确定罪名的增设与类型归属

根据犯罪侵害法益的标准可以将网络犯罪分为两大类：一是侵害全新法益的网络犯罪，即信息时代所特有的新型技术犯罪，例如，我国刑法规定的破坏计算机信息系统犯罪；二是以网络手段实施的侵害传统法益的犯罪，即传统犯罪的网络化，例如，当前常见的网络诽谤犯罪、网络诈骗犯罪、网络敲诈勒索犯罪，等等。[1]

对于上述不同犯罪类型，刑法回应方式也存在相对应的模式，主要有三种基本的回应模式。[2]（1）以网络手段实施的侵害传统法益的犯罪中，现有立法体系已经存在一套相对完善的法律法规或者罪名体系，这一现存立法体系原来可能与网络犯罪无关，但是并不需要修改即可应用于规制网络犯罪。此时，刑法当然无须作出过多的反应。例如，针对偷窃计算机硬件配件的行为完全可以根据盗窃罪、破坏生产经营罪予以定罪处罚；传统罪名体系下，对于某些犯罪行为的评价是没有任何疑问的，诈骗就是诈骗、诽谤就是诽谤，不管行为人使用一般方法，还是通过信息网络实施，都应受到现有法律的制裁，只是问题的症结可能在于网络空间中的此类行为应如何设定定罪量刑标准。（2）侵犯的法益与传统法益具有类似性，行为方式和手段相较传统规范则具有相异性，此类行为可以根据现行立法直接予以评价，但需要增加特别条款来加强，换言之，附加或者相关的法律可以和原法律相结合使用，通过延伸的部分来填补信息时代所产生的特殊的网络因素。此时，刑事立法则可

---

〔1〕　同样的观点参见［意］劳伦佐·彼高狄：《信息刑法语境下的法益与犯罪构成要件的建构》，吴沈括译，载赵秉志主编：《刑法论丛》（2010 年第 3 期　总第 23 卷），法律出版社 2010 年版，第 311—352 页。劳伦佐根据法益侵害将网络犯罪分为两类：（1）侵害全新的法益；（2）以新的行为手段或方式侵害传统法益。

〔2〕　［英］尼尔·巴雷特：《数字化犯罪》，郝海洋译，辽宁教育出版社 1998 年版，第 104 页。

以通过刑法修正案、单行刑法或者立法解释的模式来扩张延伸传统刑法的适用。（3）侵犯全新的法益，现行立法对于此类新型犯罪存在评价的真空和漏洞。此时，面对网络犯罪的高发态势以及传统立法的普遍滞后，就需要制定新的罪名。以信息数据的保护为例，数据和信息具有多维度、多层次价值，数据犯罪侵犯的现实法益是多层次、多方面的，构建起公民个人信息层面的网络数据刑法保护体系只是信息刑法体系完善的一个阶段。从数据保护角度观察刑法罪名体系，经历了由特殊数据保护，到计算机数据保护，再到公民个人信息保护等阶段的演变；而总结过去对于信息数据的刑事立法历程，可以发现信息安全的关注点正在经历着从"计算机信息系统"保护到"公民网络个人信息"保护再到"人与数据"保护的转变，即"信息系统防护—个人信息安全防护—大数据整体性防护"。

（三）刑法分则的整体扩张：网络越轨行为的犯罪化

面对信息时代背景下新的越轨行为，抑或言之，面对已经具备严重社会危害性并需要予以刑事制裁的行为，因其具备了信息化特色，但又缺乏特殊的刑法规范的调整，对于此类行为即迫切需要一定刑法规则的设立确定其法律责任与法律后果。诚如罗斯科·庞德所言："一项规则是对一个确定的具体事实状态赋予一种确定的具体后果的法令。这是法令的最初形式，原始时期法律从不曾超过这一限度。各种原始初期法典就是由这样一些法令构成的。"[1]

我国 1997 年《刑法》制定时，虽然立法者及时捕捉到计算机发展带来的新型犯罪，并不失时机地将针对计算机信息系统等实施的犯罪行为纳入刑法打击半径，但是毕竟立法者无法先知先觉地预测到将近 20 年后信息技术革命所带来的巨大冲击，也无法对此制定相应的刑法规范，因此伴随信息技术革命而来的网络犯罪已经极大地超出了现行刑法的评价范围和打击圈。这种由于立法滞后所导致的无法可依，在当前信息技术革命席卷全球的时代背景下，大部分国家都不同程度地面临此类问题。所以有必要在坚守罪刑法定原则的基础上，及时将信息时代新增的法益纳入刑法保护半径，将发生异化的危害行为及时纳入刑法打击圈，这已成为刑事立法的当务之急。

对于利用网络实施的传统犯罪，鉴于其行为大部分可以在传统刑法型构

---

〔1〕 ［美］罗斯科·庞德：《通过法律的社会控制》，沈宗灵译，商务印书馆 2010 年版，第 27 页。

的构成要件之内予以评价，其所实施的行为、侵害的对象等大致可以被涵盖在传统罪名体系所型构的构成要件或者相关情节之中，因而大部分国家对于此类行为均根据一般罪名予以惩处。例如，在对网络诈骗罪的设置中，日本《刑法》中传统的欺诈罪同我国诈骗罪的犯罪构成相似，均是通过使用欺骗手段使他人陷入错误处分、自己非法获取他人财物的行为。网络时代背景下，当计算机出现在诈骗类犯罪中时，传统诈骗罪名的适用开始出现争议与困境。鉴于此，日本《刑法》第246条之二规定："除前条规定外，向他人处理事务使用的电子计算机输入虚伪信息或者不正当的指令，从而制作与财产权的得失或者变更有关的不真实的电磁记录，或者提供与财产权的得失、变更有关虚伪电磁记录给他人处理事务使用，取得财产上的不法利益或者使他人取得的，处10年以下惩治役。"这种立法形式同单独创设新的罪名不同，而是通过刑法修正案的形式增设了不能归为传统欺诈犯罪的条款，并且规定其量刑同传统欺诈罪一样。与之不同，德国《刑法》第263条A以及意大利《刑法典》第640-3条均设置了专门的规定，其依据在于网络诈骗不同于一般欺诈类犯罪，其使受害人陷入错误的行为方式具有一定的特殊性。同样，在伪造类犯罪中，大部分国家对于利用网络实施的伪造类犯罪均依照一般罪名予以惩处，德国《刑法》第269条以及意大利《刑法典》第491-2条则专门制定了特殊的规定。[1]

　　网络犯罪今后的重点制裁对象应转化为防范打击传统犯罪的网络异化，在继续完善已经较为完备的"纯技术性网络犯罪"罪名体系的同时，开展对发生在网络空间中的传统犯罪的集中整治，而对于网络空间中传统犯罪的刑法规定，是否需要设定有别于传统规范的特殊规定，则要视不同犯罪所侵犯的客体的不同区分对待。

二、刑法分则罪名体系的结构性调整

　　由于网络犯罪所侵犯的客体多属于复杂客体，因此，针对传统法益实施的网络犯罪，尽管其侵犯的法益可能没有改变，但是由于网络因素的介入则可能使得该犯罪也侵犯了其他的网络权益。对此，需要明确被侵害的主要法

―――――――――

　　〔1〕［意］劳伦佐·彼高狄：《信息刑法语境下的法益与犯罪构成要件的建构》，吴沈括译，载赵秉志主编：《刑法论丛》（2010年第3卷　总第23卷），法律出版社2010年版，第316页。

益是什么，然后将相关罪名归入其所属的章节之中。

（一）立法重心的调整："系统思维"向"网络思维"的转换

刑法的保护对象与内容逐渐从特殊领域计算机信息系统转向所有计算机信息系统，从计算机信息系统安全转向计算机数据安全，从侵害计算机信息系统安全的行为转向非法侵入、控制计算机信息系统程序、工具的行为。可以预见，随着网络更加深入的发展，刑事立法的关注点和兴奋点应该逐渐从系统的防护转向对于网络的防护，从系统思维转向网络思维。当前，从互联网产业的发展也可以发现，几乎所有的信息网络产业的发展动力早已不再是对于软件和系统的开发与销售，而是在网络运营的基础上赚取间接利润，系统和软件成为网络运营的"赠送服务"。因此，网络思维下的互联网发展模式也是将网络建设成为社会公众的生产、生活平台，以此为运营模式所获得的利润也将远远超出纯粹的系统思维和软件思维，而目前几乎所有依靠系统、软件发展的企业已经远远落后于依靠网络运营发展的企业，甚至走向破产。因此，在信息网络席卷全球的浪潮下，刑事立法也应及时纠偏其调整对象与立法内容。详言之，随着网络空间逐渐成为社会生活的重要平台，发生在网络空间中的犯罪行为也应成为未来重点规制的核心。尽管当前我国关于网络犯罪的罪名体系仍然处在从"系统思维"向"信息思维"转变的过程中，但对于今后的长期发展方向亦应有所预见。

（二）章节安排的调整："扰乱公共秩序"向"公共安全"的转换

网络犯罪立法的框架安排是立法者需要思考的问题，这关系着如何实现对于网络安全和公民个人人身财产利益的保护。对此，有学者指出：设计有关网络犯罪方面的刑法框架，不仅是一个制定与现行法律类似的条款问题，而且还可以考虑增加造成的（巨大的、物质的）损失或危害方面的内容，并且将其作为基本因素增加进去。正是基于这一点，《欧洲网络犯罪修正建议》第 R（81）12 条将造成物质损失的计算机犯罪划入经济犯罪之中。然而，就大量的计算机犯罪而言，风险境况（未造成实际的损失，但有造成损失的危险）也应作为刑法的内容。《欧洲网络犯罪修正建议》承认了这一点，其所论述的经济犯罪中就包括那些仅造成物质损失危险的计算机犯罪。

从我国现有的网络犯罪罪名体系来看，网络犯罪归属于刑法"扰乱公共秩序罪"一节中。从其他国家的刑事立法来看，网络犯罪一般被置于侵犯人身权利犯罪或者侵犯财产犯罪之中。这种立法结构的差异也体现出我国关于网络犯罪立法与其他国家的差异所在。在当前社会生活"无所不网"的信息时代背景下，犯罪行为借助网络的威力已经渗透到社会生活的方方面面，社会秩序也受到前所未有的冲击和挑战。以"公共安全"为例，刑法分则第二章规定了危害公共安全罪，《刑法》第115条"放火罪、决水罪、爆炸罪、投放危险物质罪、以危险方法危害公共安全罪"，第116条、第117条、第118条分别规定了破坏交通工具罪、破坏交通设施罪以及破坏电力设备罪、破坏易燃易爆设备罪，由此可以发现，刑法中的"公共安全"主要包括了破坏社会基础设施的犯罪和破坏公用设施的犯罪，网络已经成为社会运行发展的基础工具，因此，将部分犯罪由妨害社会管理秩序罪这一犯罪群调整至危害公共安全罪这一犯罪群，或者在危害公共安全罪一章中设立有关计算机犯罪的独立罪种已经具有必要性和可行性。例如，有学者认为："故意传播恶性计算机病毒的行为应当增设为一种危害公共安全罪，如果遭破坏的计算机系统、通信网络数量巨大的，应当升格法定刑。"〔1〕

三、网络犯罪刑罚配置中从重处罚情节的确立

《刑法》第287条已经成为目前利用计算机（网络）实施传统犯罪定罪和量刑的总原则，当时立法者考虑到以网络为工具实施的传统犯罪，本质上与传统犯罪无异，故而概括性地将此类行为统一以刑法现有规定定罪处罚。这种立法设置原则上并无不妥，由于以网络为工具实施的犯罪与传统犯罪完全可以适用同一规定，故而没有在原有罪名体系之外增设新的规定的必要性。

（一）网络犯罪从重处罚的正当性根据

我国当前关于网络犯罪的刑罚设置存在问题的关键在于，其忽略了以网络为工具实施的传统犯罪，在"量"上已经极大地区别于传统犯罪的危害当量。实际上，在原有刑罚之上，对于涉及网络因素犯罪予以从重处罚也是大多数国家的通行做法，有学者认为："在刑罚上，各国不断认识到网络犯罪的严重危害性，在制裁手段上更加明确，量刑上趋渐加重。"

从网络犯罪侵害的犯罪客体上讲，对于网络犯罪也应设定从重处罚的情节。犯罪客体是指受不法行为侵害或威胁而由刑法所保护的社会利益，包括侵害网络知识产权，利用网络实施诈骗、盗窃等行为所构成的侵害社会公共

---

〔1〕　参见皮勇：《论我国刑法中的计算机病毒相关犯罪》，载《法学评论》2004年第2期。

秩序的社会关系等。从社会危害性来讲，网络犯罪侵犯的是复杂客体，例如，非法侵入计算机信息系统罪，一方面侵害了计算机信息系统中所有人的权益，同时还可能对计算机信息系统存储的数据造成损害。换言之，以网络为工具实施的传统犯罪在侵害传统法益的同时，也对信息安全、网络秩序造成了一定程度的危害，从此类行为侵害的"多重客体"来看，其就具备了较传统犯罪更为严重的社会危害性。某种程度上讲，大部分网络犯罪的实施都会直接或者间接地侵害网络信息系统内部存储数据，这就使得网络信息系统数据几乎成为所有网络犯罪侵害的对象。这些信息系统存储数据可能仅以数据形式存在，也可能已经物化为现实社会中的财产，如网络游戏装备等"虚拟财产"。但是，对于以网络"财产"为对象实施的传统犯罪，如诈骗罪，其所侵犯的客体不再是简单的财产所有权，而是包含了网络秩序、网络安全的复杂客体。

传统犯罪的网络异化使其社会危害性也发生了极大的变异，以网络诽谤为例，当前网络普及程度的提高和信息传播技术的发展，在技术层面为造谣诽谤插上了腾飞的翅膀，以往口口相传的诽谤行为在传播周期、影响范围等方面都不能与之同日而语。只要轻轻敲动键盘和鼠标，造谣诽谤言论就可以在瞬间传遍世界的任何角落，网络诽谤的多发态势与网络技术的发展有着直接紧密的关系。[1]不仅网络诽谤，几乎与信息传播相关的犯罪在网络空间的危害深度和危害广度都得到了前所未有的放大和倍增，这较之其他犯罪更加明显，所以对于利用网络实施的此类行为加重处罚适得其实。

(二) 网络犯罪从重处罚的模式选择

与网络犯罪的特性有关，网络犯罪在损害后果上有着极大的倍增性，对于通过计算机实施的传统犯罪从重处罚某种程度上有着合理性。但是，无差异的从重处罚无法体现罪责刑相适应原则，属于立法的"凭空臆断"。建议我国立法可以较传统立法设置更高的量刑幅度空间，将量刑幅度的最高刑适当提高，由法官根据具体案例自由裁量即可。

对于"涉网"犯罪的特殊处罚模式可以分为以下两种类型：（1）以计算机、计算机信息系统或信息网络为对象实施的犯罪行为，设定为"从重处罚"

---

〔1〕 于冲：《网络诽谤行为的实证分析与刑法应对——以 10 年来 100 个网络诽谤案例为样本》，载《法学》2013 年第 7 期。

类型。例如，以计算机为对象实施的犯罪中，由于计算机或者计算机系统承载了比自身物理形式更大的价值，单纯就针对计算机为对象实施的犯罪以故意毁坏财物罪或者以破坏生产经营罪定罪处罚，不足以完全评价其行为的危害性。对此，刑法可以增加规定，对于以网络为工具实施的犯罪行为"可以从重处罚"，赋予司法机关自由裁量权的同时做到罪责刑相适应。（2）以网络为工具实施的传统犯罪行为，设定为"从重或加重处罚"类型。例如，司法解释已有先例，将利用网络传播淫秽物品直接作为入罪标准，体现了司法解释对于利用网络实施传统犯罪所具备严重社会危害性的重视，也体现出我国司法实践领域已经开始对利用网络实施传统犯罪从重评价或者加重评价的警醒和认识。对于利用网络实施的犯罪行为，尤其是对公共安全、社会秩序造成危害的犯罪行为，刑法应明确将其规定为"可从重或加重处罚"，以此体现与传统犯罪的区别对待并和罪责刑相适应。如果仅仅根据传统罪名定罪量刑，则难以对此类行为进行全面的刑法评价，也无法准确反映此类行为的社会危害性。但同时值得注意的是，确立对以网络为工具实施传统犯罪行为从重处罚规则的同时，也不应"一刀切"地对所有"涉网"犯罪一概予以从重处罚。

第五章

网络犯罪司法解释的体系脉络

当前应对网络犯罪的策略选择，除了刑法罪名体系的完善之外，更关键的尝试或许是通过扩大性解释去延伸传统罪名体系的适用空间，使其不仅继续适用于现实社会，也能够应对网络犯罪的时代挑战。因此，通过对现有刑法条文的扩大解释去释放其打击犯罪的最大能量，将源于人类发展进程中的立法智慧通过信息背景下的扩大解释，使其继续适用于当前由现实社会和网络空间所型构的"双重社会"之中。进言之，今后需要努力的方向是，通过一系列罪名司法解释的制定，构建起可同时适用于现实社会与网络空间的罪名体系。

第一节　我国关于网络犯罪的司法解释现状

信息时代背景下，随着近年来网络犯罪的逐渐高发，单靠增设新罪名的方式来回应网络犯罪总是显得捉襟见肘。尤其在当前信息技术迅猛发展、网络犯罪急速变异的背景下，通过司法解释去变通、弥补刑事立法的不足，填补网络立法的漏洞，不断延伸既有刑法条文的适用空间是可行的，也是必要的选择之一。整体上讲，针对网络犯罪立法的滞后性与网络犯罪的高发性之间的矛盾，最高司法机关所出台的一系列司法解释对网络犯罪的定性与定量问题给出了明确依据，基本形成了较为完整的解释体系。

一、网络犯罪相关司法解释的整体概览

网络犯罪作为一种技术型犯罪，必然随着信息网络技术的迅猛发展而发生变异，也就使得刑事立法在网络犯罪面前普遍存在滞后性。因此，对于网

络犯罪的刑法规制，立法固然是保护网络安全、打击网络犯罪的首要利器，但鉴于立法的滞后性和稳定性，也不可能通过频频立法去追赶网络犯罪的变异步伐。因此，重视对于现有罪名体系的刑法解释，使得既有罪名能够延伸适用于网络空间，势必成为今后应对网络犯罪的重要路径之一。

（一）司法解释的整体现状

为了解决司法实践普遍存在的问题，我国最高人民法院和最高人民检察院共发布了 30 件直接规范互联网行为的司法解释。其中，涉及刑事类 22 件，占总比例高达 73%；民事类 8 件，占 27%。从时间上来看，几乎每两年就有一两个直接规范互联网行为的司法解释出台，特别是 2004 年到 2007 年三年时间内连续出台了 7 件调整互联网行为的司法解释。这些司法解释主要针对利用网络实施的传统犯罪，围绕既有刑法条文展开解释。这些司法解释的出台，既从规范性层面统一了法律适用的路径，也从司法实践层面为相关案件的司法裁量指明了依据。

表 5-1　关于网络犯罪的司法解释

序号	司法解释名称	发布部门	实施时间
1	《关于审理非法出版物刑事案件具体应用法律若干问题的解释》	最高人民法院	1998. 12. 23
2	《关于审理涉及计算机网络著作权纠纷案件适用法律若干问题的解释》〔1〕	最高人民法院	2000. 11. 21
3	《关于审理为境外窃取、刺探、收买、非法提供国家秘密、情报案件具体应用法律若干问题的解释》	最高人民法院	2001. 01. 24
4	《关于办理利用互联网、移动通讯终端、声讯台制作、复制、出版、贩卖、传播淫秽电子信息刑事案件具体应用法律若干问题的解释》	最高人民法院、最高人民检察院	2004. 09. 06
5	《关于办理侵犯知识产权刑事案件具体应用法律若干问题的解释》	最高人民法院、最高人民检察院	2004. 12. 22
6	《关于办理赌博刑事案件具体应用法律若干问题的解释》	最高人民法院、最高人民检察院	2005. 05. 13

---

〔1〕　2003 年 12 月 23 日第一次修正，2006 年 11 月 20 日第二次修正。

序号	司法解释名称	发布部门	实施时间
7	《关于办理侵犯著作权刑事案件中涉及录音录像制品有关问题的批复》	最高人民法院、最高人民检察院	2005.10.18
8	《关于办理侵犯知识产权刑事案件具体应用法律若干问题的解释（二）》	最高人民法院、最高人民检察院	2007.04.05
9	《关于审理危害军事通信刑事案件具体应用法律若干问题的解释》	最高人民法院	2007.06.29
10	《关于办理利用互联网、移动通讯终端、声讯台制作、复制、出版、贩卖、传播淫秽电子信息刑事案件具体应用法律若干问题的解释（二）》	最高人民法院、最高人民检察院	2010.02.04
11	《危害系统安全解释》	最高人民法院、最高人民检察院	2011.09.01
12	《关于审理编造、故意传播虚假恐怖信息刑事案件适用法律若干问题的解释》	最高人民法院	2013.09.30
13	《关于办理利用信息网络实施诽谤等刑事案件适用法律若干问题的解释》	最高人民法院、最高人民检察院	2013.09.30
14	《关于办理电信网络诈骗等刑事案件适用法律若干问题的意见》	最高人民法院、最高人民检察院、公安部	2016.12.20
15	《关于办理组织、利用邪教破坏法律实施等刑事案件适用法律若干问题的解释》	最高人民法院、最高人民检察院	2017.02.01
16	《关于利用网络云盘制作、复制、贩卖、传播淫秽电子信息牟利行为定罪量刑问题的批复》	最高人民法院、最高人民检察院	2017.12.01
17	《关于办理利用信息网络实施黑恶势力犯罪刑事案件若干问题的意见》	最高人民法院、最高人民检察院、公安部、司法部	2019.10.21
18	《关于办理非法利用信息网络、帮助信息网络犯罪活动等刑事案件适用法律若干问题的解释》	最高人民法院、最高人民检察院	2019.11.01
19	《人民检察院办理网络犯罪案件规定》	最高人民检察院	2021.01.22
20	《关于办理电信网络诈骗等刑事案件适用法律若干问题的意见（二）》	最高人民法院、最高人民检察院、公安部	2021.06.17

续表

序号	司法解释名称	发布部门	实施时间
21	《关于办理信息网络犯罪案件适用刑事诉讼程序若干问题的意见》	最高人民法院、最高人民检察院、公安部	2022.09.01
22	《关于依法惩治网络暴力违法犯罪的指导意见》	最高人民法院、最高人民检察院、公安部	2023.09.20

从上述司法解释文件中可以发现，我国目前针对网络犯罪出台的司法解释中，基本上对危害国家安全罪、破坏社会主义市场经济秩序罪、妨害社会管理秩序罪等罪名作出了明确的界定。这种司法解释的安排格局，某种程度上也反映出网络犯罪的现状，表明了网络犯罪已经对国家安全、市场经济秩序和社会秩序发起了全面的挑战。因此，我国现有的司法解释，某种程度上也是网络犯罪在规范性文件层面的又一体现。

这些司法解释制定的目的在于适应网络犯罪的现实发展情况，解决司法实践在办理新型网络犯罪中"无法可依"的问题。首先，网络犯罪司法解释解决了网络犯罪的定性问题。通过明确网络犯罪的定义、构成要件以及犯罪形态，使得司法机关在处理网络犯罪案件时能够准确把握犯罪的本质特征，避免对犯罪行为的定性产生歧义。例如，对于侵犯公民个人名誉的行为，司法解释明确了"网络暴力"的范围及其认定标准，为打击侵犯网络暴力违法犯罪提供了明确的法律依据。其次，网络犯罪司法解释明确了网络犯罪的量刑标准。针对不同类型、不同程度的网络犯罪行为，司法解释规定了相应的刑罚幅度和量刑情节，确保了对网络犯罪的惩处既严厉又公正。同时，司法解释还关注到网络犯罪的牟利性特点，规定了罚金刑的适用规则，加大了对犯罪分子的经济制裁力度，有效剥夺了其再次实施网络犯罪的经济能力。最后，网络犯罪司法解释还明确了相关网络犯罪的管辖权问题。针对网络空间的开放性和高技术性特点，司法解释规定了网络犯罪的管辖原则，包括犯罪地原则、侵权行为地原则等，为司法机关确定网络犯罪案件的管辖权提供了明确的指引。这有助于解决因网络犯罪跨地域性而引发的管辖权冲突问题，确保了对网络犯罪的有效打击。

网络犯罪司法解释涵盖了多种网络犯罪行为，包括网络诈骗，侵犯公民个人信息，制作、销售电子淫秽信息等，为司法机关打击网络犯罪提供了全面的法律依据。然而，随着网络技术的不断发展和犯罪手段的不断翻新，网络犯罪司法解释仍需不断完善和更新，以适应新的形势和需要。

（二）司法解释出台的必要性分析

面对层出不穷的新型网络犯罪，既有的刑法条文在评价范围和打击半径上已经逐渐显出无力。例如，门户网站和软件开发的繁荣给网民带来了前所未有的冲浪体验。但是，网民在享受各类网络软件奇妙功能的同时，也不得不面对突然间弹出的广告窗口和浏览器劫持等流氓软件所带来的纷扰与苦恼。比如，几乎所有的网民都曾经或正在遭遇浏览器被劫持的苦闷。随着浏览器劫持行为的日益横行，司法实践开始动用刑事手段来严厉制裁，但也不可避免地存在一系列的学理困惑与司法障碍。比如湖北警方破获的"全国第二大计算机病毒集团案"，以破坏计算机信息系统罪提起公诉，最后却不了了之，这种司法上的困惑某种程度上也反映了当前刑事立法和司法实践中对于流氓软件评价的软肋和困惑。流氓软件处于正规软件和计算机病毒之间的灰色地带，它们既不是刑法意义上的计算机病毒，也不属于正规的商业软件；既给用户上网带来了种种滋扰，也有着其自身的实用价值。随着全民生活的网络化、程序化，"流氓软件"一词早已为公众所周知，并成为伴随网民上网行为的重要"附加品"。

同时，随着网络信息技术、电子商务的发展，网络背后所承载的价值利益也在与日俱增，导致通过网络攫取各种灰色利益的行为层出不穷。其中，在不法网站投放广告、电信网络服务商参与非法增值业务分成等行为逐渐引起社会公众和司法机关的关注，网络犯罪"资助"行为开始成为亟待解决的现实问题。所谓网络犯罪"资助"行为是指明知行为人实施网络犯罪，仍然通过委托推广软件、投放广告等方式向网络犯罪行为人提供数额较大的资金的行为，其主体主要包括软件商、广告商等网络服务业主体，[1]主要类型包括明知为淫秽色情网站仍投放广告进行推广获利的，明知为淫秽色情网站仍提供网上支付、手机代收费的……近年来，网络犯罪"资助"行为已经发展成为严重犯罪之一，某种程度上推动了网络犯罪的高发态势。详言之，网络

---

[1] 在此需要强调的是，该犯罪主体为一般主体，虽然主要犯罪行为人为网络软件推广商、网络广告商，但不限于此类人员。

空间中的"资助"行为，不仅给网络犯罪提供了资金支持，还在某种程度上诱发了网络犯罪活动的进一步扩大。例如，色情网站为了赚取更多的广告费进而继续扩大网站规模和数量，某种程度上进一步刺激了传播淫秽物品犯罪的高发态势。网络空间中的"资助"行为已经与网络犯罪进一步狼狈为奸，互相成为双方实施犯罪的助推力量，给惩治网络犯罪提出了新的挑战。由于网络犯罪与网络广告等网络"资助"行为之间的共生关系，打击网络犯罪的对策中应当包含规制网络"资助"行为人向非法网站以及网络犯罪人提供资金支持内容。

二、网络犯罪司法解释的罪名分布特征

针对网络犯罪立法的滞后性与网络犯罪的高发之间的矛盾，我国最高司法机关所出台的一系列司法解释在弥补立法滞后性、惩治网络犯罪方面发挥了重要作用，呈现出自身的独有特征。

司法解释的罪名主要集中于侵害知识产权犯罪、淫秽电子信息犯罪、网络赌博、网络诽谤、网络暴力、电信诈骗、"帮信罪"等方面。司法实践中，对于利用网络实施的侵犯知识产权、诈骗、赌博、诽谤、寻衅滋事等，且造成严重社会危害性的不法行为，存在严厉惩治和打击的必要。对于此类犯罪，刑法均已经设置了相关的罪名予以规制，利用网络所实施的上述犯罪，只是传统犯罪的网络异化，或者犯罪手段、犯罪工具的更新。有鉴于此，最高司法机关根据上述高发，且在司法实践中存在罪名适用争议的犯罪，重点作出司法解释，不仅为司法机关提供了规范依据，也构成了规制网络犯罪的规范基础。概言之，目前司法解释所涵盖的罪名基本体现了主要的网络犯罪形态，是对司法实践中高发型网络犯罪的重点回应。

三、网络犯罪司法解释的聚焦方向与内容特征

整体上讲，司法解释在打击网络犯罪方面扮演着弥补刑法滞后、推动既有刑法延伸适用于网络空间的角色，表现为对于犯罪的对象、行为、目的、结果的解释，以及对于网络犯罪特殊定量标准体系的构建。

（一）司法解释的核心内容：网络犯罪定量标准的时代更新

反观现有的相关司法解释，其所关注的重心主要集中在对于传统犯罪定量标准的划定上，这不仅符合司法实践的现实需求，也可以在很大程度上解决既有刑法规范延伸适用于网络空间的难题和障碍。因为我国刑法定性又定

量的立法特征，使得大部分的罪名都设有入罪门槛，而在网络空间中实施的相关犯罪却在定量标准上与传统设置严重不符，更加导致刑法适用的困境。因此，对于传统罪名体系定量标准的时代解释成为网络犯罪相关司法解释的重要任务。例如，互联网时代助长了色情信息的泛滥式传播，鉴于互联网传播淫秽电子信息的严重社会危害性，最高人民法院、最高人民检察院先后制定了《关于办理利用互联网、移动通讯终端、声讯台制作、复制、出版、贩卖、传播淫秽电子信息刑事案件具体应用法律若干问题的解释（二）》。其中，对于利用网络传播淫秽电子信息的行为类型进行了具体性划分，并设置了不同的入罪标准。

（二）司法解释的聚焦方向：传统罪名体系在网络空间中的延伸适用

客观地讲，相较于刑事立法，司法解释的主要特征即在于其灵活性和及时性，因此，通过司法解释可以将刑法无明确规定但又具备严重社会危害性的行为纳入刑法打击半径。当然，除了对定量标准的重点关注之外，司法解释对网络犯罪的犯罪对象、客观行为、主观目的、危害性判定等方面也均作出了较为详细的解释，尽管这些解释性规定尚未形成体系，但对于指导司法实践，打击网络犯罪发挥了重要作用。

概言之，现有刑法罪名体系在历经多次修正与完善之后，无论是罪名数量还是条文内容，均足以满足现实空间惩治刑事犯罪的需要。故而，真正对现行刑法形成冲击与挑战的，是现有罪名体系在信息时代与"双层社会"背景下能否继续适用于网络空间的问题。因此，面对网络犯罪的日益猖獗与刑事立法的逐渐滞后，传统罪名体系延伸适用于网络空间的最佳出路，或许在于对现有刑事立法作出体系性的司法解释，尤其是针对网络诽谤、网络造谣、网络诈骗、网络传播淫秽物品等常见多发罪名颁行具有可操作性的司法解释。实际上，在较短时间内对于整个刑法罪名体系出台完整的司法解释客观上也不现实，本着"物尽其用"的原则，重点解决常见多发犯罪的罪名适用问题，也就在程序上解决了网络犯罪的刑法制裁问题。

第二节　司法解释关于网络犯罪定性问题的回应思路

基于新的刑事立法与现行的法律条款或刑事政策仍然存在紧密的联系，需要对现行法律体系予以调整以适应信息网络技术带来的新变化。因此，除了针对新型法益的保护需要和新型网络犯罪规制的需要之外，还应在现有刑法框架体系内，不断延伸现有刑法的适用空间。

一、宏观解释模式：传统罪名犯罪构成的时代新解

梳理现有关于网络犯罪的司法解释，其重点解决的问题即在于犯罪定性与定量问题。其中，相关司法解释对于不同类型的网络犯罪的客观行为要件进行了较为细致的规定，本书主要从犯罪对象、客观要件、主观要件三个方面展开评述，以管窥豹。

（一）信息时代背景下犯罪对象的扩张解释

信息网络技术的发展在为人类带来前所未有的便捷、催生新型法益的同时，也带来了新的犯罪问题。尽管《刑法》对计算机犯罪规定了若干罪名，但并未对网络犯罪进行系统地规定，有关于网络的犯罪并未得到与其社会危害程度相适应的立法评价，这种立法上的滞后体现在对流氓软件的惩治上，表现为严重的评价无力，使得流氓软件这一具备严重危害性的不法行为无法获得相应的刑事处罚。

有鉴于此，司法解释对于网络犯罪所侵害对象的迅速变异给予了较多关注。例如，对于计算机信息系统的扩张解释就是司法努力的方向之一。2011年9月1日起施行的《危害系统安全解释》第11条第1款规定："本解释所称'计算机信息系统'和'计算机系统'，是指具备自动处理数据功能的系统，包括计算机、网络设备、通信设备、自动化控制设备等。"这一解释明确将当前主要的上网终端设备纳入刑法的评价范围，是顺应技术变革发展的现实需要，也进一步为刑事立法注入了时代生命力，使得既有罪名在不经修改的情况下即可适用于网络空间。进一步讲，此次司法解释的出台还能总结出另一种思路，就是面对层出不穷、日益翻新的网络犯罪，单靠个别罪名的增设和修改已经无法应对传统犯罪的全面网络异化，更为科学经济的路径则是通过整体性的解释，实现整个罪名体系的时代更新。

（二）传统罪名体系客观要件的司法解释

除了犯罪对象的异化需要司法解释进行明确之外，利用网络实施的形式上具有共犯性的"技术帮助行为"，已经逐渐摆脱主犯行为，成为实质上的主行为，网络犯罪中传统犯罪的主次分工已经发生全面的异化。有鉴于此，对于网络空间中实质上具备独立性的技术帮助行为，已经无法沿用传统的共犯

理论进行规制，而应当直接将其解释为正犯行为，根据既有立法的犯罪构成对相关行为进行评价。

司法解释开始将具备严重社会危害性，并具备独立性的网络犯罪帮助行为解释为实行行为，使其从传统犯罪的帮助犯直接上升为独立的犯罪行为。例如，2010年《最高人民法院、最高人民检察院关于办理利用互联网、移动通讯终端、声讯台制作、复制、出版、贩卖、传播淫秽电子信息刑事案件具体应用法律若干问题的解释（二）》第5条规定，网站建立者、直接负责的管理者明知他人制作、复制、出版、贩卖、传播的是淫秽电子信息，允许或者放任他人在自己所有、管理的网站或者网页上发布，情节严重的，以传播淫秽物品罪定罪处罚。第6条规定，电信业务经营者、互联网信息服务提供者明知是淫秽网站，为其提供互联网接入、服务器托管、网络存储空间、通讯传输通道、代收费等服务，并收取服务费，情节严重的，对直接负责的主管人员和其他直接责任人员，以传播淫秽物品牟利罪定罪处罚。

又如，在对网络犯罪长期斗争的司法实践中，对于网络服务商、电信商、网络广告商对于网络犯罪的"资助"行为，开始逐步予以关注。例如，2011年《危害系统安全解释》对资助网络犯罪的网络服务商和广告商的法律责任问题进行了规定，将其以具体网络犯罪的共犯追究刑事责任。其中第9条第1款以《刑法》第285条、第286条的共犯形式规定了三种行为的定罪处罚情形，即"（一）为其提供用于破坏计算机信息系统功能、数据或者应用程序的程序、工具，违法所得五千元以上或者提供十人次以上的；（二）为其提供互联网接入、服务器托管、网络存储空间、通讯传输通道、费用结算、交易服务、广告服务、技术培训、技术支持等帮助，违法所得五千元以上的；（三）通过委托推广软件、投放广告等方式向其提供资金五千元以上的"。其中，第2项、第3项明确规定了为网络犯罪提供帮助、资助的网络服务商和广告商的法律责任问题。

从形式上看，《危害系统安全解释》第9条第2项、第3项明确为网络犯罪提供资金"资助"行为按照共同犯罪论处的司法适用标准，其规制对象主要是为网络犯罪提供"资助"的网络服务商和网络广告商。立法本意在于严厉制裁通过向不法网站投放广告、开展业务等变相提供资金支持的行为，正是此类行为某种程度上向网络犯罪行为人提供了资金帮助，进而诱发或者推动了网络犯罪的高发。因此，《危害系统安全解释》增设这一条，是为了有效应对越来越严重的上游网络犯罪"资助"行为的社会现实，因此，对于明知下游犯罪人实施网络犯罪而依然投放广告、提供增值业务服务的行为应加以刑法制裁，以严厉打击目前日趋猖獗的上游网络犯罪"资助"行为，切断网络犯罪的产业链。实际上，将网络犯罪"资助"行为通过共犯定性模式纳入刑法打击半径的司法探索已有先例。例如2010年《最高人民法院、最高人民检察院关于办理利用互联网、移动通讯终端、声讯台制作、复制、出版、贩卖、传播淫秽电子信息刑事案件具体应用法律若干问题的解释（二）》第7条第1款规定："明知是淫秽网站，以牟利为目的，通过投放广告等方式向其直接或者间接提供资金，或者提供费用结算服务，具有下列情形之一的，对直接负责的主管人员和其他直接责任人员，依照刑法第三百六十三条第一款的规定，以制作、复制、出版、贩卖、传播淫秽物品牟利罪的共同犯罪处罚：（一）向十个以上淫秽网站投放广告或者以其他方式提供资金的；（二）向淫秽网站投放广告二十条以上的；（三）向十个以上淫秽网站提供费用结算服务的；（四）以投放广告或者其他方式向淫秽网站提供资金数额在五万元以上的；（五）为淫秽网站提供费用结算服务，收取服务费数额在二万元以上的；（六）造成严重后果的。"

目前以业务支持形式向网络犯罪行为人提供资金资助的行为已经成为传播淫秽物品、网络诈骗等违法犯罪大幅上升的主要原因之一，从这个角度来看，尽管网络广告商等行为人的"资助"行为很大程度上属于牟利性的业务行为，但是，鉴于其对下游网络犯罪的刺激和推动作用，《危害系统安全解释》第9条的规定目的之一仍然可以解读为，在客观上达到了有力制裁和打击此种为网络犯罪"资助"行为的效果。

《危害系统安全解释》扩展了对网络犯罪的制裁范围，将刑法打击的时间介入点前移，将干预阶段向上游延伸，进一步严密了法网，增强了刑法的威慑力。尤其是将网络服务商、网络广告商对下游网络犯罪的"资助"行为作为犯罪处理，对于网络上日渐猖獗的网络犯罪来说，某种程度上起到了断其"补给"的作用，也必然会对网络服务商、网络广告商的行为产生规范和震慑作用。也就是说，对于网络广告商明知下游犯罪人实施网络犯罪而仍然在其非法网站投放广告的，在无法直接打击其广告行为的情况下，可以下游具体网络犯罪的共犯打击其广告行为，按照具体网络犯罪的共犯定罪处罚。这种司法处置模式下，可以顺利地将向网络犯罪人提供资金来源的上游行为纳入刑法打击半径。例如，被告人杨某强、陈某为提高公司效益，自 2011 年 3 月到 5 月在被告人吴某创建的色情网站投放商业广告，先后发布广告 45 条，使吴某获利 1.3 万元。此后，陈某看到在淫秽色情网站投放广告利润空间很大，辞职开办了广告公司，并继续与吴某合作，一个月内就在吴某的色情网站发布广告 22 条。2011 年 11 月，南京市六合区人民检察院指控被告人吴某创建淫秽网站发布淫秽影片的行为构成传播淫秽物品罪，指控杨某强、陈某向吴某的淫秽网站投放广告超过 20 条，在明知是淫秽网站的情况下，通过投放广告等形式给网站提供资金，也应以传播淫秽物品牟利罪的共犯定罪处罚。南京市六合区人民法院经审理认为，根据 2011 年《危害系统安全解释》规定，尽管杨某强、陈某作为广告商并未直接经营管理淫秽网站，但为了牟利而在明知淫秽网站的情况下还付费投放广告，应以传播淫秽物品罪共同犯罪论处。最终，吴某以传播淫秽物品罪被判处有期徒刑三年一个月，罚金 7000 元；杨某强、陈某以传播淫秽物品罪分别被判处有期徒刑六个月、罚金 5000 元，拘役四个月、缓刑五个月、罚金 4000 元。

（三）网络犯罪主观要件的司法解释

鉴于司法实践中对于网络犯罪行为人主观明知较难确定，司法解释进一步对于行为人的主观明知作出了解释，《关于办理网络赌博犯罪案件适用法律若干问题的意见》（《网络赌博意见》）提供了类似的借鉴路径：在总结网上开设赌场共同犯罪案件侦查、起诉和审判实践经验的基础上，提出对帮助他人开设赌场行为，有四种情形之一，结合犯罪嫌疑人、被告人的供述和其他证据，经综合审查判断，可以认定其"明知"他人开设赌场而为其提供帮助，但有证据证明确实不知道的除外：第一项"收到行政主管机关书面等方式的告知后，仍然实施上述行为的"，是指行为人收到行政主管机关书面等方式告知，其在为开设赌场的行为提供服务，而后仍继续提供该服务。一般情况下，行政主管机关应以书面方式告知行为人，但告知的方式并不限于书面方式，只要有证据证明该告知内容能够为行为人所知晓即可。第二项"为赌博网站提供互联网接入、服务器托管、网络存储空间、通讯传输通道、投放广告、软件开发、技术支持、资金支付结算等服务，收取服务费明显异常的"，是通过服务费用的明显超常来认定主观上的"明知"。实践中，为赌博网站提供服务所收取的服务费一般高于提供同类服务的正常费用，但也有犯罪分子为吸引赌博网站雇用其提供服务，主动降低服务费数额。故收取服务费的明显异常包括高于正常数额和低于正常数额两种情形。第三项"在执法人员调查时，通过销毁、修改数据、账本等方式故意规避调查或者向犯罪嫌疑人通风报信的"，参考了最高人民法院、最高人民检察院、公安部印发的《关于办理制毒物品犯罪案件适用法律若干问题的意见》的有关规定，将具有故意逃避调查、故意销毁数据等异常情况认定为明知。值得注意的是，开设赌场的帮助犯规避调查的方式通常是销毁、修改数据、账本，但不限于上述列出的方式。第四项则是为了应对实践中复杂多变的案件情况而规定的兜底条款，以防止因列举不全而使行为人逃避惩治。此外，2010 年《最高人民法院、最高人民检察院关于办理利用互联网、移动通讯终端、声讯台制作、复制、出版、贩卖、传播淫秽电子信息刑事案件具体应用法律若干问题的解释（二）》第 8 条也对"明知"进行了列举式的界定："实施第四条至第七条规定的行为，具有下列情形之一的，应当认定行为人'明知'，但是有证据证明确实不知道的除外：（一）行政主管机关书面告知后仍然实施上述行为的；（二）接到举报后不履行法定管理职责的；（三）为淫秽网站提供互联网接入、服务器托管、网络存储空间、通讯传输通道、代收费、费用结算等服务，收取服务费明显高于市场价格的；（四）向淫秽网站投放广告，广告点击率明显异常的；（五）其他能够认定行为人明知的情形。"

二、微观解释模式：传统刑法条文罪状"术语"的语义更新

从罪状解释论的角度看，即使现有司法解释针对网络犯罪提供了很多具有合理性与可操作性的"定量标准"，但对传统刑法罪名体系中的"罪状"却没有给予相应的规范化解释，那么颁行的一系列专门性解释也必然处于难以有效适用的闲置状态。因此，推进传统刑法罪名体系延伸适用于网络空间的根本措施之一，就是对现有刑法条文中的具体"罪状"予以专门性的解释。其中，对"罪状"解释的关键在于对罪状"关键词"[1]术语的解释，这就需要结合网络犯罪的罪情与罪状，根据信息时代的刑事立法发展需要作出与时俱进的解释，从而在不用"另起炉灶、推倒重来"的前提下使传统罪名体系依然适用于网络空间。

---

　　[1]　现有刑法条文中，立法者基于公众的一般认识和法的可预测性，设定了诸如"国家安全""公共场所""他人财物"等一系列刑法术语，笔者在此统一将其称为刑法罪状表述中的"关键词"。

（一）刑法罪名体系中规范术语解释的一般思路

有学者将刑法罪名体系中的术语分为四类，即"刑事法律中的专用术语、常用术语、常用的但在法律中有其专门含义的术语以及技术性的术语"。[1]常用术语中，诸如公私财物、个人信息等描述犯罪对象的术语，是最为普遍的术语，大多简明易懂，在刑事立法上多采用其常用意义，而没有专门的含义。但有一些常用的日常用语在刑事立法中却被赋予了其他的含义，例如，日常生活中所讲的"故意"一般理解为有意地想做某件事情，但在刑法中则是指行为人对于危害后果所持的希望或者放任的心理态度。[2]技术性术语作为科学、技术领域中常用的术语，普遍出现在刑法关于特定技术领域的罪名设置上。我国1997年《刑法》针对计算机犯罪设定了专门的罪名，但《刑法》第286条中所涉及的"应用程序""数据""计算机病毒""计算机系统""计算机信息系统""操作"等技术术语却始终没有明确的法律解释。例如，《刑法》第285条第1款非法侵入计算机信息系统罪"违反国家规定，侵入国家事务、国防建设、尖端科学技术领域的计算机信息系统的……"中，计算机信息系统就属于技术性术语，仅仅根据技术方面的解释难以使其为司法适用所理解，这是因为针对此类术语进行的技术方面的解释，核心在于对其技术构成的解释，无法直接转化为刑法层面的规范术语，此类用语需要刑法或者相关规范性解释予以进一步的细化与明确。

尽管刑法对于大部分网络技术用语没有进行明确界定，但我国许多关于网络安全的法律法规在很多层面对相关概念进行了界定，由于其他法律法规形式各异且位阶效力往往较低，相关的概念也散见于不同的规范性文件之中，很难明确具体概念的统一内涵。因此，对于上述不同的立法术语，由于关涉司法机关以及社会公众对刑法的理解和把握，今后无论是刑事立法还是刑事司法，都应将相关术语的解释作为着力点和努力方向之一。

（二）刑法罪名体系扩大解释的具体思路：以流氓软件与计算机病毒程序的扩大解释为例

以计算机病毒程序的扩大解释与流氓软件的认定为例，目前，对于流氓

---

〔1〕 参见宁汉林、魏克家：《中国刑法简史》，中国检察出版社1997年版，第110页。

〔2〕 参见王长水、王明星：《刑事立法语言之概念分析》，载《郑州大学学报（哲学社会科学版）》2003年第2期。

软件尚没有明确的规定，无论是现行《刑法》，还是《计算机信息系统安全保护条例》《计算机病毒防治管理办法》，都没有对流氓软件进行界定。对此，曾有学者呼吁主管部门将此类不良程序列为有害程序，等同于病毒、木马来处理，以便于反病毒厂商早日将这些程序加入杀毒软件病毒库，这种技术层面对流氓软件"病毒化"的吁求，也恰恰为刑法将部分流氓软件扩张解释为计算机病毒等破坏性程序提供了技术支撑和现实依据。

1. 流氓软件的现状及其危害性

随着全民生活的网络化、程序化，"流氓软件"一词早已为公众所周知，并成为伴随网民上网行为的重要"附加品"。其中，浏览器劫持软件几乎成为网民"人所共诛"的网络"祸患"。尽管浏览器劫持软件不属于计算机病毒，但往往占用计算机硬盘和内存存储空间，降低电脑运行速度，尤其向被控制的用户发放骚扰广告、强制用户打开特定网页等行为更使得广大网民深受其扰，甚至严重危害到公民的信息安全和财产安全，浏览器劫持软件已经成为网络健康发展的重要威胁。因此，严厉打击制作、传播浏览器劫持软件行为逐渐成为司法与行政执法严厉打击的重点。例如，在某省公安机关破获的曾被称为全国第二大计算机病毒案件中，被告人为了达到提高网站的知名度和点击率等目的，使用一种具有篡改浏览器主页的破坏性软件，冒充播放器等功能性软件投放在一些知名的下载站点，诱导用户下载，网民一旦将这个软件下载安装，该软件就会篡改并锁定用户的浏览器主页，并在电脑桌面生成快捷方式，强制用户访问被导向的网站，通过提高导向网站点击率和网站流量获取非法利益。检察机关以破坏计算机信息系统罪对此案的五名犯罪嫌疑人提起公诉。

有网友曾经列举了流氓软件的四大恶行：强行侵入用户电脑，无法卸载；强行弹出广告，借以获取商业利益；有侵害用户的虚拟财产安全潜在因素；偷偷收集窃取用户在网上收集的商业情报、个人隐私，[1]被网络戏称为"无赖式"安装、"霸道式"传播、"上贼船容易，下贼船难"。网民普遍有过上网时不断弹出小广告，想关掉却被链接到一些购物网站上，折腾半天想要浏览的网站还没打开的遭遇。更有甚者，广告窗口跟着鼠标跑，鼠标点到哪儿窗口跟到哪儿，想看的网页和内容全被遮住，想关还关不了。随着移动互联网的发展和三网融合的日益完善，手机上网成为当前网民重要的上网形式。

---

〔1〕　参见王一曦：《流氓软件：泛滥于法律空档》，载《中国社会导刊》2006 年第 21 期。

在此背景下，手机流氓软件开始活跃并突起，它们隐秘地窃取用户手机流量，使得用户产生"巨额"手机资讯费用。多数经常使用手机上网的网民可能都有过被窃取流量的经历：关闭了 GPRS 手机仍然产生大量的上网流量费用，未发任何短信却产生了许多短信费用……这些费用的"流失"很大程度上是手机流氓软件的恶意联网、恶意自动拨号所导致的。据有关研究表明。在关闭手机前台程序之后，恶意软件程序仍在后台秘密运行，通过诸如软件更新、地图定位、股票信息等软件自动联网更新，通过无休止地上传、下载大量消耗用户手机流量，成为名副其实的"吸金黑洞"。[1]

从表面上看，流氓软件仅仅给网民上网造成了一系列轻微的骚扰，并没有破坏计算机信息系统。但是，虽然此类流氓软件大多以附属于正规软件的形式存在，也没有对计算机信息系统造成损害，但实质却是在利用法律对流氓软件和计算机病毒界定不清的灰色地带，以此为掩护对他人上网资料、信息、隐私进行秘密窥视和获取，有些甚至使用技术暴力强行控制网民的上网行为。另外，在当前大数据时代背景下，公民每天都在向外界提供个人信息，随之导致个人信息泄露成为公民人身财产安全的重大隐患。尤其是公民位置信息、上网习惯等"动态"信息的泄露，更加刺激了下游诈骗犯罪、敲诈勒索犯罪甚至故意杀人、伤害犯罪的高发。

2. 现行刑法应对流氓软件的罪名体系及其困境

透过流氓软件的当前现状，不难发现这样一个事实：流氓软件的性质虽然迥异于一般意义上的计算机病毒，在技术上可能有着"两面性"，但是，鉴于目前缺乏有效的管理，其自身存在不可避免的社会危害性。因此，随着流氓软件的肆虐，伴生而来的涉及流氓软件的侵权诉讼案件越来越多，对于利用流氓软件劫持他人上网的行为在实践中也出现了被以破坏计算机信息系统罪提起公诉的案例。在当前网络深入社会生活的信息时代背景下，对于流氓软件的定性，已经成为司法实践中无法回避的重要问题。

从刑法层面讲，用于制裁流氓软件行为的罪名体系主要包括两个层次：一是利用流氓软件实施传统犯罪的行为，可以根据刑法现有罪名进行处罚。如果流氓软件被用于盗窃个人用户银行账户、密码等个人信息，或者被用于

---

〔1〕 参见高洋：《明明没有上网流量却不见了　流氓软件正悄悄偷走你的流量》，载《金陵晚报》2012 年 3 月 27 日，第 B19 版。

实施其他侵害公民财产权益的不法行为，根据刑法规定的有关罪名予以处罚没有问题。二是随着流氓软件逐渐呈现出"病毒化"的特征，很多流氓软件对计算机信息系统的功能进行删除修改或者增加，与《刑法》第286条破坏计算机信息系统罪比较相似，对于具备了计算机病毒程序特征的流氓软件，当然可以将其纳入《刑法》第286条的评价范围之内。但是问题在于，当前对于流氓软件与计算机病毒的界定缺乏规范性的指导文件，导致司法实践中出现了盲目将流氓软件认定为计算机病毒，将相关案件认定为破坏计算机信息系统罪的司法冒进倾向。

　　根据《刑法》第286条第1款至第3款规定，破坏计算机信息系统罪，是指违反国家规定，对计算机信息系统功能和信息系统中存储、处理、传输的数据和应用程序进行破坏，或者故意制作、传播计算机病毒，影响计算机系统正常运行，后果严重的行为。因此，对于利用流氓软件对计算机信息系统功能进行删除、修改、增加、干扰，造成计算机信息系统不能正常运行或者对计算机信息系统中存储、处理或者传输的数据和应用程序进行删除、修改、增加的操作后果严重的行为，司法实践中一般认为，根据目前的刑法理论，可以直接以破坏计算机信息系统罪追究刑事责任。例如，2012年湖北警方破获的"HYC"病毒集团案中，检察机关以破坏计算机信息系统罪对主要犯罪嫌疑人提起公诉。在这一案件中，行为人通过在网民电脑桌面生成无法删除的购物网站快捷方式，如淘宝客、淘宝秒杀或其他在线商店等快捷方式，继而通过网民点击赚取流量按流量计费，或者成单后按比例分成，而这均具备明码标价的分赃模式，包括篡改浏览器弹出广告（计价标准一般为6元至6.5元/千IP/次）、在网民电脑桌面生成购物网站快捷方式（按流量计费或成单分成）、修改电脑主页（1元/IP）、下载安装盗号木马窃取虚拟物品、推广互联网软件赚取推广费（0.20元/安装或1元至1.5元/激活）、修改浏览器收藏夹、推广游戏客户端（每成功注册一个ID，1.5元至5元不等）等。客观地讲，上述行为没有直接入侵他人网站或盗取网民财产，而随着近年来网上购物行为的日益普遍，还有相当一部分流氓软件会直接将用户引到网购钓鱼网站直接盗取中毒用户的财产；或是盗取网络游戏玩家的虚拟财产等。笔者认为，表面上看，诸如"绑架、劫持"等流氓软件触犯了《刑法》第286条所规定的破坏计算机信息系统罪，但是仔细分析就会发现还是表现出许多不同之处。

其一，《刑法》第 286 条第 1 款的不周延性。《刑法》第 286 条第 1 款所称对于计算机信息系统功能的破坏，应当是针对计算机信息系统内的主要系统硬件或功能性软件而言。反观曾让众多网民叫苦不迭的恶意劫持上网软件，仅仅是针对不特定终端系统，依靠软件下载包自动完成，并未对计算机信息系统内部的信息采集、加工、存储、传输、检索等主要功能进行实质性破坏，也并未造成计算机信息系统不能运行或不能按照设计要求运行。

其二，《刑法》第 286 条第 2 款的不周延性。《刑法》第 286 条第 2 款所称计算机信息系统中存储、处理或者传播的数据应当是数据库的数据，不应当包含一个上网安装包的编码数据。但是在恶意劫持软件下载包中包含的未授权安装软件、强制修改计算机用户 IE 浏览器、增加开机启动项和桌面图标等程序数据，实质上是一种封闭式行为，仅为自身功能的实现，不与计算机本身的系统程序、应用程序、数据等刑法保护的对象发生关系，既不是刑法中所谓的"计算机信息系统中存储、处理或者传播的数据"，也不是"计算机的应用程序"。

其三，《刑法》第 286 条第 3 款的不周延性。计算机病毒是指本身单独具备或者通过其他程序产生破坏计算机信息系统功能、危害用户系统数据，且能够自我复制、自我传播的程序的统称。某种程度上讲，流氓软件尽管具有强制安装、难以卸载、劫持上网等恶意程序特征，但由于其往往与正规软件捆绑在一起，同时具备一些正常的软件功能，使其很难被认定为计算机病毒，因而一直游走在计算机病毒与正规软件的灰色地带。一般认为，劫持用户上网是指在未经用户许可的情况下，修改用户浏览器或其他相关设置，迫使用户访问特定网站或导致用户无法正常上网的行为，其具有强制安装、难以卸载、浏览器劫持、广告弹出、恶意捆绑等特征。从浏览器劫持软件的不法用途来讲，大部分是为了实施广告推广、恶意捆绑、篡改用户浏览器设置、强制在用户桌面形成快捷方式图标等，其中最大的商业用途就是散布广告、增加网站点击量，甚至已经形成了此类恶意软件的灰色产业链：网站为了提高自己的访问量和注册用户，邀请网络公司通过控制恶意广告推广程序，在用户窗口强制弹出广告，或者强制篡改用户浏览器页面，将网民强行带至其他网页。从形式上来讲，浏览器劫持软件除了通过诱导用户下载之外，还与免费软件捆绑，用户在下载安装合法软件时也在不知不觉中被强迫安装。因此，尽管浏览器劫持软件有着各种形式和种类，但至少有一种形式是网民所曾经遇到过的。对于此类软件应如何定性，理论界目前基本形成了统一的观点，即认为浏览器劫持软件属于介于计算机病毒与正规软件之间的违法软件。

《刑法》第 286 条第 3 款所称"计算机病毒等破坏性程序"有严格的界定，《危害系统安全解释》第 5 条规定了三类情况：（1）能够通过网络、存储介质、文件等媒介，将自身的部分、全部或者变种进行复制、传播，并破坏计算机系统功能、数据或者应用程序的；（2）能够在预先设定条件下自动触发，并破坏计算机系统功能、数据或者应用程序的；（3）其他专门设计用于破坏计算机系统功能、数据或者应用程序的。而目前互联网行业的病毒杀毒软件往往针对一切对用户上网有干扰的程序，这种商业定性往往是以用户投诉量、程序本身的扩散和使用范围、影响范围或者拦截次数为标准。因此显而易见的是，恶意劫持上网软件程序作为一个封闭式系统，既不属于病毒，也不属于其他类型的破坏性程序：它不具备计算机病毒的基本特征——自我复制、传播和破坏性，也不大量占用计算机系统资源，不影响系统正常使用，对用户造成的不利影响很小，不属于病毒的范畴；同时，涉案软件程序也不属于预先设定自动触发条件的破坏性程序，更不属于专门设计用于破坏系统功能、数据和应用程序的破坏性程序。

以上几点共同勾勒出了劫持上网软件自身所表现出来的新特点，也体现出有别于计算机病毒的特殊性和差异性，为此类案件的定性提供了一定的借鉴思路。一般来说，利用劫持上网软件实施的主要行为是，篡改并锁定用户浏览器主页，在用户电脑桌面生成网站快捷方式，强制将用户访问页面导向指定的网站。从行为手段来讲，尽管劫持上网软件强制用户访问特定网站，但仅仅是出于经营网络广告的目的提供导航网站，本身不存在强制用户链接到淫秽色情网站或者反动政治网站等非法网站的严重危害行为。退一步来讲，即便将利用恶意软件篡改用户 IE 浏览器主页功能的行为归入《刑法》第 286 条所规定的行为，也要注意考察其是否造成了严重后果。虽然恶意劫持上网软件已经在网络空间中臭名昭著，几乎所有的网民都曾在上网过程中遭受其"毒害"，往往涉案人数众多、被强制安装该软件的用户人数众多、社会影响恶劣等，但这种情节并非"后果严重"的判断标准。《危害系统安全解释》第 4 条对"后果严重"的认定，以是否造成计算机不能正常使用、功能丧失、对外服务中断为衡量尺度。

应当说，诸如劫持用户上网、篡改用户浏览器设置等恶意软件在互联网服务行业是比较流行的，包括"奇虎360"等几乎所有的软件公司都有类似的甚至更为严重的推广软件、广告的行为，只是表现形式有所不同。上网安装包主要改变了用户上网习惯和途径，影响的是登录网络时页面使用的便捷性、直接性和简洁度。虽然软件下载包被修改回用户的自主、自选页面有一定难度，但是，它对于系统操作、网络资源、系统资源的影响几乎是零，几乎可以忽略不计，因此，此种影响不满足造成"后果严重"的判断标准，基于此，它不具有犯罪行为的危害性这一本质特征，不宜认定为犯罪。因此，从定性上讲，尽管恶意劫持上网、强制弹出广告等恶意软件几乎成为"过街老鼠、人人喊打"的众矢之的，但其危害性仍不至于构成犯罪，本质上仍然属于一种不正当的商业竞争行为。

3. 刑法评价的具体思路：计算机病毒程序的扩大解释

尽管《刑法》对计算机犯罪规定了若干罪名，但并未对网络犯罪进行系统的规定，有关于网络的犯罪并未得到与其社会危害程度相适应的立法评价，这种立法上的滞后体现在对流氓软件的惩治上，即表现为严重的评价无力，使得无法对流氓软件这一具备严重危害性的不法行为施以相应的刑事处罚。

（1）现实根据之一：流氓软件本身的病毒化。

根据瑞星公司2006年年底发布的《中国大陆地区流氓软件发展简史》，总结发现：一些流氓软件为了躲避杀毒软件或流氓软件卸载工具的技术防控，开始采用计算机病毒常用的Rootkits技术进行自我保护，流氓软件逐渐呈现出病毒化的趋势。从技术层面来讲，Rootkits可以对程序自身及其指定的文档和数据进行隐藏，避免被杀毒软件或者流氓软件检测程序发现和清除。如此，流氓软件在Rootkits等技术的防护下，如同练就和获取了"金钟罩""铁布衫"，普通的流氓软件检测程序对其根本无力应对。此外，一些流氓软件甚至采用"自杀式"技术攻击杀毒软件，此类软件在发现用户安装或运行杀毒软件程序之后，便自动运行恶意程序，造成计算机死机或者蓝屏。

（2）现实根据之二：流氓软件传播过程的病毒化。

面对日益发展完善的反流氓软件工具，流氓软件的传播受到了很大程度的限制。因此，大量流氓软件为了增强传播效果，开始使用计算机病毒进行隐藏和快速传播并增强抵抗用户防火墙的反清除能力，某些流氓软件甚至开始直接以计算机病毒的形式进行传播扩散，用户计算机中招之后会自动下载并安装运行流氓软件。随着流氓软件传播形式的病毒化，其与计算机病毒之间的界限已经越来越模糊。实践中已经出现了典型的病毒化的流氓软件，中毒后的典型现象是主页被锁定为 www.8749.com。在短短几天之间，已经出现了数个变种，并很快在互联网上大规模传播。

4. 值得强调的问题：流氓软件刑法解释的限度

仍然需要强调的是，在将部分流氓软件纳入刑法打击半径的同时，还需严格把握罪刑法定原则，避免出现矫枉过正。例如，对于典型的浏览器劫持软件等恶意程序，不可否认其自身巨大的社会危害性，此类案件往往涉案人数众多、被强制安装该软件的用户人数众多、社会影响恶劣，将其纳入刑法打击半径确实有着一定的必要性，但其本质上并不属于刑法意义上的计算机病毒。实质上，计算机病毒某种程度上也属于恶意软件的一种形式，只是因为其触犯了刑法方被纳入刑法的评价半径。因此，在扩张解释计算机病毒的同时，还需严格把握浏览器劫持等流氓软件与刑法所调整的计算机病毒的严格界分。

因此，对流氓软件的入罪化应严格把握计算机犯罪的本质特征，不能盲目扩大计算机犯罪圈，不能盲目将制作、传播浏览器劫持软件的行为予以入罪化。实际上，随着网络犯罪案件的逐渐增多，司法机关对于"触网"案件不再像以前畏首畏尾踟蹰不前，而是"大胆"地将其定性为网络犯罪，在此背景下，破坏计算机信息系统罪成为司法实践中屡试不爽的"口袋罪"，成为司法实践中应对网络违法犯罪案件定性的"救命稻草"。同时伴随网络犯罪研究的狂热，司法实践中也逐步开始对网络犯罪案件给予关注，这本身表明了司法的与时俱进，对今后网络犯罪的惩治有着积极引导性。但是，也需注意的是，与网络犯罪学术研究的"狂热"和跟风不同，司法应避免定性的狂热，否则会造成随便出入人罪的司法尴尬。

进言之，对于浏览器劫持、广告弹出、恶意安装等流氓软件的定性，应严格把握现有刑法的罪名规定。不管司法机关治理网络犯罪的心情多么迫切，都必须将这种具体的司法"热情"限制在罪刑法定原则之内，避免网络犯罪案件的出入人罪。从规范层面讲，我国《刑法》第286条规定了破坏计算机信息系统罪的三种类型：（1）违反国家规定，对计算机信息系统功能进行删除、修改、增加、干扰，造成计算机系统不能正常运行，后果严重的行为；（2）违反国家规定，对计算机信息系统中存储、处理或者传播的数据和应用程序进行删除、修改、增加的操作，后果严重的行为；（3）制作、传播计算机病毒等破坏性程序，影响计算机系统的正常运行，后果严重的行为。而要考察某一行为是否符合以上三种模式之一，需要注意的关键点是对"系统功能""数据和应用程序""计算机病毒等破坏性程序"进行准确界定。

实际上，浏览器劫持软件如果对计算机信息系统的功能进行删除、修改或者增加，就触犯了破坏计算机信息系统罪，对于此类行为以《刑法》第286条定罪没有问题。但是，大部分的浏览器劫持软件并没有针对计算机信息系统功能及其存储、处理或者传播的数据进行破坏，在行为对象、行为手段以及危害后果上均不符合《刑法》第286条的有关规定。同时，根据《计算机病毒防治管理办法》第2条对计算机病毒的定义，所谓计算机病毒是指编制或者在计算机程序中插入的破坏计算机功能，或者毁坏数据，影响计算机使用，并能自我复制的一组计算机指令或者程序代码。据此不难发现，尽管大多数的浏览器劫持软件会通过强制改变用户上网习惯、修改浏览器设置、强制弹出广告等行为干扰用户的正常使用，但其破坏性、可复制性远没有达到计算机病毒的标准。例如，危害较为严重的浏览器劫持软件被强行安装后，用户只要上网就会被强行引导到其指定的网站，严重影响用户正常上网浏览。但需要明确的是，这种行为只是修改了浏览器的设置，并没有对计算机信息系统本身造成破坏。因此，今后司法实践对于网络违法犯罪予以严厉打击是必要的，但这必须在坚守罪刑法定原则的框架之内，尤其对于恶意安装、浏览器劫持等流氓软件的定性，更应严格把握刑法的现有规定，避免盲目扩大破坏计算机信息系统罪的犯罪圈。

第三节　司法解释关于网络犯罪定量问题的回应思路

从我国刑法分则的罪名体系看，除了杀人、强奸、抢劫等行为之外，对于多数行为的定罪均设置了定量标准。受此影响，我国许多关于网络犯罪的条文也设置了情节要素。例如，《刑法》第286条规定了"情节严重""后果严重"，对于非法控制计算机信息系统规定为"情节严重"，某种程度上属于兼含主客观双重评价的构成要件。又如，最高人民法院、最高人民检察院2004年9月6日施行的《最高人民法院、最高人民检察院关于办理利用互联网、移动通讯终端、声讯台制作、复制、出版、贩卖、传播淫秽电子信息刑事案件具体应用法律若干问题的解释》中，作为对立法的进一步明确，第1

条第 1 款规定了 8 种构成制作、复制、出版、贩卖、传播淫秽物品牟利罪的定罪情形，第 2 条进一步规定了属于加重处罚的"情节严重""情节特别严重"，第 3 条第 1 款规定了 3 种构成传播淫秽物品罪的定罪情形。[1]

随着新型犯罪的不断出现和信息时代背景下传统犯罪的网络异化，使得传统定量标准体系面对不断发展的犯罪类型存在严重的评价不足与滞后。由此引发的一个尴尬问题是，公安机关在破获了大量具有严重危害性的犯罪案件时，司法机关却面临无法定量评价的难题，最终只能重罪轻判甚至有罪难罚。尤其在当前信息时代背景下，尽管对于层出不穷的新型犯罪形式仍然可以采用传统犯罪的评价标准来判定入罪、升格法定刑所需的罪行程度，但是由于此类犯罪不同程度的网络异化，使得其行为类型和不法内容具备了诸多新的内容，已经远远超越了现有犯罪评价体系的标准范围。事实上，面对日益多发的网络犯罪和日渐落后的传统犯罪评价体系，司法实践中已经探索出诸多有益的尝试性解决方案，定量标准体系不断扩容。

一、网络犯罪"定量标准滞后"问题的回顾性梳理

立法的定量模式使得罪名适用在网络空间中遇到了困境与阻碍，很多网络犯罪的定量任务往往难以实现。由于网络新型犯罪层出不穷，尽管公安机关破获了大量网络犯罪案件，却因为立法或者司法解释缺乏相关的定量标准，使得司法实践中很大一部分网络犯罪案件有罪难罚或者重罪轻罚。此外，即使对于传统的刑事犯罪，在网络因素介入、发生网络异化的情况下，实际上也面临着刑法定量评价的问题。

（一）传统定量标准体系的概要性梳理：以数额、数量标准为中心

客观地讲，我国刑法对于刑事犯罪设定了较为完整的评价标准体系，对于入罪与量刑的数额标准、数量标准、危害后果标准等均设置了相对细致的量化指标。从某种程度上讲，也正是我国刑法定性加定量的特色，决定了传统刑法定量标准体系的丰富与强大，而且随着相关司法解释的日渐增多，出现了体系性的定量标准体系：在近 14 年时间中，我国先后出台了 8 个司法解

---

[1] 刘品新：《网络法学》，中国人民大学出版社 2009 年版，第 130-131 页。

释，明确规定了 286 个罪名的立案追诉标准。[1]基本形成了以数额、数量标准为中心，以情节、后果标准为辅的定量评价体系。

数额标准和数量标准基本成为我国刑法定罪量刑中的核心要素，有学者对我国刑法中的 422 个罪名进行了统计，发现其中 311 个罪名构成设定了犯罪数额要件，这占到了我国刑法罪名总数量的 73.7%。因此，某种程度上讲，数额标准在我国的刑法适用中起着极为关键的作用。[2]

(二) 信息时代背景下刑法传统定量标准的滞后性分析

传统犯罪的网络异化日渐严重，利用网络实施的传统犯罪在迅猛增加。传统犯罪的网络异化除了对刑法定性评价的挑战之外，对于犯罪的定量评价也产生了冲击。日渐滞后的刑法定量评价体系与不断变异的新型网络犯罪之间的矛盾，客观上已经不容忽视。

1. 滞后性之一：犯罪对象由服务向财产的转变导致刑法评价无力

在侵害财物犯罪类型中，传统刑法根据涉案数额设定了不同的定量标准，将犯罪数额作为入罪或者加重处罚的唯一或者重要标准。但是，网络空间中频发的诈骗犯罪却因为传统刑法的定量标准，给公安机关的侦查取证带来极大的难题。例如，诈骗罪在全国的大部分标准都是 2000 元，诈骗数额达到 2000 元标准就构成犯罪。但是，在网络空间很多的诈骗案件中，被害人点击进入网站注册会员缴纳会员费后发现网站中并没有广告宣传中承诺的内容，只是诈骗网站，而且这些所谓的注册费用往往只有几块钱甚至十几块钱，而这从一个受害人的角度讲，根本无法达到立法标准。但是，如果从网站整体的被骗数额来讲，即使每人被骗了 2 元钱，那么每 1000 人进入网站就有可能被骗了 2000 元。可是，对此如果单从数额来讲，司法机关就会面临取证的问题，这种定量的标准在网络时代往往无法操作。同样的难题还发生在群发短信诈骗中，司法解释已经开始注意到此类问题的严重性，但在定量标准上仍然存在滞后性的问题。因此，网络犯罪案件客观上的严重社会危害性要求，必须通过刑法立法、刑事司法的定量标准与评价体系予以调整，严密刑法对网络犯罪的打击半径。

---

[1]　为了表达的便利，同时根据刑事一体化理论，将"立案""追诉"这对刑事实体法和刑事程序法中的法律术语，原则上作同一理解。

[2]　参见孙春雨：《关于犯罪数额的几个问题》，载《法学杂志》2006 年第 3 期。

2. 滞后性之二：以数额为核心的传统定量体系难以完整评价网络犯罪

传统定量标准体系中，数额标准主要分为经济损失、违法所得数额和非法经营数额，这些数额标准在网络犯罪的定罪量刑评价体系中，所能起到的作用日渐缩小。由于网络的虚拟性，网络犯罪数额的认定往往存在诸多难题，尤其对于网络虚拟财产的价值认定以及网络犯罪经济损失数额、非法经营数额的认定适用何种标准存在诸多争议。例如，行为人利用游戏系统漏洞盗刷金币一千多亿，销赃获利共五十余万元，但公安机关请物价局进行鉴定的结果却是不到五十万元。一般情况下销赃数额作为违法所得应当小于作为被害人经济损失的物品实际价值——鉴定价格。但在本案中并非如此，而检察机关却以销账数额起诉。所以并非采用现实世界的数额就能解决网络空间中虚拟财产犯罪的定量评价问题。这个问题根源于虚拟财产数额的不确定性：不同游戏运营商对于网络游戏中虚拟财产的认定和保护各不相同，整个产业处于一种无序的状态；虚拟财产的价值仅被网络游戏玩家所认同，不同的玩家对虚拟财产价值的认可也不相同；虚拟财产的价值处于极不稳定的状态。因此，鉴于数额标准在司法实践中面临的评价困境，以及虚拟财产本身的特有属性，今后关于网络犯罪的立法和司法解释应避免将数额作为网络犯罪的唯一定量标准，甚至尽量减少数额标准在网络犯罪立法与司法解释中的应用。这是因为，尽管目前无论是法律还是现实生活中，均承认了虚拟财产的价值属性和财产属性，某些虚拟财产可以通过现实社会中的交易价格予以转化确定。但是，由于虚拟财产的特有属性以及交易体系的不完备，使得大部分虚拟财产的价格往往很难予以准确判定，甚至无法判定。

3. 滞后性引发的问题：司法实践陷入打击网络犯罪的"计量之困"

网络犯罪定罪量刑标准的滞后性规定带来的问题，使得司法机关面对公安机关破获的网络犯罪案件定罪量刑大打折扣，甚至有罪难罚、重罪轻罚等现象时有发生。据江苏省公安厅网监总队2009年的一份数据显示："在该省公安网监总队2008年打击网络淫秽色情专项行动中，143个违法违规网站被关闭，210个网站被要求整顿，709个违法违规网站已被删除，但是这些案件中的不法人员，大部分仅仅被判缓刑、拘役甚至治安处罚。"同时，也如本书前文所讲，由于司法实践中对网络犯罪的非法所得的计算，存在诸多的认定困难，使得案件最后定性和法院判决依据的涉案金额，仅占整个非法所得的很少一部分，而且部分案件由于难以确定非法所得，办案机关干脆以"破坏计算机信息系统罪""诈骗罪"等罪名简单处理,这也某种程度上导致了信息时代"口袋罪"的出现和增多,使得"破坏计算机信息系统罪"几乎成为所有难以认定数额的网络犯罪案件的万能罪名。

二、网络犯罪"定量标准滞后"的解释思路与经验总结

在信息时代背景下,面对新兴犯罪形态的出现以及传统刑法罪名评价体系的相对滞后性,刑事立法与刑事司法均展开了一系列的应对性尝试,在扩大犯罪圈的同时,不断完善犯罪入罪与量刑评价标准,使得传统定量标准在内涵与外延方面均呈现出积极的扩张趋势。

（一）模式一:针对网络犯罪制定专门的定量标准

网络的发展为犯罪这一人类公敌提供了新的犯罪工具和犯罪平台,使得传统犯罪不断发生网络异化的同时,也激发了新型网络犯罪的形成,网络犯罪日益呈现出高发态势。以此为背景,司法实践为了有效应对网络犯罪对传统刑事立法带来的冲击,开展了有益探索。司法实践中,针对传统定量标准滞后问题,往往根据其罪名的不同类型分别作出具体的司法解释,但其是否合理有待于进一步评判。随着理论界对于网络犯罪研究的深入和司法实践的长期努力,当前对于网络犯罪的入罪量刑标准进行了较为完整的规定,涌现出一系列成体系化的司法解释和规范性文件,为今后刑事立法的完善提供了实践基础和经验积淀。

但值得注意的是,在近年来一系列针对网络犯罪的专门定罪量刑司法解释中,除了确立具体的定量标准之外,还尝试从根本上探索网络犯罪的特殊评价模式。其中,对于网络空间虚拟财产的评价模式即为今后关于网络虚拟财产案件的评价思路提供了借鉴。网络空间中虚拟财产的价值属性及财产属性,已经在司法实践中得到承认,并被一系列规范性文件所认可,但这种虚拟财产在司法实践中进行相关犯罪定量评价时,仍然面临着数额标准难以认定的尴尬和困惑。客观地讲,大部分的虚拟财产均可以通过现实社会中的对应财产数额和交易价格予以确定,但随着互联网的迅速发展,其对社会生活的渗透将更加深入,必然将产生种类更加繁多的虚拟财产类型,通过刑事立法或者司法解释"救火式"地为每种新增的虚拟财产设定数额评价标准是不现实的,这就有必要确立一种指导虚拟财产价值判定的普适性原则和标准。实际上,司法实践中已经开始了相关的探索,并在一系列司法解释中均有所体现,尽管这些标准都是

针对具体犯罪案件所规定的，但将此类标准予以概括化和抽象化，无疑也可以成为判定其他虚拟财产数额认定的一般标准。例如，《网络赌博意见》更是对虚拟物品价值的现实化规制作出了直接规定：对于将资金直接或间接兑换为虚拟货币、游戏道具等虚拟物品，并用其作为筹码投注的，赌资数额按照购买该虚拟物品所需资金数额或者实际支付资金数额认定。

关于网络犯罪的司法解释也将传统罪名中的定量因素予以规定。《最高人民法院、最高人民检察院关于办理利用互联网、移动通讯终端、声讯台制作、复制、出版、贩卖、传播淫秽电子信息刑事案件具体应用法律若干问题的解释》第1条第1款、第2条、第3条第1款分别确立了8种构成制作、复制、出版、贩卖、传播淫秽物品牟利罪的定罪情形、2种加重处罚的情形和3种构成传播淫秽物品罪的定罪情形。[1]但是问题在于，上述司法解释中的定量数额是如何确立的引发了争论。有学者对此指出："这些标准大多具有'拍脑袋'的性质，根本不具有合理性和可执行性，试问一下，20个淫秽视频文件、100个淫秽音频文件与200个淫秽图文文件所包含的信息量是一样的吗？它们对社会的危害性相当于50-100张的淫秽影碟、软件、录像带吗？"[2]理论界对于点击数的科学性，同样提出了质疑，认为网页上的点击数并不等同于实际点击数，似是而非的"实际点击数"标准并不能绝对作为定罪量刑的刑事证据。曾经轰动一时的"中国网络色情第一案"——九九情色论坛案表明，实践中将"实际点击数""转载数"作为定罪量刑的标准是行不通的。另外，网络犯罪被查处以后，其社会危害性短时间内并不会消除，例如网络色情犯罪、网络诽谤犯罪、网上传播犯罪方法等犯罪，往往余害难消。因此，对于网络犯罪的定罪量刑不能仅仅以实际点击数、注册会员数作为定罪量刑的唯一标准，而是应当采取复合型标准。

（二）模式二：针对传统犯罪网络异化制定特殊定量标准

为了完善网络时代背景下犯罪的定量标准体系，除了制定专门的司法解释之外，司法机关还在针对传统犯罪制定的司法解释中对于涉及网络因素的犯罪评价标准进行了规定，出台了大量涉及信息时代新型犯罪定罪量刑标准的司法文件，从此类涉及网络因素定量标准的司法解释来看，近年来几乎所

---

[1] 刘品新：《网络法学》，中国人民大学出版社2009年版，第130-131页。
[2] 刘品新主编：《网络时代刑事司法理念与制度的创新》，清华大学出版社2013年版，第12页。

有针对传统犯罪出台的司法解释都有关于网络因素的规定，这不仅表明了当前信息时代背景下网络犯罪的日益高发态势，也表明了司法解释对于网络犯罪的重视。

（三）经验总结：信息时代定量标准体系的日渐完善

随着网络技术的迅猛发展，在各种新型犯罪不断涌现和翻新的同时，传统犯罪也在发生着网络异化，原有的刑法定量标准已经难以有效评价此类犯罪的社会危害性特征，确定新的定量标准体系对于顺利实现新型犯罪行为的规范性评价具有重要意义。审视当前刑法定量标准体系，基本上摆脱了单一的以数额为中心的评价模式，而是采取多种标准并存的复合型标准，这有利于实现对新型网络犯罪与传统犯罪网络异化行为的有效规制。

通过梳理可以发现，在信息时代，传统犯罪中的以数额为中心、兼及数量、人数、次数等的犯罪定量标准体系有了更多新的实质内容和表现形式，以系统和信息数量、程序、工具、技术种数、帮助行为人次、被害人（户）次、实际被点击数、下载量、系统和信息时长等情节为标准的新型评价体系不断丰富和完善，地位越来越重要，正在发展成为评价信息时代刑事犯罪的主要定量标准。但是，面对传统犯罪的网络异化，新增的刑法评价标准并未完全舍弃原有罪名体系中的定量要素，而是在继承传统标准的基础上，根据现有标准进行刑法评价时采用新标准，实现了传统刑法定量标准与网络时代新增标准之间的有效衔接与契合。例如，《最高人民法院、最高人民检察院关于办理诈骗刑事案件具体应用法律若干问题的解释》第 2 条规定："诈骗公私财物达到本解释第一条规定的数额标准，具有下列情形之一的，可以依照刑法第二百六十六条的规定酌情从严惩处：（一）通过发送短信、拨打电话或者利用互联网、广播电视、报刊杂志等发布虚假信息，对不特定多数人实施诈骗的；……"由此可见，对于利用互联网实施传统诈骗犯罪行为的判定，依然采取了传统刑法的数额入罪量刑标准，并将其行为类型作为传统诈骗犯罪的从重处罚情节予以规定。在此基础上，该解释第 5 条第 2 款同时规定："利用发送短信、拨打电话、互联网等电信技术手段对不特定多数人实施诈骗，诈骗数额难以查证，但具有下列情形之一的，应当认定为刑法第二百六十六条规定的'其他严重情节'，以诈骗罪（未遂）定罪处罚：（一）发送诈骗信息五千条以上的；（二）拨打诈骗电话五百人次以上的；（三）诈骗手段恶劣、危害严重的。"这种诈骗罪的认定标准不再拘泥于传统诈骗犯罪认定须遵守的数额标准，而是通过发送诈骗信息数量、拨打诈骗电话次数等量化标准判定犯罪的成立与否，解决了网络背景下诈骗犯罪网络异化所带来的定罪量刑难题。

第四节　网络犯罪司法解释的投放方向与路径选择

客观地讲，随着中国刑事法治进程的推进，刑法分则罪名体系有了较大程度的扩张，尤其是1997年《刑法》实施以来，刑事法网逐步严密化。[1]面对网络犯罪的日益猖獗与刑事立法的逐渐滞后，传统罪名体系延伸适用于网络空间的最佳出路，或许在于对现有刑事立法作出体系性的司法解释，尤其是针对网络诽谤、网络造谣、网络诈骗、网络传播淫秽物品等常见多发罪名颁行具有可操作性的司法解释。实际上，在较短时间内对整个刑法罪名体系出台完整的司法解释客观上也不现实，本着"物尽其用"的原则，针对常见多发罪名，重点解决此类多发犯罪的罪名适用问题，也就很大范围上解决了网络犯罪的刑法制裁问题。

一、定性问题的回应：刑法传统罪名体系的解释机制与延伸适用

当前无论是刑事立法，还是司法解释，对于传统刑法罪名体系中"罪状"的阐释基本上仍然属于空白，这某种程度上成为传统刑法能否延伸适用于网络空间的桎梏。未来关于传统刑法规范解释的重点即在于对立法术语的解释，而不是对现象的解释，否则仍然会陷入"头痛医头，脚痛医脚"式的窘境。

（一）传统罪名延伸适用的必要性与可行性分析

传统犯罪与网络因素的逐渐结合已经成为一个客观事实，传统犯罪的网络异化也日渐成为一个无法回避的司法难题，由此引发的刑法分则罪名体系的时代转型不仅成为立法者亟须考虑的问题，也成为摆在司法者面前的"瓶颈"之一："是承认传统刑法可以用于网络社会，还是坚持机械的'罪刑法定原则'和放弃现行刑法对网络社会的刑事管辖权，'另起炉灶'重新打造一个全新的用于网络社会的罪名体系？"

---

〔1〕　于冲：《论刑法的理性与功能再定位：社会转型期刑法发展脉络的梳理与反思》，载《学习论坛》2014年第1期。

传统刑法理论与刑事立法已经大大滞后于网络犯罪的演变，面对日益高发的网络犯罪态势，刑事立法、刑事司法对于网络犯罪现实罪情的跟进总是显得太慢。实际上，通过立法去追赶网络技术及其背后的网络犯罪，某种程度上无异于夸父追日，虽然精神可嘉，但现实毕竟是"追而未得"。最近几次的刑法修正案始终保持着对网络犯罪罪名体系的扩张，但是每当新的罪名增设出来以后，还没等司法机关将相关罪名用于具体的犯罪案件，却发现增设的新罪名所打击的犯罪行为已经逐渐减少。此时，不禁发现所有为了解决网络犯罪而做的立法努力，似乎总要比网络犯罪的变异慢半拍。换言之，从新增罪名的实际效果来看，每当立法者针对较为严重的网络犯罪设置出新的罪名时，却总是发现原有的犯罪类型又被新的犯罪类型所取代。因此，立法对于网络犯罪的治理应当从整体上跟进，避免当前"头痛医头，脚痛医脚"的"救火式"立法。

因此，除了对网络犯罪的罪名体系进行构建之外，今后更为关键的解决思路还在于，积极寻求传统刑事立法在当前信息时代"双层社会"背景下的"生存"之道，探索传统刑法罪名体系延伸适用于网络空间的模式与方法。网络空间中，尽管人类活动的"空间"发生了变化，但是其行为主体没有发生变化，因此调整人与人之间的法律规则也应随着人类活动空间的扩大而自然延伸至网络空间。尽管网络空间中的行为在外部模式、行为类型等方面具备其特有属性，但这些特殊性仅仅是表现形式的不同。因此，在"双层社会"背景下，现实社会中的法律规则延伸至网络空间，不仅是必然的，也是必要的。

（二）传统罪名体系扩大解释的原则

值得注意的是，尽管通过刑事立法应对网络犯罪，通俗理解就是关于罪名的增设，但除了罪名的增设之外，还应加强原有规范的立法解释与司法解释。因此，刑法作为制裁犯罪行为的法律根据，必须坚守罪刑法定原则，在现行刑法的框架内，制裁实施网络犯罪的行为人；另外，为了能够发挥刑法应有的规范功能，需要针对伴随网络犯罪而生的诸多新问题及时修正。因此，思考网络犯罪的惩治思路，需要探讨现行刑法中哪些条文依然可以适用于网络犯罪，哪些情况下需要扩张现有的罪名体系，对一些违法行为予以入罪。

1. 明确刑法扩大解释的限度

刑法禁止类推解释，但允许扩大解释。但是扩大解释与类推解释的限度却又十分模糊。司法实践中，对于某些新型犯罪行为适用刑法规范比较模糊的情况下，习惯将法条扩大解释延伸其意。但此类情况下，刑法的犯罪构成、传统界定都可能被无意的、不自觉地更改和延伸。因此，如何确定刑法扩大解释与类推解释的边界成为刑事立法及刑事司法应对网络犯罪的关键。

从罪刑法定原则来讲，刑法的扩大解释没有超出原有立法的边界，相关的解释都是在原有立法规范的外延和法条"射程"之内；但是与之不同，类推解释尽管也是对原有立法的解释，却超出了刑法原有规范的边界，实际上违背了刑法原有规范的本质内涵，是超出立法者原意的违规解释。那么，如何确定和把握立法者的原意，以及如何确定立法解释或者司法解释是在立法射程之内的解释成为问题的关键。明确划分扩大解释与类推解释的关键就在于，应该保证新的解释坚持立法者原来"可能具有的含义"，即应该坚持不能偏离公众和司法者的一般理解，或者说规范的解释含义应当限制在一般国民的理解范围之内。

2013年《网络诽谤司法解释》第5条第2款规定："编造虚假信息，或者明知是编造的虚假信息，在信息网络上散布，或者组织、指使人员在信息网络上散布，起哄闹事，造成公共秩序严重混乱的，依照刑法第二百九十三条第一款第（四）项的规定，以寻衅滋事罪定罪处罚。"这一司法解释中所规定的"造成公共秩序严重混乱的"是指造成的现实社会的秩序混乱，这一解释将网络社会与现实社会进行了合理的衔接，将网络空间中的违法犯罪行为所造成的现实危害结果予以评价。但是，如果将"造成公共秩序严重混乱"理解成为造成网络空间中的公共秩序混乱，则将对网络空间中的公共秩序混乱如何界定产生重大影响。

将网络空间解释为"公共场所"是对立法在信息时代背景下的合理延伸，是顺应信息社会变化的现实要求，实际上，网民基于信息网络所构建的网络空间也早已经具有了"公共场所"的属性，随着网络在社会生活中的日益普及，其几乎成为公众主要的交流空间。因此，这种背景下，"公共场所"的概念不应再仅仅限于车站、码头、民用航空站、商场、公园、影剧院、展览会、运动场等现实场所，还应包括网络空间这一已经成为公众"第二生活空间"的虚拟场所。对此有学者指出：" '公共场所'并非可以随意扩张解释至信息网络空间，这既取决于刑法分则条文的具体规定，也取决于我国刑法分则体系的特点，刑法中使用同一词语的概念应当保持一致，这是大原则，但是并非绝对。"〔1〕因此，《刑法》第 291 条聚众扰乱社会秩序罪中的"公共场所"不能解释为网络空间。

又如，《刑法》第 287 条对利用计算机实施的犯罪的刑法适用问题，作出了注意性规定，即"利用计算机实施金融诈骗、盗窃、贪污、挪用公款、窃取国家秘密或者其他犯罪的，依照本法有关规定定罪处罚"。当前，将"计算机"扩大解释为"信息网络"已经没有任何疑问。这种解释不是类推解释，而是对刑法在信息时代背景下相关术语外延的自然延伸，是在罪刑法定原则之下进行的扩大解释，而且也在社会公众的可预期范围之内。

2. 兼顾现行规范与新增解释规范之间的协调

除了明确罪刑法定原则的坚守之外，为了保证法的稳定性和连贯性，今后无论是刑事立法，还是相关的司法解释，在延伸刑法评价半径的同时，也应兼顾现行刑法规范与新刑法规范之间的关系。在寻求对现有刑法体系进行修正或增加之前，应该首先立足于现有刑法罪名体系，着力适用现有法律解决新型网络犯罪问题，避免刑事立法程序启动得过度频繁以保证刑法的稳定性。

例如日本关于"伪造电磁记录罪"（亦可称不正当制作和提供电磁记录罪）的规定。传统的伪造文件犯罪中，其对象均属于可视、可触碰的文字或文件，而信息社会中，文件资料的数字化使得传统的伪造文件罪名适用面临诸多困境，因为伪造电磁记录不能再解释为传统的伪造文件罪。因此，日本《刑法》第 161 条第 2 款增加了伪造电磁记录罪，其中规定："以使他人的事务处理出现错误为目的，不正当制作供该处理事务使用权的有关权利、义务或者证明事实的电磁记录的，处 5 年以下惩役或者 50 万元以下罚金。"本罪名的增设与传统刑法的适用过程中产生了冲突，因为日本《刑法》对于伪造类犯罪的处罚仅以处罚有形伪造为限，如果处罚对电磁记录的无形伪造，则违背了日本刑法传统的无形伪造、变造不处罚的规定。对此有三种意见，第一种意见认为，应改变传统的"伪造"概念理解，将其解释为既包括传统文件的有形伪造，也包括电磁记录的无形伪造；第二种意见认为，以有权使用计算机系统的电磁记录为标准，把"伪造"理解为"无权力"，是无权者制作假记录；第三种意见认为，应把伪造电磁记录限定为与传统的伪造文件平

---

〔1〕 曲新久：《一个较为科学合理的刑法解释》，载《法制日报》2013 年 9 月 12 日，第 7 版。

行的有形伪造。第一种意见虽然理解其对电磁记录采取特别保护的初衷，但却难以发现其解释的合理根据。第二种意见有权无权难以界分，不免使得本罪名的适用陷入困境。第三种意见将伪造无形电磁记录与传统的伪造文件并列起来解释，具有合理性，也可以避免与其他刑法条文的冲突。

（三）传统罪名延伸适用的路径选择：刑法"罪状"的体系性注释

一般来讲，司法解释所关注和涉及的重点主要集中在两个方面："一是定性，表现为对于罪状表述的再解释；二是定量，表现为对于入罪标准即犯罪定量标准的细化和明确。"但是，近年来针对网络犯罪制定的一系列专门性司法解释，主要将着力点集中在传统犯罪在信息时代的"定量标准"[1]上，忽视了对"定性"问题的关注，以至于司法实践中对于传统罪名对网络犯罪的适用存在种种困境与尴尬。

1. 重视刑法条文罪状中"关键词"术语的系统性解释

基于立法技术和法的可预测性的需要，立法者在设计罪状表述时所使用的"关键词"术语基本属于社会常识性和生活性用语，因此在刑法注释研究中并不属于核心的问题。但是在当前信息时代背景下，由于刑法罪名体系中的"关键词"大多源自现实社会，其内涵界定和适用范围成为制约传统刑法延伸适用于网络空间中的主要"瓶颈"。换言之，对于"公私财物""个人信息""他人信件"等"罪状关键词"的理解与判定，将成为网络犯罪评价中极具决定意义的问题，关系着罪与非罪、此罪与彼罪的罪名选择与适用。此外，网络犯罪相关的刑法条文中，不可避免地包含部分专业术语，也有必要对此类技术术语进行明确界定和解释，至于这些解释性条款的形式和安排则需进一步探讨。因此，对于"关键词"的扩大解释，某种程度上将成为刑法罪名体系时代转型与延伸适用的关键和前提。

某种程度上讲，以往出台的司法解释中几乎都是针对具体的罪名进行的解释，其关注点也限于具体的罪名。这种解释模式对于传统罪名没有任何问题，毕竟司法解释所要解决的也是司法实践中遇到的"疑难杂症"。但是，对于网络犯罪，如果再仅仅限于具体罪名的解释，恐怕无法体系性地应对层出不穷的网络犯罪对刑事立法所带来的冲击。因此，今后应当从更广阔的视野上，提纲挈领式地解决问题。具体到今后解释的重点上，就是对刑法分则章

---

〔1〕 笔者所称"定量标准"是指入罪标准和第二、第三量刑幅度的量刑评价标准。

节中的"标题性术语"或者"类术语"进行解释。例如，关于"淫秽物品"的司法解释也是传统刑法概念在信息时代自然延伸的努力之一。《刑法》第六章第九节"制作、贩卖、传播淫秽物品罪"中，传统上对于"淫秽物品"的理解往往限于淫秽书刊、影片、录像带、录影带等"物品"，但随着网络色情信息的泛滥，实践中对于网络传播的"淫秽视频文件、音频文件、淫秽消息"等色情信息的定性出现了困难，其社会危害性已经远远超过了现实社会中传播的淫秽书刊等淫秽物品。因此，在此背景下，将"淫秽视频文件、音频文件、淫秽消息"等色情电子信息解释为"淫秽物品"就有其合理性和必要性。

2. 建构适合网络犯罪罪名体系中的"术语群"

需要指出的是，"正式解释"在关注技术用语的同时，却未能对"规范性要素"[1]给予足够重视。客观地讲，网络犯罪发展初期，由于传统立法的空白，需要对新增设的罪名进行"技术普法"性界定，初步搭建起关于网络犯罪罪名体系的"术语群"。[2]随着网络犯罪的进一步演变，关于网络犯罪的罪名体系初步完善，而且需要刑法新增的罪名逐渐减少，刑事立法面临的新问题变成如何将传统刑法延伸适用于网络空间，这就要求"有权解释"的重心转向对传统罪名体系中规范性构成要件要素的解释。例如，《网络诽谤司法解释》的出台就表明了司法机关已经开始尝试对网络空间的性质进行判定，即网络空间能否扩大解释为"公共场所"，以及对于网络空间实施不法行为造成"公共秩序"混乱如何认定的问题，是解释为"网上"犯罪只能造成"网下"公共秩序混乱，还是"网上"犯罪既包括造成"网下"公共秩序混乱，也包括造成"网上"公共秩序混乱。《网络诽谤司法解释》尽管已经注意到了这一问题，但并没有走出多远，没有正面回应信息时代背景下，刑法中传统术语"公共场所"和"公共秩序"是否包括网络空间及网络空间秩序的问题。对此，有学者指出："关于此类解释，是对社会发展变革给予的积极回

---

〔1〕 规范性要素是指由价值关系的概念或评价概念所表述，需要法官进行规范评价或价值补充的构成要件要素。从类型上讲，规范性要素有的属于法律的评价要素，如"依法""非法""辩护人"等；有的属于社会的评价要素，如"淫秽物品""侮辱""虐待""猥亵""住宅"等；有的属于经验法则的评价要素，如"危险""危险方法""危害"等。参见张明楷、黎宏、周光权：《刑法新问题探究》，清华大学出版社2003年版，第264页。

〔2〕 术语群是指基于类罪名体系所形成的一系列刑法核心词，如网络犯罪中的"计算机病毒""恶性计算机病毒""应用程序""计算机系统""侵入"等概念组成的网络犯罪"罪状术语群"。

应，彰显了技术革新、时代发展与刑法之间的互动关系，既符合立法的精神，也体现出司法解释的时代价值。"[1]

客观地讲，司法解释制定的目的和初衷也是在立法出现滞后或者模糊的情况下，有针对性地对特定罪名进行扩大性或者明确性的界定。针对网络犯罪罪名适用问题作出的司法解释，也和以往司法解释的出发点一样，都是为了解决部分罪名难以评价当前网络犯罪的难题。因此，今后在短时间内，针对目前多发的网络犯罪，有重点地选择一批常用罪名制定司法解释，是解决当前网络犯罪问题的首要选择。

但值得注意的是，目前关于网络犯罪罪名的解释，无论是立法解释还是司法解释，都将关注的重点放在了技术层面上，即对于罪名罪状中涉及信息技术的术语解释。客观地讲，立法解释和司法解释等"正式解释"（又称"有权解释"）对于罪状中的技术用语进行内涵解释，为司法实践中法律的适用提供了依据，这是必要的也是重要的。例如，《刑法》第 285 条、第 286 条规定了"计算机病毒""恶性计算机病毒""应用程序""计算机系统""侵入"等"技术性"较强的概念，但立法并未对上述用语进行明确界定，这就使得司法实践中罪名的认定存在问题。因此，对上述技术性用语的概念进行正式解释，既符合司法实践的需要，也回应了时代变革对立法提出的挑战。

（四）避免传统罪名体系中"口袋罪"[2]在网络空间中的适用

《网络诽谤司法解释》第 5 条规定："利用信息网络辱骂、恐吓他人，情节恶劣，破坏社会秩序的，依照刑法第二百九十三条第一款第（二）项的规定，以寻衅滋事罪定罪处罚。编造虚假信息，或者明知是编造的虚假信息，在信息网络上散布，或者组织、指使人员在信息网络上散布，起哄闹事，造成公共秩序严重混乱的，依照刑法第二百九十三条第一款第（四）项的规定，以寻衅滋事罪定罪处罚。"这种解释某种程度上表明了司法机关对于网络造谣行为的打击决心，体现了司法解释在信息时代背景下的自我跟进，但也产生了一系列的疑问：以"寻衅滋事罪"制裁网络空间中的造谣行为究竟属于刑

---

〔1〕　参见张军主编：《解读最高人民法院司法解释之刑事卷（下）》，人民法院出版社 2011 年版，第 211 页。

〔2〕　由于 1979 年《刑法》对于"流氓罪、投机倒把罪"等罪名存在着立法界定模糊、司法适用混乱等问题，刑法学界遂将其称为"口袋罪"，并逐渐成为一个刑法学术语。我国 1997 年《刑法》修正之前存在的"口袋罪"主要包括流氓罪、投机倒把罪和玩忽职守罪。

法传统罪名在网络空间中的合理延伸，还是将"寻衅滋事"这一传统的"口袋罪"向网络空间扩大？

近年来，随着网络犯罪的日益高发，司法实践中审结的网络犯罪案件也在与日俱增，据中国之声《新闻纵横》报道，2012年8月到10月，在公安部深化打击网络违法犯罪专项行动中，仅仅两个月的时间里，就侦破刑事案件4400余起，抓获犯罪嫌疑人8900余人。[1]司法实践中面临着日渐增多的新型网络犯罪案件，而关于指导此类案件定性的规范性文件却严重缺失。这种情况下，破坏计算机信息系统罪就成为司法实践中应对网络犯罪案件定性的"救命稻草"，使其在司法操作层面不仅成为传统罪名的"口袋罪"，也成为计算机犯罪的"口袋罪"。详言之，随着网络与信息系统在社会生活领域中的广泛应用，几乎所有的生活领域都被注入了网络因素，与此同时，大量传统犯罪的实施也都将网络作为主要的实施工具和操纵平台，网络甚至成为实施犯罪的必要手段和犯罪空间。因此，网络因素在很大程度上也相应地渗入几乎所有的传统犯罪领域，这就使得以网络为工具或者网络空间中实施的传统犯罪，由于其实施犯罪的过程中或者发生的危害结果中，均有可能产生对相关信息系统或者程序的破坏，也就可能触犯破坏计算机信息系统罪，这就间接使得破坏计算机信息系统罪获得了"口袋罪"的潜质。另外，也是关键的问题，破坏计算机信息系统罪被过度扩张成为"口袋罪"的原因还在于，现有网络犯罪立法中对于相关"构成要件术语"的立法界定或者司法界定存在缺失，立法规定过于概括，立法除了对"资料删除、损坏、严重损坏"等行为有规定之外，哪些情况可以归类于"更改"计算机资料和系统，很难一言以蔽之，而由于"更改"这一术语的概念范围应与损害、损坏等概念相关联，这就赋予了司法机关过度的"临机专断权"。

此次《网络诽谤司法解释》将"利用信息网络辱骂、恐吓他人，情节恶劣，破坏社会秩序；编造虚假信息，或者明知是编造的虚假信息，在信息网络上散布，或者组织、指使人员在信息网络上散布，起哄闹事，造成公共秩序严重混乱"，以寻衅滋事罪定罪处罚，表明了司法机关在信息时代背景下推进刑法传统罪名在网络空间中延伸适用的努力，但将寻衅滋事罪这一刑法罪

---

〔1〕 参见庄胜春、杨守华、周超：《公安部严打网络犯罪，揭开小木马背后的大秘密》，载 http://finance.jrj.com.cn/2012/10/16083114518661.shtml，最后访问日期：2013年1月3日。

名中的"口袋罪"引入网络空间，某种程度上也有在网络空间中"扩大口袋"之嫌。在当前破坏计算机信息系统罪几乎成为涉网络犯罪万能罪名的司法背景下，司法解释又将寻衅滋事罪这一"口袋罪"贸然引入网络空间，使得网络空间同时出现了破坏计算机信息系统罪、寻衅滋事罪这一"双口袋罪"的问题。因此，无论在今后的立法中，还是司法解释中，都应避免在传统罪名体系中人为设置新的"口袋罪"，也应避免通过司法解释将传统罪名中已有的"口袋罪"引入网络空间。

客观地讲，司法解释将诸如寻衅滋事罪等"口袋罪"引入网络空间，用于解决日益泛滥却无法根据现有刑事立法予以评价的行为，某种程度上体现了司法机关的一种"曲线治罪"的路线。实际上，"口袋罪"的形成与演变，也体现出立法者和司法者面对突如其来而又具备严重社会危害性的罪名，基于无奈所采取的"曲线立法模式"，其目的即在于通过此类罪名的增设或者扩大解释，将其用于制裁突然出现的严重违法犯罪行为。

二、定量问题的回应：网络犯罪定量标准体系的解释与完善

客观地讲，刑事犯罪的主客观内容均在随着网络时代的发展与深入而不断异化，为了有效应对网络时代背景下的新型犯罪，关于定罪、量刑评价的标准体系应从宏观上、整体上进行调节，使其能够反映不断变化的罪情，能够反映网络时代背景下刑事犯罪具备的技术特性和网络特性。

（一）网络犯罪定量标准解释完善的理论基础考察

本质上讲，确定网络犯罪定量标准的依据，主要在于对不同网络犯罪社会危害性的把握，以及对于其所侵犯的法益形式的把握。

1. 定量标准确立的本质依据：犯罪的社会危害性考量

一般认为，社会危害性特征是指："行为对刑法所保护的社会关系造成或可能造成这样或那样损害的特性。"[1]尽管当前社会危害性是否属于犯罪的本质特征，不断开始出现新的质疑，但是，将社会危害性作为衡量某种犯罪是否严重的标准仍具有合理性。判定某种行为是否具备严重社会危害性的根据，一般包括以下五个方面的要素：（1）行为所侵害的法益和客体是什么；（2）行为实施的手段、方法和情节；（3）行为是否造成严重结果以及所造成危害结

---

[1] 参见高铭暄、马克昌主编：《刑法学》，北京大学出版社 2000 年版，第 47 页。

果的严重程度；（4）行为人实施犯罪的主观要件；（5）其他行为情节是否严重。[1]总之，在网络时代背景下，构建犯罪定量评价体系，应当严格把握住定罪量刑的要求和方向，在立法和司法解释中明确适合网络特性的定量因素，并在此基础上努力构建专门评价网络犯罪的定量标准。

2. 定量标准确立的形式要求：实现司法解释内部的相互协调

为了解决司法实践的具体问题，我国最高人民法院和最高人民检察院根据现实社会的实际需要，通过具体的司法实践确立了一系列的网络行为规则，在相当大的程度上填补了我国立法的空白。但还应值得注意的是，我国网络立法司法解释、部门规章和其他规范性文件更新较快，部门规章和其他规范性文件多头立法情形严重，法律冲突不断，同时也难免会有侵犯立法之嫌。因此，司法解释中对定量标准的构建在坚持罪刑法定原则的基础上，还应努力实现司法解释内部的协调。对于网络犯罪定量标准的确定，应处理好传统刑法定量标准与新型定量标准之间的关系，使"旧标准"与"新标准"能够实现紧密衔接和相互协调，真正地使定量标准指导司法实践，避免造成司法实践的混乱操作。

（二）网络犯罪"定量标准滞后"问题的司法解释方案

除了传统定量标准体系中数额的继续适用之外，司法探索中所尝试的点击次数、受害人次数、网站注册会员数等成为网络犯罪的定量标准，此类标准尽管仍属于司法探索期，却能够为网络犯罪的司法定量提供参考依据。

1. 根本途径：确立网络犯罪的特有定量评价机制

鉴于网络犯罪数额标准的评价困境，对于网络时代背景下新型犯罪以及传统犯罪的网络异化形态，在进行定量评价过程中应当引入新的评价标准，避免因为数额认定困境减损刑法对新型犯罪的打击力度。其中，很好的一种途径是，尽量减少数额标准的适用，将数额标准进行量化规定，以数量取代数额，这样就解决了网络空间数额难以判定的困难。实际上，刑事规范性文件中，对于难以计算数额的犯罪类型也有直接采取数量标准予以规定的先例。例如，2009 年施行的《上海法院盗窃罪量刑指南（试行）》第 6 条的规定，这种评价标准的确定考虑到了毒品、淫秽物品等违禁品无法以数额进行判定的特殊情况，故而以"克""盘""本"等数量来反映此类行为危害性的大

---

〔1〕 参见马克昌主编：《犯罪通论》，武汉大学出版社 1999 年版，第 22-23 页。

小，这种评价标准同数额标准有着异曲同工之效，同时又能避免司法实践中对于数额认定及价值转换的烦琐与争议。

但是这一解决模式面对的质疑在于，以数量标准对犯罪进行定量评价，是不是对数额标准的突破而违背罪刑法定原则呢？笔者认为，数量标准的采纳并不是对罪刑法定原则的挑战与背离，而是在信息时代背景下，根据罪情、国情的变化对于传统刑法定量标准进行了扩张解释，从对物的价值判定扩张为同时对物的数量进行判定，二者的根本目的都是在于实现对犯罪危害性大小的评估，以实现罪责刑相适应。因此，对于部分犯罪的定量标准，以数量标准代替数额标准是可行的，通过采用不同的计量标准实现对犯罪行为社会危害性的判定。

同理，网络时代背景下对侵犯虚拟物品所有权的犯罪用虚拟物品数量替代数额进行定量也是可行的。那么，如何确定具体的数量呢？关于盗窃罪数额的认定标准，"最高人民法院在综合比较有关意见，并参考全国职工年人均工资收入统计分析情况的基础上，征得有关部门同意，在本解释中规定：个人盗窃公私财物价值500元至2000元以上的，为'数额较大'……"[1]

客观地讲，从一系列司法解释中对于数额标准的逐步淡化可以看出，网络时代背景下数额标准的数量化趋势已经成为一种解决网络犯罪危害性评估的有效路径之一，也在某种程度上体现了网络时代定量标准体系中数额标准的地位下降，以及其他标准的功能提升。这种定量标准体系特征的转变，本质上是由当前经济发展和社会发展水平所决定的，是网络时代对于犯罪评价模式改革的吁求。可以预见，在当前网络迅猛发展的潮流下，伴随财产表现形式与行为网络异化程度的提高，以数额衡量犯罪的危害性程度将更加困难，有必要引入数量标准与数额标准双标准的犯罪定量评价体系。

当然，肯定数量标准的同时也不能完全排除数额标准的适用，由于刑法传统定量标准体系中，数额标准所形成的"霸主地位"及其完整的量化体系，使其在网络空间中仍有适用的价值，几乎所有的专门性的针对网络犯罪的司法解释均将违法所得数额和非法经营数额标准纳入其犯罪定量标准体系之中。

2. 具体操作路径：传统定量标准与新型标准的承继与协调

信息时代背景下，刑法定量评价体系不断扩张，呈现出传统定量标准和

---

〔1〕 参见张军主编：《解读最高人民法院司法解释之刑事卷（上）》，人民法院出版社2011年版，第544页。

新型定量标准共存的发展趋势。可以预见，今后的司法实践中将面临两者如何适用的问题，两者的地位和关系如何界定也应成为今后刑事立法、刑事司法以及刑法学界所应共同关注的问题。

随着网络时代背景下新型犯罪的出现以及传统犯罪的网络异化，刑事立法以及刑事司法不断增设新的定量评价体系规制犯罪行为，这就使得司法实践中将面临越来越多的定量标准选择和适用。客观地讲，刑事立法中对于某种或者某类犯罪行为均有一种及两种以上的定量标准，因此，实践中也面临着如何选择定量标准适用的问题。

笔者认为，在当前的定罪量刑标准评价体系中，出现了传统定量标准与新型定量标准相互并存的特征，而这些定量标准无非分为定罪标准、量刑标准两大部分，根据量刑标准又分为不同的刑种和刑罚层次。在刑法定量标准的适用过程中，应当坚守罪刑法定原则和罪责刑相适应原则，在不同定量标准发生竞合时，从重选择适用刑罚幅度。例如，上海市静安区人民法院审理的一起网络侵犯著作权案中，由于刑法对于侵犯著作权犯罪的评价仅以数额或者情节作为定罪量刑的标准，本案涉案数额 6 万余元仅属于犯罪数额较大，被法院判处拘役 6 个月以及数额不等的罚金。客观地讲，这种通过互联网架设游戏服务器端，并设立网站非法运营网络游戏的行为，其危害性不能仅仅以非法经营数额来判定，此类行为对于游戏开发商的损害远远大于现实空间中的同类行为。有鉴于此，最高人民法院、最高人民检察院、公安部《关于办理侵犯知识产权刑事案件适用法律若干问题的意见》施行之后，对网络侵犯知识产权犯罪的定罪量刑标准作出了明确的、具有可操作性的规定，从非法经营数额、传播他人作品数量、作品被点击的次数、注册会员人数等方面进一步明确。以营利为目的，未经著作权人许可，通过信息网络向公众传播他人文字作品、音乐、电影、电视、美术、摄影、录像作品、录音录像制品、计算机软件及其他作品，认定为情节严重的情形包括"非法经营数额在五万元以上的""传播他人作品的数量合计在五百件（部）以上或者实际被点击数达到五万次以上的""以会员制方式传播他人作品，注册会员达到一千人以上的"等。达到这个标准五倍以上，被认定为"特别严重情节"。因此，今后在办理相关案件中，对于依照非法经营数额标准无法升格法定刑，但根据注册会员数标准应当升格法定刑的情形，应当选择适用注册会员数这一新标准，适用较重的法定刑。

下　篇

第六章

网络共同犯罪刑法应对的理论探索与立法实践

　　网络犯罪全面高发的时代背景下，为网络犯罪提供技术支持、互联网服务等帮助行为成为助推网络犯罪的关键因素，显示出巨大的社会危害性。当前，我国网络犯罪逐步形成了分工严密的犯罪产业链条，涵盖了网络技术支持、广告推广、互联网服务、资金结算等各个环节。其中，为犯罪提供互联网接入、服务器托管、网络存储、通信传输等技术支持，[1]或者提供广告推广、支付结算等帮助行为已经成为很多网络犯罪实施的主导行为、核心行为。某种程度上讲，网络犯罪帮助行为已经开始突破其在犯罪中的从属地位，[2]由从属性演变为主导性、由附属性转变为独立性，成为当前网络犯罪治理中亟待解决和面对的难题。有鉴于此，刑事立法、刑事司法不断探索对于网络犯罪帮助行为的制裁模式，其中，对于部分网络犯罪帮助行为予以正犯化处理，成为一种普遍而有效的探索模式。但是，网络犯罪帮助行为正犯化带来的问题是，刑法作为最严厉的法律制裁手段，将出于违法或者故意犯罪的帮助行为一概予以正犯化处理是否合理受到理论界的质疑。[3]因此，立足于当前网络犯罪帮助行为的规范梳理和理论界的观点争讼，有必要对网络犯罪帮助行为正犯化的合理性及其路径选择作进一步探讨。

---

　　〔1〕 《刑法修正案（九）》已将此类行为予以入罪化，增设了帮助信息网络犯罪活动罪。

　　〔2〕 有观点认为共犯尤其是帮助犯只能处于从属地位，本书所称帮助犯超越从属性，基于事实角度而非共犯论角度，以此事实层面视角凸显帮助犯正犯化的必要性。

　　〔3〕 参见刘艳红：《网络犯罪帮助行为正犯化之批判》，载《法商研究》2016年第3期。

第一节　网络犯罪帮助行为正犯化的路径梳理

伴随网络犯罪帮助行为社会危害性的凸显，刑事立法、刑事司法不断探索对于网络犯罪帮助行为的制裁模式，其中，对于部分网络犯罪帮助行为予以正犯化处理成为普遍而有效的探索模式。所谓帮助行为的正犯化，是指"将形式上属于犯罪行为的帮助犯、实质上已经具有独立性的网络犯罪帮助行为"，通过立法修正、司法解释的形式扩大解释为独立的正条行为，即不再依靠传统的共犯理论对其进行有限地评价，而是直接根据刑法分则基本的犯罪构成予以定罪处罚。

一、司法路径：网络犯罪帮助行为正犯化解释的司法探索

最高司法机关对于具有严重社会危害性的网络犯罪帮助行为，通过片面共犯的司法确认、帮助行为的正犯化，不断将其纳入刑法的打击范围，某种程度上解决了网络空间中犯罪帮助行为难以有效制裁的司法困境。

（一）形式的共犯化、实质的正犯化：共犯理论的司法突破

面对日益严峻的网络犯罪及其帮助行为，最高司法机关对于大部分的网络犯罪帮助行为均以网络犯罪的"共犯"进行认定。根据《刑法》第25条第1款规定："共同犯罪是指二人以上共同故意犯罪。"因此，无论是根据刑法规定，还是传统的共犯理论，共同犯罪的成立要求共同的犯罪行为和共同的犯罪故意。但是，梳理有关网络犯罪帮助行为的司法解释可以发现，其对于网络犯罪帮助行为"共犯化"的规定并非属于刑法意义上的共犯行为，而是均已经超越了传统的共犯理论。这种超越主要包括两种类型：一是共同犯罪故意要件的剥离，即提供帮助的行为人只要明知他人实施特定犯罪即可，二者之间无须形成共同的犯罪故意，无须存在犯罪意识的沟通和联络；二是共同行为要件的剥离，即成立共犯不再要求被帮助行为构成犯罪，不再需要存在共同的犯罪行为。

1. 意思联络的剥离：片面共犯的司法确认

一般认为，共犯成立要求主观方面形成共同的意思联络。与之相对，片面共犯则是指在参与实施犯罪的行为人之间，仅有一方认识到自己在和他人

共同实施犯罪，而另一方没有认识到有他人在和自己共同犯罪的情形。[1]
2005 年 5 月 11 日公布的《最高人民法院、最高人民检察院关于办理赌博刑事
案件具体应用法律若干问题的解释》（以下简称《赌博案件解释》）第 4 条
规定："明知他人实施赌博犯罪活动，而为其提供资金、计算机网络、通讯、
费用结算等直接帮助的，以赌博罪的共犯论处。"这一规定将明知他人实施赌
博犯罪活动，而为其提供计算机网络等直接帮助的行为规定为赌博罪的共犯。
从规范层面看，司法解释将明知他人实施赌博犯罪而依然提供帮助的，认定
为赌博罪的共犯，而不需要双方之间的意思联络。这种规定突破了传统共犯
理论关于共同犯罪的认定规则，但对于制裁危害性日增的网络犯罪帮助行为
具有重要意义，也是对理论界片面共犯理论的规范认可。此外，相似的规定
还有，2011 年 3 月 1 日公布的《最高人民法院、最高人民检察院关于办理诈
骗刑事案件具体应用法律若干问题的解释》第 7 条规定："明知他人实施诈骗
犯罪，为其提供信用卡、手机卡、通讯工具、通讯传输通道、网络技术支持、
费用结算等帮助的，以共同犯罪论处。"

　　2. 共同行为的剥离：帮助违法行为的犯罪化

　　网络空间中的帮助违法行为，是指明知他人实施网络违法行为而依然提
供帮助的行为。例如，明知他人实施盗窃 QQ 号的行为而予以帮助，尽管盗窃
QQ 号个案的社会危害性不足以认定为犯罪，但是向不特定多数的违法行为人
提供信息网络技术支持的行为，在社会危害性层面被无限放大。有鉴于此，
2011 年 9 月 1 日起施行的《危害系统安全解释》第 9 条第 1 款规定，明知他
人实施非法侵入计算机信息系统、非法获取计算机信息系统数据、非法控制
计算机信息系统以及破坏计算机信息系统行为，而依然提供互联网接入等帮
助行为的，应认定为共同犯罪，依照《刑法》第 285 条、286 条的规定处罚。

　　《危害系统安全解释》将明知他人实施《刑法》第 285 条、第 286 条规定
的行为，而为其提供用于破坏计算机信息系统功能的程序、工具等帮助的行
为认定为共同犯罪。从文字表述来看，这一解释依然将网络犯罪的帮助行为
作为共同犯罪处理，似乎并没有脱离共犯认定的窠臼。但从共同犯罪理论进
行深层次的分析，可以发现，这一司法解释的"共犯化"认定模式已经超越
了共同犯罪成立的基础和前提。详言之，根据共犯理论，帮助犯不具有独立

---

〔1〕　张明楷：《刑法学》，法律出版社 2016 年版，第 435 页。

性，帮助犯的成立需要以正犯的存在为前提，没有正犯则没有帮助犯。因此，帮助的行为应当是犯罪行为，帮助违法行为并不能成立刑法意义上的帮助犯。因此，司法解释中的"应当认定为共同犯罪"并非注意性规定，而是实际上起到了帮助行为正犯化的效果。

3. 共同故意与共同行为的双重剥离：共犯理论的全面突破

最高人民法院、最高人民检察院、公安部于 2010 年 8 月 31 日联合发布实施的《网络赌博意见》第 2 条第 1 款规定："明知是赌博网站，而为其提供下列服务或者帮助的，属于开设赌场罪的共同犯罪，依照刑法第三百零三条第二款的规定处罚：（一）为赌博网站提供互联网接入、服务器托管、网络存储空间、通讯传输通道、投放广告、发展会员、软件开发、技术支持等服务，收取服务费数额在 2 万元以上的；……"由此可见，《网络赌博意见》较之《赌博案件解释》和《危害系统安全解释》更进一步，将网络犯罪帮助行为的共犯化发挥到了"极致"，既不要求行为人之间的意思联络，也不要求被帮助行为成立犯罪，只要行为人明知是赌博网站，而依然为对方提供信息网络技术支持的行为，即可视为开设赌场罪的帮助犯。

一方面，向赌博网站提供服务或者帮助行为，只要求对方是赌博网站即可，并不要求其所帮助的对象是犯罪行为。因此，同样为了补足帮助行为认定为共犯的量的缺失，《网络赌博意见》第 2 条第 1 款和第 2 款规定了提供服务、帮助的行为"成立共犯"所应满足的定量标准，以及结果加重犯成立的定量标准。另一方面，"明知"的规定同样不再要求行为人之间存在意思联络，只要提供服务、帮助的行为人存在主观明知，即符合网络开设赌场罪共犯成立的主观要件。除此之外，《网络赌博意见》第 2 条第 3 款为了解决司法实践中"明知"难以认定的问题，同时规定了"行为人明知"的法定情形，为制裁向网络开设赌场违法犯罪提供服务、帮助的行为解除了主观认定的困难。

此外值得注意的是，《网络赌博意见》在诉讼程序上更进一步打破了共同犯罪的外在特征，其中第 2 条第 4 款规定："如果有开设赌场的犯罪嫌疑人尚未到案，但是不影响对已到案共同犯罪嫌疑人、被告人的犯罪事实认定的，可以依法对已到案者定罪处罚。"至此，明知是赌博网站依然向其提供服务和帮助的行为的"共犯化"历程完整结束，不难发现，司法解释对于网络赌博网站帮助行为的"共犯化"几乎实现了对共犯理论的全面颠覆，本质上使此类行为具有了实质的"独立化"和"实行化"，其作为共犯的立法属性和理论属性已经完全丧失。

（二）帮助行为的正犯化：《最高人民法院、最高人民检察院关于办理利用互联网、移动通讯终端、声讯台制作、复制、出版、贩卖、传播淫秽电子信息刑事案件具体应用法律若干问题的解释（二）》的首次尝试

《危害系统安全解释》《赌博案件解释》以及《网络赌博意见》等，对于网络违法犯罪的帮助行为都是形式上的"以共犯论处"、实质上的"帮助行为正犯化"，尽管实际上实现了独立制裁网络犯罪帮助行为的现实效果，但依然依托共犯模式进行评价。随着网络犯罪黑色产业链条的逐步形成，以及网络犯罪分工的细密化，网络犯罪帮助行为的独立性愈加明显。因此，对于此类行为的制裁也要求独立化。

2010 年 2 月 4 日起施行的《最高人民法院、最高人民检察院关于办理利用互联网、移动通讯终端、声讯台制作、复制、出版、贩卖、传播淫秽电子信息刑事案件具体应用法律若干问题的解释（二）》第 4 条、第 5 条规定了"网站建立者、直接负责的管理者明知他人制作、复制、出版、贩卖、传播的是淫秽电子信息，允许或者放任他人在自己所有、管理的网站或者网页上发布"的行为，数量或者数额达到传播淫秽物品牟利罪，或者传播淫秽物品罪数倍以上的，直接构成传播淫秽物品牟利罪或者传播淫秽物品罪。例如，该解释第 5 条规定："网站建立者、直接负责的管理者明知他人制作、复制、出版、贩卖、传播的是淫秽电子信息，允许或者放任他人在自己所有、管理的网站或者网页上发布，具有下列情形之一的，依照刑法第三百六十四条第一款的规定，以传播淫秽物品罪定罪处罚：（一）数量达到第一条第二款第（一）项至第（五）项规定标准十倍以上的；……"由此可见，司法解释面对独立性的网络犯罪帮助行为，已经尝试脱离传统共犯理论的评价模式，将其直接作为独立的正犯行为予以犯罪化评价，成为"司法上的犯罪化"的经典写照。但值得注意的是，由于司法解释本身的权限问题，此种探索是否有违罪刑法定原则受到了理论界的诟病与质疑。

二、立法路径：从《刑法修正案（七）》到《刑法修正案（九）》

在司法解释对于具有严重社会危害性的网络犯罪帮助行为予以"犯罪化"的同时，立法层面也开始了关于网络犯罪帮助行为入罪化的探索，先后通过

《刑法修正案（七）》和《刑法修正案（九）》扩大和严密了网络犯罪帮助行为的刑法打击圈。

（一）提供侵入、非法控制计算机信息系统程序、工具行为的正犯化

通过共犯理论在刑事司法中适用，来适度扩大刑法对于网络犯罪帮助行为的制裁范围，某种程度上属于一种短期内便可解决问题的模式，但是，毕竟要借助于"共犯"才能对其追究刑事责任。因此，司法解释对于网络犯罪帮助行为的正犯化仍是权宜之计。理想的远景则是将网络犯罪帮助行为单独入罪化，对其实现独立化的评价，增强网络犯罪上游、下游帮助行为的刑法制裁力度。

鉴于此，2009年2月通过的《刑法修正案（七）》增设提供侵入、非法控制计算机信息系统程序、工具罪，将"提供专门用于侵入、非法控制计算机信息系统的程序、工具，或者明知他人实施侵入、非法控制计算机信息系统的违法犯罪行为而为其提供程序、工具，情节严重的"行为设定为独立的罪名。《刑法修正案（七）》中这一罪名的增设首次在立法层面实现了网络犯罪帮助行为的正犯化，加强了对网络犯罪上游帮助行为的制裁。从立法目的上看，提供侵入、非法控制计算机信息系统程序、工具行为的正犯化设置，是为了从源头上断绝网络犯罪的技术来源，也是对计算机病毒产业链的重点打击。网络犯罪本身作为一种高技术、高智能犯罪，对于犯罪人自身的网络技术有着较高的要求，但是由于网络提供计算机病毒程序的泛滥，向不法行为人提供侵入、非法控制计算机信息系统的程序、工具，极大降低了网络犯罪的门槛，某种程度上推动了网络犯罪的高发。因此，提供侵入、非法控制计算机信息系统程序、工具行为罪的增设，正是为了有效打击相关网络犯罪的帮助行为，将已经具备严重社会危害性、高度独立性的提供程序、工具行为予以正犯化认定。[1]

（二）网络犯罪技术支持与帮助行为的正犯化

2015年8月29日全国人民代表大会常务委员会通过的《刑法修正案（九）》开始从多视角、全方位思考网络犯罪的回应思路，分别基于不同网络犯罪类型，有差异、成体系地构建起网络犯罪的制裁体系。《刑法修正案

---

[1] 于冲：《网络犯罪罪名体系的立法完善与发展思路——从97年刑法到〈刑法修正案（九）草案〉》，载《中国政法大学学报》2015年第4期。

（九）》第 29 条规定："明知他人利用信息网络实施犯罪，为其犯罪提供互联网接入、服务器托管、网络存储、通讯传输等技术支持，或者提供广告推广、支付结算等帮助，情节严重的，处三年以下有期徒刑或者拘役，并处或者单处罚金。"这一规定直接将网络犯罪帮助犯规定为一种正犯行为，涵盖了向网络犯罪提供技术支持、广告推广、支付结算等直接帮助和间接帮助行为，是对以往司法解释探索模式的立法确认，也是对网络犯罪帮助行为社会危害性突增的立法回应。

　　详言之，网络犯罪数量呈现爆炸式增长的同时，网络犯罪行为在分工上也更加精细化、产业化，从网络木马、病毒等恶意程序的制作传播，到个人信息、个人财产的窃取和销赃等各环节实现了基本的"流水作业"，逐步形成了完整的黑色产业链条。以侵害公民个人信息犯罪为例，已经形成了集木马制作传播、信息非法获取、信息非法交易的犯罪链条，尤其是提供信息交易服务的"中间商"，在整个犯罪链条中起了信息非法交易与扩散的核心作用。因此，《刑法修正案（九）》对于网络犯罪帮助行为的全面犯罪化，无疑是对网络犯罪帮助行为所体现出的独立性、主导性的全面回应。关于帮助信息网络犯罪活动罪，有学者将其解读为一种特殊的量刑规则，本质上并非帮助行为的正犯化，这种立法模式只能被视为立法对共犯限制从属性说的认可。[1]笔者认为，学界对于帮助信息网络犯罪活动罪的性质解读，某种程度上是刑法总则与刑法分则罪名的设置产生了界限的模糊性认识，在帮助信息网络犯罪活动罪被刑法设定为独立罪名，并设置独立法定刑的情况下，即已经属于独立罪名。

第二节　网络犯罪帮助行为正犯化的理论反思与正当性解读

　　通过对网络犯罪帮助行为正犯化的路径解读，不难发现，无论是刑法修正案，还是相关司法解释，其核心要旨均在于将网络违法犯罪的帮助行为作为独立的犯罪来进行定罪处罚。这一路径对于刑法修正并无不妥，但面临质疑的问题在于，司法解释是否有这一权力进行"法律拟制"，将网络犯罪帮助行为拟制为独立的正条行为予以评价。换言之，网络犯罪帮助行为正犯化的

---

〔1〕　张明楷：《论帮助信息网络犯罪活动罪》，载《政治与法律》2016 年第 2 期。

根据何在？

一、理论反思：是否违背罪刑法定原则？

考察司法解释与立法对于网络犯罪帮助行为的回应模式，可以发现，尽管司法解释将此类行为作为特定罪名的共犯进行认定，但其本身已经脱离正犯行为具有了一定的独立性，实质上仍然属于帮助行为的正犯化。因此，突破传统共犯理论，通过司法解释的形式将网络违法犯罪的帮助行为予以实质的正犯化处理，是否违背了罪刑法定原则成为需要思考和回应的现实问题。

（一）司法上的犯罪化：理论界关于司法解释的合理性质疑

关于司法上的犯罪化，理论界与司法实务界均存在诸多的争议，尤其对于网络犯罪帮助行为正犯化的司法回应模式，一度受到了理论界的质疑。对此，曾有学者指出："共犯行为正犯化求得量刑的合理性而舍弃构成要件的定型性、类型性的路径并不可取，而司法解释随意将某罪的实行行为进行扩张，已经有'重新立法'之嫌。"[1]

笔者认为，所谓网络犯罪帮助行为的正犯化并没有否定传统的共犯理论，也没有逾越罪刑法定原则的红线，而是对于传统理论在新时代背景下的发展和延伸，是对传统罪名的一种扩大解释。诚如有学者指出："刑法必须适应不断变化的社会生活事实，充分发挥保护法益和保障人权的机能……在我国实行司法解释制度的情形下，司法上的犯罪化与非犯罪化更是成为可能。"[2]因此，面对网络犯罪的日渐高发，传统犯罪出现全面网络异化的情况，传统的帮助行为在网络空间中具备越来越强的独立性和主导性。在罪情发生重大变化的情况下，在刑法条文本身所涵盖的含义之内，对于刑法作出符合时代要求和法治需求的客观解释，是刑法含义在不同时代背景下变迁和扩张的结果。对此，有学者认为"新的技术的、经济的、社会的、政治的、文化的、道德的现象，强烈要求根据现有的法律规范作出法律判断。因此，我们就处在比历史的立法者自己所作的理解'更好地去理解'制定法的境地之中"。[3]因此，网络犯罪帮助行为的正犯化解释，是对刑法在信息互联网时代作出客观解释的

---

[1] 阎二鹏：《共犯行为正犯化及其反思》，载《国家检察官学院学报》2013年第3期。

[2] 张明楷：《司法上的犯罪化与非犯罪化》，载《法学家》2008年第4期。

[3] ［德］卡尔·恩吉施：《法律思维导论》，郑永流译，法律出版社2004年版，第109-110页。

必然结果。

（二）司法解释的初衷：刑法含义的当代解释与扩张

从形式上看，司法解释通过网络犯罪帮助行为正犯化的回应思路，解决了为网络犯罪提供互联网接入等帮助行为按照共同犯罪论处的司法适用标准。司法解释的本意在于严厉制裁通过向不法网站投放广告、提供技术支持等网络犯罪帮助行为，正是此类行为某种程度上诱发和推动了网络犯罪的高发。因此，《危害系统安全解释》增设第 9 条的目的，是严厉打击目前日趋猖獗的上游网络犯罪的帮助行为，切断网络犯罪的黑色产业链条。但是，限于司法解释自身效力，大部分网络犯罪帮助行为的司法解释都无法脱离共犯理论的限制。从规范层面看，司法解释将网络服务商、网络广告商对下游网络犯罪的"帮助"行为作为犯罪处理，体现了刑法对于相关行为的当代评价，对于具备独立性、主导性的行为，已经难以再根据共犯理论中的帮助犯予以评价，因此将其作为正犯处理是恰当的。同时，网络犯罪帮助行为的正犯化，也并非如有的学者所指出的为求得量刑合理性而牺牲构成要件的类型性，而是刑法严密法网，对刑法客观解释的结果，是对刑法分则客观要件内容的扩充，是传统刑法在网络空间中的延伸适用，也是刑法理论对时代变革和犯罪异化的积极回应。

二、理论回应：网络犯罪帮助行为正犯化的根据与解读

伴随网络犯罪帮助行为从属性的弱化，独立性的增强，以及社会危害性的显著提升，网络犯罪帮助行为正犯化的必要性愈加明显。同时，传统共犯理论在网络空间中面临的挑战，也迫切要求刑法理论予以信息时代的延伸与扩张。

（一）理论基础：共犯行为正犯化的可行性与必要性

共犯行为正犯化，简言之，即将共同犯罪形态中的共犯行为提升为正犯行为，使其脱离于原有的共犯关系独立成新的罪名。实际上，我国现行刑法中，共犯行为正犯化的立法例早已存在，即将原本属于刑法分则正条行为的教唆行为、帮助行为、组织行为独立为新的正条行为。例如，《刑法》第 103 条第 2 款规定的煽动分裂国家罪，《刑法》第 107 条规定的资助危害国家安全犯罪活动罪，等等。从立法原意来考虑，立法之所以将共犯行为独立入罪，根本原因在于此类共犯行为已经具备了严重的社会危害性特征，甚至超越了

刑法条文已经规定的正犯行为的社会危害性。

反观网络空间中共同犯罪的共犯行为，其社会危害性、相对独立性则较之现实社会更为突出，共犯行为的正犯化这一立法模式必然成为立法制裁网络犯罪的不二法门。审视《刑法修正案（七）》《刑法修正案（九）》中新增设的网络犯罪条款，实际上也遵循了"共犯行为正犯化"的立法思路。共犯行为的正犯化，可以有效弥补网络犯罪资助、技术支持等帮助行为的评价不足。其一，对于为网络犯罪提供单方技术帮助的片面共犯而言，无论是否依附于网络犯罪的正犯行为进行处罚，都将造成巨大的司法尴尬。[1]其二，对于日益高发的公布计算机安全漏洞行为、搜索引擎网站对侵权复制品的链接行为，等等，现有刑法体系下仅依靠共犯形态定罪处罚尚存在诸多困难。诸如 TXT 小说网[2]等小型盗帖网站可能仅存在数量很少的侵权复制品，但通过 SoDu 网[3]等搜索引擎的链接行为，却导致上述盗帖网站中的侵权复制品得以在全球范围内迅速传播，此时，盗帖网站因其涉案数额较小无法构成犯罪，而具备巨大社会危害性的搜索引擎链接行为，也无法依照"共犯"进行定罪处罚。[4]

（二）问题的根本：网络犯罪"帮助"行为单独入罪化的必要性

笔者认为，鉴于当前网络犯罪帮助行为的高发性态势和社会危害性程度，今后刑事立法中，继续全面将网络犯罪帮助行为单独入罪化势在必行。除了立法的功利目的之外，从本质上讲，帮助行为的正犯化源于其自身的独立性和类型化，更源于其自身独立的严重的社会危害性。

1. 网络犯罪帮助行为具备了类型化特征

随着网络犯罪分工的逐步细化和网络犯罪黑色产业链的形成，网络犯罪从病毒程序制作、买卖，到互联网服务的提供、资金交易的支持，均形成了相互独立的"产业链条"，而这些产业链上的技术帮助行为、资金资助行为、

---

〔1〕 如果依附于正犯行为定罪处罚，鉴于技术帮助行为的巨大危害性，可能出现正犯不构成犯罪、共犯构成犯罪的情形；如果不依附于正犯行为，则无法对此类技术帮助行为定罪处罚。

〔2〕 TXT 小说网为盗帖网站，进入该网站主页，可以发现网站各类可供下载的小说不过 500 本，在违法所得数额上，该网站难以达到 3 万元的数额标准。

〔3〕 SoDu 网为链接网站，其在最短的时间内提供盗版小说的更新链接，网民输入任何一本热门的网络小说的名字，均会得到根据章节顺序排列的小说链接。

〔4〕 共同犯罪的网络异化使得传统共犯理论无法对具有严重社会危害性的帮助行为予以评价，亟须共犯理论的内容扩张。

网络服务提供行为均成为推进网络犯罪高发的关键要素，使得网络犯罪从"精英犯罪"演变为"平民犯罪"，极大降低了网络犯罪的犯罪门槛。因此，除了将网络犯罪帮助行为由"共犯行为"提升为"实行行为"的法理基础之外，当前网络犯罪行为日益增多的原因，某种程度上也是由于此类上游类型化的帮助行为的存在。在网络安全日益受到重视的社会背景之下，在打击网络犯罪罪名体系愈加完备的趋势之下，应当说，以刑法手段来制裁网络犯罪帮助行为已经变得越来越有必要。当然，帮助行为是否需要独立入罪化，面临的一个理论怀疑之一是，究竟是否有必要运用刑法来评价和制裁此类行为？对此笔者认为，面对逐渐高发的网络犯罪及其帮助行为，再强调刑法的谦抑性和最后性稍显不合时宜。

2. 帮助行为具备了独立的法益侵害性

网络犯罪空间中的帮助行为，正成为网络违法犯罪行为的核心助推器，成为网络违法犯罪高发的源头，其社会危害性已经极大地超越了个体的网络违法犯罪行为。例如，木马程序、计算机病毒等破坏性程序的传播与出售推进了网络盗号、网络非法获取公民信息等违法犯罪行为的高发；淫秽色情网站的广告投放、服务推广等行为助长了网络传播淫秽色情的猖獗……传统的帮助行为仅仅是推动或便利正犯行为的实施，其在共犯中的作用和社会危害性均小于正犯。在司法实践中，对于侦破的向色情网站投放广告等行为，几乎成为色情网站的主要收入，间接或者直接成为"资助"传播淫秽物品犯罪的经济保障。对此，《危害系统安全解释》将此类行为以下游具体网络犯罪的共犯加以惩处，可以说是一种应急性的短期对策。将作为具体网络犯罪上游行为的"资助"行为，提前予以打击，就能够在某些犯罪链的第一个阶段破解这个犯罪链，消除其经济来源。因此，有必要将原本属于"帮助行为"的"资助"行为加以"正犯化"处理，将其提升为独立的犯罪。

第三节　网络犯罪帮助行为制裁体系的完善思路

从2005年《赌博案件解释》对于网络赌博帮助行为实质正犯化的探索，再到《危害系统安全解释》对于网络犯罪帮助行为正犯化的普遍确立，直至2010年《最高人民法院、最高人民检察院关于办理利用互联网、移动通讯终端、声讯台制作、复制、出版、贩卖、传播淫秽电子信息刑事案件具体应用法律若干问题的解释（二）》将帮助行为直接解释为刑法分则罪名的具体实行行为，体现了最高司法机关对于网络犯罪帮助行为的逐渐重视，也体现了网络犯罪帮助行为正犯化的司法认同和实际需要。鉴于网络犯罪帮助行为的日趋猖獗，稍显滞后的刑法制裁体系应当及时加以完善和增补，从严厉打击网络犯罪的共犯行为逐渐转向严厉打击新型网络犯罪行为。

一、现实的思考：司法解释关于帮助行为正犯化解释的进一步完善

短期来讲，新的犯罪类型的刑法评价，不一定立刻通过塑造新的罪名体系予以应对，通过扩大解释现有刑法规范的模式仍不失为一条捷径。因此，对于网络犯罪帮助行为的刑法制裁，最为节约的模式，即在现有司法解释的基础上，适度完善相关规定，进一步扩大刑法的打击半径。

（一）共同犯意的确立原则：对于"明知"标准的明确与细化

鉴于司法实践对于"共同犯意"判定的操作困难，司法解释可以对于行为人的主观明知作出进一步解释。不应忽视的司法努力是，2005 年《赌博案件解释》、2010 年《网络赌博意见》等司法解释已经提供了类似的借鉴路径，列举了可以认定行为人明知他人开设赌场而为其提供帮助的四种情形，同时规定能够证明确实不知道的除外。

详言之，司法解释对于网络犯罪帮助行为正犯化的定性思路的关键在于如何认定行为人明知其帮助的对象在实施网络犯罪。例如，随着网络服务业、网络广告业的发展，网络服务商、网络广告商面临着更加复杂的海量业务，对于客户为了赚取广告资助费而实施网络犯罪的，可能以共犯定罪处罚。客观讲，网络广告商面对海量的业务，可能无法尽到对客户行为一一核查的义务，因此，对于向网络犯罪提供"资助"的行为进行制裁，需要行为人主观明知对方实施了网络犯罪行为。因此，"司法解释应进一步明确认定网络犯罪'明知'的司法标准"，既要严厉打击和制裁明知他人实施网络违法犯罪依然向其提供帮助的人，也要避免对于诸如网络服务商等"中立"帮助行为的过度评价。[1]因此，司法解释有必要对于网络犯罪帮助行为的主观"明知"作出进一步界定。当然，在严厉打击网络犯罪帮助行为的同时，也应避免犯罪圈的过度扩张。司法解释的完善思路为："借鉴《信息网络传播权保护条例》

---

〔1〕 皮勇：《我国新网络犯罪立法若干问题》，载《中国刑事法杂志》2012 年第 12 期。

第 14 条至第 24 条的网络服务提供者的免责、担责规定，以及 2010 年《网络赌博意见》第 2 条的规定，以公众举报或行政机关责令改正后进行技术、资金帮助、执法人员调查过程中故意销毁、隐匿相关数据等情形为依据，建立认定网络服务商和网络广告商符合本条中的'明知'的司法标准。"[1]

（二）共犯解释模式的补足：刑法分则罪名客观要件的扩张解释

司法解释某种程度上规定了为网络犯罪提供资金等帮助行为按照共同犯罪论处的司法适用标准，但在适用上仍然存在问题，其对于制裁上述网络犯罪帮助行为的客观作用也是有限的，因为这一条款的适用范围仅仅是打击作为网络犯罪共犯形式出现的帮助行为，尤其是强行将投放广告等网络犯罪帮助行为与下游网络犯罪绑在一起作为共犯处理，在双方不具备共犯构成要件的情况下，强行以网络犯罪共犯处理显得失之偏颇。因此，司法解释中确立的共犯处理原则，难以全面应对网络犯罪帮助行为所带来的挑战，以 2010 年《最高人民法院、最高人民检察院关于办理利用互联网、移动通讯终端、声讯台制作、复制、出版、贩卖、传播淫秽电子信息刑事案件具体应用法律若干问题的解释（二）》为例，可以对于诸如传播淫秽物品罪、传播淫秽牟利罪等传统罪名的客观要件，进行信息时代的扩张解释，赋予传统罪名以新的时代内涵，使传统罪名能够延伸适用于网络空间。但是，要从根本上实现对于帮助行为的刑法制裁，仍需确认帮助行为正犯化的立法思路。

二、帮助行为正犯化的模式确立及其制裁体系的完善

关于网络犯罪帮助行为制裁体系的完善：一方面，刑法对于网络犯罪帮助行为应当提前化评价和制裁，不能依赖于后续的正犯行为定罪处罚；另一方面，鉴于网络犯罪开放性、聚焦性、急速性导致的巨大社会危害性，不应将刑法制裁的重点限制在具体犯罪类型上，而应当切断网络犯罪的犯罪链条，从严厉打击具体的网络犯罪类型，转而兼顾打击网络违法犯罪的帮助行为。

（一）网络空间中帮助违法行为的入罪化思路

如前文所述，网络空间中帮助违法行为的社会危害性日益凸显，而传统的共犯理论只能适用于帮助犯罪的行为，要解决网络犯罪帮助行为的定罪问题，必须以被帮助对象实施相关犯罪活动，即要存在正犯才能确定帮助行为

---

［1］　皮勇：《我国新网络犯罪立法若干问题》，载《中国刑事法杂志》2012 年第 12 期。

的刑事责任。因此，传统共犯理论对于逐渐泛滥的网络犯罪帮助行为无力评价。受制于传统共犯理论的限制，刑事立法与司法实践也往往束手无策。对于网络空间中普遍存在的帮助违法行为进行类型化研究与梳理，对于已经具有严重社会危害性的帮助违法行为予以犯罪化处理，成为制裁网络犯罪的必要路径之一。

关于网络犯罪帮助违法行为的犯罪化思路，2011年《危害系统安全解释》提供了经验与借鉴，将明知他人实施《刑法》第285条、第286条规定的行为，而为其提供用于破坏计算机信息系统功能的程序、工具等帮助的行为认定为共同犯罪。这种解释模式仅规定了帮助的对象性质，即《刑法》第285条、第286条规定的行为，但并未要求帮助的对象成立犯罪。换言之，网络犯罪帮助的对象既可以是犯罪行为，也可以是违法行为，但为了弥补帮助对象行为定量因素的缺失，对帮助行为本身的定量标准进行了补足。进而言之，帮助网络违法犯罪行为成立"共同犯罪"还须满足特定的定量标准。[1]例如，提供破坏性程序、工具的帮助行为成立共同犯罪，须满足"违法所得五千元以上或者提供十人次以上"。因此，司法解释关于帮助违法行为认定为共同犯罪是对共犯理论的突破，是实质的帮助行为正犯化。

随着网络违法犯罪的爆炸式增长，网络犯罪帮助行为必然愈加泛滥。尤其面对网络空间中大量"一对多"的帮助行为，在被帮助对象不构成犯罪的情况下，帮助行为也不构成犯罪，而此种"一对多"的帮助行为自身却存在巨大的社会危害性。因此，刑事立法有必要对于已经具有严重社会危害性的网络犯罪帮助行为予以入罪化。整体上讲，可以赋予网络犯罪帮助行为两种性质，一种是共同犯罪的帮助行为，另一种则是独立于帮助对象的实行行为。详言之，对于网络犯罪帮助行为的制裁，如果帮助对象构成犯罪，则依传统的共犯理论将帮助行为作为共犯进行定罪处罚，传统共犯理论依然应当成为网络犯罪评价的重要根据。但除此之外，还需考虑网络犯罪帮助行为的入罪化，即如果被帮助对象不构成犯罪，则可以借鉴2011年《危害系统安全解释》的解释思路，通过对帮助行为设置独立的定量标准，对于符合定量标准

---

〔1〕 我国刑法具有定性+定量的特征，即某一行为是否成立犯罪，不仅属于刑法规定的危害行为，还应满足刑法的定量要求，这也是我国二元刑事立法的独有特征，不符合定量标准的行为便被行政处罚予以分流。

的犯罪帮助行为即可进行定罪处罚。这一解释模式，解决了网络空间中"一对多"帮助行为被帮助对象不成立犯罪，无法追究帮助者刑事责任的难题，实现帮助行为在立法上的正犯化。

（二）片面共犯行为的正犯化思路

理论界对于是否承认片面共犯有着一定的争议性，否定论者认为片面共犯不成立共犯，[1]肯定论者认为片面共犯亦应认定为共犯，[2]折中观点则仅承认片面的帮助犯或者片面的教唆犯。[3]一般认为，片面共犯包括片面的帮助犯、片面的教唆犯以及片面的正犯，而这些观点已经被司法解释所认可。

笔者认为，随着传统共同犯罪形态的网络异化，以及网络空间中共犯形态的特有属性，有必要将传统刑法理论中的片面共犯理论引入网络犯罪的治理与评价体系之中。网络犯罪帮助行为往往缺乏明确的正犯，尤其在被帮助对象不构成犯罪的情况下，很难将其作为共犯予以认定。网络空间的帮助行为，同传统犯罪帮助行为的根本差异，在于打破了传统共犯"一对一"的同盟性关系，而是多以"一对多"的形式予以呈现。因此，网络空间中的共犯形态已经发生严重异化，迫切需要对传统的共犯理论进行时代更新与扩张。

一般认为，所谓帮助犯，是指向实行犯提供便利，使其更易于实施犯罪的行为。根据传统共犯理论，网络犯罪帮助犯的成立一般应具备以下两个要件：（1）帮助犯的故意。帮助犯的故意，一般是指帮助者认识到实行犯的实行行为，并且认识到自己的帮助行为将便于他人实施犯罪，希望或者放任自己的帮助行为造成危害结果。[4]进而言之，判定网络犯罪帮助犯成立的主观要件，在于认定帮助者认识到提供诸如技术支持、资金结算服务等帮助行为能够易于正犯行为的实施，并且希望或者放任帮助行为造成危害结果。（2）帮助犯的帮助行为。帮助行为，一般是指为他人实施犯罪创造便利条件的行为。帮助者成立网络犯罪的帮助犯，客观上必须具备同实行犯共同参与犯罪的行为，其行为形式是多样的，主要包括技术支持、互联网络接入、资金结算、资金资助等一系列行为。但是，随着网络空间中帮助行为"一对多"模式的确立，共犯之间的紧密性、同盟性已经极大淡化，尤其行为人之间的意思联

---

〔1〕　[日] 曾根威彦：《刑法总论》，成文堂 2000 年版，第 278 页。

〔2〕　[日] 山口厚：《刑法总论》，付立庆译，中国人民大学出版社 2011 年版，第 350-351 页。

〔3〕　张明楷：《刑法学》，法律出版社 2011 年版，第 323 页。

〔4〕　曲新久：《刑法学》，中国政法大学出版社 2011 年版，第 156 页。

络几乎不复存在,传统共犯理论中的共同犯意也被弱化。因此,鉴于网络空间中帮助行为自身往往具备较高的独立性,同网络犯罪正犯行为之间的"共同性"特征趋于淡化,刑事立法应当确立网络空间中片面共犯的正犯化路径,对于司法实践的探索经验予以立法确认。

(三)空间意识和平台责任的确立

"双层社会"视野下,网络空间成为公众重要的工作生活平台,网络空间中的行为结果都可能在现实社会中呈现,甚至已经具备了独立于现实社会的属性,仅对网络空间场所秩序产生损害,"网络与现实空间中间的'蝴蝶效应'已经成为现实,轻轻点击电脑键盘所实施的网络行为,甚至可能引发现实社会中的重大结果"。[1]某种程度上讲,网络空间已经由单纯的虚拟空间转变为现实社会、现实空间的重要组成部分,其虚拟性日益淡化。因此,在网络空间逐步形成的过程中,网络空间的管理者和重要参与者——网络服务提供者——也应承担起相应的作为义务和管理责任。因此,《刑法修正案(九)》第28条第1款规定"网络服务提供者不履行法律、行政法规规定的信息网络安全管理义务,经监管部门责令采取改正措施而拒不改正",符合法定情形的,构成犯罪。对于网络平台基于其不作为,产生对网络犯罪间接帮助的行为,也应成为今后刑法所制裁和打击的重点内容。

---

〔1〕 于冲:《网络诽谤行为的实证分析与刑法应对——以10年来100个网络诽谤案例为样本》,载《法学》2013年第7期。

第七章

有组织犯罪的网络"分割化"
及其刑法评价思路转换

传统的有组织犯罪与网络犯罪不断融合，由此导致有组织犯罪在纵向链条上、组织结构与组织形式上、暴力性与非法控制性上，以及罪量要素上被网络"分割"，呈现出网络有组织犯罪的"组织"从属性弱化，有组织犯罪异化为"有组织违法"，有组织犯罪的"去中心化""去组织化"和"产业链条化""节点化"同步显现。对此，有必要完善刑法对有组织犯罪的现有评价思路，将犯罪组织特征的"形式化"界定转向"功能化"认定，准确定性"网络黑社会"等网络有组织犯罪；拓宽犯罪组织的势力内涵与外延，实现对犯罪组织上游—中游—下游、网上—网下、现实暴力—技术暴力的全面评价；推动由以制裁犯罪组织为中心的罪名体系设置，转向兼顾对逐渐独立化的犯罪"个体"、犯罪"节点"的刑法防治；推动由以正犯行为为中心转向兼顾对相对独立化的共犯的重点评价。

传统犯罪的网络异化趋势下，网络成为有组织犯罪的勾连、煽动、招募工具，有组织犯罪和网络犯罪逐步融合，衍生出新型的网络有组织犯罪，已为公众所周知的"病毒产业链""黑客产业链"等网络犯罪链条的日益发展，进一步促使网络有组织犯罪异化为"产业级现象"。与犯罪的产业化、链条化、集群化相伴随，有组织犯罪的网络"分割化"也在逐步加剧，主要体现为：纵向上，传统有组织犯罪分工细密化，被分割为上游、中游、下游等不同环节的犯罪行为，犯罪的"节点化"特征日渐明显；横向上，传统有组织犯罪在特征上呈现出组织结构和组织形式的松散化、暴力性和非法控制性的技术软暴力化，尤其是在共犯形态上由于"罪量的网络分割化"，更进一步使得"有组织犯罪"异化为"有组织违法"，对有组织犯罪的特征认定、有组织犯罪内部的共犯关系和主从犯关系认定提出了诸多难题，亟待予以系统化的理论回应和防治思路的转换。

第一节　问题的提出：有组织犯罪的网络"分割化"

传统有组织犯罪囿于物理空间的限制，其危害性大多限于特定区域。但由于网络空间的虚拟性、瞬时性和隐蔽性，[1]使得网络有组织犯罪逐渐呈现为：有组织犯罪的"信息化"和"网络化"，例如，网络色情直播犯罪和网络毒品犯罪；有组织犯罪的"链条化"和"集群化"，例如，网络黑客产业链犯罪和网络盗窃个人身份信息的犯罪。[2]这反映出网络化背景下有组织犯罪与网络深度融合的趋势，也表明有组织犯罪网络异化后的危害性在广度和深度上均不断倍增。面对组织形式松散、有组织犯罪特征异化的趋势，有组织犯罪在很大程度上异化为"有组织违法"，尤其在"一对多"甚至"多对多"的共犯参与模式下，进一步导致被"拆解分割"的有组织犯罪行为在认定上的困惑，诸如有组织犯罪的特征认定、有组织违法行为、技术软暴力的刑法定性等问题均有待理论回应。整体上讲，有组织犯罪的网络异化特征主要源于有组织犯罪的网络"分割化"，具体表现为纵向链条上的网络"分割化"、组织结构与组织形式的网络"分割化"、暴力性的技术"分割化"，以及罪量要素的网络"分割化"。

一、有组织犯罪构成特征的网络"分割化"

现在网络空间的有组织犯罪不再是传统社会中的线性递进过程，而是呈现出一种复杂的网络化一对多、多对多的关系。[3]与之相对应，开放性的网络有组织犯罪中，刑法中的构成要件行为被分散化、分割化，致使有组织犯罪乃至一般的共同犯罪的刑事责任变得难以评价。具体包括：（1）纵向链条上的网络"分割化"，呈现出"组织套组织"的特征。传统有组织犯罪具有

---

〔1〕　冯卫国、张立宇：《网络空间的犯罪与刑法面临的挑战》，载张平主编：《网络法律评论（第2卷）》，法律出版社2002年版，第215-220页。

〔2〕　栗向霞：《论有组织犯罪的信息化和网络犯罪的有组织化》，载《河南社会科学》2016年第11期。

〔3〕　参见张明楷：《网络时代的刑事立法》，载《法律科学（西北政法大学学报）》2017年第3期。

严密的组织结构和金字塔型的组织层级，而网络有组织犯罪由于组织结构的网络"分割化"，导致网络空间中有组织犯罪不同组织层级间的犯罪行为，呈现出链条化的特征；而链条上的每一层级本身，又属于具有一定组织结构的共同犯罪。某种程度上讲，网络有组织犯罪呈现出"组织套组织"的集群化特征。以网络黑客犯罪为例，在整个非法侵入、非法控制计算机信息系统程序、工具犯罪中，有专门的上游人员负责开发恶意软件、编写木马病毒，有专门的中游人员负责具体实施病毒传播、网络攻击、信息窃取等行为，有专门的下游人员负责贩卖恶意软件、木马病毒以及掩饰隐瞒犯罪所得、洗钱等行为。[1]由此可见，处于不同组织层级间的犯罪行为具有不同的分工形式，这些犯罪行为共同构成网络犯罪的完整产业链；而就产业链上每一环节又存在着具有一定组织结构的犯罪组织，从而使得网络黑客犯罪表现出集群化特征，即"组织套组织"。（2）组织结构与组织形式的网络"分割化"，具体体现为，犯罪组织的组织结构在形式上的松散化。例如，网络公关公司招募的网络水军（打手）并非公司的固定员工，而是在出现操纵言论等需要时才临时雇用，在完成任务后网络水军便与组织不再保持联系，这与传统有组织犯罪内部较为严密的组织结构存在较大差异。但是，组织结构只是形式上的松散，而实质上组织层级间的分工依然十分明确。仍以网络水军为例，网络公关公司负责组织、策划相关事件，网络"包工头"负责招募、管理网络水军并分配工作任务，网络水军负责发布虚假或暴力言论。[2]从这个层面看，尽管网络水军阶层内部人员流动性较大，但从整个组织结构来看，各组织层级间的分工依然十分明确。（3）暴力性的"技术分割"化，呈现软暴力。网络空间虽属于现实存在的真实空间，但虚拟性的特征决定了现实空间中的暴力行为无法存在于网络空间之中。实际上，网络空间中的暴力行为，多体现为网络技术霸凌行为或网络舆论霸凌行为。例如，向他人计算机系统中植入木马病毒，利用技术优势实现对计算机系统的控制或攫取个人信息；再如，组织网络水军对个人或企业等进行造谣诋毁或者恐吓。上述暴力行为大多依赖于网络技术实现，从而使得网络有组织犯罪的暴力行为呈现出技术性特征。

---

〔1〕　任彦君：《网络黑客产业链的发展趋势与治理对策分析》，载《犯罪研究》2018 年第 1 期。

〔2〕　姜瀛：《"网络黑社会"的样态重述与刑法治理的进路整合》，载《法治社会》2017 年第 4 期。

二、罪量要素的网络"分割化"

在网络有组织犯罪中，犯罪行为分割为多个违法行为，使得各实行行为单独并不构成犯罪，在造成正犯行为认定困难的情况下，对于帮助行为的认定和处罚均存在无法有效评价的困境。例如，对于"一对多"的帮助违法行为的责任认定，为他人实施违法行为提供互联网接入、通讯传输等技术支持，由于被帮助行为并未到达具体犯罪的罪量标准，造成帮助行为也不构成犯罪。即使帮助有组织化、链条化违法犯罪的行为被认定为犯罪，在处罚上也存在普遍畸轻的情况。[1]在网络有组织犯罪中，作为犯罪构成要件的实行行为被分散化、分割化，从而导致共同犯罪难以认定。例如，2018年铜陵市公安局破获的一起特大网络组织卖淫案中，犯罪组织成员分工细密，分别负责招募卖淫人员，管理卖淫人员，规定卖淫服务价格并收取卖淫提成，租赁卖淫场所并定期更换卖淫用品，利用QQ群、微信群等方式发布招嫖信息，并向嫖客介绍服务内容及价格、发送卖淫位置信息。[2]在本案中，组织卖淫罪的组织行为被拆分为数个独立的行为，而每个独立行为很难单独评价为组织行为。根据共犯从属性理论，即便依照最小从属说[3]的观点，共同犯罪的成立仍需要正犯行为的存在。这就导致组织行为的共犯行为难以认定，进而影响对有组织犯罪的刑法评价。

第二节　有组织犯罪网络"分割化"的教义学审视

有组织犯罪的网络"分割化"，使得刑法中有关有组织犯罪的"组织"概念和"犯罪"概念同时发生异化："组织"概念的异化体现为"组织"从属性的松动，具体包括传统组织结构从属性的淡化，以及物理空间依托性的淡化；"犯罪"概念的异化体现为"犯罪"定量因素的网络分解，以及有组织犯罪行为向"有组织违法"行为的转化。

---

[1] 参见黎宏：《情境犯罪学与预防刑法观》，载《法学评论》2018年第6期。

[2] 《特大网络卖淫团伙被端，一个QQ群里竟有1200多人！》，载 https://www.sohu.com/a/245762825_99995529，最后访问日期：2020年7月28日。

[3] 共犯最小从属性说认为，共同犯罪的成立只需正犯行为具备构成要件符合性即可，而无须满足违法性和有责性。参见钱叶六：《共犯与正犯关系论》，载《中外法学》2013年第4期。

一、网络有组织犯罪中"组织"从属性的松动

有组织犯罪的网络"分割化"的直接后果，即体现为有组织犯罪中"组织"从属性的松动，这在网络恐怖主义犯罪中表现得尤为明显。当前，网络既成为恐怖分子实施恐怖主义犯罪的犯罪工具，也成为恐怖主义犯罪活动的重要平台。

（一）网络有组织犯罪"组织依托性"的淡化

对有组织犯罪而言，犯罪活动的有组织性是其与其他犯罪的主要区别之一。[1]但是，有组织犯罪的"组织性"特征在网络时代出现了淡化的趋势，典型地体现为犯罪活动对犯罪组织的依托性降低，组织者和策划者不再亲自参与犯罪，一般性成员也趋于"临时化"和"市场化"。[2]"有组织犯罪的结构从严格等级制度的'金字塔式'转变成了网状形、聚合射线形和链条形的结构类型"。[3]以恐怖主义犯罪为例，传统的恐怖主义犯罪主要包括"基地"模式、"军事割据"模式或大规模恐怖袭击模式，这些犯罪模式参与人数众多、社会危害性强，这就要求恐怖活动必须依附于组织严密的恐怖组织方能有效实施。但随着信息网络的发展以及国际反恐力度的增强，恐怖组织逐步采取"化整为零"的策略，"微"恐怖主义逐渐成为恐怖主义犯罪的主要模式。所谓"微"恐怖主义活动，是指由分散的个体或松散团伙实施的规模微小的恐怖活动。[4]为配合"微"恐怖主义活动的进行，恐怖组织往往利用互联网，通过建立宣传平台，上传暴恐图片、音视频等方式宣传恐怖主义思想。[5]通过恐怖主义思想的宣传，一些接受恐怖主义思想宣传的极端分子会独自或结成小团体实施"微"恐怖主义活动，从而导致"独狼式"恐怖袭击

---

〔1〕　陈兴良：《论黑社会性质组织的组织特征》，载《中国刑事法杂志》2020年第2期。

〔2〕　参见靳高风：《当前中国有组织犯罪的现状、特点、类型和发展趋势》，载《中国人民公安大学学报（社会科学版）》2011年第5期。

〔3〕　参见栗向霞：《论有组织犯罪的信息化和网络犯罪的有组织化》，载《河南社会科学》2016年第11期。

〔4〕　皮勇、杨淼鑫：《网络时代微恐怖主义及其立法治理》，载《武汉大学学报（哲学社会科学版）》2017年第2期。

〔5〕　崔莉：《打击本土恐怖主义任重道远》，载《解放军报》2015年1月16日，第7版。

的大量出现。[1]但是，这些极端分子本身并不隶属于恐怖组织，甚至很多极端分子只是认同该恐怖组织的恐怖主义思想而根本不知道该恐怖组织的存在。在这种情况下，当代恐怖主义呈现出弥散化和微型化的趋势，"组织化"暴力正在向"个体化"暴力转变。[2]这就使得恐怖组织在恐怖主义犯罪中的地位和作用下降，从而导致犯罪行为的组织依托性降低，而个体在有组织犯罪中的地位和作用则有所上升。

（二）网络有组织犯罪"空间依托性"的淡化

伴随网络有组织犯罪组织依托性的淡化，有组织犯罪对于犯罪空间、犯罪场所的依托性也在淡化，由传统的"称霸一方"，转向对特定领域或者特定行业的非法控制。以恐怖主义犯罪为例，传统的恐怖主义犯罪需要犯罪基地等物理场所，为其开展恐怖主义活动提供物质保障、组织培训等。但随着网络在恐怖主义犯罪中的工具化、平台化，网络恐怖主义逐渐增多，基地型恐怖组织则大幅度减少，宣传恐怖主义思想以及实施"独狼式"的"微"恐怖主义活动成为恐怖组织的重要犯罪形式。恐怖主义犯罪对地理空间的依托性下降，从而呈现出"基地性""空间性"的淡化趋势。这就使得犯罪活动更加难以被察觉，以至于人们察觉到恐怖活动的准备行为时，犯罪已经迫在眉睫。[3]有鉴于此，《刑法修正案（九）》增设了准备实施恐怖活动罪，宣扬恐怖主义、极端主义、煽动实施恐怖活动罪，预备行为的实行化在恐怖主义犯罪的刑法评价中逐渐被立法所吸收和采纳。无独有偶，除了恐怖主义犯罪这一典型的有组织犯罪之外，网络组织卖淫、网络开设赌场等传统上对于组织性、空间性依托较强的犯罪也开始发生变化。以组织卖淫罪为例，传统的组织卖淫犯罪需要有固定的卖淫场所，卖淫者往往来自卖淫场所所在地并且交易方式为面对面的形式。但随着网络空间的形成，空间的概念发生了变化，组织者利用网络在多个地方招募卖淫者，并可以根据嫖客的需求安排卖淫者前往不同地点卖淫，而交易方式也由面对面支付转为线上支付，这就形成了

---

〔1〕《刑法修正案（九）》增设宣扬恐怖主义、极端主义、煽动实施恐怖活动罪，非法持有宣扬恐怖主义、极端主义物品罪，也是基于对"微"恐怖主义犯罪诱发因素的防范和打击。

〔2〕王晴锋：《"独狼"恐怖主义的类型、激进化及其遏制策略》，载《云南民族大学学报（哲学社会科学版）》2017年第2期。

〔3〕[德]乌尔里希·齐白：《全球风险社会与信息社会中的刑法　二十一世纪刑法模式的转换》，周遵友等译，中国法制出版社2012年版，第197页。

组织者、卖淫者、支付结算者"跨地域"的局面，在产生管辖权冲突的同时，组织卖淫行为由于被层层"分割"，也带来了司法认定的困惑和难题。

二、网络有组织犯罪中"犯罪"概念的异化

由于构成要件行为以及罪量要素的网络分割化，"一对多"甚至"多对多"的共犯参与模式犯罪行为在网络空间中更加频繁地出现，这就导致被"拆解分割"的实行行为因未达到犯罪所要求的罪量标准而不构成犯罪，从而使得共犯行为在整体上也不构成犯罪；或者实行行为满足犯罪成立条件，但由于正犯行为和共犯行为之间缺乏意思联络，从而使得共犯行为难以构罪。例如，在项某文跨国电信诈骗案中，在各实行行为人均不构成犯罪情况下，对于组织者的定罪便出现了问题，此类共同犯罪不断呈现出链条化、形式"松散化"实质"紧密化"，对于相关案件中的罪量因素认定、共同犯罪中共同犯意的认定、共同行为的认定等提出了挑战。

（一）有组织犯罪中"犯罪"的网络"分解"

由于有组织犯罪中构成要件行为以及罪量要素的网络分割化，导致行为人的行为虽然达到了予以刑事处罚的社会危害性标准，但是在认定上却存在理论和实践上的难题。例如，用户在视频播放软件上上传少量淫秽视频的行为，可能很难将其认定为刑法意义上的犯罪行为，甚至很少受到行政处罚。对于提供视频上传和下载技术服务的公司或个人而言，由于不存在正犯行为，因此其帮助行为也难以评价为犯罪。但是这种技术帮助行为在整个犯罪体系中居核心地位，很多网络犯罪缺乏技术帮助行为便难以实施。因此，技术帮助行为的社会危害性，已远远超过正犯行为的社会危害性。

北京首例"网络软暴力犯罪集团"案中，被告人赵某成立元某慧诚公司实施"软暴力"催收。公司下设催收部、质检部、招聘部等工作部门，催收部根据债务人欠款时间成立30余个催收组，共计雇用300余名业务员。催收员长期使用群呼、群发短信、呼死你软件、P图、揭发隐私等"软暴力"手段滋扰欠款人及其紧急联系人、通讯录联系人，涉案被害人达700余人。[1]如果将催收犯罪行为分解到各催收业务员，则各催收业务员的催收行为很难

---

〔1〕 吴文诩：《北京首例网络"软暴力"催收案一审宣判》，载 http://www.xinhuanet.com/mrdx/2020-07-30/c_ 139249863.htm，最后访问日期：2020年7月30日。

被评价为犯罪行为，从而导致催收的组织者、教唆者的组织、教唆行为也难以被评价为犯罪行为。本案最终对恶势力犯罪集团的首要分子及主要参与者以寻衅滋事罪定罪，虽然符合《最高人民法院、最高人民检察院、公安部、司法部关于办理实施"软暴力"的刑事案件若干问题的意见》（以下简称《软暴力意见》）第5条第1款的规定，[1]但《软暴力意见》选择用寻衅滋事罪这一"口袋罪"处理上述催收"软暴力"行为，本身也反映了传统刑法制裁方式面对犯罪的网络"分解"现象时的无力。[2]需要指出的是，《刑法修正案（九）》曾从预备行为实行化、共犯（帮助）行为正犯化的角度，对传统犯罪的网络"分解"作出了回应。例如，《刑法修正案（九）》规定了帮助信息网络犯罪活动罪，将为他人利用信息网络实施犯罪提供互联网接入、服务器托管、网络存储、通讯传输等技术支持，或者提供广告推广、支付结算等帮助，情节严重的行为规定为犯罪。但是帮助信息网络犯罪活动罪的成立，仍须"明知他人利用信息网络实施犯罪"。至于"明知"的范围，司法实践中逐步达成共识，认为应当扩大解释为"对一般违法犯罪行为"的概括性明知，[3]将"犯罪"解释为"违法行为"，某种程度上也体现出司法对于有组织犯罪网络"分解"后的回应路径。

（二）有组织"犯罪行为"转向有组织"违法行为"

在传统的有组织犯罪中，根据各犯罪人在犯罪组织及共同犯罪中所起到的作用，能够准确评价各犯罪人的刑事责任。但在网络空间中，由于帮助行为的技术性和"一对多"特性，技术帮助行为在网络犯罪中的地位与作用飙升，其社会危害性超越了作为实行行为的正犯行为。考虑到网络空间的"发散性""复制性"，帮助行为的帮助对象具有不确定性，帮助对象实施违法行为或是犯罪行为具有不确定性。由于网络不法行为中违法行为的数量要远多于犯罪行为，特别是基于共犯从属性理论，共犯行为构罪以正犯行为构罪为

---

〔1〕《软暴力意见》第5条第1款规定：采用"软暴力"手段，使他人产生心理恐惧或者形成心理强制，分别属于《刑法》第226条规定的"威胁"、《刑法》第293条第1款第2项规定的"恐吓"，同时符合其他犯罪构成要件的，应当分别以强迫交易罪、寻衅滋事罪定罪处罚。

〔2〕《刑法》第293条第2款规定，纠集他人多次实施第1款的寻衅滋事行为，严重破坏社会秩序的行为属于寻衅滋事罪的情节加重犯。这就避开了共同犯罪认定中犯罪的网络"分割"问题，而直接从"纠集他人"的角度对组织、教唆行为予以规制。

〔3〕张铁军：《帮助信息网络犯罪活动罪的若干司法适用难题疏解》，载《中国刑事法杂志》2017年第6期。

前提，这就导致帮助违法行为的帮助行为难以被评价为犯罪，从而在评价帮助行为的刑事责任时难以做到罪责相适应。例如，网络黑客技术培训已经形成较为完备的黑色产业链，成为降低网络犯罪门槛、助推网络犯罪高发的重要诱因，但由于这种产业链化下的行为缺乏严密的组织结构和意思联络，同时被培训的行为人所实施的行为在不构成犯罪的情况下，相应的培训行为也很难被予以犯罪化处理。再如，对于有组织化的"网络黑公关""网络水军"，往往只是负责发布虚假言论或进行言语攻击，这种行为可能会构成民事侵权行为，但一般不会属于犯罪行为，这就使得网络公关公司组织的整个不法行为只能被评价为有组织的违法行为，除了诸如非法经营罪等"口袋化"罪名之外，很难精准全面地评价网络公关公司的刑事责任。[1]

第三节　有组织犯罪网络"分割化"引发的刑法评价问题

有组织犯罪的网络"分割化"，使其在行为特征、组织形式、定量标准上均发生了异化样态，也引发了刑法定性评价的争议，具体体现为："犯罪组织"概念的异化使得网络水军、网络黑公关、网络"黑社会"等新型犯罪集团是否符合黑恶势力组织的特征产生诸多争议，并因此引发对此种犯罪集团的罪名认定困难；"犯罪"概念的异化使得有组织犯罪在认定具体罪名时只能将一些犯罪行为认定为违法行为，从而导致罪责不相适应；网络有组织犯罪的"链条化""集群化"使得链条上各犯罪组织的作用认定出现诸多争议。

一、网络有组织犯罪的"犯罪组织"认定问题

有组织性作为认定有组织犯罪是否成立的关键，对于准确定性有组织犯罪意义重大。从刑法罪名设置来看，基于预备行为的实行化，刑法设定黑社会性质组织犯罪、恐怖活动组织犯罪的评价重心在于"犯罪组织"，而非犯罪组织所实施的行为。因此，在有组织犯罪中"犯罪组织"被网络分割化的背景下，网络有组织犯罪的"犯罪组织"认定面临诸多的困惑。一般认为，对于有组织性的判断，主要从组织特征、经济特征、行为特征和非法控制特征

---

〔1〕　参见于冲：《行政违法、刑事违法的二元划分与一元认定——基于空白罪状要素构成要件化的思考》，载《政法论坛》2019 年第 5 期。

四个方面进行判断。[1]因此，对于网络水军、网络黑公关、网络"黑社会"等违法犯罪组织的刑法评价，组织性特征的认定成为关键。以网络水军为例，网络公关公司或者网络"包工头"招募的网络水军（打手）往往并非犯罪组织的固定成员，即使是网络"包工头"也可能是由网络公关公司临时招募而来，其合作不具有长期性，使得"网络水军"内部的组织结构比较松散，一方面成员之间彼此并不相识，另一方面成员流动性较大。这与传统的黑恶势力在组织结构上要求严密化具有较大差别。这就导致网络水军、网络黑公关等新型犯罪组织能否被认定为有组织犯罪，存在较大的争议。除了网络水军、网络"黑社会"的认定之外，网络开设赌场、网络传销、网络组织卖淫、网络传播淫秽物品也面临类似的问题。以"方某萍等25人掩饰、隐瞒犯罪所得，提供侵入、非法控制计算机信息系统的程序、工具案"为例，从外部来看，方某萍等人各成团体，没有明确的上下级关系和组织领导关系，"上下游之间也没有正式的合作协议，也不一定互相知晓对方的真实身份"。[2]但从实质上看，其通过缜密的上中下游的协作，不同的人在共同犯罪中都有着具体的角色和分工：技术人员通过租赁钓鱼网站，发送钓鱼短信、邮件的方式获得密码，而方某萍等人则利用所得信息为他人解锁苹果手机账号密码。由此可见，在网络有组织犯罪形势下，黑客从一个"技术级现象"已然演变为"产业级现象"。[3]在"产业链"化的网络犯罪案件办理中，应当从外部判定犯罪产业链中各犯罪团伙是否具有共犯关系，明确网络犯罪组织的"组织结构的松散化"以及"破坏或扰乱网络空间的秩序"两大网络异化特征，是否符合有组织犯罪的构成特征。

二、网络有组织犯罪的"犯罪"认定问题

在罪量要素网络"分割化"的情况下，组织、教唆、帮助行为与对应的正犯行为，可以被分解为数个有组织违法行为，这就导致网络有组织犯罪中危害性巨大的组织行为、教唆行为和帮助行为难以被评价为犯罪行为，从而难以对组织者、教唆者和帮助者进行刑事制裁。

---

〔1〕 张明楷：《刑法学》，法律出版社2016年版，第1071页。

〔2〕 参见任彦君：《网络黑客产业链的发展趋势与治理对策分析》，载《犯罪研究》2018年第1期。

〔3〕 参见任彦君：《网络黑客产业链的发展趋势与治理对策分析》，载《犯罪研究》2018年第1期。

（一）有组织犯罪异化为有组织违法后的刑法评价问题

有组织犯罪异化为有组织违法行为的评价问题，本质上属于正犯未达罪量标准时，共犯应当如何处罚才能保证罪责相适应的问题。对于这一问题，当前存在"共犯行为正犯化说""最小共犯从属性说""罪量要素与共犯体系分离说"以及"虚拟共同犯罪说"四种解决方案。"共犯行为正犯化说"主张将社会危害性巨大的共犯行为直接上升为正犯行为，对帮助行为进行单独评价和认定。当前共犯行为正犯化的模式主要体现在《最高人民法院、最高人民检察院关于办理利用互联网、移动通讯终端、声讯台制作、复制、出版、贩卖、传播淫秽电子信息刑事案件具体应用法律若干问题的解释（二）》第6条、第7条以及《危害系统安全解释》第9条等司法解释以及《刑法》第287条之二帮助信息网络犯罪活动罪中。由于此种模式更多地体现在司法解释中，这就可能导致司法解释边界的过度扩张，造成法律位阶的混乱，甚至有违罪刑法定原则。[1]同时，即便在立法上明确共犯行为正犯化，就帮助信息网络犯罪活动罪而言，该罪的成立仍以"明知他人利用信息网络实施犯罪"为前提，因此并未真正解决正犯未达罪量标准时共犯的处罚问题。"最小共犯从属性说"主张共同犯罪的成立以正犯需满足构成要件该当性即可，而无需具有违法性和有责性。[2]根据该学说的观点，一方面，属于正当化行为的正犯行为仍属于犯罪，因此共犯也具有可罚性，这会导致共犯处罚范围的不当扩大；[3]另一方面，罪量要素属于构成要件该当性阶层为我国刑法理论的通说，[4]而违法性阶层通常作为违法阻却事由进行判断，因此即便将共同犯罪的成立限定为正犯满足构成要件该当性，该学说也未能解决正犯未达罪量标准时共犯的处罚问题。"罪量要素与共犯体系分离说"认为罪体表明侵害法益的质，而罪量表明法益的侵害程度，在判断共犯成立时仅考虑罪质而无须考虑罪量。[5]根据该观点，正犯未达罪量标准时共犯依然成立，但罪量要素为什么可以从正犯不法判断中剥离，以及帮助行为的罪量要素应当如何认定，

〔1〕 张阳：《论犯罪集团的网络化与制裁路径》，载《郑州大学学报（哲学社会科学版）》2018年第4期。

〔2〕 王昭武：《论共犯的最小从属性说——日本共犯从属性理论的发展与借鉴》，载《法学》2007年第11期。

〔3〕 钱叶六：《共犯与正犯关系论》，载《中外法学》2013年第4期。

〔4〕 陈少青：《罪量与可罚性》，载《中国刑事法杂志》2017年第1期。

〔5〕 王强、胡娜：《罪量要素的价值属性在共犯中的运用》，载《中国刑事法杂志》2012年第12期。

该学说并未予以很好地解释。"虚拟共同犯罪说"将数个不同的正犯抽象化为一个非真实的虚拟主体，进而将共同犯罪理解为由共犯与虚拟主体共同实施，同时将原各正犯行为的罪量要素予以累加计算，以解决共犯行为的罪量问题。[1]该学说提供了正犯未达罪量标准时，共犯应当如何处罚的一种思路，特别是正犯罪量要素的累加解决了共犯的罪量要素认定问题。但是，各正犯因何种原因可以整合为一个虚拟正犯，该学说并未予以说明；同时，在网络空间中，由于网络的虚拟性，正犯行为实际上也很难被完全发现，在这种情况下，只能将已发现的正犯整合为虚拟正犯，这就可能导致共犯行为罪量要素认定的偏差。值得肯定的是，此种学说提供的正犯以及正犯罪量要素整合的思路对于解决有组织违法行为的评价问题具有很强的借鉴意义。

（二）"网络黑社会"中软暴力的认定问题

随着网络技术霸凌问题的增多，"网络黑社会"逐渐成为司法实践中的多发现象。与传统黑恶势力的组织性、暴力性手段不同，"网络黑社会"主要通过技术优势形成网络攻击、网络控制索取"保护费"，强迫他人交易，或者利用信息网络雇用水军实施诽谤等违法犯罪行为。一般认为，黑社会性质组织犯罪往往以暴力、威胁为犯罪手段，具体包括硬暴力和软暴力。软暴力通常以硬暴力作为支撑，通过可能实施硬暴力而足以使他人产生恐惧、恐慌，进而形成心理强制。但是，在网络空间中，硬暴力行为几乎不存在，这就导致网络软暴力缺乏硬暴力的支撑。此时，网络技术暴力是否属于软暴力，便成为判断网络水军等违法犯罪组织是否属于黑恶势力的关键问题。以"骑士攻击小组"为例，该组织的犯罪手段主要是利用技术手段攻击网游私服网站，迫使私服玩家无法上线，从而对网游私服网站进行要挟和钱财榨取，但这种行为并不会形成对个人的心理强制；即使会影响玩家登录游戏，也不可能影响其正常生活工作。此种网络技术霸凌行为较之网络水军发帖侮辱诽谤等行为而言，具有更为严重的暴力属性，严重损害了网站运营者的权益，扰乱了网络秩序；并且这种网络技术霸凌行为在"技术为王"的网络空间中具有难以阻挡性，以至于"骑士攻击小组"曾经扬言"要谁下岗谁就下岗"，这表明网络技术霸凌行为在网络空间中的暴力程度可能不亚于现实空间中实施的

---

[1] 董玉庭：《论数额犯中的虚拟共同犯罪问题——以盗窃罪为分析背景》，载《人民检察》2007年第20期。

硬暴力。因此，传统有组织犯罪的暴力性和非法控制性手段在网络"技术化"之后，对于软暴力的认定也成为认定网络有组织犯罪的关键。对此，《软暴力意见》第 2 条第 2 款规定，通过信息网络或者通讯工具实施符合本意见第 1 条规定的违法犯罪手段，应当认定为"软暴力"。这就将行为人为牟取不法利益或形成非法影响，对他人在网络空间进行滋扰、纠缠、哄闹、聚众造势等，足以使他人产生恐惧、恐慌进而形成心理强制，或者足以危及财产安全，影响正常生活、工作、生产、经营的违法犯罪手段纳入"软暴力"的评价范围。实际上，2018 年《最高人民法院、最高人民检察院、公安部、司法部关于办理黑恶势力犯罪案件若干问题的指导意见》第 2 条也明确了组织或雇用网络"水军"在网上威胁、恐吓、侮辱、诽谤、滋扰也属于黑恶势力犯罪。不过，上述司法解释的规定过于笼统，未能完全反映网络空间中的软暴力行为。

三、网络有组织犯罪去中心化、去组织化之后的"链条化"认定问题

随着有组织犯罪与网络的逐渐融合，网络有组织犯罪呈现出链条化、集群化特征，从而导致有组织犯罪结构呈现出组织依托性减弱和去等级化的趋势。[1] 在"方某萍等 25 人掩饰、隐瞒犯罪所得，提供侵入、非法控制计算机信息系统的程序、工具案"中，形成了庞大的苹果手机"盗改销"地下产业链，有组织犯罪的"产业化""链条化"特征在这一案件中得到了集中体现，在一个犯罪链条中涉及多个共同犯罪团伙，一起有组织犯罪中同时汇集多个共同犯罪形态。因此，在经过网络对有组织犯罪的组织"分割"以后，在有组织犯罪的整个犯罪链条上，各节点往往对应不同的犯罪组织，这些犯罪组织分别从事不同的犯罪行为，虽然各犯罪组织的犯罪行为整体上构成有组织犯罪，但各组织之间的独立性较强，甚至可能并不相识；同时，一个节点上的犯罪组织可能同时与数个其他节点上的犯罪组织开展合作，这使得各犯罪组织在整个有组织犯罪链条中的作用难以区分。以网络开设赌场为例，其犯罪链条存在四个主要节点，分别是赌博网站的运营部门、赌博网站的推广部门（主要是各种网站和搜索引擎）、赌博投注软件的技术开发部门，以及用于

---

〔1〕 栗向霞：《论有组织犯罪的信息化和网络犯罪的有组织化》，载《河南社会科学》2016 年第 11 期。

赌资流转结算的支付平台和地下钱庄。但是，赌博投注软件的技术开发部门可能不止与一家赌博网站合作，而一家赌博网站也可能与多家赌博投注软件的技术开发部门合作，以实现赌博产品的多样性。在这种情况下，对各节点上的犯罪组织在整个有组织犯罪链条中的作用认定，就存在较大的困难。

第四节　有组织犯罪网络"分割化"的刑法评价思路

针对有组织犯罪网络"分割化"引发的刑法评价难题，有必要将犯罪组织特征的"形式化"界定转向"功能化"认定；准确定性"网络黑社会"等网络有组织犯罪，拓宽犯罪组织的空间内涵，将有组织犯罪的存在空间同时转向"物理空间+网络空间"；针对有组织犯罪组织形式的松散化、分割化以及个体成员的独立性增强等问题，转变有组织犯罪的刑法防范重点，由对犯罪组织的重点防范转向兼顾对个体参与"节点化"有组织犯罪的防范。

一、犯罪组织特征的"形式化"界定向"功能化"认定的转化

传统有组织犯罪通常具有较为清晰的组织层级、严密的组织结构、联系密切的组织成员以及特定的活动空间。但随着有组织犯罪与网络的深度融合，网络有组织犯罪的组织结构在形式上松散化、分割化：组织层级逐渐去中心化，上下游层级之间的领导关系逐渐模糊；物理性的组织活动空间逐渐淡化甚至消失；组织成员缺乏稳定性，且彼此之间的联系大幅度减少；犯罪所得被不同犯罪节点的犯罪人所分割，经济实力特征逐渐淡化，甚至出现了经济上"亏损"型的涉黑犯罪组织。因此，对于有组织犯罪的认定，应当改变传统观点对于有组织犯罪特征的认识，由"形式化"的特征界定转向实质化的"功能化"界定。

有组织性或组织特征作为有组织犯罪认定的关键，一般从组织成员、组织层级、组织结构以及组织纪律四个方面进行把握。[1]其中，最为关键的是组织层级和组织结构，即团体的组织者、领导者、骨干成员之间的层级与结构。从功能论上讲，只要某一团体具有明确的组织者、领导者、骨干成员，且组织领导层与骨干层的层级确定、分工明确、联系紧密，存在经常性的信息

---

〔1〕 陈兴良：《论黑社会性质组织的组织特征》，载《中国刑事法杂志》2020年第2期。

交换行为，形成一致的集体气氛，便可以认定其符合犯罪组织的组织特征。[1]对于犯罪组织的成员范围，首先应当包括组织者、领导者和骨干成员（积极参加者）；对于一般参与者，在认定时应着重考察其主观上是否明知其参加的是具有一定规模，且以实施违法犯罪为主要活动的组织。[2]例如，虽然网络水军组织者招募的网络水军（打手）只是雇用工而非公司的固定成员，网络水军（打手）阶层内部人员流动性较大，但从整个网络水军犯罪团体的上层组织结构来看，网络水军组织者始终负责组织、策划相关事件，网络"包工头"始终负责招募、管理网络水军并分配工作任务，并且网络水军组织者和网络"包工头"之间存在经常性的信息交换行为和共同的犯意联络，组织网络水军实施诽谤犯罪的团体即可被认定为犯罪组织。对此，《最高人民法院、最高人民检察院、公安部、司法部关于办理利用信息网络实施黑恶势力犯罪刑事案件若干问题的意见》（以下简称《黑恶势力若干问题意见》）第10条指出："……对部分组织成员通过信息网络方式联络实施黑恶势力违法犯罪活动，即使相互未见面、彼此不熟识，不影响对组织特征的认定。"实际上，由于网络空间信息传递与通信的瞬时性，网络水军组织者、网络"包工头"等形成的犯罪组织，较之传统犯罪组织具有更强的组织犯罪的能力，也展现出更大的社会危害性。从这个层面讲，虽然网络犯罪组织在形式上松散化，但犯罪组织的核心层的分工依然明确、联系依然紧密，同时组织犯罪的能力方面也显著加强。

二、有组织犯罪中"犯罪组织"势力范围的外延拓展

随着"物理社会—网络社会"双层社会的形成，物理空间中的人格法益、财产法益以及社会法益开始向网络空间延伸，由此出现传统法益的网络异化。有组织犯罪也随之在活动空间、暴力性、非法控制性上被网络分割为"网上—网下""现实暴力—技术暴力"并存的"二元化组织"。由此对于网络有组织犯罪的评价，产生了诸多需要明确的新问题：对于仅仅造成网络空间秩序混乱，或主要造成网络空间秩序混乱的有组织违法犯罪行为难以有效评价；对

---

[1]　陈兴良：《群体犯罪学初探》，载《现代法学》1990年第1期。

[2]　根据《最高人民法院、最高人民检察院、公安部办理黑社会性质组织犯罪案件座谈会纪要》，在认定黑社会性质组织的成员时，并不要求其主观上认为自己参加的是黑社会性质组织，只要其知道或者应当知道该组织具有一定规模，且以实施违法犯罪为主要活动的，即可认定。

网络黑恶势力的危害性特征难以有效评价，特别是对于"区域""行业"以及"秩序"，是否可以解释为"网络空间""互联网行业"或者"网络秩序"，需要进一步明确；对网络黑恶势力的行为特征，特别是网络技术暴力能否被评价为软暴力，需要给予明确回应。笔者认为，解决上述问题的关键，在于转变对"组织"活动空间内涵与外延的理解，将有组织犯罪的理解转向兼顾"网上—网下""现实暴力—技术暴力"。有鉴于此，《黑恶势力若干问题意见》第 13 条指出："……虽然危害行为发生地、危害的行业比较分散，但涉案犯罪组织利用信息网络多次实施强迫交易、寻衅滋事、敲诈勒索等违法犯罪活动，在网络空间和现实社会造成重大影响，严重破坏经济、社会生活秩序的，应当认定为'在一定区域或者行业内，形成非法控制或者重大影响'。"尽管《黑恶势力若干问题意见》并未明确对仅造成网络空间秩序混乱，或主要造成网络空间秩序混乱是否属于有组织犯罪，但据此可以认为，诸如网络黑社会等网络有组织犯罪在网络空间中对于互联网行业进行非法控制，即可认定为在一定区域或者行业内形成非法控制或者重大影响。同时，对于网络技术暴力是否能被评价为软暴力，同样应充分把握有组织犯罪的网络化属性。由于网络空间的虚拟性，网络技术暴力缺乏现实的硬暴力支持，这就导致了网络技术暴力是否应认定为软暴力存在争议。对此应当明确，凭借网络技术优势而实施的网络软暴力行为本身就具有硬暴力的属性。例如，利用网络技术非法侵入他人计算机系统，以攫取个人隐私或对他人的计算机系统实现非法控制，并以此为要挟索要钱财或者提出非法要求。对此，在考虑网络技术暴力是否能够评价为软暴力时，应充分把握有组织犯罪的网络化属性，从网络空间虚拟性和行为危害性两个维度，考察网络技术暴力行为是否能形成对网络主体的心理强制。

三、有组织犯罪防治方向由"组织中心主义"转向兼顾"节点性"防治

随着有组织犯罪罪量要素的网络"分割化"、组织形式的网络"分割化"，以及暴力形式的技术"分割化"，网络有组织犯罪呈现出产业化、节点化的特征。换言之，由于网络对有组织犯罪链条中的组织者、帮助者、实施者相互分割，将有组织犯罪的组织性、非法控制性等特征予以分解，尤其随

着有组织犯罪的网络分工化、产业化趋势越发明显，有组织犯罪在犯罪链条上被分割为犯罪的上中下游等不同"节点"，不同"节点"对应不同的犯罪人或者犯罪团伙。有鉴于此，应当转换传统以防范犯罪组织为中心的刑法评价模式，转向兼顾对逐渐独立化的犯罪个体、犯罪"节点"的刑法防治。具言之，对于黑社会性质组织犯罪、恐怖组织犯罪等有组织犯罪的高级形态，应当强化"打早打小"，通过预备行为实行化等模式实现由重点防治"犯罪组织"转向兼顾"犯罪个体"防治；对于一般犯罪集团犯罪、恶势力犯罪，通过共犯行为正犯化等模式，实现由正犯行为为中心转向兼顾对独立化的共犯的刑法评价。

（一）针对黑社会性质组织犯罪和恐怖主义犯罪：由重点防治"犯罪组织"转向兼顾"犯罪个体"防治

对于黑社会性质组织犯罪、恐怖组织犯罪等有组织犯罪的高级形态，刑法设置了专门的罪名体系对"犯罪组织"进行重点防范。例如，黑社会性质组织犯罪涵盖了组织、领导、参加黑社会性质组织罪、入境发展黑社会组织罪、包庇纵容黑社会性质组织罪，刑法不断地严密黑社会性质组织犯罪罪名体系。从刑法的罪名设置来看，刑法对黑社会性质组织犯罪、恐怖组织犯罪等有组织犯罪的防治方向，主要体现在对"组织性"的打击上。刑法之所以侧重对有组织犯罪"组织性"的打击，很大程度上源于对"组织体之恶"的防范。换言之，组织体这种犯罪主体的势力、影响、犯罪能力本身就具有极强的社会危害性。[1]但是，由于网络有组织犯罪的组织结构松散化，犯罪组织对成员的控制作用下降，甚至很多犯罪组织缺少固定成员，大多属于临时招募，此种情况下，以组织为单位、为依托的犯罪减少，而以个体为形式的犯罪增加，组织体在有组织犯罪活动中的地位开始下降。以恐怖组织犯罪为例，随着"独狼式"的"微"恐怖主义犯罪成为恐怖主义犯罪的发展趋势，当代恐怖主义呈现出弥散化和微型化的趋势，"有组织化暴力"正在向"个体化暴力"转变。[2]对此，面对恐怖主义犯罪的上述变化，《刑法修正案（九）》增设准备实施恐怖活动罪，宣扬恐怖主义、极端主义、煽动实施恐怖

〔1〕　蔡军：《我国惩治有组织犯罪的实践困境与立法对策》，载《华东政法大学学报》2013 年第 4 期。

〔2〕　王晴锋：《"独狼"恐怖主义的类型、激进化及其遏制策略》，载《云南民族大学学报（哲学社会科学版）》2017 年第 2 期。

活动，非法持有宣扬恐怖主义、极端主义物品罪等针对恐怖主义和极端主义的罪名，通过共犯行为正犯化和预备行为实行化的方式，加强对个体犯罪人犯罪行为的防治。但仍然存在的不足是，现有罪名体系主要针对暴恐活动的预备行为或煽动行为，而并未将暴恐活动的实行行为规定为独立的犯罪，这就使得暴恐活动依然仅能依据故意杀人、故意伤害等一般性罪名定罪量刑，难以准确反映暴恐分子实施的暴恐犯罪行为的社会危害性，[1]这应当是今后暴恐犯罪罪名体系改进的一个方向。

与暴恐犯罪罪名体系的逐步完善相比，黑社会性质组织的罪名体系显得相对简单化。刑法中涉及黑社会性质组织犯罪的罪名，依然强调对犯罪组织的重点防范，在网络有组织犯罪对组织从属性不断下降的背景下，现有黑社会性质组织犯罪罪名体系的预防重点和打击范围很难适应形势的发展。例如，对于组织层级清晰且专门实施网络侮辱、诽谤行为的网络水军组织，根据现有罪名体系只能以寻衅滋事罪、敲诈勒索罪、非法经营罪等罪名进行评价。[2]但是，寻衅滋事罪、非法经营罪均属于传统意义上的"口袋罪"，以此种罪名进行评价在某种程度上也反映出司法的应对乏力，且可能会造成类推解释的隐忧。因此，对于网络黑社会性质组织犯罪，应当吸取恐怖组织犯罪立法的经验，积极应对网络时代黑社会性质组织犯罪的组织结构松散化、组织从属性弱化而导致的个体犯罪危害性上升的问题，实现有组织犯罪的个体预防和节点性预防。事实上，2018年以来开展的"扫黑除恶"专项斗争强调源头治理，不仅仅是对于黑社会性质组织这一有组织犯罪高级形态的打击，更多在于对相关有组织犯罪的初级、中级形态的防治和打击，这才是我国有组织犯罪的主要形态。因此，扫黑除恶斗争的着力点和发力点除了继续严厉打击黑社会性质组织犯罪之外，更多地强调对于恶势力团伙和一般违法犯罪团伙的综合治理。

（二）针对"一对多"共同犯罪模式：由正犯行为为中心转向兼顾对独立化的共犯的重点评价

对于一般犯罪集团犯罪、恶势力犯罪，刑法并未设置专门的罪名进行评

---

〔1〕 刘艳红：《二十年来恐怖犯罪刑事立法价值之评价与反思》，载《中外法学》2018年第1期。

〔2〕 例如，《网络诽谤司法解释》第5条第1款规定，利用信息网络辱骂、恐吓他人，情节恶劣，破坏社会秩序的，依照《刑法》第293条第1款第2项的规定，以寻衅滋事罪定罪处罚。

价，而是将其作为共同犯罪按照一般性罪名进行处罚；同时，犯罪集团、恶势力犯罪等情形通常作为量刑情节予以考虑。对于犯罪集团、恶势力犯罪，基于共犯从属性理论，一般只有在正犯行为达到犯罪所要求的罪量标准时，共同犯罪才成立，对共犯行为才能予以刑事制裁。传统观点认为，犯罪集团、恶势力犯罪的社会危害性，主要体现为正犯行为的社会危害性，因此对集团犯罪和恶势力犯罪，预防的重点在于犯罪实行行为。但随着网络有组织犯罪的增多，犯罪集团与恶势力往往只保留核心架构，由核心架构的成员组织、教唆或帮助他人实施犯罪，从而呈现出"一对多"的共同犯罪模式。在这种共同犯罪模式中，实施组织、教唆或帮助行为的共犯发挥着关键的作用，但在罪量要素网络"分割化"的情况下，基于共犯从属性理论，组织、教唆、帮助行为与对应的正犯行为，往往被分解为数个有组织违法行为，这就导致网络有组织犯罪中社会危害性较大的组织行为、教唆行为和帮助行为难以被评价为犯罪行为。针对正犯未达罪量标准时如何处罚共犯才能保证罪责相适应的问题，"共犯行为正犯化说""最小共犯从属性说""罪量要素与共犯体系分离说"以及"虚拟共同犯罪"说四种解决方案均存在不同程度的缺陷。但是，"虚拟共同犯罪说"提供的正犯以及正犯罪量要素整合的思路，对于解决有组织违法行为的评价问题具有较大的借鉴意义。对此需要明确，一方面，正犯行为之所以可以被整合为一个虚拟正犯，是因为这些正犯行为实际上是由组织、教唆、帮助者，基于同一主观犯意支配实施的一系列组织、教唆、帮助行为所引起，而这些组织、教唆、帮助行为由于行为类型相同、主观犯意一致，因而从规范性的视角可以被评价为一个组织、教唆或帮助行为。[1]另一方面，虽然正犯行为难以被发现，虚拟正犯的罪量要素难以准确认定，但是从共犯的角度来看，共犯组织、教唆、帮助正犯的次数却是可以通过一定标准予以量化的。例如，出于牟利目的开办网络黑客学习班传授黑客技术，对于掌握黑客技术的学习者进行何种不法行为，以及不法行为的严重程度难以全面查明，但黑客学习班针对的对象可以通过违法所得数额以及视频观看次数等予以衡量。因此，针对网络有组织犯罪罪量要素的网络"分割化"，有必要将传统的以正犯为中心的定量标准体系，转向兼顾以共犯行为为中心构建罪量要素的评价体系。具体言之，有必要从共犯行为的角度，以诸如视频

---

〔1〕　王华伟：《网络语境中的共同犯罪与罪量要素》，载《中国刑事法杂志》2019 年第 2 期。

观看人数、购买次数等数量标准评价共犯行为的罪量要素，同时对于已查明的正犯行为的罪量要素进行叠加，以综合评价共犯行为的社会危害性。实际上，2010 年《最高人民法院、最高人民检察院关于办理利用互联网、移动通讯终端、声讯台制作、复制、出版、贩卖、传播淫秽电子信息刑事案件具体应用法律若干问题的解释（二）》第 6 条、第 7 条以及 2011 年《危害系统安全解释》第 9 条，在评价网络技术帮助行为时某种程度上也反映出前述评价思路，这也为进一步明确网络有组织犯罪的共犯评价模式提供了完善方向。

第八章

网络暴力聚量型侮辱诽谤犯罪的刑法评价

　　新型网络聚量型侮辱诽谤行为的提出，旨在从刑法教义学层面形塑、解构网络暴力，将作为网络暴力主要体现形式的网络侮辱诽谤行为进行类型化的规范探究。同传统侮辱诽谤犯罪相比，新型网络侮辱诽谤犯罪体现出聚量型特征，这种聚量型体现为网络侮辱诽谤的聚众效应、溢出效应和网暴效应。其中，溢出效应和网暴效应都是源于聚众效应的异化形态。聚众效应体现网络侮辱诽谤犯罪向聚众犯罪的异化，对于确定积极参加者等不同主体的责任类型具有指导意义；溢出效应体现为网络侮辱诽谤犯罪对社会秩序等关联法益的侵害，对此应明确侮辱罪、诽谤罪同寻衅滋事罪的适用界限；网暴效应强调侮辱诽谤行为内容扩散及其危害结果扩散，以此为依据确定行为人承担责任的范围与边界。对于新型网络聚量型侮辱诽谤罪的刑法评价，应在全新审视其异化特征的基础上，对于情节严重标准、公诉程序的启动等问题进行差异化的教义学解读与规范化回应。

第一节　侮辱诽谤犯罪的网络聚合化及其规制难题

　　网络侮辱诽谤行为对个人人格法益的危害性日渐突出，并受网络聚众性、开放性、扩散性的影响，使危害结果延伸辐射到对网络价值观、网络空间秩序的损害，并同寻衅滋事罪等罪名产生了竞合问题。2013年9月6日公布的《网络诽谤司法解释》注意到了网络侮辱诽谤行为的聚量问题，针对网络诽谤罪的特有属性制定了点击量、浏览量、转发量的情节严重标准。但是，这些新标准对新型网络聚量型侮辱诽谤行为的特征反应不足，体现为以点击量等数量标准为中心、以捏造和虚假内容为中心，忽略了对具有严重社会危害性网络侮辱犯罪的关注。

根据《网络诽谤司法解释》第 2 条、第 4 条规定，网络诽谤的情节严重主要包括了数量标准、危害后果标准、主观恶性标准，其中，对于网络诽谤网络因素的回应主要体现为数量标准的设定，即将"实际被点击次数、浏览次数、转发次数"作为情节严重或者定罪的标准。《网络诽谤司法解释》主要是基于对网络诽谤扩散性规律的认识所制定的规定，具有一定的传播学依据，但是，对于网络侮辱诽谤的认定如果仅仅依靠点击次数、浏览次数、转发次数等数量标准，仍然难以有效实现对网络侮辱诽谤的制裁。[1]尤其是网络侮辱对被害人人格权益所造成的伤害，很多情况下难以用以上数量标准进行评价。"情节严重"可以解决单一数量标准评价不足的问题，而《网络诽谤司法解释》却将"情节严重"的情形又限缩回数量标准，虽然其中也规定了"二年内曾因诽谤受过行政处罚"等情况，但是仍然未能有效发挥"情节严重"的构成要件功能。

基于对言论自由的维护与保障，刑法针对言论自由所设计的罪名主要围绕行为的捏造、编造和内容的虚假、虚伪所展开，主要体现为《刑法》第221 条、第 243 条、第 246 条、第 291 条的有关规定。同时，从司法实践来看，网络侮辱犯罪在以捏造行为和虚假言论为中心的理念下没有得到足够重视。然而，随着网络侮辱诽谤行为呈现出分散化、去中心化特征，打破了侮辱诽谤犯罪主要以侮辱、诽谤言论为载体进行传播的传统理念，新型网络侮辱诽谤行为在最初的侮辱、诽谤实施者发起侮辱诽谤言论之后，便产生了众人参与模式，其实质在于单独的侮辱诽谤言论达不到相应的犯罪标准，而共同参与侮辱诽谤共同构成犯罪，这就使得传统的标准对于此类行为无法进行有效评价。同时，这种去中心化、分散化特征在网络侮辱中更为突出，除了网络侮辱的发起人之外，其他参与人员大部分没有"恶意"，而更多的是起哄或者凑热闹，[2]基于法不责众以及限缩言论入刑的传统理念，不处罚参与侮辱人员成为通说性做法。但网络聚量型侮辱诽谤犯罪给网络聚量所直接体现出的聚众效应、网暴效应带来了新的问题，即首发者、聚众者是否应对其他

---

[1] 参见郭玮：《论网络侮辱行为的刑法规制》，载《河南社会科学》2019 年第 10 期。

[2] 参见肖亮升：《遏制网络诽谤犯罪　正确引导网络行为》，载《人民政协报》2021 年 3 月 16 日，第 12 版。

参与人共同造成的危害结果承担刑事责任，其他积极参与者是否要对危害结果承担刑事责任。另外，基于网络侮辱诽谤溢出效应所引发的社会秩序的扰乱，这一情形是属于侮辱诽谤犯罪的定罪量刑情节，还是作为寻衅滋事罪的构成要件亦存在界限模糊的问题。

第二节　新型网络聚量型侮辱诽谤的规范解构

网络侮辱诽谤行为较之传统侮辱诽谤行为的危害性更多地体现为其聚量型，而聚量型某种程度上也是危害后果溢出效应的主要体现形式。针对新型聚量型网络侮辱诽谤案件所产生的聚众效应、溢出效应和网暴效应，应当重新审视侮辱罪、诽谤罪的规范内涵。针对网络聚量型侮辱诽谤犯罪的特殊性，对于网络侮辱诽谤的评价，除了传统的数量标准之外，还应关注对于造成足以危害他人人格权益危险的行为，实现对聚量型网络侮辱诽谤不同效应的全面评价。

一、新型网络侮辱诽谤"聚量"的实质内涵

网络侮辱诽谤的聚量是危害后果的聚量，但其并非简单的数量相加，而是法益侵害性的相互作用基础上的后果叠加，甚至跨法益辐射侵害到社会秩序等人格权之外的其他法益类型。因此，网络侮辱诽谤的聚量具有多元化的表现形式，不同于数额犯可以通过具体的量化实现对犯罪构成要素的描述，网络侮辱诽谤罪作为情节犯具有较为综合性的判断标准。

基于网络侮辱诽谤的特有属性，网络侮辱诽谤聚量的实质主要包括两个层面：引发了损害人格权益且情节严重的量、造成了足以严重损害人格权益的危险的量。例如，对于虽然没有达到《网络诽谤司法解释》具体的量，但对于被害人的人格权益造成严重侵害的危险的，亦应认定为侮辱罪或者诽谤罪。有观点认为侮辱罪、诽谤罪属于抽象危险犯，只要散布的侮辱诽谤性言论处于不特定多数人可能知悉的状态就成立本罪，而不需要多数人已经实际知悉相关内容。[1]换言之，行为人在实施侮辱诽谤行为之后，对始终存在的法益侵害状态具有作为义务，行为人实施行为后，事实上对被害人人格法益的侵害一直处在侵害状态，也即抽象危险一直在增加，仅就此种情况而言，

---

〔1〕　参见张明楷：《网络诽谤的争议问题探究》，载《中国法学》2015年第3期。

即应认定为本罪情节严重。笔者认为，网络侮辱诽谤聚量的危险不应是抽象危险，而是一种足以侵害他人人格权益的具体性危险。首先，网络侮辱诽谤的聚量不是形式上的聚量，而是具有法益实质侵害性的"量"，应当将不具有法益侵害性的"量"排除在外。换言之，除了已经造成现实的人格权益实害结果之外，相对于足以造成人格权益受侵害的具体危险，其是一种可以被反证不具有具体危险而进行出罪的"量"，应排除这种不具有法益侵害性的"虚量"或者无意义的"量"。例如，行为人发布的网站为热门网站，对于冷门网站是否具有具体危险仍然需要进行判断，即判断是否产生了足以危害他人人格权益的外在表征的危险。在岳某侮辱案中，被告人岳某（男）为报复张某及其家人，在自己的微信朋友圈、快手账号散布二人交往期间拍摄的张某裸体照片和视频。岳某在其账号被封号后又再次申请快手账号，继续散布张某的上述视频及写有侮辱文字的张某照片，浏览量分别为 222 次和 429 次。上述侮辱信息迅速在当地散布、发酵，张某不堪受辱在巨大精神压力下服毒自杀，经抢救无效死亡。[1]该案中，用于散布侮辱性信息的账号粉丝只有 4 人，但粉丝人数不能等同于浏览人数，本案浏览量分别为 222 次、429 次。网络空间本身属于开放性的环境，在网络空间公开实施的行为都具有天然的"公然"性，虽然网络公然传播不绝对等同于具有了损害他人人格的危险，但如果现有外在事实表明已经产生了危害他人人格权益的危险即可认定为本罪。

二、新型网络聚量型侮辱诽谤的体现

同传统的诽谤形式不同，网络聚量型侮辱诽谤的犯罪态势异化，实现了跨时空、聚众化、持续化。一方面，网络聚量型侮辱诽谤在地域上打破了地理空间限制，以网络的开放性叠加行为的聚众化，使得网络侮辱诽谤的传播范围、参与范围几何式倍增；另一方面，网络聚量型侮辱诽谤在时间上体现为网络侮辱诽谤言论在网络空间中的持续留存，无论是其造成他人人格权侵害的具体危险还是受侵害的持续状态，较之传统犯罪都体现出很强的危害性。

（一）手段、方法以及危害行为的聚量型："一对一"转向"多对一""多对多"

我国具有庞大的网民数量，任何行为一旦实现聚量，往往会对被害人带

---

〔1〕 参见最高人民检察院发布了第三十四批指导性案例：岳某侮辱案（检例第 138 号）。

来巨大的危害性。网络侮辱诽谤行为聚量所引发的聚众效应、扩散效应打破了传统的"一对一"侮辱诽谤模式，转而异化为"多对一""多对多"的侮辱诽谤模式，其大量参与者缺乏诽谤他人的故意，这也是网络暴力现象层出不穷，却最终鲜有人承担法律责任的困境所在。

网络侮辱诽谤造成的危害后果具有累积性、叠加性、扩散性，网络侮辱诽谤危害结果的产生往往是由"首发者"＋"跟风者"、"起哄者"＋"微小参与者"、"吃瓜者"行为所共同造成的。诚如有观点指出，在法不责众的惯性思维模式下，"随大流"的网暴参与行为被忽略，大量微小的对他人的违规侵权行为经历了"被忽视、被接受、被重复，常态化的过程"，异化为一种被人们所默认的日常生活实践。[1]因此，刑法在制裁网络侮辱诽谤犯罪中的重大难题便在于法不责众，但是，"法不责众意味着法律将成为一纸空文，且可能随着'破窗效应'的逐渐放大而透支公信力，给予民众国家法治状况、政府执法能力的负性判断符号，进而激发更多性质恶劣的违法甚至犯罪动机"。[2]网络侮辱诽谤及其所异化"进阶"后的网络暴力，很大程度上成为损害公众法治意识、侵蚀法治信仰的诱发因素。

（二）危害结果的聚量：侵害持续性+侵害聚众化基础上的危害结果叠加

网络侮辱诽谤行为从实质上看属于一种状态犯，其行为所造成的法益侵害状态是一直持续的，这不同于线下传统的侮辱诽谤行为，这种网络留声式、回放式的行为模式叠加网络侮辱诽谤行为的聚众化，使得网络侮辱诽谤的危害结果也呈现出聚量。网络侮辱诽谤的网络化本身即注定其具有较大的危害性，也正是基于此种考虑，《最高人民检察院、公安部关于公安机关管辖的刑事案件立案追诉标准的规定（二）》第74条第2项将"利用互联网或者其他媒体公开损害他人商业信誉、商品声誉"规定为严重情节，没有进一步规定需要满足特定的点击量、浏览量与转发量才构成犯罪。可以肯定的是，利用网络实施传统犯罪本身就表明该行为具有严重的社会危害性，即传统违法行为＋网络实施可以作为犯罪的构成类型。这种解释逻辑的背后体现了对网络倍增危害后果、叠加危害后果的实际考量，但是其直接以抽象危险犯的形式将

---

〔1〕　参见李娜：《"积习难返"：日常性违规的生成机理及其后果》，载《思想战线》2018年第3期。

〔2〕　参见伍德志：《论破窗效应及其在犯罪治理中的应用》，载《安徽大学学报（哲学社会科学版）》2015年第2期。

此类行为类型化为犯罪,未能很好地体现出网络对危害后果聚量的认定过程。对此,在肯定该规定的同时,应当明确网络聚量型侮辱诽谤行为所造成的危害结果除了实害结果之外,对于具体危险的判断也应充分考虑网络侮辱诽谤危害后果叠加的各类情形。[1]

三、网络侮辱诽谤"聚量"所引发的异化效应

网络侮辱诽谤的聚量直接产生了网络空间中所特有的聚众效应,而聚众效应的扩张又进一步使网络侮辱诽谤异化为网络暴力和损害社会秩序的寻衅滋事行为。其中,网络侮辱诽谤聚众效应所异化而成的网络暴力又称为网暴效应,对于社会秩序的损害则属于网络侮辱诽谤的溢出效应,二者均源发于网络侮辱诽谤的聚众效应。

(一)聚量所直接引发的聚众效应

网络侮辱诽谤案件的聚量,在形式上还体现为一种聚众效应。网络聚量型侮辱诽谤的聚众效应使其一般体现为群体性的谩骂和攻击,这种聚量的聚众效应,使侮辱诽谤行为异化为群体化、规模化的"微小型"侵权行为或者违法行为。新型聚量型网络侮辱诽谤的聚众效应,引发了危害后果的不特定性、累积性,这种聚众效应既体现了刑法对于新型网络侮辱诽谤行为制裁的必要性,同时也对因果关系的是否存在、行为人对危害结果的主观罪过等问题提出了挑战。对此,笔者认为,对于聚众效应造成的危害结果扩大化、累积化,行为人应当对此承担责任,且行为人行为与扩大化的危害结果之间具有因果关系,不能以此否定行为人的责任。

(二)聚量异化所引发的网暴效应

网络侮辱诽谤的开放性决定了其往往具有规模性、集中性、压制性的特征,在一定时间内人对特定个人实施集中性、规模化的谩骂侮辱和攻击,造成人格权益受到极大侵害。侮辱诽谤往往异化为聚众侮辱诽谤,并且很多情况下异化为网络暴力、群体性的侮辱诽谤,这对个人所造成的损害后果较之传统社会的侮辱诽谤呈现几何式倍增和跨越,致人自杀以及死亡的案件呈现较快的增长态势。随着侮辱诽谤行为网络聚量后的社会危害性倍增,其不再单纯地损害被害人的人格名誉,还会直接影响到被害人的工作、生活、社会

---

[1] 参见姜敏:《刑法预防性立法:罪型图谱和法治危机消解》,载《政法论坛》2021年第6期。

交往乃至造成其他人身、财产等方面的损害后果。尤其是公民网络社会性人格在生活中的地位凸显，网络人格权益的损害可以很快地导致个体"社会性死亡"，其危害性应得到重视，应将此类行为及其危害性同传统人身犯罪、财产犯罪一样给予重新的刑法审视。

（三）聚量异化所引发的溢出效应

网络侮辱诽谤的溢出效应，是指网络聚量型侮辱诽谤除了直接侵害被害人人格权益之外，基于聚众效应、网暴效应还会同时辐射扰乱社会秩序等其他法益，对于社会秩序所造成的侵害即为溢出效应。网络聚量型侮辱诽谤往往很容易造成一定的恶劣社会影响，尤其是发起者、积极参与者、起哄者不间断地实施发帖、转发、煽动对被害人的攻击，不仅侵害了被害人的人格权益，同时也会对社会秩序造成侵害。此种情况下，对于网络侮辱诽谤所造成的社会秩序损害，体现了网络聚量型侮辱诽谤犯罪的溢出效应，应首先将其作为侮辱罪、诽谤罪公诉程序的条件，避免径直认定为寻衅滋事罪。对此需要明确，网络聚量型侮辱诽谤犯罪侵犯的法益不是社会秩序，其对象限于一般的公民个体，应当区分网络侮辱诽谤聚量所引发的侵害社会秩序的溢出效应，同寻衅滋事罪所直接指向的社会秩序的侵害后果。同时，对于溢出效应适用寻衅滋事罪也应有所限制，其针对的对象是社会管理，而非特定的个人，避免将网络侮辱诽谤对社会秩序的溢出效应等同于对社会秩序的直接侵害，进而将此类行为认定为寻衅滋事罪，造成寻衅滋事罪"口袋化"的进一步扩张。

第三节　新型网络聚量型侮辱诽谤带来的司法难题

随着网络社交的深入发展，网络侮辱诽谤异化为一种网络聚众型犯罪。尤其伴随网络聚量型侮辱诽谤犯罪聚众效应、网暴效应、溢出效应的增强，这就使得对于网络侮辱诽谤行为的参与者的责任认定，网络言论自由与监督权的平衡都面临新的问题。[1]同时在犯罪构成判断上，网络聚量型的侮辱诽谤犯罪，除了传统形式上的数量评价标准，对于产生了聚量侵害人格权益的具体危险等情形如何确定构罪条件，均需要进一步的司法明确。

---

〔1〕　参见叶必丰：《公共服务连续性理论及我国的实践》，载《政法论坛》2022 年第 5 期。

一、网络聚量型侮辱诽谤中参与者的责任归属问题

一般认为，在参与网暴的群体中，参与者是不需要承担责任的。但是，随着网络暴力所引发的危害结果的增强，如何评价网络侮辱诽谤参与者的责任，成为刑法所面临的新问题。整体而言，第三人参与网络侮辱诽谤主要包括三种情形，即积极跟随网络侮辱诽谤首发行为的附随性攻击、无实际"恶意"的"吃瓜"行为、发表反对侮辱诽谤被害人的保护性言论，其中第三类情形明显不属于侮辱诽谤的行为范畴。对于网络侮辱诽谤的参与者是否承担刑事责任，反对论的观点主要基于保护言论自由、刑法的谦抑性、网络侮辱诽谤应交由技术处理、网络侮辱诽谤通过加强细化平台责任解决。此类观点具有合理性，但也体现了传统认识、传统理念在应对全媒体时代背景下网络侮辱诽谤的滞后性，未能对新型网络侮辱诽谤行为的异化特征给予重新审视，其并不能成为直接否认参与者承担刑事责任的直接根据，原因有三：一是，从程序法层面看，基于网络的匿名性和开放性，对于网络侮辱诽谤普遍存在的取证难问题，单纯依靠民事诉讼程序很难实现对被害人的权利保护；二是，从实体法层面看，聚量型网络侮辱诽谤犯罪较之传统侮辱诽谤犯罪，具有更大的法益侵害性，在其行为符合刑法关于侮辱罪、诽谤罪构成要件的基础上，应当给予刑法否定性评价；三是，通过技术处理和加强网络平台责任，并不能成为否定刑法制裁网络侮辱诽谤行为的理由，二者之间并不是非此即彼的排斥对立关系。因此，"一刀切"地以言论自由等反对刑法介入侮辱诽谤犯罪是过于武断的，面对新型聚量型网络侮辱诽谤犯罪，不能仅仅以强调刑法谦抑性、强调言论自由为由反对刑法的介入，应重新正视、审视新型聚量型网络侮辱诽谤犯罪的特征及其危害性。

根据《网络诽谤司法解释》第1条第2款规定，明知是捏造的损害他人名誉的事实，在信息网络上散布，情节恶劣的，以"捏造事实诽谤他人"论。由此可见，《网络诽谤司法解释》对于明知是捏造的事实而散布的参与行为解释为诽谤行为，亦体现了对网络诽谤参与者的处罚立场。一般认为，网络侮辱诽谤尤其是网络诽谤中的传谣者，要求其具有主观明知才可能构成犯罪。[1]同时，对于所谓的恶意传谣者，由于其并不属于侮辱诽谤言论的源头，更多属

---

[1] 参见刘艳红：《洗钱罪删除"明知"要件后的理解与适用》，载《当代法学》2021年第4期。

于侮辱诽谤聚量效应中的参与者，《网络诽谤司法解释》也作出了不同于造谣者的入罪标准，即不同于诽谤罪入罪标准的"情节严重"，而是表述为"情节恶劣"，如行为人的动机卑劣、散布的诽谤信息内容恶毒、行为人长期诽谤他人等。此外，对于"善意"参与或者"随意"参与网络侮辱的情形，是否应当区别于网络诽谤，也应当差异化地进行思考和回应。例如，参与者不了解真实情况仍然起哄、煽动，不论其属于恶意还是善意，抑或"随意"进行侮辱诋毁他人，在具有严重情节的情况下即应认定为犯罪。

二、网络聚量行为可罚性与刑法谦抑性的平衡问题

网络侮辱诽谤的聚量所体现出的煽动性、聚众性已经从根本上区别于言论自由的范畴，其发展到一定程度往往会异化为网络暴力，不能以言论自由去混淆替换网络侮辱诽谤的法益侵害性及其刑事可罚性。同时，侮辱罪、诽谤罪作为亲告罪，本身也体现了刑法的谦抑性，但是谦抑性不等同于对犯罪的放任，尤其是随着网络犯罪危害性的增强与犯罪实施门槛的极度降低，只强调限定的处罚已经不再符合当前的犯罪情势，即如何实现从"限定的处罚"转向"妥当的处罚"，[1]应成为解决网络侮辱诽谤犯罪所应予以重点回应的重要命题。

（一）保障言论自由与保护人格权益的平衡问题

公民的表达权、监督权受法律保护，刑法并不禁止网民通过互联网对公共事务发表意见、关注社会问题、进行舆论监督，在网络上发表言论是公民行使言论自由、参与国家和社会管理的重要途径。事实上，刑法以捏造事实或者虚假信息为中心的罪名设置，也是在兼顾言论自由。但是，公民行使表达权同网络侮辱诽谤行为之间不具有对应关系，应当避免将针对普通公民个体的侮辱诽谤行为等同于公民行使表达权、监督权，对于社会普通个体的侮辱诽谤不应被认定为言论自由的范畴。[2]一般公民同公众人物不同，也不同于涉及公共管理、社会公共话题的公职人员，普通公民不违反社会主义核心价值观、不妨害社会利益、不关涉第三方合法利益所发生的事实，无论真实

---

〔1〕　参见张明楷：《网络诽谤的争议问题探究》，载《中国法学》2015 年第 3 期。

〔2〕　参见最高人民法院刑事审判第三庭：《〈关于办理利用信息网络实施诽谤等刑事案件适用法律若干问题的解释〉的理解与适用》，载《人民司法》2013 年第 21 期。

与否都不得对其进行公开抨击，公民履行监督权、发表意见或者好恶评判不应针对同社会公共利益无关的无辜第三人人格权益。过度主张刑法保护言论自由的观点，潜在地将侮辱罪、诽谤罪设定为打击公民言论自由、打击公众监督权，忽略了诸如侮辱性言论不关乎言论自由，其实质在于对被害人人格权益的侵害。[1]

（二）强调刑法谦抑性的同时严重忽略了网络侮辱的刑法评价

根据《网络诽谤司法解释》第1条规定，捏造事实诽谤他人是指"捏造并散布""篡改并散布"，以及"明知是捏造而散布"，打击的是"披露事实型"贬损人格名誉行为，重点制裁的是"造谣传谣"行为。基于刑法的谦抑性，《网络诽谤司法解释》仅处罚捏造事实的行为，对于散布真实事实不在《网络诽谤司法解释》的制裁范围，如此规定具有合理性。但是，以往司法实践关注更多的是诽谤内容的真实性问题，忽略了网络侮辱的刑法评价，而网络侮辱恰恰也是网络暴力的主要源头类型。司法实践中多将网络侮辱认定为"暴力"以外的"其他方法"，主要指"在网络上以语言、文字、图片或视频等方法侮辱某个特定的人或群体"。[2]网络侮辱的首发者很大程度上对舆论导向、参与者的认识等具有支配性，被害人面对大量毫无规律的侮辱信息往往只能"灭火式"地逐一进行投诉，使得网络侮辱异化为一种无法反抗的带有强制性色彩的行为类型，被害人通过自身力量几乎难以阻止相关信息内容的扩散。虽然中央网信办于2022年11月2日发布的《中央网信办秘书局关于切实加强网络暴力治理的通知》对网络平台事前防范网络暴力、中断网络暴力等均增加了责任性规定，但由于网络的不可控性，该通知并不能绝对消除网络侮辱诽谤行为的扩散性和危害性，在被害人人格名誉造成损害后仍然需要刑法介入。

三、传统"情节严重"标准滞后于网络聚量型侮辱诽谤犯罪的评价

为了平衡言论自由与个人人格权益的保障，以及体现刑法的谦抑性，刑法只处罚情节严重的网络侮辱诽谤行为。但是，现有的立法、司法解释均未能对本罪的情节严重给出符合新型网络侮辱诽谤行为的细化标准。为了应对

---

〔1〕 参见刘艳红：《网络时代言论自由的刑法边界》，载《中国社会科学》2016年第10期。

〔2〕 刘哲、李静、周峻毅：《网络侮辱案例之办案探析》，载《中国检察官》2022年第10期。

新型网络侮辱诽谤犯罪同传统犯罪的异化挑战,《网络诽谤司法解释》针对网络诽谤的特性,将同一诽谤信息的实际被点击数量、浏览数量(5000 次)或者被转发数量(500 次),作为网络诽谤的"情节严重"标准。其中,有观点对"点击、浏览 5000 次,转发 500 次"予以质疑,认为全媒体背景下单纯以数量定罪无法准确评价行为的法益侵害性。[1]值得注意的是,尽管关于《网络诽谤司法解释》的起草说明中明确指出,该数量标准不仅经过了实证研究,而且系根据诽谤言论传播规律所得出,但是简单的数字化却使得网络诽谤"情节严重"的认定呈现出形式化,忽略了对于网络诽谤言论法益侵害性的实质审查。因此,除了诸如《网络诽谤司法解释》中形式上的数量标准之外,网络侮辱诽谤的危害性还体现为引发了其他参与者的附随化语言暴力,这种语言暴力单独来看可能并未达到犯罪门槛,但是其累加则会严重侵害被害人的人格权益。从这个层面讲,"情节严重"标准的设置未能完整回应新型网络聚量型侮辱诽谤犯罪的新特征,其不应再局限于形式上的点击量、浏览量、转发量,而是应当反映网络侮辱诽谤行为整体危害性的量。有鉴于此,应当重新审视网络侮辱诽谤情节严重的教义学内涵,对于诸如利用特定时间节点或者特定事件、借网络侮辱诽谤煽动群众负面情绪,以及煽动、组织或者聚众对个人实施侮辱诽谤等情形是否可以作为情节严重的标准均有必要进行论证和思考。

第四节 新型网络聚量型侮辱诽谤犯罪的刑法回应

在全媒体时代,任何人都可以成为传播信息的中介和媒体,轻轻敲击键盘便可能带来的法益侵害性在逐步增强,迫切需要确立新规则以应对网络空间新型聚量型侮辱诽谤犯罪行为。从实体法上看,对于聚量行为的发起者、参与者如何确定责任,如何分配责任,如何厘定侮辱诽谤罪情节严重等罪与非罪的标准判断,以及如何解决寻衅滋事罪与网络侮辱诽谤罪的界限模糊问题都亟待刑法回应。同时,从程序法上看,尤其需要重新构建网络侮辱诽谤的诉讼启动程序规则,以实现信息化、智慧化时代背景下公民人格权益的有效保护。

---

[1] 参见孙煜华:《网络诽谤罪司法解释的合宪性审视》,载《中国法律评论》2015 年第 4 期。

一、网络聚量型侮辱诽谤发起者和积极参加者的刑事责任认定

应当明确，在警惕对网络聚量型侮辱诽谤客观归罪、主观归罪的前提下，在坚持责任自负原则的基础上，对于符合因果流程、造成他人人格权益侵害的行为进行合理化入罪。其中既包括对侮辱诽谤发起者的刑事责任追究，也应包括对于积极参加者的刑事责任追究。

（一）网络侮辱诽谤发起者的刑事责任

对于行为人对他人的参与行为、传播行为或者点击、浏览、访问、转发行为承担刑事责任，是否违反了罪责自负原则？对此，有观点认为《网络诽谤司法解释》所规定的点击量等数量标准有客观归罪或者"他人助罪"之嫌，即行为人是否构成诽谤罪不在于其诽谤行为本身，而是需要其他人的推动，行为人构成犯罪与否主要取决于他人实际点击、浏览或者转发的次数，这既不符合刑法基本原理，也会导致行为人被人所利用，如通过故意增加点击量或者转发量以达到使行为人构罪的目的。[1]笔者认为，从主观罪过上讲，行为人将侮辱性、诽谤性的言论或者举止置于网络空间，后续的点击、浏览、访问或者转发均是基于对行为人的侮辱诽谤行为而实施，行为人应当对自己的行为所引发他人点击、浏览、访问或者转发具有认识，并希望、放任他人去点击、浏览、访问或者转发，不然行为人无须在网络空间实施此类行为。从这个层面讲，网络侮辱诽谤行为人对于他人后续的点击、浏览、访问或者转发行为具有主观认识，即明知他人会点击、浏览、访问或者转发其在网络空间实施的侮辱、诽谤行为；在意志因素上至少是一种放任，符合间接故意或者直接故意的要求。[2]

同时，根据社会学原理，在社会群体中只需要某个或者某些个体围绕一个明确目标展开行为，该群体中的其他个人也会跟随去实施这一目标，即使其他个体并没有意识到自己在跟随别人行动。[3]从这个层面来讲，其他人实

〔1〕 参见李晓明：《诽谤行为是否构罪不应由他人的行为来决定：评"网络诽谤"司法解释》，载《政法论坛》2014年第1期。

〔2〕 参见程红、李恒虎：《供给与剥离：刑法治理网络谣言的取舍之道》，载赵秉志、张军、朗胜主编：《现代刑法学的使命（下卷） 全国刑法学术年会文集（2014年度）》，中国人民公安大学出版社2014年版，第1216页。

〔3〕 参见［美〕兰·费雪：《完美的群体：如何掌控群体智慧的力量》，邓逗逗译，浙江人民出版社2013年版，第45-46页。

施的点击、浏览或者转发行为是附属于网络侮辱、诽谤的发起者的，其他人所造成的危害结果同发起者的行为之间亦具有因果关系。换言之，在网络空间尤其是社交类网络平台中发布信息或者实施网络交互行为，后续其他人对此实施的点击、浏览或者转发等行为在网络交往活动中具有相当性、一般性，是正常的、符合一般性规律的行为，即使在侮辱诽谤发起行为中介入了第三人行为，此第三人行为由于不具有异常性，并不会中断侮辱诽谤发起者同危害结果之间的因果关系。因此，侮辱诽谤行为与被害人的自杀、自残等结果之间存在条件关系，且介入的第三人行为或者被害人不具有异常性，就应当认定为侮辱行为引发情节严重情形成立，对此不需要行为人预见到被害人可能会自杀、自残、精神失常。

（二）网络侮辱诽谤积极参加者的刑事责任

一般认为，实践中要严格区分构成犯罪的恶意诽谤行为和普通网民在不明真相情况下进行的发帖、转帖行为。[1]但是，即使对于不明真相的发帖、转帖行为也应区分情况评价，并非全盘否定网络侮辱诽谤发起者尤其是网络侮辱参与者的刑事责任，传播行为或者参与行为亦可以成为侮辱罪、诽谤罪的实行行为，尤其是紧随发起者对他人进行侮辱、诋毁和语言攻击，这种对他人人格的诋毁乃至谩骂无所谓恶意与善意。但是，在认定不缺乏实际恶意即构成侮辱罪、诽谤罪时应特别慎重，避免将不明真相的无恶意传谣者、参与者、转发者同恶意造谣的发起者、积极参加者相混淆。因此，对于转发、参与评论不具有攻击性内容、属于事实性描述的内容等情况，则不能认定转发者、参与者应当知道该内容属于侮辱诽谤内容，由于其主观上缺乏侵害他人人格权益的故意，便不需要承担责任。有观点指出："网络语言暴力的暴力属性与言论发表的动机和形式无必然联系。"[2]事实上，行为人对他人人格权益的侵犯的行为动机，无论是出于所谓的道德批判，抑或恶意诋毁，动机的恶意与否并不影响行为本身的人格权益的侵害性。即使犯罪的人、道德败坏的人也拥有人格权，任何人不能随意诋毁他人名誉。很多情况下的网络侮辱诽谤行为都是站在道德制高点，对所谓的不道德现象进行批判，进而引导舆

---

〔1〕　参见最高人民法院刑事审判第三庭：《〈关于办理利用信息网络实施诽谤等刑事案件适用法律若干问题的解释〉的理解与适用》，载《人民司法》2013年第21期。

〔2〕　参见蔡荣：《"网络语言暴力"入刑正当性及教义学分析》，载《西南政法大学学报》2018年第2期。

论形成对被害人工作、生活、个人形象的一系列人身攻击和批判，充斥着各种侮辱谩骂和诋毁，形成一种语言暴力。尤其在新型网络聚量型侮辱诽谤犯罪的聚众效应日渐增强的背景下，网络的开放性、扩散性使得侮辱诽谤犯罪逐渐异化为一种聚众性犯罪，异化为聚众侮辱诽谤犯罪。对此新的犯罪情势，除了打击网络侮辱诽谤的发起者乃至组织者之外，对于网络侮辱诽谤的积极参加者，虽然其并非首发者，但如果其行为亦达到了情节严重的情形，亦应给予刑法处罚。根据通说观点，对于积极参加者的认定，主要是指在聚众犯罪中发挥重要作用或者直接造成危害结果的，以及在聚众和准备犯罪中行为积极并起重要作用的，不论其是否直接实施侮辱诽谤行为，均可以将其认定为积极参加者。但需要强调的是，对于积极参加者毕竟不同于网络侮辱诽谤的首发者，在具体认定时要注意防止降低认定标准，避免造成打击面的扩大。

二、网络侮辱诽谤中对于"聚量"的实质判断

新型聚量型网络侮辱诽谤罪的聚量要求，只有网络侮辱诽谤达到实质侵犯法益的"量"才构成犯罪，即没有达到聚量要求，仅仅实施了侮辱诽谤行为并不当然构成犯罪。

（一）网络侮辱诽谤聚量中"量"的实质判断

按照实质犯罪论的观点，发布不实信息只是构成侮辱罪或者诽谤罪的形式基础，是否构成犯罪还需要进一步判断侮辱内容或者诽谤内容是否符合"情节严重"，并对是否足以引起严重法益侵害进行审查判断。[1]侮辱罪、诽谤罪作为一种情节犯，侮辱诽谤性言论在何种情况下达到侵害公民人格的程度，也需要"情节严重"的证成体现。[2]例如，有观点认为诽谤罪作为具体危险犯，对于某一行为是否成立犯罪应判断诽谤行为是否足以损伤他人的名誉，需要判断诽谤内容的"杀伤性"。[3]现有司法解释的点击量等情节严重标准事实上就是一种具体危险的设定，根据点击量等现有的量化情况反映侮辱诽谤行为对他人人格权益侵害的程度，并以此判断诽谤行为构成犯罪。但是，司法实践中也不能无视"量"的实质化审查，"量"应该是具有法益实

---

〔1〕 参见刘艳红：《实质犯罪论》，中国人民大学出版社 2014 年版，第 92 页。

〔2〕 参见于冲：《论具体危险犯的结果化认定》，载《法制与社会发展》2022 年第 2 期。

〔3〕 参见林东茂：《刑法综览（下册）》，一品文化出版社 2016 年版，第 92—95 页。

质侵害性的量。据侮辱诽谤的传播学规律，只有有效的浏览、点击、转发才会造成实际的危害后果，才会对人格法益产生侵害性危险。[1]有观点建议实际浏览量、转发量应当以人数为判断标准，而非以次数为判断标准，否则就很难区分"有效传播"和"无效传播"。[2]因此，实际浏览量、转发量应当排除不能归责于被告人的次级传播浏览量、转发量。例如，对于有证据证明重复点击"刷量"的数量应当排除在外，解决的思路可以选择以 IP 地址作为衡量数量的主要标准。

（二）"情节严重"的多元化标准

有学者强调，利用互联网络实施传统犯罪行为本身就属于情节严重的情况，[3]例如，利用信息网络实施犯罪活动罪，如果没有涉及网络，相关行为可能不具有可罚性，其成立犯罪的缘由很大程度上即在于互联网因素的存在。基于刑法谦抑性的考量，对于侮辱罪、诽谤罪的认定仍然需要把握"情节严重"的判定。但是，现有司法解释对于情节严重所确定的单一量化标准明显已经不符合全媒体时代的信息传播规律。首先应当明确，网络侮辱诽谤中涉及数量不直接等于危害性，应当将数量+实质侵害性作为其中一个标准，避免仅从数量上、形式上认定网络侮辱诽谤犯罪。这是因为，侮辱罪、诽谤罪性质上属于情节犯，并非狭义的数额犯，不能以单纯的数额或者数量来衡量其法益侵害性。另外，即使传统的数额犯，也都在由单一的数额指标转向多元标准，例如，盗窃罪、贪污罪等均由单一的数额量化指标转向兼顾数额与严重情节。对于网络侮辱诽谤犯罪，除了设置单一的点击数、浏览数、转发量作为情节严重的标准之外，还应进一步结合被害人人格权益受侵害的危害现状，进行多元化设计。例如，对于聚众实施持续性的语言攻击，对于网络聚量型侮辱诽谤的首发、多发、煽动发布行为，以及以牟利（如赚取流量）等为目的的实施的网络聚量型侮辱诽谤行为，均可以认定为情节严重。此外，还可以借鉴《中央网信办秘书局关于切实加强网络暴力治理的通知》的思路，根据行为类别、针对主体、参与人数、信息内容、发布频次、环节场景等进行情节严重标准的综合性认定。

---

〔1〕 参见程林颖：《网络诽谤次数若干问题探讨》，载《湖北警官学院学报》2015 年第 1 期。

〔2〕 参见金鸿浩、杨迎泽：《网络诽谤犯罪"情节严重"的综合判断》，载《国家检察官学院学报》2022 年第 3 期。

〔3〕 参见张明楷：《网络诽谤的争议问题探究》，载《中国法学》2015 年第 3 期。

三、网络聚量型侮辱诽谤行为治理的行刑一体化衔接

网络侮辱诽谤单独依靠刑法无法有效解决，不代表刑法放弃了对此类行为的评价与制裁，在加强网络聚量型侮辱诽谤行政处罚与行业治理的同时，仍然需要明确刑法与前两者的对应关系。同时，由于侮辱诽谤内容通过网络传播，被害人自诉调查取证面临诸多困境，无法有效及时打击侮辱犯罪，对此应进一步确立网络侮辱罪、诽谤罪的公诉标准，避免公诉标准的模糊化、随意化。

（一）行业阻断、行政处罚及其与刑法的关系

《中央网信办秘书局关于切实加强网络暴力治理的通知》为了实现对网络暴力的精准治理，明确了网暴信息分类标准、细化涉网暴内容标准，并对发布不友善信息的账号，参与网暴的账号，对首发、多发、煽动发布网暴信息的账号等三类不同账号设定了差异化的治理模式。其中，对于"首发、多发、煽动发布网暴信息的账号"规定了较为严厉的处罚措施，包括了"依法依规采取关闭账号等措施，情节特别严重的，全网禁止注册新账号"。随着该通知的出台，对于网络暴力的治理不断强化行政处罚和行业治理，与此类似的思路同样适用于网络侮辱诽谤行为。客观讲，当下对于网络侮辱诽谤行为也更为强调预防治理观，从行为的初始阶段避免其传播范围扩大，要求平台及时阻断传播，确立了网络侮辱诽谤行为的"阻断机制"，掐断网络"聚量"的客观条件，如此便可以很大程度上消减网络侮辱诽谤行为的危害性。与此同时，该通知在加强平台责任的同时，亦明确对于造成严重危害后果的行为也应承担刑事责任，即"涉及违法犯罪的，移交相关部门依法追究法律责任"。尽管该规定未具体明确何种情形构成犯罪，但却体现了对于网络暴力治理的行刑一体化思路，对于对接《网络诽谤司法解释》提供了指引性规范。例如，《网络诽谤司法解释》第2条将"二年内曾因诽谤受过行政处罚"作为情节严重的标准，而诽谤受到行政处罚的标准亦可以在《中央网信办秘书局关于切实加强网络暴力治理的通知》中体现。对于"二年内曾因诽谤受过行政处罚"是否违反了刑法的谦抑性，笔者认为，考虑到网络诽谤的危害性，利用网络实施侮辱诽谤本身便产生了比传统侮辱诽谤行为更严重的法益侵害性，鉴于其聚量的较大危害性，实质已经达到了刑事罚性标准，体现了对行为人人身危险性评价。以此为思路，对接该通知规定的"关闭账号""全网禁止注册新

账号"等处罚规则，对于满足三次以上或者其他数量的行为，亦可以成为刑法制裁的对象。

（二）新型聚量型网络侮辱诽谤犯罪的诉讼程序问题

侮辱罪、诽谤罪作为亲告罪，在诉讼程序上一般适用不告不理的原则。立法对于侮辱诽谤告诉才处理的实质考量在于，国家不过度干预和介入公民"私事"或者"家事"，对于侮辱、诽谤、暴力干涉婚姻自由、侵占等社会危害性相对较小的案件，除了危害到国家、社会公共利益或者被害人客观无法提起告诉的，原则上以被害人的意愿决定是否开启刑事诉讼程序，最大限度体现了公民意思自治原则。但是，告诉才处理不代表国家机关对于此类案件放弃了起诉权，而只是对其刑事诉讼启动程序进行了限制，告诉才处理的反义解释结论，即公民告诉便应该受理。关于告诉的模式主要包括两种，即向人民法院告诉、向公安机关报案，与之相对应，人民法院在收到告诉以后对案件进行立案，或者公安机关在收到报案后立案侦查。对于公安机关不立案的，被害人可以向人民法院起诉，对于人民法院要求公安机关协助的，应解释为人民法院将案件移送给公安机关立案侦查。[1]此外，还有学者对诽谤犯罪进行公诉的情形进行了探讨，指出可以考虑诽谤手段、方法的危害程度，通过考量捏造的虚假事实是否属于通过影响大、范围广、互动性强的知名网络论坛进行广泛散布等决定是否提起公诉。[2]例如，在岳某侮辱案中，尤其产生了大量败坏被害人名誉的否定性、负面性评价，这种大量充斥于网络中的败坏他人人格的言论信息，检察机关认为被告人网络侮辱行为已造成社会恶劣影响，扰乱了当地社会秩序，认定属于"严重危害社会秩序"情形，应适用公诉程序。

四、网络聚量型侮辱诽谤犯罪案件中限缩寻衅滋事罪的适用

《网络诽谤司法解释》第5条第1款规定，利用信息网络辱骂、恐吓他人，情节恶劣，破坏社会秩序的，以寻衅滋事罪定罪处罚。对此需要明确，对于网络聚量型侮辱诽谤犯罪溢出效应所造成的社会秩序侵害，不能直接作

---

〔1〕　参见刘艳红：《网络时代言论自由的刑法边界》，载《中国社会科学》2016年第10期。

〔2〕　参见赵秉志、彭新林：《"严重危害社会秩序和国家利益"的范围如何确定——对刑法典第246条第2款但书规定的理解》，载《法学评论》2009年第5期。

为成立寻衅滋事罪的依据。这是因为，侮辱罪、诽谤罪的法益不包括社会秩序，网络侮辱诽谤犯罪所造成的社会秩序的侵害，只能作为本罪的量刑情节或者启动公诉程序的条件，而不能径直将其作为寻衅滋事罪的定罪要件。但是，限缩在网络聚量型侮辱诽谤案件中对寻衅滋事的适用，并不是放弃刑法对公民人格权益的保护，而是应当发挥公诉型侮辱罪、公诉型诽谤罪的规范保护功能，明确侮辱罪、诽谤罪公诉程序的启动条件，以此实现对公民人格权的保障。

对于网络聚量型侮辱诽谤案件，司法实践在侮辱罪、诽谤罪与寻衅滋事罪的认定上应把握以下两种情况：其一，严格把握寻衅滋事罪的入罪标准。利用信息网络辱骂、恐吓他人，破坏社会秩序的，应认定为公诉型的侮辱罪而不应径直认定为寻衅滋事罪。此时，破坏社会秩序仅仅是启动公诉程序的条件，不是寻衅滋事罪的成立条件。利用信息网络辱骂、恐吓他人，除了破坏社会秩序之外，还需要满足"情节恶劣"的要求。对于部分仅是发泄不满辱骂他人的，如果不具有聚量，不能轻易将其认定为侮辱罪、诽谤罪，更不能认定为寻衅滋事罪。例如，在岳某侮辱案中，检察机关认为，从法益保护上讲，侮辱罪保护的是公民人格权益，寻衅滋事罪保护的是社会秩序法益。行为人主观上为了报复他人、败坏他人名誉、贬损他人人格、扰乱被害人家庭生活而实施的网络侮辱行为，直接侵害的是被害人的人格名誉，即使间接造成社会秩序受到侵害，也不适合认定为寻衅滋事罪。其二，关于侮辱诽谤罪与寻衅滋事罪的想象竞合认定应采审慎态度。首先，达到聚量的侮辱诽谤才构成犯罪；其次，达到聚量程度，破坏社会秩序的，启动公诉程序，基于网络侮辱诽谤的聚众效应、扩散效应，很容易达到公诉程序的标准，对此，应进一步予以明确；此外，还有达到聚量程度，同时具有对扰乱社会秩序的放任，情节恶劣的，例如，在满足网络辱骂、恐吓他人的同时，又起哄闹事、煽动对立、引导舆论、引发群体性事件等情形，才能认定为寻衅滋事罪。

全媒体背景下，新型网络聚量型侮辱诽谤犯罪所体现出聚众效应、溢出效应和网暴效应应进一步得到关注。加之网络的不可控性、开放性，进一步推动网络侮辱诽谤犯罪异化为网络聚量型侮辱诽谤犯罪、网络暴力，网络侮辱诽谤很大程度上成为网络暴力的主要类型。基于对公民监督权、言论自由的保护，我国刑法将侮辱罪、诽谤罪规定为亲告罪，且严格限缩侮辱罪、诽谤罪的成立范围。但是，随着信息网络对现实社会领域的影响全面加强，个人行为通过网络技术所产生的各类危险也在急速增强，往往一个网络指令就可以引发巨大的社会危害性后果。因此，随着网络社会行为结构、行为结果的变化，我国刑法不应该始终"一刀切"地强调刑法的谦抑性，应不断推动刑法对侮辱罪、诽谤罪从"限定的处罚"转向"妥当的处罚"，构建符合新型网络侮辱诽谤犯罪情势的构成要件要素标准和公诉启动类型，实现对网络侮辱诽谤不同行为主体、不同行为类型的差异化评价和精准性制裁。

第九章

帮助信息网络犯罪活动罪的"两面性"
及其司法适用

　　帮助信息网络犯罪活动罪作为刑法新增的独立罪名，既不是对共犯理论的突破，也不是对共犯理论的修正，而是具有独立的犯罪构成。但不能否定，帮助行为正犯化后具有了独立化立法属性的同时，其作为帮助行为的自然属性依然存在，帮助信息网络犯罪活动罪的成立不能绝对独立地脱离于被帮助对象，仍需依附于被帮助的关联性犯罪。司法实践中亦不能离开被帮助对象而独立地认定本罪，应当同时把握帮助信息网络犯罪活动罪的独立性和依附性，既要避免过度放大本罪的独立性，造成帮助行为类型泛化、帮助违法行为过度犯罪化以及侵蚀其他关联犯罪罪名适用空间的口袋化问题；又要避免淡化本罪的依附性和帮助属性，造成本罪与共犯之间认定的模糊化、主客观要件的交织化，进而进一步助推本罪的"口袋化"等问题。帮助信息网络犯罪活动罪的认定，应通过"情节严重"的入罪门槛强调依附性和帮助属性对本罪独立性外延的限缩，关注被帮助对象是否实际利用了帮助行为产生的作用力，不能仅基于违法数量的叠加而将帮助违法行为径直入罪，且应允许对本罪"积量构罪"推定规则的反证。

　　根据共犯从属性理论，网络犯罪帮助行为成立犯罪，需要满足帮助行为与被帮助的犯罪行为之间具有一一对应的从属关系，这就造成对于漫天撒网型的一对多、多对多帮助行为，在无法证明该从属关系时很难对帮助行为进行刑法制裁，尤其是在已经实现产业化、链条化的帮助行为中，某种帮助行为仅仅是网络犯罪众多帮助行为的一种类型。以电信诈骗为例，对于诈骗罪的帮助行为有供卡行为、提供个人信息行为、支付结算行为、通话接入服务等，单一帮助行为与诈骗罪的从属关系并不清晰，很难认定其构成共犯。帮助信息网络犯罪活动罪解决的便是此类一对多、多对多以及中立化、产业化、链条化的帮助行为的入罪化问题，同时将片面的帮助行为通过立法的形式予以确立下来。因此，帮助信息网络犯罪活动罪作为共犯正犯化的立法模式，脱离于传统的共犯类型，对关联性的网络犯罪具有天然的依附性[1]，这种依附性和帮助信息网络犯罪活动罪本身的独立性之间相互并存，单独强调任何一方而忽视另一方，均会造成帮助信息网络犯罪活动罪适用的偏差，造成本罪及其共犯形态、上下游关联性犯罪之间的错位式混淆。有鉴于此，需要对帮助信息网络犯罪活动罪的独立性、依附性这一双重属性特征进行系统审视，在明晰二者关系的同时，为帮助信息网络犯罪活动罪的司法适用提供学理性支撑。

第一节　帮助信息网络犯罪活动罪的"两面性"：独立性与依附性并存

对于具有帮助行为参与的犯罪形态而言，经历了从联络型帮助到片面型帮助，再到以互联网技术为依托的漫天撒网型帮助，帮助对象逐渐变得不特定、不确定，提供帮助者亦不关心其所帮助的对象具体是谁、被帮助对象具体实施何种犯罪。[2]在链条化的网络犯罪链中，各个环节的犯罪类型、行为类型相互依存、相互促进而又相互独立。在此背景下，网络共犯不断呈现出分割化、链条化，帮助行为也逐渐成为网络犯罪链条上的一个独立环节，帮助信息网络犯罪活动罪作为帮助行为正犯化后的独立罪名，本身具有独立性的同时，也依附于网络犯罪链条上的关联犯罪。

一、立法属性：帮助信息网络犯罪活动罪的独立性

从立法属性来看，帮助信息网络犯罪活动罪的法条性质属于帮助犯的正犯化，针对网络犯罪的帮助行为进行独立化的制裁和评价。[3]帮助信息网络

---

[1]　依附性实际上体现了帮助信息网络犯罪活动罪的帮助行为属性，某种程度上亦可称之为共犯性，鉴于本罪被立法化为独立罪名，故以依附性来描述本罪的这一自然特性。

[2]　参见刘艳红：《Web3.0 时代网络犯罪的代际特征及刑法应对》，载《环球法律评论》2020年第 5 期。

[3]　参见陈兴良：《共犯行为的正犯化：以帮助信息网络犯罪活动罪为视角》，载《比较法研究》2022 年第 2 期。

犯罪活动罪可以被总结为所有信息网络犯罪的"折翼罪名",其定位主要是解决助推网络犯罪高发、犯罪门槛降低的背后推手,折断信息网络犯罪的"臂膀"、斩断黑灰产化的网络犯罪链条,进而通过打击信息网络犯罪的帮助行为实现对信息网络犯罪的源头打击。

在互联网发展初期的 1.0 时代,网络犯罪主要体现为针对计算机信息系统的狭义计算机犯罪;互联网 2.0 时代,网络犯罪开始呈现出"传统犯罪的网络异化"和"网络犯罪的传统化"双重特征,网络同时成为犯罪的工具和平台,尤其随着提供侵入计算机信息系统程序工具、提供上中下游不同类型产业化帮助行为的出现,网络犯罪的门槛被极大降低、社会危害性被极度放大。对于已经呈现产业化、链条化的网络犯罪而言,网络犯罪实现了犯罪行为的分割化、共犯形态的分割化,以及罪量的分割化,[1]网络犯罪之间的意思联络开始淡化甚至消除,体现为产业化链条上的一对多、多对多"流水线型"的犯罪协作关系。其中,一个或一类网络犯罪又被分割化为若干环节,不同环节和链条具有多人参与,犯意联络无法证明、因果关系难以证明特征,出现大量被帮助对象不构成犯罪的帮助违法行为。例如,在电信诈骗中,往往只抓到供卡人,在不具有正犯的情况下难以根据共犯进行定罪,但此类人的危害性又需要进行刑罚处罚。某种程度上讲,网络犯罪的帮助行为成为助推网络犯罪的关键一环,成为网络犯罪的有力"翅膀",打击网络犯罪帮助行为成为打击网络犯罪的核心环节。[2]

从帮助信息网络犯罪活动罪的立法背景就可以看出,该罪名重点针对网络犯罪链条化的斩断,体现了帮助信息网络犯罪活动罪在刑法中的独立性。换言之,通过帮助信息网络犯罪活动罪的设立,使得网络黑灰产化的帮助行为无需再从属于关联性的网络犯罪行为,实现了对中立化、产业化、链条化的帮助行为的独立化制裁。这种独立性除了学界一直探讨的帮助行为正犯化之外,也体现了网络犯罪帮助行为在链条化、产业化以后,其本身对其他关联犯罪行为从属性的降低和自身独立性的增强。随着网络共同犯罪的技术分割化,各个参与行为之间相互利用、相互补充而又缺乏意思联络,由网络犯

---

〔1〕 参见于冲:《有组织犯罪的网络"分割化"及其刑法评价思路转换》,载《政治与法律》2020 年第 12 期。

〔2〕 参见周加海、喻海松:《〈关于办理非法利用信息网络、帮助信息网络犯罪活动等刑事案件适用法律若干问题的解释〉的理解与适用》,载《人民司法》2019 年第 31 期。

罪"流水线"将各自实施的部分实行行为汇成一体并导致最终侵害结果的发生，其结果归属于每一参与主体。这种独立性的参与模式表现出以下两个特征：第一，帮助行为与被帮助对象之间具有形式上的联络松散化，由单一主体到多个参与者，在众人之中存在明确的分工形式和活动指令，但是其内部并无严密的交流机制和意思联络，各自所实施的行为更加体现为约定俗成的习惯行为。以诽谤罪为例，"网络水军"实施的多数诽谤行为中，都是通过接到需求的网络公关公司、工作室在设计策划之后发包给"水军包工头"，由其临时雇用"打手"实施网暴、诽谤等活动，形式上人员结构具有临时性，受雇人员所参加的一系列流程都是围绕预定样板而实施，相互独立性特征明显。第二，个体行为危害的独立叠加化。网络犯罪各阶段、各环节行为人虽然都实施了本环节的实行行为或者帮助行为，由于网络的分割化，使得每一主体实施的实行行为单独并没有达到犯罪定量标准，但诸多个人违法行为的叠加将产生危害性的"倍增效应"。例如，多数实施网络诽谤的一线"打手"所进行的仅仅是数次发帖的行为，其点击量、浏览量并未达到司法解释中规定的"情节严重"程度，多数个体的发帖行为并不满足诽谤罪规定的罪量要素的要求，只有评价整体行为才能合理确定此类犯罪的刑事责任范围。具体到帮助信息网络犯罪活动罪而言，前述关于参与行为的独立性和危害性的叠加化，也是其所解决问题的关键所在。尤其对于一对多的帮助违法行为，即使根据片面共犯理论，对于任意的、片面的帮助行为也需要满足被帮助对象的存在要求才能构成犯罪，片面共犯理论只能解决无意思联络的共犯认定问题。因此，帮助信息网络犯罪活动罪并非单纯解决片面帮助犯的认定问题，而是一体化地解决网络犯罪帮助行为的独立入罪问题，即通过立法将网络犯罪帮助行为类型化，实现帮助行为的独立正犯化，摆脱共犯对正犯的从属性，对于缺乏意思联络或者无法证明帮助行为与网络犯罪之间缺乏从属关系的情形，进行独立化制裁。

二、自然属性：帮助信息网络犯罪活动罪的依附性

从帮助信息网络犯罪活动行为的自然属性来看，帮助信息网络犯罪活动罪的成立离不开被帮助对象的存在，[1]帮助信息网络犯罪活动罪的司法认定

---

〔1〕　参见黎宏：《论"帮助信息网络犯罪活动罪"的性质及其适用》，载《法律适用》2017年第21期。

仍然需要依附于被帮助对象，只是这种依附性在关联性、紧密度、被帮助对象的违法性等方面都小于传统共犯理论中的从属性，主要体现为网络犯罪产业链上的流水线化的扶持、支撑、伴生关系。根据帮助行为正犯化说，帮助信息网络犯罪活动罪是对信息网络活动犯罪帮助行为的独立入罪化，无须再以帮助犯罪理论来限制帮助信息网络犯罪活动罪的司法适用。[1]这符合帮助信息网络犯罪活动罪的法律属性，但需要明确的是，无须再以帮助犯罪理论对本罪进行认定不等于否定该罪实行行为作为帮助行为的自然属性，即有帮助行为，必然存在被帮助对象。

与网络犯罪产业化、链条化并行不悖的现象是，网络空间中的行为展开需要依赖于一定技术条件，传统的犯罪在实施前后所需的工具条件及获赃渠道，逐渐地从犯罪主体的行为中分化出来，成为由更专业的人独立实行的帮助行为，这体现了帮助行为正犯化的必要性。但与此同时，这种分化出的网络犯罪帮助行为并没有因为独立构罪而彻底地自立门户，其与关联犯罪之间仍具有网络犯罪流水线上的相互扶持、相互支撑关系，经常附随于犯罪链条上的关联犯罪而出现，演变为线上实行所必备的上下游环节。例如，在电信网络诈骗活动中，前端的提供工具、个人信息资料识别以及后端的支付结算处理、赃物提取等一系列协作流程，都是网络诈骗犯罪所必需的，并且此类行为的存在也同时依附于电信网络诈骗罪而存在。《最高人民法院、最高人民检察院、公安部关于办理电信网络诈骗等刑事案件适用法律若干问题的意见（二）》将与犯罪有关的"两卡"（手机卡、信用卡）、银行账户或非银行支付账户、网络账号以及犯罪工具的开立、销售、使用地等，都纳入电信网络诈骗犯罪地的范围之内。这也从侧面说明，实务部门所处理的电信网络诈骗犯罪与前述的网络犯罪帮助行为的高伴发性。这种具有伴发性、支撑性关系的犯罪协作，在网络空间中完成了帮助行为链条化转变，重构了传统的犯罪参与模式。换言之，随着网络犯罪被链条化所分割淡化，形成了不符合传统共同犯罪的上下游犯罪群。在电信网络诈骗案件中，上游有专门的组织实施恶意注册、"两卡"的开办与贩卖或者收集个人信息等违法犯罪行为；中游又有专门的诈骗组织实施诈骗行为，其中有人负责"扫号段"或有针对性地拨

---

[1] 参见张磊、张萌：《帮助信息网络犯罪活动罪司法适用问题研究——以131份判决书为视角》，载《青少年犯罪问题》2021年第4期。

打来寻找目标,有人负责冒充相关人员行骗,有人进一步提供账号或支付方式,达成诈骗效果;下游同样存在专门的组织或个人实施代取钱等关联性的犯罪行为。由此可知,伴随着犯罪分工不断向链条的上下游延伸,不同层级的环节间在整体上存在具体的分工形式,而犯罪中的每一环节又多由具有一定组织形态的犯罪团伙所完成,呈现出"组织套组织"的集群化特征,[1]这种集群化在体现犯罪间相互独立性的同时,又不可避免地体现出彼此之间的依附性。犯罪产业链条上下游的每一个环节又都同时连接着多个不同中游犯罪环节,形成了一个扁平化的参与结构。尽管不同层级内外的组织形式较为松散,但每一环节之间虽在形式上出于自身的违法目的,但在功能上紧密关联,相互合作,各获其利,虽不是传统的共犯,却在功能上成为被分割的共犯,这种被分割的共犯虽然很难根据传统共犯理论被认定为共犯,但其间具有相互独立性的同时,各自的相互支撑和依附性亦十分突出。对于提供用于侵入计算机信息系统程序工具的行为,尽管也属于一种工具性帮助行为,但其本身具有相对独立性,帮助信息网络犯罪活动罪的行为类型主要有支付结算、投放广告等,此类行为均不可能单独存在,都有关联的对象指向。

因此,帮助信息网络犯罪活动罪对于信息网络犯罪帮助行为独立化的旨趣在于,打破帮助行为对关联犯罪的从属性,但是打破从属性并不等于绝对否定被帮助对象的存在,其解决的只是不再要求帮助行为从属于正犯行为,而非要求不存在被帮助的犯罪行为。此外,帮助信息网络犯罪活动罪对犯罪行为、犯罪结果的认识也体现了对被帮助对象的依附性。帮助信息网络犯罪活动罪不同于帮助犯之处在于,其希望或者放任的是自己帮助行为对危害结果的促进作用,而帮助犯是对自己行为的放任。帮助信息网络犯罪活动罪是对上游犯罪危害结果的放任,在主观上需要明知他人利用信息网络实施犯罪,这也是帮助信息网络犯罪活动罪对关联犯罪依附性的要求和体现。

三、两面性:本罪立法属性与帮助行为自然属性并不冲突

从帮助信息网络犯罪活动罪作为刑法罪名所体现的独立性来看,帮助者与被帮助者是否存在意思联络、被帮助者是否被抓获归案、被帮助者是否被

---

[1]　参见于冲:《有组织犯罪的网络"分割化"及其刑法评价思路转换》,载《政治与法律》2020年第12期。

最终认定有罪，均不影响对帮助者的定罪量刑。但是，从帮助信息网络犯罪活动罪的依附性来看，仍然有一关键要素不容忽视，即客观上须存在他人利用信息网络实施犯罪活动，主观上须明知他人利用信息网络实施犯罪活动。

（一）帮助信息网络犯罪活动罪法条性质争议的相通点

目前学界围绕帮助信息网络犯罪活动罪的性质，主要形成了帮助行为正犯化说[1]、量刑规则说[2]、独立构罪说[3]等学说。其中，帮助行为正犯化说主要基于立法论以及网络犯罪帮助行为的特殊形态，强调帮助信息网络犯罪活动罪的立法属性；量刑规则说则更多基于共犯行为的从属性，以及对刑法扩大化的担忧从传统教义学进行的限缩性解读。客观讲，两种观点都反映了帮助信息网络犯罪活动罪的特点，二者的相通性便在于，尽管帮助信息网络犯罪活动罪被刑法设立以后具有了独立的构成要件，但是基于其帮助行为自身的自然属性，其又须依赖于被帮助对象进行依附性认定。例如，共犯行为正犯化的论点认为，帮助信息网络犯罪活动罪正犯化以后，依然具有帮助行为的属性，依然需要考察被帮助的对象。[4]从这个层面讲，帮助信息网络犯罪活动罪的刑法设立，使得网络犯罪帮助行为独立化构罪的同时，依然在司法认定上需要依附于对关联性犯罪的认定。

（二）帮助信息网络犯罪活动罪独立化的同时不应忽视其依附性

在帮助行为正犯化视域下，虽然将帮助信息网络犯罪活动罪的正条行为称之为帮助行为，但从刑法上讲其已经具有了独立的类型化特征，具有独立的犯罪构成要件，无须再依附于其他犯罪而存在。但是，无论从字面含义，还是从作为帮助行为的自然属性而言，帮助信息网络犯罪活动罪中的帮助行为认定，仍然同被帮助对象具有教义学解释和司法认定上的依附性，二者从不同的视角反映了帮助信息网络犯罪活动罪的构成特征，二者相互并存并分别在各自适用领域发挥其立法和司法价值，应当对两种属性分别予以吸收和重视。帮助信息网络犯罪活动罪的"两面性"，实际上也是所有共犯行为正犯

---

〔1〕 参见陈兴良：《共犯行为的正犯化：以帮助信息网络犯罪活动罪为视角》，载《比较法研究》2022年第2期。

〔2〕 参见张明楷：《论帮助信息网络犯罪活动罪》，载《政治与法律》2016年第2期。

〔3〕 参见陈洪兵：《帮助信息网络犯罪活动罪的限缩解释适用》，载《辽宁大学学报（哲学社会科学版）》2018年第1期。

〔4〕 参见陈兴良：《共犯行为的正犯化：以帮助信息网络犯罪活动罪为视角》，载《比较法研究》2022年第2期。

化以后所面临的共同问题。共犯行为正犯化以后，具有了独立的构成要件，但同时其"帮助行为"的"自然属性"并未改变，其在行为类型实质上仍然属于帮助行为，仍然具有帮助性。这就造成帮助信息网络犯罪活动罪既具有独立性，也具有依附性。从当前学界关于本罪法条性质的争议观点，也可以看出本罪双重属性的客观存在，即帮助行为正犯化强调了本罪法条性质的独立性，量刑规则说则强调本罪依然具有犯罪成立的从属性。笔者认为，应承认帮助信息网络犯罪活动罪作为具体法条规范的独立性，但亦应同时吸收量刑规则说对于本罪成立的从属性限制理念，正视本罪所具有的对于被帮助对象天然的依附性。

第二节　"两面性"引发帮助信息网络犯罪活动罪的"口袋化"及其认定模糊性

帮助信息网络犯罪活动罪的"两面性"，一方面，因其独立性使其具有了独立的犯罪构成，无须再从属于关联性犯罪行为，但由于帮助信息网络犯罪活动罪所解决的是整个网络犯罪帮助行为的入罪化，其评价范围几乎可以涵盖刑法各章节，这种评价的广泛性加构成要件的独立性，导致了帮助信息网络犯罪活动罪的极度"口袋化"。另一方面，由于其行为类型属于网络犯罪的帮助行为，从自然属性说来讲其具有天然的帮助属性，需要依赖于关联性的网络犯罪，便导致了帮助信息网络犯罪活动罪本罪与共犯之间的关系模糊、本罪与关联性犯罪的界限模糊，尤其司法实践中对帮助信息网络犯罪活动罪依附性的忽略，进一步过度扩张了帮助信息网络犯罪活动罪的"口袋化"。

一、过度放大独立性引发帮助信息网络犯罪活动罪的口袋化

帮助信息网络犯罪活动罪作为网络犯罪的类帮助行为，本身所可能触及的罪名就可以涉及刑法各章节罪名。因此，由于帮助信息网络犯罪活动罪所解决的是所有网络犯罪帮助行为的入罪化，必然使得其行为类型具有无限宽广的外延，加之立法中在互联网接入、服务器托管、网络存储、通讯传输等技术支持，或者提供广告推广、支付结算之后表述为"等帮助"，给司法实践扩张行为类型预设了兜底。帮助信息网络犯罪活动罪本身的"口袋化"特质，

加之司法实践的扩大解释，不断将行为类型认定扩张化。[1]

从立法论上讲，帮助信息网络犯罪活动罪的设立将网络犯罪的帮助行为"一揽子"纳入刑法打击半径，使帮助网络犯罪行为具有了独立的构罪要件，而无须再受制于传统共犯理论进行共犯认定，这样便使得缺乏犯意联系的帮助行为、违法行为的帮助行为甚至同网络犯罪有关联的帮助行为都可以被刑法所评价。帮助信息网络犯罪活动罪实现了一整类网络犯罪帮助行为的正犯化，[2]其具有了独立的构成要件之后，便可以对所有网络犯罪的帮助行为进行评价，这也带来了"口袋化"趋势的增强。其造成的问题主要在于：（1）帮助行为的类型泛化。根据《刑法》第287条之二关于帮助信息网络犯罪活动罪的规定，帮助行为包括互联网接入、服务器托管、网络存储、通讯传输、提供广告推广、支付结算，帮助信息网络犯罪活动罪具有独立的不法内涵，对于网络犯罪帮助行为已经实现了有效打击，但是由于其本身是对所有网络犯罪帮助行为的一体化制裁，具有两种口袋化倾向，一是帮助信息网络犯罪活动罪本身是所有网络犯罪帮助行为的正犯化，这就使得本罪的评价范围极大；二是帮助行为本身也是泛化概念，尽管刑法规定了两类帮助行为，但仍然存在扩大的可能，甚至使得帮助行为的帮助行为也被纳入本罪的打击半径之内。（2）帮助违法行为的过度犯罪化。网络犯罪帮助行为异化特征的主要形式体现为一对多的帮助行为，基于互联网的开放性，帮助行为面向的被帮助对象是海量的，即使对被帮助对象单个行为来讲危害性不大，但是无数个不确定的被帮助对象的社会危害性叠加起来则会具有巨大的社会危害性，《最高人民法院、最高人民检察院关于办理非法利用信息网络、帮助信息网络犯罪活动等刑事案件适用法律若干问题的解释》（以下简称《帮信罪司法解释》）第12条所规定的"情节严重"，也是基于此种危害性叠加的考量。但是，帮助信息网络犯罪活动罪中的实行行为，毕竟具有帮助行为的属性，在司法适用中仍应重视其对关联犯罪的依附性，避免仅仅和网络犯罪具有关联性就被认定为犯罪。

二、淡化依附性加剧帮助信息网络犯罪活动罪认定的模糊性

帮助信息网络犯罪活动罪作为对网络犯罪的"折翼罪名"，其打击的是所

〔1〕 参见刘艳红：《网络犯罪帮助行为正犯化之批判》，载《法商研究》2016年第3期。
〔2〕 参见刘宪权、房慧颖：《帮助信息网络犯罪活动罪的认定疑难》，载《人民检察》2017年第19期。

有网络犯罪的帮助行为，因此其应属我国刑法中评价范围最为广泛的罪名，这也造成其司法认定的模糊性，极易和关联网络犯罪、网络犯罪共犯之间产生竞合与混淆。加之对于帮助信息网络犯罪活动罪依附性的淡化，则更加进一步推动了该罪的过度独立化和口袋化。

（一）主客观要件的相互交织与循环认定

帮助信息网络犯罪活动罪的成立，主观上要求明知他人利用信息网络实施犯罪，客观上需要满足被帮助对象，即他人利用信息网络实施犯罪。由此可见，"他人利用信息网络实施犯罪"既是明知的对象（主观要素），也是帮助的对象（客观要素），同时成为帮助信息网络犯罪活动罪的主观要件要素和客观要件要素，造成了主观要件和客观要件的交织叠加。这就使得在帮助信息网络犯罪活动罪司法认定的时候，容易造成主客观要件循环论证、互相论证的问题。例如，认定明知他人利用信息网络实施犯罪，就意味着证明了存在他人利用信息网络实施犯罪，而对主观要件的认定如果采用明知可能实施犯罪，就意味着根据主观证明标准把可能实施的犯罪带入客观要件，将客观要件中他人利用信息网络实施犯罪误改为他人可能实施了犯罪，这种根据主观证明客观的错误操作很大程度上扩大了帮助信息网络犯罪活动罪的评价范围。从表面看，上述问题是由于对帮助信息网络犯罪活动罪"明知"认定宽泛化造成的结果，实质则是忽略了对帮助信息网络犯罪活动罪依附性的考察。[1]"他人利用信息网络实施犯罪"同时作为客观要件和主观要件的组成部分，很多情况下忽略了对他人是否利用信息网络实施犯罪的认定，尤其忽视其可作为客观要件的证明。例如，只要明知"他人利用信息网络实施犯罪"，而不论他人是否实际利用信息网络实施犯罪即被认定为成立本罪，弱化了其客观要件的作用。同时，对于主观要件的认定又大量将"明知可能"用于本罪明知的情形，使得本罪的主客观要件都被极大地模糊化，这种模糊化处理造成入罪门槛的极大降低，进一步放大了本罪的"口袋化"特征。

（二）本罪与关联犯罪、共犯的模糊性

帮助信息网络犯罪活动罪帮助的对象，是"一类犯罪"，而非一种犯罪，几乎涵盖了整个网络犯罪类型，对于类罪帮助行为、类罪共犯行为，在司法

---

〔1〕　参见刘宪权、王哲：《帮助信息网络犯罪活动罪的司法适用》，载《人民检察》2022 年第 10 期。

认定中必然存在可罚边界的模糊性，[1]也造成行为类型的复杂化和多元化，关联犯罪的类型也呈现出多元化特征。从帮助信息网络犯罪活动罪与其他罪名的外部关系来看，一是纵向上，网络犯罪不同阶段的交织叠加造成了帮助信息网络犯罪活动罪此罪与彼罪的分歧。传统犯罪的网络化并非孤立的单一犯罪，与之伴生的相关联行为也并非单纯的中立行为。其既能构成相应犯罪的共犯，也能在部分情况下构成独立的犯罪。对此，有观点认为，传统犯罪的网络化与随之有共生关系的新型网络犯罪共同归属于网络犯罪族群，且后者具备一定的独立性，并不依附于某种特定的犯罪，而是为前者提供一定助力的"外围犯罪"。此类新型网络犯罪在链条中的作用不可或缺，且由于其低量的损害性结合规模性，最终造成法益侵害累积到严重程度，因此对于网络犯罪整体的作用越来越大，社会危害性也越来越严重。[2]申言之，传统犯罪进入网络空间后，在保留主体犯罪的前提下，依据链条化精细分工，单一犯罪又分化组合为能充当数个构成要件的犯罪群。以电信网络诈骗犯为例，我国的电信网络诈骗犯罪在功能上组织化程度越来越高，各环节之间既有勾连又相互独立，电信网络诈骗的全流程中不仅包含处于中游的诈骗行为，还存在其他相关联的行为。正是这些关联行为促生了电信网络诈骗的犯罪链条，包括非法提供公民个人信息、倒卖手机卡、银行卡、代取赃款等行为，共同组成了电信网络诈骗的上游犯罪与下游犯罪，同时也造成了帮助信息网络犯罪活动罪与关联犯罪罪名认定的模糊性。例如，在谢某扇掩饰隐瞒犯罪所得一案中，证明谢某扇明知是在帮助他人实施网络违法犯罪活动接收、转移资金的情况下，将其名下的五张银行卡提供给他人使用，并伙同他人在南宁市兴宁区操作银行卡接收、转移资金，谢某扇接收、转移资金的行为应当构成掩饰隐瞒犯罪所得罪，一审判决认定帮助信息网络犯罪活动罪的罪名不当，并导致量刑不当。[3]二是横向上，帮助信息网络犯罪活动罪与网络犯罪共犯之间的关系模糊化。帮助信息网络犯罪活动罪作为帮助行为正犯化的立法模式，不可避免地继承了帮助行为的帮助属性，尽管其具有了独立化的构成要件，但仍然同关联性的网络犯罪之间具有相似性，这也就造成了司法实践中

---

〔1〕 参见张明楷：《协助组织卖淫罪的重要问题》，载《中国刑事法杂志》2021 年第 5 期。

〔2〕 参见皮勇：《论新型网络犯罪立法及其适用》，载《中国社会科学》2018 年第 10 期。

〔3〕 参见广西壮族自治区南宁市中级人民法院刑事判决书（2021）桂 01 刑终 769 号。

对于网络犯罪共犯行为和帮助信息网络犯罪活动罪认定的混淆和错位打击。例如，在打击电信诈骗犯罪中，出现了主次颠倒的刑法打击错位问题，电信诈骗本应成为刑法评价的重点，但是司法实践中大量供卡行为、取钱行为被定罪处罚，使帮助信息网络犯罪活动罪分流了诈骗罪的同时，过度扩大了帮助信息网络犯罪活动罪的适用范围。对此应当明确，对于诸如帮助信息网络犯罪活动罪的帮助犯、教唆犯认定，不能直接将其认定为帮助信息网络犯罪活动罪，对此类行为定性应该根据共犯理论进行认定，避免帮助信息网络犯罪活动罪实行行为扩张的同时，进一步将其共犯行为认定为本罪的实行行为。例如，明知他人利用电话卡实施网络诈骗，仍然为他人犯罪提供电话卡予以帮助，此行为应认定为诈骗罪的共犯行为。

第三节　问题解决的思路：帮助信息网络犯罪 活动行为帮助属性的关注

帮助信息网络犯罪活动罪作为帮助行为正犯化的立法模式，虽基于打击产业化、链条化网络犯罪的需要具备了独立化构成要件，但其实行行为类型属于网络犯罪的帮助行为，在对该罪构成要件判定时，应当判断其是否符合帮助行为的自然属性，避免本罪适用的过度扩张化和"口袋化"。

一、强调帮助行为的依附性：对被帮助行为产生了因果作用力

帮助信息网络犯罪活动罪较其他犯罪类型而言，具有帮助犯的自然属性，例如，掩饰隐瞒犯罪所得罪与帮助信息网络犯罪活动罪在帮助行为层面存在部分的重合，二者均是其他犯罪行为的帮助行为，但是二者的实质差别在于，帮助信息网络犯罪活动罪所提供的帮助行为是对上游犯罪行为的帮助行为，也是上游犯罪中的关键组成部分，具有上游犯罪或者被帮助犯罪的嵌入性。但是，掩饰隐瞒犯罪所得罪则属于上游犯罪实施完毕之后的后续行为。因此，应当避免简单以提供手机卡、银行卡等帮助行为发生的时间节点，来区分共犯、掩饰隐瞒犯罪所得、犯罪所得收益罪，关键在于帮助行为是否对上游犯罪在既遂之前发挥了实际的促进作用；如果帮助行为发生在既遂之后，则不适合再定帮助信息网络犯罪活动罪。例如，李某虎等帮助信息网络犯罪活动

案中，被告人明知他人实施网络违法犯罪活动，而为其提供7套银行卡帮助进行赌博走账支付结算业务。该案中，没有证据证明被告人明知其走账的资金属于诈骗犯罪完成后的赃款，或者属于网络犯罪实施完毕之后的违法所得，仅能证明被告人具有帮助信息网络犯罪活动的故意，则不应成立下游事后型的掩饰隐瞒犯罪所得罪。[1]

帮助信息网络犯罪活动罪中帮助行为与被帮助对象的依附性是不容否定的，这里的依附性既不是共犯中的从属性，也不是同被帮助对象的广义关联性，而是其自身所具有的对被帮助对象的因果作用力。共犯从属性基于共犯理论要求帮助行为具有从属性，无被帮助对象犯罪则无本罪的成立；广义关联性说则全面否定了帮助行为与被帮助对象之间的依附关系，只要能证明帮助行为与被帮助对象之间具有关联性即可成立犯罪，这样无疑极大降低了帮助信息网络犯罪活动罪的成立门槛。例如，在韦某星等人帮助信息网络犯罪活动案中，一审法院认为由被告人出售的电话卡与诈骗犯罪具有关联性，认定其构成帮助信息网络犯罪活动罪。二审法院认为，尽管被告人提供的帮助行为与诈骗犯罪具有关联性，但无法认定其出售的实名制手机卡被用于违法犯罪活动，故不应被认定为帮助信息网络犯罪活动罪，改判为侵犯公民个人信息罪。[2]由此可见，帮助信息网络犯罪活动罪的成立，除了要求帮助行为与被帮助对象之间具有关联性之外，还要求其帮助行为产生了帮助的因果作用力，这种因果作用力作为帮助行为共有属性，即使片面帮助犯的成立也要求其产生了帮助效果。

二、独立性外延的限缩：强调帮助属性对独立性的限缩作用

帮助信息网络犯罪活动罪作为帮助行为正犯化的典型立法例，切实实现了帮助行为入罪的独立化，但是这种独立化不应被过度扩大，而应该在罪刑法定原则的框架内，同时坚持帮助行为的帮助属性，避免帮助行为类型化的过度扩张。为了限缩具有独立性的帮助信息网络犯罪活动罪，曾有学者建议应当倡导先共犯后帮助信息网络犯罪活动罪的梯次性思维，[3]该观点从适用

---

[1] 参见湖南省岳阳市中级人民法院刑事判决书（2021）湘06刑终298号。
[2] 参见广西壮族自治区南宁市中级人民法院刑事判决书（2021）桂01刑终467号。
[3] 参见欧阳本祺、刘梦：《帮助信息网络犯罪活动罪的适用方法：从本罪优先到共犯优先》，载《中国应用法学》2022年第1期。

顺序上进行了限制，但却偏离了问题的实质，且各罪名之间亦不应有主次先后的适用顺序。限缩帮助信息网络犯罪活动罪的适用，还应当从其帮助属性着手，通过对帮助属性的强调来限缩该罪名独立性的过度扩张。

一方面，从客观要件来讲，由于网络犯罪产业化、分工细密化、分割化的特征异化，在帮助信息网络犯罪行为的内部又会划分为若干层级、若干环节的帮助行为，即"帮信"行为的帮助行为，对于此类帮助行为的入罪化应当限缩本罪的成立，避免将本罪的帮助行为类型过度扩大。例如，对于供卡行为而言，不同层级的"卡商""卡农"在帮助信息网络犯罪活动罪链条上起到的作用是不一样的，对于不同层级、处在犯罪链条高中低不同节点和端口的帮助行为，应当进行定量门槛的把握，尤其应把处在帮助信息网络犯罪活动罪帮助行为链条化的底端、帮助数量少或者作用轻的行为排除在刑法犯罪圈之外。网络犯罪的链条化实现了犯罪行为的分割化、分段化和节点化，帮助信息网络犯罪活动罪有效斩断了网络犯罪利益链条，成为网络犯罪的折翼罪名。但是，折翼的前提是对网络犯罪的折翼，不能只折翼不打主体，应当避免帮助信息网络犯罪活动罪适用中只制裁帮助提供者，而弱化了对网络犯罪实行行为的打击和制裁，避免这种颠倒主次、反客为主的司法操作。折翼罪名的立法设定，有其存在的合理空间，不能为了折翼而折翼，造成处罚空间的过度扩大化。所谓帮助信息网络犯罪活动罪实现了帮助行为处罚的独立性，但是这种独立性的行为类型应仅限于法定类型，法律没有规定的类型不能以正犯化进行独立入罪，仍须按照共犯理论进行认定。

另一方面，从主观要件来看，构成帮助信息网络犯罪活动罪也应满足对被帮助对象的明知，对于明知的判定事实上也限缩了帮助信息网络犯罪罪独立性的扩大化。首先，对于"明知可能"是缺乏证据证明的明知，并未达到排除合理怀疑的证明标准，不能认定为本罪明知，应避免概括明知外延的过度扩大化。[1]其次，"明知可能"也不应该成为明知的类型，大部分网络技术、网络服务都具有"两面性"，某种程度上都可能被他人用于犯罪，不能仅仅以明知有人会利用自己管理的平台、开发的程序用于犯罪，就认定构成帮助信息网络犯罪活动罪。对于中立帮助行为的认定，应当按照不作为犯

---

〔1〕 参见黎宏：《论"帮助信息网络犯罪活动罪"的性质及其适用》，载《法律适用》2017年第21期。

进行认定，分别根据不同情形考察属于真正不作为犯还是不真正不作为犯，前者如拒不履行信息网络安全管理义务罪，其处罚的根据在于行为人明知他人利用自己管理的信息网络进行犯罪而拒不履行其安全管理义务。

第四节　帮助信息网络犯罪活动罪"两面性"的司法适用

帮助信息网络犯罪活动罪的"两面性"作为帮助行为正犯化后所面临的一般性问题，在司法实践中应合理平衡二者的关系，尤其应避免对本罪帮助属性和依附属性的淡化，而过度强调该罪构成要件的独立性。在解释适用本罪构成要件时，应严格限缩本罪实行行为的过度扩大化，加强对本罪定量标准的双重审查，允许积量构罪构罪规则的反证。

一、帮助信息网络犯罪活动罪认定中"两面性"的司法兼顾

帮助信息网络犯罪活动罪的"两面性"作为帮助行为正犯化后面临的共同性问题，为了防止由于正犯化后所带来的独立性过度扩张，应同时关注帮助行为的帮助属性，在独立处罚网络犯罪帮助行为的同时，通过依附性合理限缩帮助信息网络犯罪活动罪的评价范围。[1]帮助信息网络犯罪活动罪量刑规则说实际也强调帮助行为对被帮助对象的依赖性，即如果被帮助行为没有实施信息网络犯罪活动，或者实施了相关网络犯罪活动但并没有利用其所提供的帮助，此类情况下均不成立帮助信息网络犯罪活动罪。

首先，对于帮助信息网络犯罪活动罪的依附性应当关注以下内容：（1）被帮助对象实施了信息网络犯罪活动。帮助信息网络犯罪活动罪的行为客观违法性较弱，客观行为主要是"互联网接入、服务器托管、网络存储、通讯传输等技术支持，或者提供广告推广、支付结算等帮助"等中立帮助行为，具有一定的业务正当性，客观违法性程度不高，此类行为构成犯罪必然需要依附于相应的关联犯罪。司法实践中单独强调帮助行为不需要考察被帮助对象，只要本身达到情节严重即构成犯罪，如此解释不仅违背了刑法的规定，更忽略了被帮助对象作为本罪构成要件要素的客观情况。（2）帮助行为对信息网

---

〔1〕　参见阴建峰、张印：《竞合论视域下帮助信息网络犯罪活动罪的处罚界限》，载《宁波大学学报（人文科学版）》2022年第5期。

络活动实施具有因果促进作用。被帮助对象实施了犯罪，但是无法证明帮助行为产生了实际的作用力，也不能将其认定为帮助信息网络犯罪活动罪。

其次，对于帮助信息网络犯罪活动罪突破共犯从属的独立性要求主要包括：（1）不需要被帮助对象构成犯罪，被帮助行为没有达到定量标准，或者不具有刑事责任能力，不影响本罪的成立。《帮信罪司法解释》第13条规定："被帮助对象实施的犯罪行为可以确认，但尚未到案、尚未依法裁判或者因未达到刑事责任年龄等原因依法未予追究刑事责任的，不影响帮助信息网络犯罪活动罪的认定。"另外，从罪刑相适应来讲，将单纯提供银行卡、手机卡的行为一概认定为共犯，也会造成刑罚过重的问题。（2）帮助违法行为的入罪化，司法解释突破最小从属性说，但是违法行为需要情节严重。从独立构罪上看，须具有独立的构成要件、独立的社会危害性，所以情节严重是对独立性的体现。但值得注意的是，《刑法》对第287条之二仅规定了明知他人利用信息网络实施犯罪，不同于第286条之一、第287条之一规定的利用信息网络实施违法犯罪。因此，帮助违法行为入罪化的前提也应确保该违法行为符合《刑法》规定的构成要件，此外便不要求其具有责任能力、不要求被定罪，具有独立的违法性和可罚性标准，但由于其帮助行为的自然属性，仍须被帮助对象实施了危害行为。（3）突破犯意联络。网络犯罪帮助行为中，链条化、节点化导致了犯罪间的分割化和碎片化，大多数情况下很难证明帮助者对被帮助对象犯罪行为的认识，在此情况下即使根据片面共犯理论，也无法证明帮助者的帮助故意。片面共犯作为共犯的一种，仅仅是淡化了意思联络问题，仍然需要帮助者对被帮助对象实施的犯罪行为有明确性认识，并且希望或者放任自己帮助行为对危害结果发生的促进作用。帮助信息网络犯罪活动罪的独立适用，很大程度上解决了犯意认定的问题。从主观明知的内容来看，本罪不要求与被帮助对象之间具有犯意联络，仅要求单独明知即可。作为独立的主观罪过，明知包括概括性明知、具体明知、明知可能；从时间节点上包括事前明知、事中明知等。但由于被帮助对象的不特定性、数量巨大性，故其明知的对象犯罪不要求是特定犯罪，不需要知道对方实施了何种网络犯罪，只需知道被帮助对象实施信息网络犯罪活动。

二、合理界分作为本罪实行行为的"帮助行为"及本罪共犯行为的"帮助行为"

在坚持帮助信息网络犯罪活动罪"两面性"兼顾的基础上，除了明确帮助信息网络犯罪活动罪情节严重的司法认定规则，仍需要进一步探讨的还有帮助信息网络犯罪活动罪实行行为的泛化问题。这种泛化不仅是将本罪的实行行为同共犯行为、关联犯罪实行行为相混淆，还体现为对本罪法定行为类型解释认定规则的过度扩大化。

应当明确，对于帮助信息网络犯罪活动的行为可以分为两种情形处理：对于可以按照传统共犯理论评价的行为，则应按相关犯罪的共犯处理，避免本罪适用的过度扩张；对于不能按照传统共犯理论评价的帮助行为（非帮助犯之网络犯罪帮助行为），在达到罪量标准时，则以本罪处理。[1]具言之，帮助信息网络犯罪活动罪的认定中，提供广告推广、支付结算等帮助行为属于本罪的实行行为，但是同提供广告推广、支付结算等帮助行为紧密相关联的还有其他帮助行为，如出售、出租银行卡、信用卡的行为，这些行为在实质上更多属于"帮助行为"（帮助信息网络犯罪活动罪的实行行为）的"帮助行为"，应当明确厘定二者之间的内涵外延。在实行行为与共犯行为的界限上，共犯行为属于犯罪参与过程中的组成部分，以存在正犯行为为基础，如果不存在正犯或者没有客观上为正犯起到辅助、促进作用，都不能成立共犯。对于单纯的实施了提供手机卡、银行卡等行为，未参与具体犯罪，既不应成立网络犯罪的帮助犯，也不应成立帮助信息网络犯罪活动罪的正犯。例如，在李某思帮助信息网络犯罪活动案中，李某思出售手机卡并收购他人手机卡，法院认定李某思明知他人利用信息网络实施犯罪，为其犯罪提供通信传输等技术支持。[2]此外，还有将收购、出售、出租手机卡认定为"提供通讯传输支持"，将单纯出售、出租银行卡、信用卡的行为认定为"为他人利用信息网络犯罪提供支付结算"。[3]从此类认定中便不难发现，如果对刑法规定的帮助信息网络犯罪活动罪的行为类型解释不加限缩，极易将本罪实行行为的帮助行为也认定为实行行为。一般认为，提供支付结算行为的成立应以资金的实

---

〔1〕 参见江溯：《帮助信息网络犯罪活动罪的解释方向》，载《中国刑事法杂志》2020 年第 5 期。
〔2〕 参见广东省仁化县人民法院刑事判决书（2021）粤 0224 刑初 129 号。
〔3〕 参见江西省宁都县人民法院刑事判决书（2021）赣 0730 刑初 362 号。

际流转为必要条件，仅仅实施了出售、出租银行卡、信用卡的行为不能直接等同于支付结算行为，更多属于"支付结算的帮助行为"。2022年3月23日发布的《最高人民法院刑事审判第三庭、最高人民检察院第四检察厅、公安部刑事侦查局关于"断卡"行动中有关法律适用问题的会议纪要》第4条规定，行为人提供支付结算帮助需使他人可以自行将入账资金转账换存，或亲自操作转账，或提供刷脸等验证服务。行为人出售、出租的信用卡被用于接收电信网络诈骗资金，但行为人未实施代为转账、套现、取现等行为，或者未实施为配合他人转账、套现、取现而提供刷脸等验证服务的，不宜认定为《帮信罪司法解释》第12条第1款第2项中的"支付结算金额二十万元以上"的支付结算行为。由此可见，该会议纪要已经注意到帮助信息网络犯罪活动罪实行行为的扩张问题，尤其对于作为本罪实行行为的帮助行为，应当避免将其过度认定为犯罪行为，避免将大量生活意义上的中立帮助行为都纳入刑法打击半径。

此外，即使对于作为帮助信息网络犯罪活动罪帮助犯的帮助行为，也应当严格按照共犯理论进行判定，如果行为人并没有帮助实施帮助信息网络犯罪活动罪的主观故意或者意思联络，也不应被认定为本罪的共犯。这是因为，诸如实名手机卡、银行卡可能用于犯罪，也可能用于一般的违纪违法甚至其他民事侵权行为。同时，对于仅提供银行卡、手机卡的行为，即使对该卡可能用于犯罪有概括、模糊的认识，但由于此类供卡行为并未参与资金流转或者参与银行卡转账，不属于"提供支付结算等帮助"，只能对其进行行政处罚。

三、帮助信息网络犯罪活动罪认定中"情节严重"的司法把握

"情节严重"作为帮助信息网络犯罪活动罪成立的限缩性要件，应围绕本罪的独立性、依附性这一双重特性，发挥其厘定本罪评价范围的入罪门槛性功能。"情节严重"的入罪门槛性功能主要体现为两个层面：一是避免本罪独立化后对其帮助行为自然属性的完全否定，通过"情节严重"的审查合理限缩符合构成要件行为的类型化认定，进而实现本罪成立的范围的限缩；二是强调本罪作为帮助行为的自然依附属性，通过"情节严重"反映本罪同被帮助对象之间的相互关系，以此将无法证明被帮助对象存在犯罪或者被帮助对象造成的侵害结果同帮助行为之间不存在作用力的情形排除在本罪之外。

（一）对本罪独立性的情节化限缩

"情节严重"作为限缩帮助信息网络犯罪活动罪的关键要素，只有满足情节严重的帮助行为才成立犯罪，避免将生活意义的帮助行为，情节不严重、不具有实质可罚性的帮助行为认定为犯罪。换言之，尽管本罪被刑法独立化为具体的罪名，但在成立上仍受到"情节严重"的限制，仍然需要通过"情节严重"防止本罪行为类型的过度扩大化。司法实践中，不具有"情节严重"的情形主要体现为行为人没有从帮助信息网络犯罪活动中获利、支付结算金额未达到情节严重的程度、出售本人手机卡未达到情节严重的程度、涉案流水未达到情节严重标准，以及根据被帮助对象的数量规模、被帮助对象的行为性质，帮助行为本身的行为性质是否属于生活意义的行为、帮助行为对被帮助对象产生作用力的大小等进行综合判断。例如，李某甲明知他人非法洗钱转账，仍向其提供本人银行卡进行非法洗钱转账，李某甲提供的银行卡接收网络被骗资金共计286 309元，检察院认为李某甲"未从中获利"，情节显著轻微、危害不大，不构成犯罪。[1] 又例如，韩某田明知他人可能利用信息网络实施犯罪活动，将本人办理的银行卡转卖给他人，该银行卡接收诈骗款96 000元。检察院认为，韩某田涉案支付结算金额尚未达到"情节严重"的程度，不构成犯罪。[2] 据此，行为人未从案件中获利，或者行为人涉案支付结算金额、违法所得没有达到情节严重程度，均成为限制本罪成立的情节性入罪门槛。[3]

（二）对本罪依附性的情节化强调

基于帮助信息网络犯罪活动罪的依附性特征，在对帮助信息网络犯罪活动罪帮助行为进行"情节严重"审查的同时，亦不能忽视被帮助对象的"定量标准"问题，此处的定量标准既是帮助信息网络犯罪活动罪帮助行为依附性的要求，也是反映帮助信息网络犯罪活动罪社会危害性、厘定其处罚范围的组成部分。《帮信罪司法解释》第12条第1款列举了6种具体的情节严重的情形，主要从被帮助对象的数量、支付结算金额、投放广告、违法所得、既往处罚经历、被帮助对象犯罪造成严重后果等方面进行了规定。从这6类

〔1〕 参见江西省万载县人民检察院不起诉决定书万检刑不诉〔2022〕53号。

〔2〕 参见陕西省旬邑县人民检察院不起诉决定书旬邑检刑不诉〔2021〕13号。

〔3〕 参见孙雪洁：《从100余份不起诉决定书中，看帮信罪的21个不起诉辩点》，载http://www.cqlsw.net/service/templates/2022091539577.html，最后访问日期：2022年11月8日。

情节严重的情形来看，同时体现了帮助行为独立性、依附性的双重标准，除了违法所得、曾受处罚记录以外，其他情形均需要依附于被帮助对象。因此，在对帮助信息网络犯罪活动罪成立情节严重程度进行审查时，除了对帮助信息网络犯罪活动罪行为本身进行情节严重程度的审查外，更多还应关注被帮助对象的定量问题，避免单纯以被帮助对象的数量大来认定帮助信息网络犯罪行为构成犯罪，更不能以一对多、多对多就盲目认为帮助行为的危害性已经超越了网络犯罪实行行为。因此，要审慎地对于一对多、多对多的帮助违法行为入罪化进行严格审查，实现罚当其罪。例如，司法实践中往往须同时满足流水+犯罪所得的双重定量标准方可定罪，即应当坚持银行账户流水金额30万以上，且其中诈骗所得在3000元以上，才能认定成立帮助信息网络犯罪活动罪。对于行为人仅仅提供手机卡、银行卡，在无法查证其所提供的银行卡用于诈骗所得数额，或者无法查证其所提供的手机卡、银行卡等是否被用于电信诈骗犯罪情况下，均不能认为构成帮助信息网络犯罪活动罪。例如，在巢某某案中，巢某某明知辛某某找其收购银行卡可能用于实施违法犯罪活动，仍然将本人的银行卡借给辛某某使用。尽管有证据证明涉案银行卡流水超过30万元，但无法证明银行卡被用于电信网络诈骗等犯罪，也无法证明被帮助对象实施的诈骗行为均达到犯罪程度。[1]换言之，当无法证明被帮助对象构成犯罪时，即使涉案流水额超过30万，也不应认定为情节严重。

四、《帮信罪司法解释》第12条第2款应视为推定规则且允许反证

网络犯罪帮助行为具有区别于传统犯罪帮助行为的典型特征，网络犯罪帮助行为作为一对多的帮助、中立的帮助甚至产业化、链条化的帮助，极大地降低了网络犯罪门槛，倍增了网络犯罪的社会危害性，与此同时对于传统共犯理论更是带来了极大的挑战。从社会危害性来讲，如果说帮助行为超越了关联犯罪的社会危害性，这种超越更多是针对一对多、多对多的产业化、链条化帮助而言的，是基于被帮助对象的广泛性而显得帮助行为的社会危害性超越了所有关联犯罪中的某一个犯罪，这具有合理性。鉴于此，《帮信罪司法解释》第12条第2款规定："实施前款规定的行为，确因客观条件限制无法查证被帮助对象是否达到犯罪的程度，但相关数额总计达到前款第二项至

---

〔1〕　参见江西省万载县人民检察院不起诉决定书万检刑不诉〔2021〕Z64 号。

第四项规定标准五倍以上，或者造成特别严重后果的，应当以帮助信息网络犯罪活动罪追究行为人的刑事责任。"由此发现，《帮信罪司法解释》对于帮助行为本身未达到"情节严重"的标准、被帮助对象也未能被证明构成犯罪，但被帮助对象数量巨大的帮助行为，也将其作为犯罪处理。对此，可以将该规则称为积量构罪的推定规则。笔者在既往研究中曾强调对于一对多的帮助违法行为应该实现独立入罪化，被帮助对象虽然属于违法行为，但由于网络犯罪帮助行为的辐射性和扩散倍增性，使得被帮助违法行为的违法性基于量的扩张而造成危害性被聚焦，也凸显了帮助行为的危害性。但是，基于对既往研究成果的反思，应当避免仅由于被帮助违法行为的数量巨大而径直将帮助行为认定为犯罪，仍然需要允许反证帮助行为未造成社会危害性。申言之，《帮信罪司法解释》第 12 条第 2 款虽然规定，相关数额总计达到原规定标准五倍以上，便推定帮助行为产生了社会危害性，但这种推定应当允许被告人反证，即如果能证明相关数额中不存在犯罪所得、支付结算金额不属于违法犯罪等情况，则不应认定为有罪。同时，该条款实质上是基于被帮助对象数量的巨大和累积而将帮助行为认定为犯罪，需要进一步考察的还有被帮助对象的属性问题，即当被帮助对象无法认定为犯罪，该条款则实现了对帮助违法行为的犯罪化。一般认为，帮助违法行为主要分为两类，一是帮助对象实施的行为不属于刑法分则规定的实行行为，即属于违反行政立法的一般违法行为。例如，帮助网络招嫖行为，不应成为帮助信息网络犯罪活动罪的评价对象。二是帮助对象实施的行为属于刑法分则规定的实行行为，但未达到构成犯罪的定量标准。对于此类情况，应当明确，这一规定不能简单得出刑法将帮助违法行为也进行了独立化入罪，这仅仅是一个例外性的推定规则，应在允许行为人反证的同时，避免司法认定中的过度唯流水化、唯总量金额化。[1]

帮助信息网络犯罪活动罪某种程度上反映了共犯正犯化后所面临的立法共性问题，即关于此类罪名的法律性质究竟属于独立化罪名，还是仍应坚持传统共犯理论认定存在学理上的重大分歧，这一分歧反应在司法实践中便造成相关罪名的构成要件认定模糊化甚至趋向"口袋化"、共犯行为与实行行为

---

[1] 参见辽宁省葫芦岛市中级人民法院刑事判决书（2021）辽 14 刑终 261 号；广西壮族自治区平果市人民法院刑事判决书（2021）桂 1023 刑初 136 号。

的边界错乱化等问题。对此，应当正视帮助信息网络犯罪活动罪独立性与依附性的双面属性，以此实现对本罪法益、构成要件要素及其同关联犯罪、相关共犯行为的竞合边界。从立法上讲，刑法将帮助犯正犯化以后，其便具有了独立的行为类型和定量标准，应客观厘定帮助信息网络犯罪活动罪本身的实行行为类型，明确本罪的成立范围。同时，作为帮助信息网络犯罪活动罪自然依附属性的要求，如果被帮助对象并未实施信息网络犯罪活动，或者实施了网络犯罪但没有利用帮助行为人提供的支持条件，那么行为人提供互联网技术支持或者支付结算的帮助行为便不能被认定为本罪。[1] 现有司法解释和司法实践正逐步强调对于本罪适用的收缩，今后应进一步通过"情节严重"的认定全面体现对本罪独立性与依附性的兼顾，既考察独立化的"帮信行为"是否符合情节严重、是否具有实质可罚性，也强调"帮信行为"本身自然依附属性对被帮助对象的综合考察，在实体法、程序法上同时避免构成要件虚化、证明简化的罪名扩张适用问题。

---

[1]　参见张明楷：《论帮助信息网络犯罪活动罪》，载《政治与法律》2016 年第 2 期。

第十章

侵犯公民个人信息罪的法益属性与入罪边界

公民个人信息长期在刑法中的附属保护模式，加之"刑先民后"的立法现状，使得公民个人信息的内涵外延以及法益属性未能得到清晰明确的界定，不利于侵犯公民个人信息罪的适用和公民个人信息的刑法保护。因此，有必要立足于现有刑法框架和司法解释，对当前公民个人信息的规范概念进行系统解读，进而明确公民个人信息的法益属性和刑法保护边界。刑法对于公民个人信息的保护思路，应当在确认其人身属性、财产属性和相关法益依附属性的基础上，赋予其新型的权利地位。伴随着信息时代、大数据时代的逐步发展，公民个人信息的保护在刑法中从无到有、从特殊保护到一般保护，不断被立法、司法赋予更多的内涵和外延。梳理刑法和司法解释关于公民个人信息概念以及罪名设计的"扩张"历程来看，尽管公民个人信息的法律内涵和保护范围不断被扩大，但更多的是附属于相关法益进行的"连带"保护。正是基于此，公民个人信息的概念和法益属性始终以一种模糊状态置身于立法和司法解释中，极大阻碍了公民个人信息的刑法保护。当然，同样的问题亦存在于民法的研究之中，尽管《民法典》确立了个人信息保护的基本原则，但是对于个人信息的权利属性亦没有明确地界定。因此，无论是民法领域，还是刑法领域，目前面临的一个普遍问题即在于，基于何种属性、在何种范围内保护公民个人信息。笔者以公民个人信息的法益属性为中心，通过对立法、司法解释中关于公民个人信息的概念界定探究其法益属性，为确定侵犯公民个人信息罪的评价半径提供法益根据和边界厘清。

第一节 公民个人信息保护的刑法定位与规则设计

当前大数据时代背景下，公民个人信息被规模空前地搬上历史舞台、进入公众工作生活的各个领域，公民个人信息的刑法保护面临着严峻挑战。有鉴于此，刑事立法、刑事司法以及学界不断探讨公民个人信息的刑法保护路径，通过增修刑法、更新司法解释扩张公民个人信息的保护范围。但是，传统刑法保护模式受制于公民个人信息权利定位的影响，并没有赋予公民个人信息以独立的法益地位，而是附属于其他法益进行"附属化"的刑法保护，导致刑法随着境况的变迁不得不对公民个人信息内涵外延不断地进行"救火式"修补，极大影响了公民个人信息的刑法保护。

一、公民个人信息保护的刑法地位："附属化"保护模式

公民个人信息在信息时代以前并不是刑法所重点关注的对象，而是作为依附于国家法益、社会法益以及公司商业秘密的"附属性信息"[1]进行保护。从刑法关于公民个人信息保护的立法、司法思路来看，无不体现着刑法对其他相关犯罪的预防性、前置性立法思维，而非单纯对公民个人信息的保护。

（一）附属于金融管理秩序：窃取、收买、非法提供信用卡信息罪

2005 年《刑法修正案（五）》增设《刑法》第 177 条之一第 2 款窃取、收买、非法提供信用卡信息罪，率先对公民个人信用卡信息资料进行保护，对于窃取、收买或者非法提供他人信用卡信息资料的行为单独实现了入罪化。从形式上看，这似乎属于公民个人信息明确进入刑法视野的最早的立法条文。但是，从实质上亦不难发现，该罪名在破坏金融管理秩序罪之中，其立法旨趣同妨害信用卡管理罪一样，均立足于对金融管理秩序的防护，"顺带"实现了个人信用卡信息的保护。

---

〔1〕 刑法早期保护的"个人信息"更多属于超个人法益的信息，如故意泄露国家秘密罪、非法获取国家秘密罪、泄露内幕信息罪、侵犯商业秘密罪，通过对于符合超个人法益的信息进行个人信息的保护。

（二）附属于公务、公共职能的合规性：《刑法修正案（七）》特殊领域的个人信息保护

2009 年《刑法修正案（七）》增设了出售、非法提供公民个人信息罪和非法获取公民个人信息罪，[1]在民法、行政法之前，首次明确了对公民个人信息的刑法保护，形成了公民个人信息保护"刑先民后"[2]的尴尬现状。因此，尽管刑法在信息时代公民个人信息面临"四面危机"而民法、行政法普遍反应迟钝的情况下被迫入刑，但受制于前置法权利属性的定位空白，《刑法修正案（七）》对于侵犯个人信息犯罪的打击范围仍然是有限的、谨慎的，将侵犯个人信息犯罪的主体限制于"国家机关或者金融、电信、交通、教育、医疗等单位工作人员"，这种立法的审慎也表明了此时"公民个人信息"的保护仍然依附于对前述部门职责和公共服务合规性的评价。

（三）附属于社会管理秩序：非法获取计算机信息系统数据罪

2011 年《危害系统安全解释》立足于非法获取计算机信息系统数据罪、非法控制计算机信息系统罪，将公民个人身份认证信息纳入刑法保护半径，并分类为金融身份认证信息、一般身份认证信息进行分级、分类保护，即差异化地将获取支付结算、证券交易、期货交易等网络金融服务的身份认证信息十组以上，获取其他身份认证信息五百组以上，分别作为构成犯罪的入罪情节。[3]基于同样的解释思维，《危害系统安全解释》看似在将公民个人"身份认证信息"纳入刑法保护，实质却是在对公共秩序、社会管理秩序进行保护，被纳入刑法保护范围内的"身份认证信息"也只是影响到计算机信息系统安全的信息。

（四）附属于人身、财产法益：《刑法修正案（九）》的看似独立化保护

2015 年《刑法修正案（九）》在《刑法修正案（七）》条文的基础上，进一步明确了对公民个人信息的一般化保护，将出售、非法提供公民个人信息罪和非法获取公民个人信息罪合二为一，修正为侵犯公民个人信息罪，并全面扩张了公民个人信息的刑法保护范围。至此，刑法似乎已经赋予了公民个

---

〔1〕 根据 2009 年《刑法修正案（七）》的规定，侵犯公民个人信息，是指国家机关或者金融、电信、交通、教育、医疗等单位的工作人员，违反国家规定，将本单位在履行职责或者提供服务过程中获得的公民个人信息，出售或者非法提供给他人，情节严重的行为。

〔2〕 "刑先民后"与其说是刑法走得太快，不如说是民法保护模式已经严重滞后于信息时代的实际需求，使得刑法只能在"配合"民法关于个人信息权利属性定位的情况下审慎入刑，造成大量具有严重危害性的侵犯公民个人信息行为无法得到有效制裁。

〔3〕 2011 年《危害系统安全解释》第 1 条。

人信息独立的法益属性和刑法地位，但实则仍有争议。目前，理论界和实务界囿于个人信息权利属性不清，普遍认为公民个人信息应当附属于公民人身、财产安全，甚至有人提出此处保护的只是"公共信息安全"。[1]笔者认为，在目前刑法已经将公民个人信息明确作为保护对象的情况下，赋予公民个人信息以独立的刑法地位有着立法层面的支撑，也有着社会层面的实际需求，当下需要做的就是明确公民个人信息的权利地位。

二、公民个人信息的刑法保护范围：个人信息的概念扩张

整体上看，当前我国刑法对于公民个人信息已经实现了较大范围的完整保护，并且通过不断扩张公民个人信息的司法概念扩大刑法的保护范围，从个人信用卡信息资料、身份认证信息到现在公民个人信息的一体化保护，体现了立法、司法的不断努力，也体现了立法、司法乃至理论界对于公民个人信息概念的认识扩张。

（一）公民个人信息概念的雏形：计算机信息系统领域的"计算机数据"

我国刑事司法长期以来并没有对公民个人信息的概念进行过明确地界定，而是依附于其他法益进行公民个人信息的保护。但值得注意的是，随着信息网络安全重要性的凸显，跟信息网络安全相关的个人信息首次出现在规范性文件之中。2011 年《危害系统安全解释》第 11 条将身份认证信息规定为"用于确认用户在计算机信息系统上操作权限的数据，包括账号、口令、密码、数字证书等"。相似的规定还有 2013 年 2 月 1 日起实施的《信息安全技术 公共及商用服务信息系统个人信息保护指南》，该指南第 3.2 条规定，个人信息（personal information）是指可为信息系统所处理、与特定自然人相关、能够单独或通过与其他信息结合识别该特定自然人的计算机数据。客观讲，前述概念的界定多是受制于规范本身的局限性，并未能给个人信息以一般性的界定，但确实将部分个人信息以计算机数据的形式纳入了刑法的保护范围。

（二）公民个人信息概念的首次明确：具有身份"（直接）可识别性"或者"隐私性"

2012 年全国人民代表大会常务委员会通过的《关于加强网络信息保护的

---

〔1〕 参见王肃之：《被害人教义学核心原则的发展——基于侵犯公民个人信息罪法益的反思》，载《政治与法律》2017 年第 10 期。

决定》，作为我国关于网络信息保护的第一部专门性立法，对于个人信息作出了原则性的规定。其中第 1 条第 1 款规定："国家保护能够识别公民个人身份和涉及公民个人隐私的电子信息。"在此基础上，2013 年《最高人民法院、最高人民检察院、公安部关于依法惩处侵害公民个人信息犯罪活动的通知》进一步明确：公民个人信息包括"公民的姓名、年龄、有效证件号码、婚姻状况、工作单位、学历、履历、家庭住址、电话号码等能够识别公民个人身份或者涉及公民个人隐私的信息、数据资料"。

从前述两种表述不难得出，《关于加强网络信息保护的决定》和该通知将个人信息主要划分为两类：一是能够识别公民个人身份；二是涉及公民个人隐私。换言之，刑法所保护的公民个人信息具有两种司法属性，即身份的（狭义的、直接的）可识别性，或者个人隐私性。

（三）公民个人信息概念的外延扩张："可识别性"的标准统一

2016 年全国人民代表大会常务委员会通过的《网络安全法》第 76 条第 5 项规定："个人信息，是指以电子或者其他方式记录的能够单独或者与其他信息结合识别自然人个人身份的各种信息，包括但不限于自然人的姓名、出生日期、身份证件号码、个人生物识别信息、住址、电话号码等。"由此可以看出，《网络安全法》将"可识别性"作为个人信息的唯一法律标准，包括了"能够单独识别"或者"与其他信息结合识别"。例如，生物识别信息与个人联系非常紧密，它利用确定的独特的个人特性进行身份识别或者授权。[1]相似的模式，如德国《联邦数据保护法》第 3 条规定，个人数据指关于个人或已识别、能识别的个人（数据主体）的客观情况的信息。[2]

不难发现，前述变化同 2013 年的通知相比，将个人隐私删除，代之以"与其他信息结合识别"，体现了立法对于个人隐私和个人信息关系的认识态度。个人信息更多强调"可识别性"用途，属于"结果性特征"；个人隐私强调权利性质，属于"形式化特征"。个人隐私与个人信息有交叉也有重合，个人隐私包括个人隐私信息、个人隐私活动、个人隐私空间等内容，个人隐私信息可能属于个人信息，而其他隐私内容则可能不属于个人信息的范畴。

---

〔1〕 Article 29 Data Protection Working Party, Opinion 3/2012 on Developments in Biometric Technologies, WP193, available at http://ec. europa. eu/justice/data – protection/article – 29/documentation/opinion – recommendation/files/2012/wp193_ en. pdf, last accessed 2017. 10. 29.

〔2〕 § 3 Weitere Begriffsbestimmungen, Bundesdatenschutzgesetz (BDSG), 2002.

因此，《网络安全法》统一个人信息认定的标准，不再将个人隐私特征单独规定，达到了立标、立范的效果。

（四）公民个人信息概念的精准归纳：个人信息的分级、分类厘定和继续扩张

2017 年 6 月 1 日起施行的《最高人民法院、最高人民检察院关于办理侵犯公民个人信息刑事案件适用法律若干问题的解释》（以下简称《侵犯公民个人信息解释》）第 1 条关于个人信息的概念基本沿用了《网络安全法》的规定，仅是在概括列举时增加了财产状况、行踪轨迹等内容。该解释第 5 条根据个人信息分级、分类保护的原则将个人信息划分为三类：（1）行踪轨迹信息、通信内容、征信信息、财产信息；（2）住宿信息、通信记录、健康生理信息、交易信息等其他可能影响人身、财产安全的公民个人信息；（3）其他公民个人信息。[1]

从以上规定来看，该解释极大地扩大了刑法所保护的公民个人信息的范围，但却存在着从"公民个人信息"保护向"公民的个人信息"保护转化的情形，这种转化明显已经突破了《网络安全法》关于个人信息"可识别性"特征的范围。例如，账号密码信息、财产状况信息、行踪轨迹信息本身并不具有身份的可识别性，而且真实的犯罪获取前述信息也并非为了去识别个人身份，而是针对其背后的财产利益或者人身权益。因此，从这个层面看，该解释在坚持公民个人信息"可识别性"标准的同时，最大限度地对公民个人信息进行了保护，将公民个人信息外延扩大到具有身份可识别性的个人信息，可能影响人身、财产安全的公民个人信息，以及其他个人信息。

三、公民个人信息独有法律地位的明确：与个人隐私、个人数据、个人资料的关系厘清

关于个人隐私（privacy act）、个人信息（personal information）、个人数据（personal data）、个人情报（日本）、个人资料的关系，[2]在理论界以及国内

---

〔1〕《信息安全技术　公共及商用服务信息系统个人信息保护指南》以个人敏感信息和个人一般信息进行分类保护，其中第 3.7 条规定：个人敏感信息（personal sensitive information）是指一旦遭到泄露或修改，会对标识的个人信息主体造成不良影响的个人信息。

〔2〕 欧盟国家普遍使用"个人数据"一词，如 EU general data protection，Bundesdatenschutzgesetz（BDSG）；英美法系普遍使用"个人隐私"一词，如 Privacy Act。

外立法上，均呈现出一定的混乱性，尤其学界在使用前述概念时亦呈现出随意性和混乱性。客观讲，前述概念在不同的语境下并无实质的概念差异，不同国家和地区根据本地的用语习惯进行表述本无可非议。但是，我国在确定个人信息罪的法益属性和司法操作、理论研究中，应当对此有所明确。首先，个人信息和个人隐私的关系。我国《网络安全法》等文件的出台已经基本明确了二者的各自边界：个人隐私信息属于个人信息的一部分，而个人空间隐私、个人活动隐私超出于个人信息范围，除非可能影响到他人人身、财产安全。因此，在立法上多数国家将二者分别予以不同的保护，如加拿大分别制定了《隐私权法》（Privacy Act）和《个人信息保护与电子文件法》（Personal Information Protection and Electronic Documents Act）。

其次，个人信息和个人数据的关系。目前很多国家已经在立法中对于个人信息和个人数据的概念进行了划分，例如，日本《个人信息保护法》明确个人信息是指自然人姓名、出生年月等可以识别其特定个人身份的内容，包括可以借助其他信息比照简单识别出特定个人的信息。[1]个人数据是指将个人信息进行数据库化之后，可以通过计算机检索等方式获取的构成个人数据库的个人信息。[2]此外，对于二者的关系，也有学者明确指出，个人信息可以被定义为对受众而言具有一定含义的消息，相比个人数据具有更多的可控制性。诚如信息法作为服务于人类的一种法律，信息法所强调的是信息对个人的重要性，而不是数据本身的文法（syntax of data）。[3]

因此，个人隐私、个人信息、个人数据三者之间更多的是一种交叉重合的关系，三者共同重合于个人信息的部分均可以纳入侵犯公民个人信息罪的保护范围。尤其在大数据时代背景下，数据的大交易、大流通、大共享将越来越具有普遍性，明确数据的可交易边界，恐怕更多的是将属于个人隐私、个人信息的数据部分剥离于数据范畴之外。因此，个人信息边界的确定，同样也是个人隐私保护，尤其是大数据交易合法边界的重要根据和标准。例如，

---

〔1〕 個人情報の保護に関する法律（平成 15 年法律第 57 号）第 2 条，この法律において「個人情報」とは、生存する個人に関する情報であって、次の各号のいずれかに該当するものをいう。

〔2〕 個人情報の保護に関する法律（平成 15 年法律第 57 号）第 2 条第 4 款，この法律において「個人情報データベース等」とは、個人情報を含む情報の集合物であって、次に掲げるもの（利用方法からみて個人の権利利益を害するおそれが少ないものとして政令で定めるものを除く。）をいう。

〔3〕 Karl Steinbuch, Gewerblicher Rechtsschutz und Urheberrecht, 579-581 (1987).

大数据交易的前提在于数据的脱敏化和碎片化，大数据交易过程中，如果将碎片化的信息转化、拼凑为具有身份"可识别性"公民个人信息，则涉嫌构成了侵犯公民个人信息罪。

第二节　公民个人信息的法益属性与权利边界

从公民个人信息的规范性内涵来看，其经历了不断扩张的过程，而且可以预见，伴随信息时代的深入和新型权益的增生，在无法明确公民个人信息法益属性的情况下，这种扩张和"修补"将会继续进行。不可否认，刑法扩张公民个人信息保护范围，是对于信息时代侵犯公民个人信息犯罪的积极回应，但是，没有框架限制和原则指导的扩张亦存在有违罪刑法定原则之嫌。因此，明确侵犯公民个人信息罪的法益，厘清公民个人信息的刑法边界，对于公民个人信息的刑法保护有着重要的指导意义。

一、学界关于公民个人信息法益属性的理论争讼

关于公民个人信息的法益属性，学界目前存在着"隐私权说""个人生活安宁说""财产权说、占有权说"以及"公共信息安全说"。基于不同的定位，对于个人信息的认定范围亦存在着较大的差异，对于侵犯公民个人信息罪的打击半径和评价范围具有直接影响。因此，有必要对于侵犯公民个人信息罪所保护的法益进行明确，进而明确公民个人信息的法益属性。

（一）隐私权说

隐私权说普遍认为，侵犯公民个人信息罪所保护的是个人信息所体现的公民隐私权，[1]只有属于个人隐私部分的个人信息才是刑法保护的对象。[2]此种观点明显缩小了侵犯公民个人信息罪所保护的法益范围，也极大限缩了刑法对于严重侵犯公民个人信息犯罪的打击力度，不利于公民个人信息的保护。

（二）个人生活安宁说

个人生活安宁说将个人信息事实上不被非法获悉的平稳状态，以及个人

---

〔1〕　王昭武、肖凯：《侵犯公民个人信息犯罪认定中的若干问题》，载《法学》2009 年第 12 期。

〔2〕　蔡军：《侵犯个人信息犯罪立法的理性分析——兼论对该罪立法的反思与展望》，载《现代法学》2010 年第 4 期。

支配下的个人信息不被非法获悉的安宁状态作为侵犯公民个人信息罪的保护法益。代表性观点认为，"刑法视野中的公民个人信息判断应以'私人生活安宁'为标准，即任何与公民个人相关的信息，一旦泄露，可能威胁到私人生活安宁的，都是公民个人信息"。[1]

（三）财产权说、占有权说

财产权说、占有权说一般认为个人信息作为一种具有财产属性的特殊存在，是一种对个人信息中财产权益的占有权，强调对于个人信息本身的占有。尤其在大数据背景下，应当允许个人信息进行交易，进而以财产权对其进行保护。代表性观点将个人信息解读为公民个人对其享有的占有、使用、收益、处分的权利。[2]此种观点更多的是在刑法规定侵犯公民个人信息罪之前的观点，不符合刑法关于侵犯公民个人信息罪的立法性质，更多的是以个人信息的部分财产属性来彰显个人信息全部，颇有以偏概全的逻辑混乱之感。

（四）公共信息安全说

公共信息安全说普遍认为只有侵犯公民个人信息的数量达到一定程度，才能进入本罪的打击半径，对于侵害某一单个个人信息的行为，如果借此实施了其他犯罪，完全可以以其他犯罪的预备行为进行定罪处罚。代表性观点认为，侵犯公民个人信息犯罪的法益，应当限于"公共信息安全"，本罪成立的关键在于对公共信息安全法益造成了侵害，并建议将该罪名改为"侵犯公共信息安全罪"。[3]

前述观点受制于时代或者认识的限制，对于侵犯公民个人信息罪保护的法益和公民个人信息的属性产生了误读，也代表了当前理论界的多样化认识。隐私权说和个人生活安宁说对于公民个人信息的人身属性进行了较为切实的解读，但评价范围过窄，仅仅看到了个人信息的人身属性，忽略了其人身附加属性和财产属性。财产权说、占有权说是大数据时代一种流行的观点，但忽略了其人身属性。公共信息安全说更是违背了个人信息的人身属性，刑法将侵犯公民个人信息规定为犯罪，并将其置于侵犯公民人身权利犯罪之下，其所保护的法益绝非公共秩序或者社会利益。因此，前述观点尽管都对于公

---

〔1〕　胡胜：《侵犯公民个人信息罪的犯罪对象》，载《人民司法》2015 年第 7 期。

〔2〕　参见汤擎：《试论个人数据与相关的法律关系》，载《华东政法学院学报》2000 年第 5 期。

〔3〕　王肃之：《被害人教义学核心原则的发展》，载《政治与法律》2017 年第 10 期。

民个人信息属性进行了较为精准的概括，但受制于现有理论知识框架的束缚，无法全面完整地将公民个人信息属性予以呈现，有着无法回避的局限性。

此外，值得注意的是，美国法上的隐私概念经历了从保护个人私生活安宁和私生活秘密，到扩张解释"隐私"为其他个人数据的一个历程，逐步突出传统"隐私"的保护范围，不断形成了关于"信息隐私权"的概念。[1]当前，个人隐私法已经不再限于隐私的保护，[2]而是涵盖了隐私之外的其他个人信息权利。从美国关于"隐私"一词的扩充演变来看，公民个人信息的保护程度受到重视，赋予了隐私权更大的范围。因此，我国没有必要将公民个人信息保护束缚在隐私权这一相对狭隘领域。

二、刑法评价的新路径：公民个人信息的权利属性明确

笔者认为，公民个人信息兼具有人身特性、经济属性和社会属性，公民个人信息的多重属性，使侵犯公民个人信息犯罪具有了多样性动机，进而导致侵犯公民个人信息的犯罪链条化、犯罪群特征日益明显。因此，公民个人信息因其特有的属性，尤其在信息时代背景下呈现出更加明显的权利特性，有必要予以特别明确、特别保护。

（一）新的权利类型提出：公民个人信息权的独立化保护趋势

基于公民个人信息的复杂权利属性，单纯将其作为隐私权，或者作为财产权保护，都具有权利属性的不周延性：一方面，如果过度强调个人信息的财产属性，将会产生侵犯个人信息犯罪被强制割裂为财产性犯罪和人身性犯罪的双重罪名，忽略了财产属性依附于身份属性的基本关系；[3]另一方面，个人信息也不同于一般的人格权或者人身性权益，在人格权之外确实承载着巨大的财产性利益。诚如德国数学家诺伯特·维纳（Norbert Wiener）所强调的："信息就是信息，它既不是物质，也不是能量。"[4]因此，鉴于个人信息所具有的人身、财产双重属性，迫切需要当前法律体系和理论体系给予精准

---

[1] 赵宏：《从信息公开到信息保护：公法上信息权保护研究的风向流转与核心问题》，载《比较法研究》2017年第2期。

[2] Danielle Keats Citron, "Reservoirs of Danger: The Evolution of Public and Private Law at the Dawn of the Information Age" (2007). Faculty Scholarship. 125.

[3] 关于大数据的财产化保护则另当别论，数据财产权不同于个人信息的财产属性。

[4] Karl Steinbuch, *Gewerblicher Rechtsschutz und Urheberrecht*, 579–581 (1987).

而全面的评价和保护。在此背景下，无论是私权研究领域，还是刑法研究领域，均出现了个人信息权的概念。例如，民法研究学者开始探索对个人信息的新保护模式，即个人信息权[1]；刑法研究学者认为，侵犯公民个人信息罪的实质在于对公民信息权的保护，该罪的法益是公民的信息权益。[2]还有学者根据内容的不同，将个人信息保护进一步细分为位置数据保护、标识符匿名保护、连接关系匿名保护等，对不同类型的个人信息数据予以一体化的刑法保护。[3]

客观讲，侵犯公民个人信息罪的立法设置和司法解释模式，兼顾了个人信息的人身属性和财产属性，并没有纠结于将其作为隐私权、人身权还是财产权进行保护，而是泛化地将其多种法律属性概括性评价。此种评价模式的优势主要有二：一是，财产权保护思路无法明确相关数据权利，且权属人仍然存在争议；二是，隐私权保护过于狭窄，无法实现有效保护。因此，公民个人信息作为一种独立的新型权利，对其进行刑法保护，既有信息时代、大数据时代的现实需求和时代根据，又有民法学领域的基础性探讨，既逢时，又顺势。

（二）个人信息权的法律内核：人身属性+财产属性+相关法益关联属性

个人信息权所具有的复杂属性决定了其内容的多元化，整体上讲，根据现有的法律框架和司法解释，个人信息权主要包括基于人身属性的"可识别性"身份信息，基于财产属性的财产类、账号类信息，以及同相关法益具有关联性的其他信息。

1. 一般性标准：身份的"可识别性"内容

通过对我国相关立法和司法解释的解读，"可识别性"[4]成为判定某类信息是否属于公民个人信息的重要根据，国外立法亦将"可识别性"作为判

---

[1] 笔者更倾向于把个人信息权称为一种群属性权利，包括了隐私权、财产权以及附属于其他人身财产利益的权利内容。参见王利明：《论个人信息权的法律保护——以个人信息权与隐私权的界分为中心》，载《现代法学》2013年第4期。

[2] 付强：《非法获取公民个人信息罪的认定》，载《国家检察官学院学报》2014年第2期。

[3] Roger Clarke, Surveillance by the Australian Media, and Its Regulation, Surveillance & Society 12, 1 (Mar 2014), 89-107.

[4] 可识别性一般是指同特定个人具有一定关联性或专属性的信息，即通过此类信息可以直接或者同其他相关信息结合识别出特定的个人。参见叶良芳、应家赟：《非法获取公民个人信息罪之"公民个人信息"的教义学阐释——以〈刑事审判参考〉第1009号案例为样本》，载《浙江社会科学》2016年第4期。

定个人信息属性的核心要素。例如，《欧盟通用数据保护条例》将"个人数据"（personal data）界定为任何被用以识别或可能识别特定自然人（"数据主体"）的有关信息；该可识别的自然人可以被直接或间接地识别，特别是通过参照诸如姓名、身份证件号码、位置数据、在线身份识别标识，或者有关该自然人物理、生理、遗传、心理、经济、文化或社会身份的要素。[1]因此，身份的"可识别性"成为个人信息保护的关键，有学者将"可识别性"作为公民个人信息认定的实质标准，指出个人信息应当限于具有可识别性的个人信息，能够识别公民个体的信息，能够和具体的公民个体相对应，才可能对公民的生活安宁以及人身、财产权利造成侵害。[2]相似的观点亦指出："出售或提供公民个人信息中公民个人信息的范畴应限缩为可直接识别特定个人身份的公民个人信息"。[3]据此观点，对于停车位置、驾驶路线等生活轨迹信息，由于无法直接识别特定个人身份，不会对本罪所保护的法益造成侵害或者威胁，不具有实质违法性。

2. 附属性标准：与其他人身、财产法益的关联性内容

在理论界当前普遍强调身份的"可识别性"应当成为公民个人信息保护的唯一标准时，同样不能否认的是，我国刑法对于公民个人信息的保护，除了对于具有身份"可识别性"信息之外，还有附属于其他人身、财产法益的个人信息，此类信息无论是传统的刑法立法、解释思路，还是现实的必要性，都值得刑法保护。对此，《侵犯公民个人信息司法解释》也予以了确认。诚如笔者所一直强调的，公民个人信息应当成为一种独立的信息权利益，其自身具有特殊的人身属性、财产属性：这种人身属性既具有自身的身份识别性，还具有对权利主体其他人身权益的依附性；同理，其财产属性既具有自身的财产利益，还具有对权利主体其他财产权益的依附性。

（三）值得注意的新问题："公共信息"的"被遗忘权"与刑法保护

一般认为，公民个人信息的保护一般仅指未公开的公民信息，对于在公开和秘密中间的个人信息是否应受到保护存在较大争议。例如，对于他人已经公开的信息是否享有隐私权，在美国司法实践中存在着普遍否定的态度，

---

[1]　*Article* 4, *EU general data protection* 2016.

[2]　参见曲新久：《论侵犯公民个人信息犯罪的超个人法益属性》，载《人民检察》2015 年第 11 期。

[3]　高富平、王文详：《出售或提供公民个人信息入罪的边界——以侵犯公民个人信息罪所保护的法益为视角》，载《政治与法律》2017 年第 2 期。

对于已经公开、暴露在社会中的个人信息一般不再受到隐私权保护。这种司法认定模式，受到了美国学界的反对，其指出个人隐私权的概念使得个人信息保护受到了极大的限缩，对于个人信息的保护处在要么完全公开、要么完全隐秘的两个极端状态。[1] 尤其在我国当前尚未形成犯罪记录登记查询制度和前科消灭制度的情况下，犯罪人个人信息，甚至被害人信息曾一度作为"社会公开信息"被公众无限期、无限制地广泛传播和查询，极大侵害了被害人的生活安宁和犯罪人的社会回归。因此，从保障人权和促进犯罪人社会回归的视角，应当允许犯罪信息在经过特定的犯罪记录查询期限之后，终止犯罪记录查询、消灭前科，将犯罪信息这一曾经公开的"社会信息"予以隐私权保护，以此消灭社会公众基于犯罪事实对犯罪人形成的"贴标签效应"和"非规范性评价"。[2]

第三节　侵犯公民个人信息行为的入罪边界

《刑法修正案（九）》和《侵犯公民个人信息解释》在确清公民个人信息权利属性和概念外延的同时，对于侵犯公民个人信息行为进行了分类明确，从公民个人信息非法提供源头到非法获取、非法使用，可谓是实现了全程化、链条化保护。因此，无论是公民个人信息的权利外延，还是侵犯行为，现有刑法框架均实现了积极的扩张。但同样不容忽视的是，积极保护公民个人信息、严厉打击侵犯公民个人信息行为的同时，亦须明确罪名适用的边界。

一、前置性要件的实质解读："违反国家有关规定"的法律内涵

根据《刑法》第 253 条之一的规定，出售、非法提供公民个人信息行为构成犯罪的前提以"违反国家有关规定"为前提，学界普遍将其称为侵犯公民个人信息罪的前置性条款，在立法上经历了"违法国家规定"向"违法国

---

〔1〕 参见张民安主编：《隐私权的比较研究——法国、德国、美国及其他国家的隐私权》，中山大学出版社 2013 年版，第 319-320 页。

〔2〕 基于曾经犯过罪的事实会产生规范性评价（前科）和非规范性评价（社会公众自发的"贴标签"），目前所探索的犯罪记录封存制度或者前科消灭制度均是对犯罪事实规范性评价的消灭，同时，还应当注意对犯罪事实的非规范性评价，即对犯罪事实这一曾经的公开信息予以隐私化保护，认定为公民个人信息。

家有关规定"的转化。因此，明确该要件的实质，对于侵犯公民个人信息罪的认定具有重要意义。

　　经过笔者梳理发现，关于个人信息保护的规定散见于 30 余部不同的法律法规、部门规章和司法解释之中，主要包括个人信息保护的一般立法、涉及个人信息保护的具体行业、个人健康信息、个人快递信息、未成年人信息等领域的规定。[1]因此，这 30 余部"违反国家有关规定"在形式上成为侵犯公民个人信息构成犯罪的前提，如果狭隘地认为没有"违反国家有关规定"就不构成犯罪，这将会在行政法规无法及时跟进的情况下造成侵犯公民个人信息适用的短板。有鉴于此，有研究者指出：根据公民个人信息本身所具有的"超个人法益属性"，应当将"违反国家有关规定""非法"认定为"弱意义"的构成要件，不具有犯罪构成认定的实际价值，"未经公民同意"即可视为"非法"。[2]相似的观点还存在于非法经营罪的认定中：非法经营罪的四项类型中，第四项"兜底"条款中的"非法"和"违反国家有关规定"属于一种同义关系。[3]

　　笔者认为，"违反国家有关规定"和"非法"之间绝非等同关系，"违反国家有关规定"一定是"非法"的，但是"非法"不一定就是"违反国家有关规定"的，二者某种程度上属于一种"种属关系"。因此，准确厘清"违反国家有关规定"的实质，尚需要运用历史解释的方法对其进行解读。《刑法修正案（七）》增设的出售、非法获取公民个人信息罪所保护的公民个人信息，仅限于依职务、公共服务获得的个人信息，其获取渠道有着法律的授权和明确规定，对于相关的个人信息并非获取、提供就直接成立犯罪，而是要求"违反国家有关规定"。不难发现，这一规定的实质更多是提示违法阻却事由的作

---

　　〔1〕　主要包括《民法典》《个人信息保护法》《互联网信息服务管理办法》《个人存款账户实名制规定》《居民身份证法》《商业银行法》《未成年人保护法》《邮政法》《精神卫生法》《关于加强网络信息保护的决定》《消费者权益保护法》《征信业管理条例》《电信和互联网用户个人信息保护规定》《人口健康信息管理办法（试行）》《寄递服务用户个人信息安全管理规定》《电信条例》《网络安全法》等。

　　〔2〕　有研究指出组织出卖人体器官罪、多次盗窃型盗窃罪等罪名，以及对于非法拘禁罪等犯罪中犯罪对象在多人以上直接作为入罪的条件，均体现了立法、司法的超个人法益保护方向。参见曲新久：《论侵犯公民个人信息犯罪的超个人法益属性》，载《人民检察》2015 年第 11 期。

　　〔3〕　参见马春晓：《非法经营罪的"口袋化"困境和规范解释路径——基于司法实务的分析立场》，载《中国刑事法杂志》2013 年第 6 期。

用，[1] 是对于侵犯公民个人信息罪违法阻却事由的反向重申，属于表面的构成要件要素，其价值在于强调对于具有法令行为、业务行为等阻却违法性事由的行为不成立犯罪。因此，充分发挥"违反国家有关规定"在侵犯公民个人信息罪认定中的限缩作用的同时，明确其违法阻却事由的提示性质，将极有助于厘清侵犯公民个人信息行为的入罪边界。

二、定量性门槛："情节严重"的基本类型

我国传统刑法视野下，对于大量犯罪设置了定量要素，数额、数量中心主义较为突出。随着侵犯公民个人信息犯罪的逐渐增多，传统简单化的定量标准已经无法满足犯罪评价的需要，随之产生了一系列类型化的定量标准。

（一）侵犯公民个人信息行为入罪的情节要件

网络犯罪定量标准比传统犯罪往往要复杂得多，其犯罪对象的多元化、犯罪目的的复杂性、犯罪结果的不可控性决定了定量标准计算的难度。因此，《侵犯公民个人信息解释》明确了公民个人信息的分类、分级保护制度，对于不同安全类型和等级的个人信息，在入罪的门槛设计上进行了差异化的设置。整体上讲，"情节严重"的类型除了根据不同公民个人信息类型设定的不同入罪数量之外，《侵犯公民个人信息解释》进一步将违法所得数额、信息用途、行为人主体身份、犯罪记录等作为定量标准，基本上讲对影响侵犯公民个人信息的大部分情节因素进行了涵盖。同时，《侵犯公民个人信息解释》关于"情节严重"的设置，也在很大程度上对于公民个人信息的法益属性和权利边界进行了回应。例如，针对信息用途的规定，就是鉴于侵犯公民个人信息犯罪逐渐具有了链条化、团伙化、多元化特征，侵犯公民个人信息往往只是其他违法犯罪的开始，在非法获取公民个人信息之后必然流向下游的关联犯罪，这也在某种程度上决定了侵犯公民个人信息犯罪的社会危害性特征。因此，关于公民个人信息的链条化保护逐渐成为立法的重要关注点。例如，德国《刑法》对于侵犯个人数据犯罪构建了严密的罪名体系，实现了犯罪各阶段的全链条评价。其中，第 202 条规定了侵害通信秘密罪，分别在第 202 条 a、第 202 条 b、第 202 条 c、第 202 条 d 规定了探知数据、拦截数据、预备探知和

---

〔1〕 参见张明楷：《刑法学》，法律出版社 2016 年版，第 922 页。

拦截数据，以及数据销赃，[1]非法获取被采取安全保护措施的他人数据，非法拦截使用数据处理系统传输的未公开的他人数据，[2]为前述犯罪创造、提供、销售、转让、传播或以其他方式提供的任何此类行为为目的计算机程序，[3]以及数据销赃行为。[4]

（二）再次重申的问题：公民个人信息数量是否需要满足不特定多数人要求

诚如前述，基于对公民个人信息权利属性认识的不同，有观点将本罪侵害的法益解释为"公共信息安全"，即限于对不特定多数人信息的保护。此类观点认为，针对单个个人实施的侵害行为，如果并未实施其他犯罪，未造成实际的法益损害，即使具备情节严重的情形，也欠缺刑事处罚的必要性；如果用于犯罪，则可以作为其他下游犯罪的加重情节，也无须单独处罚获取单个的、特定的公民个人信息的行为。[5]这一观点的谬误笔者在此不再赘述，在判定"情节严重"认定被侵犯的公民个人信息数量时有待进一步强调。

笔者认为，更多的是源头治理的体现，提前打击、从严评价。信息时代背景下，公民个人信息在价值倍增的同时，与人身、财产利益之间的紧密度、关系度不断增强，成为关涉个人人身、财产安全的关键要素，个人信息不安全就意味着人身、财产不安全。同时，信息时代背景下，网络犯罪逐渐呈现链条化[6]、集群化[7]特征，个人信息泄露成为很多犯罪的前置性犯罪形态，间接推动或者帮助了相关性犯罪的实现和数量的增长。刑法正是基于信息时代，尤其是大数据时代背景下，公民个人信息在人身、财产安全中的重要地位，在相关性、下游性犯罪中的影响，所进行的前置式、预防式的提前制裁。因此，即使侵犯同一个人的信息到达相应门槛的，亦应构成犯罪，这

---

〔1〕　此处数据外延相对较小，仅包括以电子记录或者其他不能直接提取的方法存储或传输的数据。

〔2〕　§ 202b Abfangen von Daten StGB.

〔3〕　§ 202c Vorbereiten des Ausspähens und Abfangens von Daten StGB.

〔4〕　§ 202d Datenhehlerei StGB.

〔5〕　金园园：《大数据时代个人信息的刑法保护——访武汉大学法学院教授皮勇》，载《人民检察》2015 年第 17 期。

〔6〕　所谓链条化，是指网络犯罪从预备阶段到实行阶段再到事后的销赃阶段、犯罪掩饰阶段等，均实现了犯罪分工的明确化，呈现"产业化"态势。

〔7〕　所谓集群化，是指单个的网络犯罪形态将不再成为主流，而是以必要的共犯化为核心，一个犯罪有可能横跨刑法分则的十章罪名，罪与罪之间的勾连化逐步增强。

也是对公民个人信息权保护的积极回应，《侵犯公民个人信息解释》第 11 条第 2 款亦认可了此种解释思路。[1]

通观我国刑法关于公民个人信息保护的规则体系，从附属于金融管理秩序、社会管理秩序的"顺带"保护到设立专门罪名进行单独保护，从强调直接的身份"可识别性"和隐私权属性到统一身份"可识别性"的标准，刑法不断实现公民个人信息保护罪名体系精密化的同时，不断地赋予公民个人信息以新的内涵和外延，不断扩张侵犯公民个人信息罪的打击半径。从当前的信息时代和大数据时代需求来看，这无疑是立法和司法的巨大进步。但是，依然需要明确，"一花独放不是春，百花齐放春满园"，关于公民个人信息的保护单靠刑法的大跨步前进并不能达到理想的保护效果，尚需要民法、行政法等部门法合作，推进"刑民衔接""行刑衔接"，实现"民先刑后""刑民并重"的法律合力。事实上，目前学界关于公民个人信息的保护思路也在不断推动民刑、刑行领域的研究，尤其随着"个人信息权"不断得到国内外学界和立法的承认，[2]我国民法、刑法研究中关于公民个人信息"个人信息权"化保护的观点不断产生共鸣。笔者认为，随着《网络安全法》《民法总则》《刑法修正案（九）》相继在立法中明确搭建了公民个人信息保护的整体框架，在后续的具体操作和理论注释中，有必要根据时代变化的需求，通过部门法的协助，以司法解释等形式不断扩充公民个人信息法律保护的范围，实现公民个人信息在信息时代、大数据时代的全面保护。

第四节　侵犯公民个人信息犯罪圈的刑法限缩：基于个人信息多元化属性的回应

《民法典》明确将个人信息作为人格权编的保护对象，但囿于个人信息的权利属性争议、个人信息权属主体的争议，以及互联网环境下自然人个体对个人信息维权与侵权主体之间的力量失衡，对于个人信息的保护实则更多是

---

〔1〕《侵犯公民个人信息解释》第 11 条第 2 款规定：向不同单位或者个人分别出售、提供同一公民个人信息的，公民个人信息的条数累计计算。

〔2〕 European Convention for the Protection of Human Rights, and Fundamental Freedoms, Nov. 4, 1950, 213 U. N. T. S. 222.

以行政立法、刑法为主，尤其自《刑法修正案（七）》增设侵犯公民个人信息罪以来，个人信息的刑法保护不断增强。关于公民个人信息保护刑法先行甚至刑法扩张的模式一度受到民法、行政法学界的批评和质疑，刑法学界也在不断探讨限缩侵犯公民个人信息罪的解释路径。尤其大数据背景下，数字经济的发展更对数据共享、数据开放提出了极大需求，个人信息的多元数据属性不断增强，有必要系统审查刑法"法域"内的个人信息属性，将不值得刑法保护的信息属性剥离出刑法之外，同时以教义学解释原理为依托，将侵犯公民个人信息的"正当化行为"予以明确，在行民分界、行刑分界的基础上，发挥民法、行政法等前位法的法律功能，兼而实现刑法对个人信息的精准保护。

一、侵犯公民个人信息罪既有犯罪圈的梳理性考察

个人信息保护成为热议话题，也越来越受到民商事立法、行政立法等诸多部门法的关注。自刑法关于侵犯公民个人信息罪增设以来，就一直受到刑法过度超前的批评。如果说刑法在对于具有严重社会危害性的行为，在前位法没有及时跟进保护相关权益的情况下，迫于无奈进行积极介入保护法益情有可原，那么随着民事立法、行政立法的完善，刑法有必要重新回到最后法和保障法的地位，限缩侵犯公民个人信息罪的犯罪圈。

（一）公民个人信息刑法保护的初衷：涉个人信息犯罪链条的前置化打击

互联网环境下，网络犯罪的链条化、集群化趋势明显，侵犯公民个人信息犯罪几乎都是作为其他犯罪的上游犯罪、伴生犯罪所出现，其社会危害性随着社会信息化程度的增强也在与日俱增。基于对犯罪"产业链"的斩断，刑法对侵犯公民个人信息行为的犯罪很大程度上是以对侵犯个人信息行为的制裁为主，兼顾实现对网络犯罪产业链、网络黑产的前置化打击。

1. 《刑法》第 253 条之一的目的功能："链条化"犯罪的刑法斩断

侵犯个人信息作为网络黑产、网络犯罪链条的上游犯罪、伴生犯罪，逐渐形成了以公民个人信息为上游、为伴生的犯罪产业链。大数据背景下，"信息"已经成为犯罪黑市中流动的"商品"，由此也形成了完整的上下游犯罪产业链。[1]犯罪上游行为人利用黑客技术、特殊身份等手段非法获取个人信

---

〔1〕　最高人民检察院检察理论研究所课题组：《互联网领域侵犯公民个人信息犯罪问题研究》，载《人民检察》2017 年第 2 期。

息，中间商从上游买入个人信息后进行清洗、整合后卖给下游犯罪人。[1]在以个人信息非法获取、非法交易、非法使用为中心的产业链上，上下游犯罪分工密切，甚至形成了上游专门买卖公民个人信息的网站或者公司，[2]相较于以往零散式侵犯公民个人信息的行为而言更具集聚性和精准性。侵犯公民个人信息的行为客观上能促进下游犯罪衍生，引发链条式反应。当前犯罪分子买卖或非法获取公民个人信息的目的，已经从单纯地为商业活动提供便利逐渐向为后续的下游犯罪提供便利转变。[3]下游犯罪人获取到公民个人信息后，实施如电信网络诈骗、盗窃乃至杀人、绑架等违法犯罪活动的情况时有发生，严重威胁着公民人身财产安全。[4]值得注意的是，很多情况下，侵害个人信息的行为具有"依附性"的特征，往往是作为其他更为严重的犯罪中的某个环节出现的，本身虽未独立成罪，但继续实施其他行为，可能构成犯罪。[5]因此，刑法将侵犯公民个人信息行为入罪化，实质就是对涉信息犯罪产业链的源头打击：上游获取和提供个人信息的行为和下游严重犯罪具有高度盖然性，等到下游严重犯罪发生再来评价为时已晚，所以需要前移评价节点，制裁上游非法获取信息的行为，阻断犯罪产业链的供应。

2.《刑法》第253条之一前置化的评价思路：预备行为实行化和帮助行为正犯化

侵犯公民个人信息犯罪链条化背景下，非法获取个人信息的上游行为，无论是准备用于自己犯罪还是帮助他人犯罪，其行为与下游犯罪同样具有法益侵害性。同时，上游获取的个人信息流向和使用范围均难以掌握，所造成的法益侵害性更为严重。而检视刑法理论，传统的预备犯理论和共犯理论在适用于网络空间时遇到掣肘。传统共犯理论认为，共犯仅有对法益的侵害或者危险尚不能进入刑法的打击半径，必须通过正犯行为引发法益侵害或者危

---

[1] 参见张婷：《犯罪产业链背景下"技术中立原则"对犯罪定性的干扰和反思——以"侵犯公民个人信息犯罪"为视角》，载《青海社会科学》2018年第2期。

[2] 利子平、周建达：《非法获取公民个人信息罪"情节严重"初论》，载《法学评论》2012年第5期。

[3] 参见韦尧瀚：《侵犯公民个人信息罪在司法认定中的若干问题研究——兼评〈刑法修正案（九）〉第十七条》，载《北京邮电大学学报（社会科学版）》2016年第1期。

[4] 绵杰、宋丹：《关于〈办理侵犯公民个人信息刑事案件适用法律若干问题的解释〉理解与适用》，载《人民检察》2017年第16期。

[5] 吴苌弘：《个人信息的刑法保护研究》，上海社会科学院出版社2014年版，第115-116页。

险。[1]然而网络空间的虚拟性和复杂性导致难以判断各犯罪人的犯意，也难以收集数量庞大的侵害行为证据。如果刑法对上游非法获取个人信息的预备行为和帮助行为不加以规制，将导致信息犯罪产业猖獗、侵犯公民个人信息的行为专业化和精细化、数量庞大的个人信息受侵害。一方面，侵犯公民个人信息的行为已具备类型化的特征，非法获取和提供个人信息作为信息犯罪产业链的源头，对于下游的诈骗、绑架等犯罪具有很大的工具性支撑作用。从某种程度上来讲，侵犯公民个人信息的行为与下游犯罪呈现高度的关联性，已成为相关下游犯罪的专门化、类型化的预备、帮助行为。另一方面，侵犯公民个人信息的行为也具有独立的法益侵害性，非法获取和提供个人信息的行为促使下游犯罪的既遂可能性大大增加。个人信息随犯罪产业链流动到下游，其所面向的是未来不可控的海量实行行为，这种海量性基本确保了犯罪至少能够既遂一次。从这个层面讲，非法获取和提供个人信息成为下游相关犯罪精准实施、"点对点"实施[2]的关键环节。

（二）公民个人信息刑法保护的问题：评价半径的过于扩张化

随着数字经济的发展，个人信息同公民个人的人身、财产安全更为紧密，更多的信息被纳入公民个人信息范围，成为刑法所保护的对象。某种程度上讲，在个人信息的保护上，刑法比其他部门法都显示出格外的扩张性。以行政立法为例，2016年《网络安全法》第76条规定："个人信息，是指以电子或者其他方式记录的能够单独或者与其他信息结合识别自然人个人身份的各种信息，包括但不限于自然人的姓名、出生日期、身份证件号码、个人生物识别信息、住址、电话号码等。"由此可见，《网络安全法》对于个人信息的界定，主要限于单独识别个人身份，以及与其他信息结合识别个人身份的信息，强调个人信息的身份识别性。2017年《侵犯公民个人信息解释》第1条规定："刑法第二百五十三条之一规定的'公民个人信息'，是指以电子或者其他方式记录的能够单独或者与其他信息结合识别特定自然人身份或者反映特定自然人活动情况的各种信息，包括姓名、身份证件号码、通信通讯联系方式、住址、账号密码、财产状况、行踪轨迹等。"刑法在《网络安全法》的基

---

[1]　于冲：《帮助行为正犯化的类型研究与入罪化思路》，载《政法论坛》2016年第4期。

[2]　点对点实施犯罪改变了诸如电信诈骗等犯罪的漫无目的性，由漫天撒网转向精准犯罪，加剧了犯罪既遂的可能性。

础上，将单独识别或者与其他信息结合识别特定自然人的活动情况的信息，归入个人信息范围，但同时将反映特定自然人身份情况、特定自然人活动情况的各种信息均纳入个人信息的保护范围。刑法对个人信息保护范围的扩张化，某种程度上也推进了其他部门法的及时跟进，例如，2017 年提交的《个人信息保护法（草案）》尚且没有将能够识别特定自然人活动情况的信息定义为个人信息；《民法典》第 1034 条第 2 款规定，"个人信息是以电子或者其他方式记录的能够单独或者与其他信息结合识别特定自然人的各种信息，包括……行踪信息等"，某种程度上采纳了刑法对于个人信息保护范围的定义。审视刑法内部理论，这种积极导向的立法并非没有缘由。有观点指出，在世界范围内，刑事立法的趋势已经不是非犯罪化，而是大量的犯罪化，[1]扩大犯罪圈和提前刑法介入等方式便应运而生，进而实现刑法对于个人信息法益的周延保护。[2]但是，从刑法和民法、行政法的关系来看，侵犯公民个人信息罪的成立需要该行为"违反国家有关规定"，如果刑法对个人信息保护的范围大于前置法，而前置法并未将其评价为违法的行为，则会导致刑法存在矫枉过正之嫌。因此，刑法积极导向式的个人信息立法需要保持适度，不可僭越前置法律而试图先行参与社会综合治理，需要考虑到与其他部门法的衔接适应。

二、侵犯公民个人信息罪评价半径的学界争议与反思

随着侵犯公民个人信息罪的犯罪圈不断扩张，学界为明确侵犯公民个人信息罪的恰当评价半径，对于侵犯公民个人信息罪的法益属性等评价半径进行了多方面的有益探讨，力图在罪刑法定原则的基础上合理打击侵犯公民个人信息的犯罪行为。

（一）侵犯公民个人信息罪评价半径限缩和转型的尝试

基于对侵犯公民个人信息罪评价半径的限缩，学界从法益属性角度对于该罪的评价半径进行了探讨。关于侵犯公民个人信息罪的评价半径，学界有诸多争论，主要有法益限制论、超个人法益说、独立法益论三大观点。

法益限制论立足个人信息的个人属性，从个人利益的不同侧面评价，存

---

〔1〕 张明楷：《司法上的犯罪化与非犯罪化》，载《法学家》2008 年第 4 期。
〔2〕 参见周光权：《转型时期刑法立法的思路与方法》，载《中国社会科学》2016 年第 3 期。

在人身权利说、财产权说、个人信息自决权说、公共信息安全说等内部分化。其一，人身权利说偏重个人信息的人身性，认为本罪的保护法益是公民个人的信息自由、安全和隐私权等人身权利。[1]侵犯公民个人信息罪规定于"侵犯公民人身权利与民主权利罪"一章，从刑法的体系性来看也为该说的合理性提供了有力依据。其二，财产权说则偏重个人信息的财产性，将个人信息的法益视同个人财产，具有信息资源、信息产品、信息商品、信息资产等多种表现形态，[2]公民个人对其享有占有、使用、收益、处分等权利。[3]其三，个人信息自决权说杂糅人格性与财产性，认为公民个人有权自行决定是否将个人资料交付或提供给他人利用，[4]强调个体对于个人信息的完全控制决定。其四，公共信息安全说着重于个人信息的公益性，主张本罪法益限定为公共信息安全，只有对公共信息安全法益造成了损害的侵犯公民个人信息行为，才能构成犯罪。[5]总体来看，法益限制论尽管认识到公民个人信息的人身属性、财产属性、安全属性等多元属性，但都只是抓住一个角度评价，无法完整全面地揭示公民个人信息属性，对于侵犯公民个人信息罪的评价半径过度限缩。

　　超个人法益说折中个人信息的私权性与公益性，认为公民个人信息不仅是个人法益，还具有超个人法益的属性。通常情况下，侵犯公民个人信息的行为涉及的个人信息量巨大，造成的损害是间接的、群体性的，很难与具体受害人建立直接联系。当前，侵犯公民个人信息犯罪不仅严重危害公民的信息安全，而且极易引发多种犯罪，成为电信网络诈骗以及各种新型犯罪的源头，甚至与绑架、敲诈勒索等犯罪相结合，影响人们的安全感，威胁社会和谐稳定。[6]因此，对于个人信息的法益性质，不应仅从微观层面加以认识，应同时将个人信息的法益内涵扩展至信息领域的社会公共利益和秩序，在必要的情况下转向国家信息安全。一方面，超个人法益说是对法益限制论的补充和完善，使得侵犯公民个人信息罪的评价半径由局限于公民个体而扩展到公民社会、国家的角度；另一方面，在"侵犯公民人身权利与民主权利罪"

---

〔1〕　周光权：《刑法各论》，中国人民大学出版社 2016 年版，第 71 页。

〔2〕　陆小华：《信息财产权——民法视角中的新财富保护模式》，法律出版社 2009 年版，第 20 页。

〔3〕　参见汤擎：《试论个人数据与相关的法律关系》，载《华东政法学院学报》2000 年第 5 期。

〔4〕　贺栩栩：《比较法上的个人数据信息自决权》，载《比较法研究》2013 年第 2 期。

〔5〕　刘艳红：《侵犯公民个人信息罪法益：个人法益及新型权利之确证——以〈个人信息保护法（草案）〉为视角之分析》，载《中国刑事法杂志》2019 年第 5 期。

〔6〕　曲新久：《论侵犯公民个人信息犯罪的超个人法益属性》，载《人民检察》2015 年第 11 期。

章节的约束下，如何解释公民个人信息的内涵与公共安全相适配成为超个人法益说无法回避的问题。

独立法益论则兼顾人格性、财产性和公益性，倡导公民个人信息应当是一种新型的、独立的个人信息权。公民个人信息兼具人身特性、经济属性和社会属性等多重属性，在信息时代背景下呈现出的与传统的财产权、人身权和公共安全利益等法益不同的权利属性，应当予以独立化的规制和特别的保护。而从侵犯公民个人信息罪的前置法律角度来看，民法学者对于个人信息的权利属性的评价也从传统的隐私权逐渐转向个人信息权，倡导个人信息权的权利内容多样化，包括信息保有权、决定权、知情权、更正权、锁定权、请求保护权、被遗忘权等。[1]可以说，独立法益论是侵犯公民个人信息罪评价半径的新突破，从局限于固有法益限缩抑或扩张均不能完整评价本罪，到通过提出包含复杂属性的新型独立法益来使得犯罪圈保持在弹性伸缩的范围内。独立法益论在对公民个人信息周延、独立保护的同时，仍然有可能导致刑法对于前置法的干涉，因而需要避免个人信息权成为一种抽象空洞、无度发展的权利，并根据大数据时代发展进程对其内涵及外延保持合理的变动。

（二）进一步反思：个人信息多元属性下个人利益与公共利益的平衡

法益限制论、超个人法益说和独立法益论对立的背后，实质上是个人信息利益与信息公共利益之间的角力。在侵犯公民个人信息罪法益视角下，个人信息利益与信息公共利益的平衡基础在于两者都关注对"人"的保护。个人信息利益落脚在个体个人，而信息公共利益则以无数的个体集合为基础，着眼于群体意义上的人。作为制度存在的信息公共利益，须以基本法的"个人"概念为基础，以人为出发点，社会制度、国家制度都是为了实现对于人的保护。维护个人信息利益是保护个人隐私、生活安宁、财产等的自由发展，而维护信息公共利益则是保护个人自由发展的社会条件，二者最终都是服务于保障个体自由发展的可能性。因此，个人信息利益与信息公共利益若要实现平衡，关键在于两者之间保持依存关系：只有能从个人信息利益角度推导出来的信息公共利益，才能证明其目的在于服务个人，其刑法上的保护才具有正当性；而只有信息公共利益保障下的个人信息利益，才有自由、有序、健康行使的

───────────────

[1] 参见杨立新：《个人信息：法益抑或民事权利——对〈民法总则〉第111条规定的"个人信息"之解读》，载《法学论坛》2018年第1期。

空间。

为了平衡个人信息利益与信息公共利益，应当限缩刑法所保护的个人信息的权利属性与法益内涵。2017 年提交的《个人信息保护法（草案）》第 11 条规定，个人信息权包括信息决定、信息保密、信息查询、信息更正、信息封锁、信息删除、信息可携、被遗忘，依法对自己的个人信息所享有的支配、控制并排除他人侵害的权利。可以说，个人信息保护法对于个人信息权利进行了全面细致的规定，但个人信息权利扩张的同时也会挤压信息公共利益的维护，如果刑法按照《个人信息保护法（草案）》的规定承认个人信息的权利属性带有决定性、控制性和全方位性，势必给大数据产业和公共事业的发展套上枷锁，导致信息公共利益维护的困顿。因此，笔者认为刑法所保护的个人信息的权利属性应当仅限于信息保密权。换言之，刑法所要保护的个人信息是公民个人有保密要求、采取保密措施的个人信息，公共领域的个人信息受损应当由信息查询、更正、封锁等个人信息的民事权利和救济措施来适用。如此一来，大数据产业和公共事业能够免除处理个人信息时面临刑法这一达摩克利斯之剑的顾虑，在信息公共利益与个人利益之间达成平衡。而在个人信息的法益内涵方面，有众多学者认为本罪法益内涵是一种信息自决权法益，笔者并不赞同。个人信息保护法不是对个人信息自决权的承认和保护，而是作为人格或财产的前置保护机制，旨在防范抽象的人格侵害或财产侵害的危险。[1]刑法亦是如此，作为惩罚犯罪的部门法，所保护的个人信息应是关涉人身、财产、安全等多元法益侵害危险，而不是保护虚无缥缈、束之高阁的权利。同时，信息自决权过于重视个人信息的控制，试图赋予个人高位而忽视大数据产业信息自由交流的需求。事实上，公民个人决定和控制信息的能力是有限的，信息自由受到个人信息价值的社会性限制，信息主体的决定自由是难以实现的。[2]

三、侵犯公民个人信息罪犯罪圈限缩的必要性根据

随着大数据产业的发展和数字经济的日渐成型，个人信息的数据多元利

---

〔1〕 杨芳：《个人信息自决权理论及其检讨——兼论个人信息保护法之保护客体》，载《比较法研究》2015 年第 6 期。

〔2〕 参见任龙龙：《论同意不是个人信息处理的正当性基础》，载《政治与法律》2016 年第 1 期。

益属性为个人信息的刑法保护边界提出了诸多新的要求。个人信息的数据多元利益属性决定了个人信息的"个人主体"受到保护的同时，个人信息的获取、利用也应受到保护，因而刑法对于个人信息保护范围的限缩势在必行。

（一）数字经济模式下个人信息的数据多元性利益

数字经济模式下，个人信息成为至关重要的社会资源，承载着多元性的数据利益，被广泛用于大数据产业、公共事业等领域。有学者指出，个人信息保护领域的利益主要涉及三个利益，即个人信息本身所附着的信息主体的个人利益，以及与个人信息处理紧密结合的信息使用者（数据控制者）的利益和公共利益。[1]对于信息主体而言，个人信息是能够单独识别或者结合识别个人身份、活动情况的信息，关系到个人的人身、财产、安全等方面的法益，信息主体享有的个人信息权利应当得到刑法保护，个人信息的不当处理如果对信息主体的法益造成侵害威胁则应当受到刑法制裁。对于信息使用者而言，个人信息是数据时代发展的重要驱动力。企业对海量社会数据的搜集与分析是其商业模式的基础，社会数据已然成为基本的生产资料。某种程度上讲，公共利益的维护和公共秩序的构建，都需要依赖于部分个人信息利益的牺牲和让渡。例如，在 2020 年新冠疫情事件中，全国各地卫健委每天通报疫情数据，并公布部分患者的活动路线和行踪轨迹。需要明确，在数字经济模式下，信息主体利益、信息使用者利益和公共利益都是合法利益。2016 年《欧盟通用数据保护条例》第 1 条第 3 款规定："个人数据在欧盟境内的自由流通不得因为在个人数据处理过程中保护自然人而被限制和禁止。"2014 年公布的《最高人民法院关于审理利用信息网络侵害人身权益民事纠纷案件适用法律若干问题的规定》第 1 款第 2 项指出，为了社会公共利益且在必要范围内披露公民个人信息是合法的。因此，为了促进个人信息的数据多元性利益和谐共存，侵犯公民个人信息罪的犯罪圈限缩势在必行，在保障信息主体的个人信息权利的同时，也要促进个人信息的合理收集、利用和流通，并在必要时适当让渡个人信息权利以维护公共利益。

（二）大数据模式下刑法的谦抑性坚守

大数据背景下，刑法在个人信息保护领域呈现主动出击的态势，尤其在

---

〔1〕 高富平：《个人信息使用的合法性基础——数据上利益分析视角》，载《比较法研究》2019年第 2 期。

完善的个人信息保护法尚未落实的情况下，刑法与行政立法一道先于民事法律成为个人信息保护的主力。鉴于刑法对于公民个人信息的"过度化"保护，学界有诸多观点倡导应回归刑法的谦抑性。有学者指出，对舆论或者民意的反应做到有所为、有所不为是科学刑事立法的必经过程。[1]刑法不能因为时下个人信息保护成为热点问题，其他部门法积极推进立法而趋之若鹜，仍应科学论证调整刑法规制个人信息的合理性。因此，对于个人信息的刑法保护，应当具体地、实质地探求为保全国民利益所必需的最小限度的刑罚。[2]

为了维持个人信息保护与数据应用之间的平衡，刑法仍应当坚持谦抑的基本立场，在完善个人信息保护罪名体系的同时，避免对大数据产业发展造成禁锢。侵犯公民个人信息罪的成立，需要相关行为"违反国家有关规定"，根据法秩序统一性的要求，刑法对个人信息保护启动的前提，是行为人已经违反个人信息保护前置性法律。同时，刑法的最后性要求，只有在其他的社会问题解决方式如民法、秩序法、商业法等非刑法制裁措施仍不能予以解决时，才可以动用刑法。因此，刑法所要制裁的数据应用中侵犯个人信息的行为，应当是具有严重社会危害性，只有刑罚处罚方得报应的行为。大数据时代的刑法并不是激进地将任何侵扰到个人信息的行为定罪处罚，而应当做好与个人信息保护前置性法律的衔接，为大数据应用预留一定的发展空间。这种谦抑立场的保持有赖于两方面的配合：一方面，完善个人信息保护前置性法律，避免前置法缺位下刑法的"被迫介入"。当前我国正加紧个人信息安全保护方面的法律体系构建，已出台《民法典》《网络安全法》《电子商务法》《个人信息保护法》等一系列法律法规，明确个人享有的信息权利，并对不当使用个人信息的行为作出处罚。但是，现阶段的个人信息安全保护法律体系仍显粗糙，有待进一步地精细化、专门化。另一方面，需要体现出刑法与前置性法律的层次适应，以便实现精准、合理打击个人信息犯罪。侵犯公民个人信息罪对于个人信息范围和犯罪行为的认定，应与前置性法律有所衔接适应。部分不具备高度敏感性的个人信息以及较低危害性的行为，应在前置性法律内部规制，刑法则要明确所要保护的个人信息范围，要制裁的犯罪行为

---

〔1〕　刘宪权：《刑事立法应力戒情绪——以〈刑法修正案（九）〉为视角》，载《法学评论》2016年第1期。

〔2〕　张明楷：《网络时代的刑法理念——以刑法的谦抑性为中心》，《人民检察》2014年第9期。

需要设定能够体现报应和预防的刑罚。

（三）个人信息保护中个人利益与公共利益的平衡

如前所述，个人信息具有多元属性，既事关公民个人的人身、财产等个人利益，也是大数据产业、公共事业发展的基础，承载着重大公共利益。然而在当前侵犯公民个人信息犯罪的惩治与打击过程中，存在对个人信息进行绝对化保护的倾向，为了保护个人权利而肆意扩张本罪打击面积，导致公共信息产业发展受阻，社会公共秩序被迫让位于膨胀的个人信息自由。[1]事实上，个人信息利益和公共利益同等重要，应当寻求平衡点，使二者在两个平行的空间协调发展，互不挤压、互不干涉，以刑法规制为个人信息数据的利用保驾护航，从而发挥个人信息在信息产业发展等经济领域与社会管理领域的重要价值，释放出信息数据时代的信息红利。[2]人类个体永远无法做到孤立于社会，其社会群居性管理需求决定个人信息具有公共利益属性。为实施社会管理和提供公共服务，收集和利用个人信息，是自古以来政府都普遍采用的做法。[3]只要个体仍处于社会中，则其个人信息势必被统一掌握以加强社会联系。从司法实践来看，侵犯公民个人信息的行为涉及的个人信息量巨大，造成的损害是间接的、群体性的，很难与具体受害人建立直接联系。[4]这也印证了个体与公共社会之间已日趋融合，难分彼此，个体信息的受损亦会牵动他人的个人信息。人类个体无法完全斩断与他人若有若无的联系，在公共社会想要保持个人信息保护的独善其身无疑为空想。从社会发展趋势来看，个人信息的公共流通会更加频繁，信息公共利益属性只会愈加明显。换言之，个人信息的公共利益属性是未来大数据产业发展的基础，个人信息的保护应当是个人信息个人属性与公共属性的平衡。

四、侵犯公民个人信息罪的出罪化路径

面对个人信息保护的需求和大数据时代的趋势，当前侵犯公民个人信息

---

〔1〕 参见［日］大谷实：《刑事政策学》，黎宏译，法律出版社 2000 年版，第 175 页。

〔2〕 参见高富平、王文祥：《出售或提供公民个人信息入罪的边界——以侵犯公民个人信息罪所保护的法益为视角》，载《政治与法律》2017 年第 2 期。

〔3〕 张新宝：《从隐私到个人信息：利益再衡量的理论与制度安排》，载《中国法学》2015 年第 3 期。

〔4〕 参见王肃之：《被害人教义学核心原则的发展——基于侵犯公民个人信息罪法益的反思》，载《政治与法律》2017 年第 10 期。

罪的犯罪圈过于扩张，将违法程度较低甚至未被前位法规制的行为纳入评价范围，导致前位法成为虚置法，压缩了大数据产业和数字经济的发展空间。对此，有必要在对侵犯公民个人信息犯罪化的同时，明确相应的出罪化路径，实现个人信息内部属性兼顾与利益保护的平衡。

（一）数据属性从个人信息属性中的剥离

个人信息与个人隐私、个人数据一度存在适用上的概念混乱，从用语习惯上讲，《欧盟通用数据保护条例》使用个人数据这一概念，我国民法学界对个人信息的研究长期以来停留在个人隐私层面。鉴于个人信息的多元属性，侵犯公民个人信息罪犯罪圈的限缩，需要明确刑法所应保护的个人信息属性类型和范围。

一般认为，个人隐私是指个人不愿为外界所知悉的私生活领域相关事务，具有明显的私密性。[1]个人隐私主体通常希望将隐私保留在私人空间中，并且自己能够掌握控制。个人信息则一般具有很强的交互性，同时还具有显著的国家治理价值。[2]申言之，个人隐私的敏感程度较高，而个人信息广泛应用于大数据时代。有学者指出，个人信息概念远远超出了隐私信息的范围，应当将个人信息权单独规定，而非附属于隐私权之下。[3]因此，在公民个人信息中有一部分公民个人信息属于个人隐私，但也有一部分个人信息不属于个人隐私范畴，个人信息和个人隐私存在相互交叉的部分。

个人数据是脱敏化、碎片化的个人信息，两者亦存在重合的部分。个人数据附着于电子信息系统载体，是部分个人信息经过数据库化处理后形成的可供检索的系统数据。相较于个人信息，个人数据更加面向大数据产业，能够在市场交易、流通和流转。值得注意的是，个人数据在一定条件下能够转化为个人信息。有学者指出，若干详细的小数据从睡眠、饮食、出行、作息等方面事无巨细地记录了一个人，这些有针对性和特定性的个性化数据记录完全能够实现从一般数据到个人核心信息的转化。个人数据本身是经过技术

---

〔1〕　李婕：《刑法如何保护隐私——兼评〈刑法修正案（九）〉个人信息保护条款》，载《暨南学报（哲学社会科学版）》2016 年第 12 期。

〔2〕　参见廖宇弈：《我国个人信息保护范围界定——兼论个人信息与个人隐私的区分》，载《社会科学研究》2016 年第 2 期。

〔3〕　王利明：《论个人信息权在人格权法中的地位》，载《苏州大学学报（哲学社会科学版）》2012 年第 6 期。

处理后无法识别个人身份的个人信息，如果行为人通过技术处理将其还原成个人信息，亦构成侵犯公民个人信息罪。

整体上讲，个人隐私、个人信息和个人数据共同重合于个人信息的部分，可以纳入侵犯公民个人信息罪的保护范围。[1]从促进大数据时代数据的广泛流动的角度来看，数据属性应从个人信息属性中剥离，让前置法来调整规制数据交易，而刑法则恪守个人信息的边界，回归保护敏感程度较高、能够识别个人身份的个人信息。

（二）信息安全属性从信息权利中的剥离

个人信息的多元属性，不仅仅涉及个人利益，还涉及社会、国家的集体利益。侵犯公民个人信息罪的犯罪圈限缩，应限制为对公民个人信息权利侵犯行为的打击，将信息安全属性从个人信息权利中剥离，由刑法体系其他罪名评价。

个人信息属性中的安全属性关涉人身、财产等个人信息安全，但不应将《刑法》第 253 条之一的保护法益扩张到整体信息安全。侵犯公民个人信息罪规定在"侵犯公民人身权利、民主权利罪"一章中，并且本章其他罪名均未涉及公共安全的保护，从刑法条文的体系性来看，本罪法益不应包括整体信息安全。侵犯公民个人信息罪是个人安宁、人身与财产安全法益保护的早期化，是基于打击一系列与公民信息权益相关的后续犯罪的立法考虑。个人信息安全是个人信息属性的一部分，本质上仍是为了维护个人信息权利。同时，整体信息安全的概念过于宏大抽象，如果强行使个人信息法益承载整体信息安全属性，会使侵犯公民个人信息罪失去打击重点，沦为国家政策导向的工具。随着法律和经济制度等社会因素的增多，公共安全等集体法益越来越难以把握。在国家监督、安排和建构的利益生产和分配系统里，在国家对于经济制度的建立和运行有着总体需要的前提下，将集体利益彻底地与个人的利益直接联系起来是牵强的。因此，如果刑法体系中现有罪名能够评价信息安全法益，则不必由侵犯公民个人信息罪重复评价。刑法规定的"为境外窃取、刺探、收买、非法提供国家秘密、情报罪""非法获取计算机信息系统数据罪""妨害信用卡管理罪"等罪名，对于涉及个人信息国家安全属性、公共安

---

〔1〕 于冲：《侵犯公民个人信息罪中公民个人信息 的法益属性与入罪边界》，载《政治与法律》2018 年第 4 期。

全属性的行为，亦可予以有效评价。

（三）侵犯公民个人信息罪构成要件的限缩

目前侵犯公民个人信息罪的主观构成要件中并没有设立目的性限制要件，意味着一旦违反国家有关规定，出售、提供或非法获取个人信息，无论出于正当的目的还是不正当的目的，均触犯侵犯公民个人信息罪。此种罪名设置模式，体现出刑法对于侵犯公民个人信息行为的严厉打击，但同时也对大数据产业和数字经济的发展空间造成较大限制。因此，有必要对侵犯公民个人信息罪设立目的性限制要件，即"以非法目的向他人出售、提供或非法获取个人信息"。从当前的司法实践来看，"情节严重"成为替代目的性限制要件的判断因素，可以通过认定以不正当目的侵犯个人信息的行为为"情节严重"，以正当目的为"情节轻微"。此种解释模式，可以很大程度上限缩刑法的打击半径，但是犯罪情节作为量刑因素，并非罪与非罪的标准，不能替代目的要素的规定成为指导行为的明确规范。缺失目的要素的规定转而依赖情节因素，会使得司法实践过程中具有极大的弹性，也使行为预期具有不确定性。[1]此外，在以正当目的维护公共利益过程中对个人信息的侵害或者威胁，同为了实施诈骗、绑架等犯罪而出售、提供、获取个人信息的行为，不具有相同的实质违法性，如果不区分两者而一概入罪，对于前者的刑法规制则显得过于严苛。

进一步检视侵犯公民个人信息罪的客观构成要件，本罪规定的实质违法行为包括非法获取、非法提供个人信息的行为，那么对应的合法获取、合法提供个人信息的行为边界何在，须明确刑法的评价范围和打击半径，既不过度干涉数据产业发展，也不遗漏对个人信息的保护。纵观域内外立法，对于合法行为的规定通常以原则来表述。以2017年《个人信息保护法（草案）》为例，其中第4条规定，个人信息的收集、处理和利用应当遵循合法、正当、必要的原则，不得违反法律、法规的规定和双方的约定收集、处理和利用个人信息。无独有偶，德国联邦宪法法院在个人信息保护的相关判决中，明确了处理个人信息应符合显著公共利益，基于法律保留的合目的、透明、必要与合比例这四项基本原则。笔者认为，"必要""正当"等关键词较为抽象模

---

〔1〕　参见高富平、王文祥：《出售或提供公民个人信息入罪的边界——以侵犯公民个人信息罪所保护的法益为视角》，载《政治与法律》2017年第2期。

糊，并且不同主体对此理解会带有自己的感情色彩。因此，应当对处理个人信息的合法原则尽可能释明，保证法律的确定性。对于合法获取、提供个人信息的行为规定较为具体的是《欧盟通用数据保护条例》。[1]因此，应竭力为"合法处理数据"赋予规范内容，并试图在数据开放和数据保护之间寻求最大限度的平衡。但何为"签订履行合同所需"、何为"遵守法定义务所需"、何为"合理利益"以及"至关重要的利益"，对于数据主体和数据处理者双方来讲，显然会有不同意见，矛盾双方站在各自立场会给出截然不同的答案。[2]综上，合法获取、合法提供个人信息的行为边界在于合法、合意、合理，以更为明确的表述替代原则性表述。合法意味着合法获取、提供个人信息应当遵守个人信息保护相关的法律法规，按照法律规定行使权利，履行义务；合意指的是双方约定，包括口头约定、书面合同等体现、记录双方意思的形式；合理指的是追求公共利益在内的利益、正当目的、必要手段等需要依靠道德素养评价的行为。此类行为容易游走于犯罪的边缘，而又不易固定标准，应当由数据主体和数据处理者之外的第三方权力机构根据个案作出恰当判定。

（四）强化法秩序的统一：避免前位法不违法的行为进入刑法评价半径

侵犯公民个人信息罪启动的前提是行为"违反国家有关规定"，对违法程度较高的侵犯公民个人信息行为进行刑事制裁。因此，侵犯公民个人信息罪的犯罪圈应当与前位法的规定保持一致，以实现法秩序的统一性，避免前位法规定不违法的行为反而由刑法评价。法秩序的统一实际上可以视为合目的的统一，同一行为在不同法律领域需要根据不同的法律目的作出指引，最终在法秩序中保持统一。[3]刑法与前位法在保护目的上均是出于对个人信息的保护，区别在于刑法规制的行为违法程度更高。这种违法程度的层次分明决定了刑法的评价半径不能大于前位法，否则前位法将沦为虚置法，刑法僭越评价尚未纳入违法范围的侵犯公民个人信息行为，违反罪刑法定原则。前置

---

〔1〕《欧盟通用数据保护条例》第6条规定，以下条件至少满足一项，处理数据才是合法的：(1) 数据主体同意为特定目的处理其数据；(2) 处理数据是为签订或履行合同所需的；(3) 处理数据是为遵守法定义务所需的；(4) 处理数据是为了保护数据主体或其他自然人的至关重要的利益；(5) 处理数据是为了公共利益或行使政府授予的权力；(6) 处理数据是为追求数据控制者的合理利益，但不得损害数据主体的利益。

〔2〕 陈璐：《个人信息刑法保护之界限研究》，载《河南大学学报（社会科学版）》2018年第3期。

〔3〕 陈少青：《法秩序的统一性与违法判断的相对性》，载《法学家》2016年第3期。

性法律缺失，而刑事立法先行，将刑法作为社会管理法，动用严刑峻法惩罚本应由前置性法律规制的侵犯个人信息安全的行为，这实际上是法治无能的表现。[1]因此，为了维护法秩序的统一，应当对"违反国家有关规定"进一步释明，使得刑法对侵犯个人信息的规制有合法根据。一方面，此处的国家有关规定应当限缩，防止宽泛抽象的前位法导致刑法适用不明确。"违反国家有关规定"只宜限于国家层面的有关规定，而不能包括地方性法规等非国家层面的规定。[2]另一方面，刑法对于个人信息的定义范围和侵犯公民个人信息的行为类型应当跟进前位法的修订。"违反国家有关规定"作为空白罪状，其本质特征在于刑法条文本身未对具体犯罪构成的行为要件作出具体、明确的表述，而是由相关的规范或制度加以具体、明确的规定。[3]因此，刑法不能盲目扩张侵犯公民个人信息罪的犯罪圈，需要根据民法、行政法等前位法的新态势作出调整，使得刑法与前位法相衔接适应。

（五）正当化事由与责任减免事由的关注

随着大数据时代的发展，信息公共利益和个人信息利益的摩擦会更趋频繁，如果这些摩擦均纳入侵犯公民个人信息罪的调整范围，会导致刑法"手臂"延伸过长，不利于公共利益的实现。因此，对于侵犯公民个人信息罪的适用，应关注相应的豁免事由，缩小刑法规制的半径，同时还应防止其成为犯罪分子逃脱刑罚制裁的助力。对此，可以将侵犯公民个人信息罪的豁免事由限定为：其一，被收集信息者同意，包括明示和推定。《欧盟通用数据保护条例》要求相关机构在收集用户个人信息前，告知用户信息的处理状况，在网络服务的语境中通常表现为发布隐私声明，用户在阅读声明后作出明确的同意意思表示，作为对个人信息收集及利用的合法授权，这就是明示同意的体现。[4]此外，在基于客观的判断，能够确实地期待信息主体同意的情况下，即使没有为明示的同意，也得以推定信息主体同意对其个人信息的提供或者利用，因欠缺法益侵害性而不构成犯罪。[5]其二，有权机构维护的信息公共

〔1〕　魏昌东：《新刑法工具主义批判与矫正》，载《法学》2016年第2期。

〔2〕　喻海松：《网络犯罪的立法扩张与司法适用》，载《法律适用》2016年第9期。

〔3〕　刘树德：《罪刑法定原则中空白罪状的追问》，《法学研究》2001年第2期。

〔4〕　参见范为：《大数据时代个人信息保护的路径重构》，载《环球法律评论》2016年第5期。

〔5〕　参见杨楠：《个人数位足迹刑法规制的功能性偏误与修正》，载《安徽大学学报（哲学社会科学版）》2019年第4期。

利益是重大的、紧急的国家利益、社会利益。其三，法令行为，主要适用于打击违法犯罪活动时。一方面，司法机关根据法令实施职权职务行为，有权获取犯罪嫌疑分子的身份信息、住址、行踪轨迹等个人信息，以便抓捕犯罪嫌疑分子。另一方面，公民个人根据法令实施举报犯罪嫌疑分子的行为，向司法机关提供相关人员的个人信息。违法犯罪活动影响社会秩序的稳定，事关公共利益，此时限缩犯罪嫌疑分子的个人信息利益具有正当性。

第十一章

数据安全犯罪的迭代异化与刑法规制路径

随着侵犯公民个人信息罪的不断迭代异化，司法解释不断丰富侵犯公民个人信息罪的行为类型和个人信息外延，但面临个人信息犯罪严峻的异化态势，受侵害的数据质量、数据规模、危害性后果不断攀升，数据的处理、共享、交易、流通使得数据的"动态安全"逐渐成为数据安全问题的常态。以刑事制裁为主的单向度的国家监管显然存在较大的局限性，规制手段的单一化使其规制效果难彰，因此需要其他手段的功能补给。公私合治机制作为一种能够容纳企业与国家共治的犯罪治理模式，通过促进网络服务商数据安全保障工作的内控化、制度化开展，增强网络服务商对于数据安全的责任意识；通过网络服务商的事前主动介入，增强数据安全犯罪的积极防控，实现侵害数据安全犯罪的积极的一般性预防。

数据安全犯罪内容的转化，由单纯的侵害个人信息演变为跨越个人数据、商业数据、公共数据、国家数据，进而同时危及个人人身财产安全、公司安全、公共安全、国家安全。但是，由于刑法的谦抑性、最后性以及不可避免的滞后性、局限性，单一的依靠刑法手段打击侵犯数据安全的犯罪，已经力有不逮。企业内控的刑事化发展，使得企业合规计划成为刑事法乃至国家介入企业内部运作的有力手段和工具，也成为企业内控制度对接国家违法犯罪治理体系的必由之路。因此，在侵害数据安全犯罪的治理上，引入公私合治机制，赋予其刑法定罪、量刑层面的功能和地位，通过公私合治机制将刑事治理理念、规则和政策内化为企业的内部控制机制，使外部监管和内部自律连接在一起，发挥预防侵害数据安全犯罪和明确企业责任边界的双重效果。

第一节　侵害数据安全犯罪由静态安全向动态安全的迭代异化

我国刑法目前针对数据安全犯罪的罪名体系，主要有侵犯公民个人信息罪、侵犯商业秘密罪、非法获取计算机信息系统数据罪、非法获取国家秘密罪、故意泄露国家秘密罪等罪名，传统刑法所型构的罪名体系所保护的核心，在于数据本身的保密性、完整性和可用性等静态安全问题，重点防控数据非法获取、泄露、篡改等犯罪类型。但随着大数据时代与人工智能技术的迅猛发展，数据安全在形式上、内容上、安全风险来源上均不断发生异化，给传统刑法的治理模式带来严峻挑战。

一、数据"动态安全"与传统安全交织化对法益保护的挑战突出

数据安全经历了从"静态数据"向"动态数据"，从数据"静态安全"向数据"动态安全"的演进过程，前者主要表现为信息数据本身的风险，后者主要表现为数据处理活动的风险。大数据背景下，作为"静态安全"的数据内容安全、作为"动态安全"的数据处理活动安全，同时面临犯罪侵害的危险，对数据安全的刑法保护提出了横纵向上的挑战。数据"静态安全"向"动态安全"演变后所带来的数据安全问题，主要体现在：横向上，数据安全法益保护的迫切性更为突出，在动态数据的各环节、各流程都产生了法益保护需求。整体上讲，数据的"动态安全"主要面向数据处理活动的风险，包括数据存储、运算与分析安全，数据平台物理载体的安全，数据流转环节安全等数据自身的风险。随着大数据的海量性、高价值性，以及云计算平台的开放性和连通性的增强，[1]数据处理活动越来越常态化、多样化和规模化，数据"动态安全"问题开始凸显出来。大数据时代，数据的价值更多地源自企业数据利用相关的各种活动，随着数据业务向纵深拓展，企业在数据获取、利用、处理、挖掘、开发、交易、流通、生产的各个环节，都面临严峻的安全风险和犯罪风险。

纵向上，数据安全犯罪内容开始转化，从私人领域不断向公共领域扩展：

---

〔1〕 黄晓亮：《从虚拟回归真实：大数据时代刑法的挑战与应对》，载《中国政法大学学报》2015年第4期。

个人信息数据的网络化和透明化已经成为难以逆转的趋势，个人数据大规模地存在于政府机关、金融机构、社会服务组织、互联网企业等组织体中，不论个人是否直接参与互联网，脱离了信息主体个人控制的个人数据都在被广泛记录。[1]同时，个人数据的聚合以及社会运行对网络数据的依赖，也促使数据安全向社会公共生活领域扩展。海量的数据本身具有较高的社会价值，加之智能交通、智能电网、智慧城市等社会运行活动背后的重要信息系统、基础设施也需要公共数据资源的支持，一个社会的网络化智能化程度越高，公共数据安全的风险性和重要性也就越大。[2]因此，数据安全问题越来越影响到国家安全，尤其涉及国家政治、经济、文化等国家利益的大数据资源，数据安全问题不可避免地上升到国家战略高度。以数据的跨境流通为例，数据输出关涉数据主权、国家安全。

二、数据安全犯罪主体演变对刑法评价对象的挑战

数据业务不断成为互联网企业业务的重要组成部分：内容上扩展到数据挖掘、利用、处理、流通、交易、存储等诸多方面；数据规模上，互联网企业信息数据容量达到较高的数量级。[3]企业在数据利用活动中理所当然地占据了主导性地位，成为数据动态安全保障的核心主体，数据安全从"静态安全"到"动态安全"的转变，使得数据违法犯罪逐渐从个体行为转向企业行为，数据安全犯罪的主体由以自然人行为为主转向自然人个人行为与单位行为并存。因此，在企业主导下的数据安全问题体现出一些根本性的变化：（1）表现形式上：形成非法利用网络数据的黑灰产业链。（2）责任承担上：越来越倾向于连带责任、替代责任、无过错责任。（3）侵害对象上：海量集中的个人数据改变了数据权利的私人属性，数据安全也从纯粹的个人隐私安全逐渐扩展为社会化的数据安全。（4）危害结果上：数据安全事故一旦发生，往往会造成规模化、扩散化的社会危害性后果。因此，数据安全面临的单位侵害风险正不断增强，数据安全造成危害的违法犯罪行为，越来越多地与企业的

---

〔1〕　齐爱民、盘佳：《大数据安全法律保障机制研究》，载《重庆邮电大学学报（社会科学版）》2015 年第 3 期。

〔2〕　顾友良、张新房：《面向智慧城市的城市交通大脑建设体系与应用研究》，载《通讯世界》2019 年第 7 期。

〔3〕　数据的价值也随着规模的增长而有了质的变化，大数据愈发成为互联网时代重要的基础资源。

活动相关。某种程度上讲，侵犯数据安全犯罪已经逐渐由个人行为转向企业行为：基于企业完整的数据生态圈、产业链和技术集群，企业不仅可能成为数据侵权活动的帮助者，还可能成为数据违法犯罪行为的实施者。具言之，数据安全重心由个人向企业转移的进程主要体现为：以往针对个人数据的侵权行为或犯罪行为大多是单一自然人实施的个别行为，而现在企业成为数据安全问题主要阵地，互联网企业在数据业务运营过程中或主动或被动或故意或过失地致使数据安全遭受威胁。

三、技术冲击下数据安全责任认定的边界困惑增加

数据企业对云计算、物联网、移动互联网等新技术的应用使得数据收集利用活动变得无处不在，"新技术新应用一方面催生着新威胁形态，为数据安全带来新风险；另一方面导致传统数据安全保护策略的有效性降低甚至失效"。[1]基于此种背景，相关互联网企业逐渐被法律法规赋予了广泛的安全管理义务，形成了数据安全政府监管与企业管理之间的边界不清问题，进而造成了数据安全责任认定的边界不清问题。

客观讲，随着《网络安全法》等一系列有关数据安全法律法规的颁布施行，我国关于个人信息安全和数据安全保护方面的制度设计基本形成。但是，在数据安全领域仍存在立法不足不清的情况，典型的如个人信息保护、商业数据保护，仍然缺乏独立的规范体系加以明确。与之相对，《欧盟通用数据保护条例》成为全球数据安全保护的重要标杆，对全球化层面数据安全责任产生影响："数据泄露通知规则""数据保护官制度""隐私风险影响评估义务""从设计保护安全理念"等原则和要求正成为数据企业需要承担的新型数据保护义务，[2]这显然大幅度推高了数据企业的法律责任。因此，从这个层面来看，赋予网络服务商、网络数据商一定的数据安全管理义务，既是网络安全保护现实情况的必然要求，也是国际立法的一种普遍选择。但问题在于，在法律、法规甚至部门规章大范围确立网络服务商数据安全管理义务以后，网络服务商与政府之间的监管边界如何认定，网络服务商需要履行的安全管理

---

〔1〕 黄道丽、胡文华、大阿来：《安全视角下的大数据治理与合规应对》，载《保密科学技术》2018 年第 10 期。

〔2〕 石英村：《全球数据安全治理态势与产业趋势分析》，载《信息安全与通信保密》2019 年第 4 期。

义务如何进行明确，都成为摆在数据安全责任认定上的重要问题。有鉴于此，2019 年 11 月 1 日起施行的《帮信罪司法解释》针对拒不履行信息网络安全管理义务、非法利用信息网络、帮助信息网络犯罪活动等犯罪进行了解释，体现了司法机关对明晰网络服务提供者责任的重视，某种程度上也反映了司法实践中网络服务提供者数据安全责任的认定困惑，对此需要给予积极的回应。

第二节　数据安全犯罪公私合治的必要性与正当性

所谓数据安全犯罪公私合治，是指为避免因企业或企业员工相关行为给企业带来的刑事责任，国家通过刑事政策上的正向激励和责任归咎，推动企业以刑事法律的标准来识别、评估和预防公司的刑事风险。面对日益增强的数据安全风险和侵害数据安全犯罪的高发，有必要在侵害数据犯罪治理中引入公私合治理念，通过企业与国家、企业内部规章与刑法之间的功能性协作，实现数据安全的立体化、协同化防护。

一、必要性：单一刑法手段解决数据安全问题捉襟见肘

数据安全犯罪危害性大，不仅是对于数据安全本身的侵害，在当前数据安全犯罪产业化、链条化的背景下，数据安全犯罪成为其他犯罪的上游犯罪、伴随犯罪，为诈骗罪、敲诈勒索罪甚至绑架罪等其他犯罪提供预备阶段的犯罪助力，加之互联网的倍增效应、放射效应，更加剧了数据安全犯罪的社会危害性。因此，数据安全犯罪的事后惩治很大程度上难以有效保障、恢复被犯罪所侵害的法益，数据安全犯罪防治的路径需要前置，但这种前置单靠传统的刑法中预备行为实行化、帮助行为正犯化，单靠刑事手段本身的预防功能和惩治功能，有其刑法自身的局限性。因此，要抑制数据安全犯罪的产生，就必须适时地改变偏重事后惩罚的传统的消极犯罪预防理念，将其置于网络社会和数据安全的大背景下予以重新审视，基于积极预防的理念提出新的犯罪预防措施。诚如波斯纳所言："在风险成为当代社会的基本特征后，刑法逐渐蜕变成一项规制性的管理实务。作为风险控制机制中的组成部分，刑法不再为报应与谴责而惩罚，主要是为控制风险而威慑；威慑成为施加刑事制裁的首要理由。正是威慑促成行为主义进路对现代刑法的掌控，最终使精神状

态在刑法中的作用日渐减少。"〔1〕因此，在不得不借助传统刑罚的威慑效果的同时，也应该看到其局限性，国家监管者应当意识到单单依靠刑罚威慑和犯罪圈的扩张，并不能起到完全规制企业个人信息犯罪的良好效果。〔2〕这就需要跳出国家刑罚权单向治理的旧有思路，在个人信息等数据犯罪的治理过程中引入企业的积极作用。事实上，由于互联网的虚拟性和技术性，大量的行政法律法规、部门规章已经明确赋予了相关网络服务提供者对于数据安全的保障义务。例如，2012 年《互联网搜索引擎服务自律公约》就规定搜索引擎服务提供者应当协助保护用户隐私和个人信息安全，并在收到权利人相应通知后及时删除、断开相关侵权内容链接。2019 年 6 月《数据安全管理办法（征求意见稿）》从数据收集、数据处理使用和数据安全监督管理三个方面规定了网络运营者对数据的管理义务和责任。

因此，在各种数据安全风险、数据安全漏洞倍增的背景下，仅凭刑事立法和司法的强制力作用，对于侵害数据安全的犯罪总是捉襟见肘。即使风险刑法的提出，也更多的是强调风险增强，关注刑法外部强制力、刑罚力的同时，忽视了企业自身的能动性，使企业只能处在被动接受国家刑罚权的强制力的地位。从最本源的角度上看，企业实施法律风险管理必然是"有利可图"的，不论是提高自身防控犯罪的能力，还是获得监管者在处置违法犯罪活动时的奖励，都是对企业的积极信号，这与刑法规范本身的强制性形成了鲜明的对比。总之，内控制度的引入为企业提供了主动自律的机会和根据，引导企业在主动制定内控机制、实施内部风险防控、调整内控机制的过程中，逐渐将数据安全保障和数据犯罪预防意识融入日常的经营管理活动中。

二、正当性：网络服务提供者保证人地位的应然要求

随着数字经济的发展，企业在拓展业务过程中，会在某个环节、某个领域成为数据的产生者、利用者、传输者、存储者以及交易者，这对数据安全在更广的范围层面带来了风险。例如，精准营销广告中，企业为了实现精准营销，过度采集目标用户的基本信息、每天的上网行为，消费记录、位置信

---

〔1〕 ［美］理查德·A. 波斯纳：《法理学问题》，苏力译，法律出版社 2001 年版，第 210 页。

〔2〕 李本灿：《企业犯罪预防中国家规制向国家与企业共治转型之提倡》，载《政治与法律》2016 年第 2 期。

息等组成一个个的个人信息库。无独有偶，2018 年美国 Facebook 数据泄露事件中，剑桥分析公司（Cambridge Analytica）不当获取 5000 万 Facebook 用户的个人资料，用来为美国大选时精准推送信息，巨大的数据隐私泄露影响了数百万 Facebook 用户。[1]由此可见，大数据包含大量信息主体的身份信息、属性信息和行为信息，各渠道数据存在交叉检验的可能，极易造成隐私泄露、公共利益受损的风险。由于数据企业成为当前数据资源的主要掌握者之一，一旦企业对大数据利用安全的控制力度不足，就会带来大数据滥用的风险。[2]有鉴于此，行政法律法规乃至刑法，均赋予网络服务提供者积极的作为义务和安全保障义务，有学者对网络服务提供者的不作为责任提出了质疑，认为这是对网络服务提供者管理义务的扩张，以管控网络的目的加重了网络服务提供者的责任。[3]对此需要明确，义务和权利是相对的，网络服务提供者对于信息网络的管理乃至保护义务，恰恰是其在业务经营过程中收集、存储、使用公民信息、公共数据获得相应收益权利所对应的等价义务，是与其服务范围、业务类型相对应的业务保证义务，并非仅仅是政府责任的粗暴转移。诚如德国刑法学者罗克辛教授所言，身份本身就是一种保证人地位，行为人要么基于对危险源的监督控制、要么基于特定法益的保护而具备了成立身份犯的行为人资格。[4]因此，网络数据服务商基于其业务范围、服务领域的资质要求等，均承担了相应的保障其业务范围领域内数据安全的责任。

公私合治机制具有基础性、明确性的优势，不仅有助于缓解企业外部刑法治理的压力与负担，而且为防控企业内部的违法犯罪行为奠定了基础，既是社会防范企业犯罪风险的一道屏障，也是企业规避违法行为、防范非理性的国家干预的一道屏障。对于互联网企业而言，一套完善、合理的内部风险防控机制，不但划定了企业在数据犯罪中的刑事责任边界，同时也有助于划定其他违法活动与合法数据业务的边界，为数据企业法律责任的确定提供了一支"制度之锚"。

---

〔1〕　任孟山：《Facebook 数据泄露事件：社交媒体与公私边界》，载《传媒》2018 年第 7 期。

〔2〕　张尼等编著：《大数据安全技术与应用》，人民邮电出版社 2014 年版，第 62—72 页。

〔3〕　刘艳红：《无罪的快播与有罪的思维——"快播案"有罪论之反思与批判》，载《政治与法律》2016 年第 12 期。

〔4〕　参见许玉秀：《当代刑法思潮》，中国民主法制出版社 2005 年版，第 590 页。

第三节　数据安全公私合治的基本理念与制度功能

从美国企业内控制度的起源来看，企业内控最初是由于政府监管的加强所推动的，在监管压力下，企业随后才开始进行自我规范、主动构建内控管理体系，可见企业内控始于特定行业监管的加强。随着企业数据安全保障责任和犯罪风险的增强，相关企业有必要主动构建内控机制来作出足够回应，形成企业内控机制与国家监管规则间的良性互动。同时，公私合治为刑法规则的具体化、明确化提供了可操作性，由于不同企业根据自己的实际业务情况，制定了不同内容的内控机制，从而避免刑法规范过分涉足具体业务而产生偏差的风险。

一、数据安全犯罪的积极的一般预防

根据犯罪的积极的一般预防理念，刑罚预防犯罪最合理且唯一的目的应当是在犯罪之前培养守法文化和法律信仰，通过基于守法的自觉和对法秩序的积极维护，主动、积极地预防犯罪的发生。[1]当前的数据安全犯罪的危害性和破坏性，随着网络技术的应用而不断增强，进一步将风险扩散到个人数据之外的其他数据类型，构成对国家、社会等多层次、多类型数据安全的威胁。从刑罚目的的基本原理上来说，国家对犯罪主体科以刑事处罚的目的并不在于惩罚和剥夺本身，而是在于预防和消减犯罪，这是现代刑事政策理论的当然之理。对于个人信息等数据安全犯罪，国家监管者的目的也是如此。

在犯罪预防的诸多侧面中，传统的刑法理论更多强调特殊预防和消极的一般预防的重要性，而对积极的一般预防所潜藏的刑罚工具化倾向，及其对自由的威胁持排斥和警惕的态度。但在风险社会兴起和风险刑法理论的提倡下，刑罚的积极预防功能不断受到重视。积极的一般预防强调"以刑罚来确认与强化公民对规范忠诚的价值信念"，从而使刑罚致力于提升社会普遍的辨别是非的规范信念，这与风险社会对刑法提出的风险预判和事前控制的需求是相适应的。面对急剧增长的侵害数据安全犯罪，国家刑罚权的启动和生效往往是缓慢而滞后的，对于侵害数据安全犯罪的事后惩治，很大程度上难以

---

〔1〕　张明楷：《刑法学》，法律出版社 2016 年版，第 24—26 页。

有效保障、恢复被犯罪所侵害的法益。因此，侵害数据安全犯罪防治的路径需要前置，但这种前置单靠传统的刑法中预备行为实行化、帮助行为正犯化，单靠刑事手段本身的预防功能和惩治功能，有其刑法自身的局限性。

数据安全风险的防治，某种程度上需要借鉴风险刑法的纾解，以及积极的一般预防理念的引入，而公私合治所包含的事前的风险识别机制和一系列风险防范措施，正是实现积极的一般预防所必需的：一方面，数据安全内控将网络数据安全犯罪的预防责任赋予网络服务商，通过网络服务商事前的主动介入，增强数据安全犯罪的积极防控，督促企业通过内控机制的制定、实施和监督，使数据安全风险能够直接在内控机制中得到监测、控制和防范；另一方面，企业在制定、实施内控制度的同时，通过内控机制促进网络服务商数据安全保障工作的内控化、制度化开展，从而主动消减可预见的侵害数据安全犯罪风险。

二、明确数据安全责任主体的刑事责任边界

随着互联网企业在数据安全保障中的功能加强，法律法规逐渐赋予其较多的数据安全管控义务。尤其当前的技术发展导致数据安全领域的规则设计和执行机制相对滞后，多样的数据利用活动加剧了数据安全责任的严苛化，导致数据企业的法律风险陡然上升。为了厘清国家与网络服务商对数据安全保障的责任边界，数据安全公私合治机制能够起到明确责任范围的作用。具言之，数据安全公私合治机制的重心便在于通过内部风险防控机制的实施，明确网络服务商的管理责任不能替代政府的监管责任，进而明确网络服务商管理责任和政府监管责任的边界。

一方面，公私合治实际上是国家关于数据安全法律规范在企业内控机制中的具体化。企业内控制度实施的前提，需要对企业刑事犯罪风险予以准确识别，明确企业可能触及的犯罪风险类型。在数据安全领域，更加需要明确企业可能触发犯罪的刑事风险，这实际上相当于为互联网企业制定了一份"负面清单"，有助于确定企业活动的范围与责任边界。另一方面，通过内控制度的制定和实施，将法律法规赋予企业的数据安全保障义务予以明确，通过将抽象的法律规则、刑法规则具体化、情境化，以此判定对于未能履行相关法定义务、未能积极实施内部风险防控机制的行为，是否应当承担相应的刑事责任。例如，判定是否成立拒不履行信息网络安全管理义务罪等纯正的

不作为犯，以及是否成立侵犯公民个人信息罪、侵犯商业秘密罪等不纯正的不作为犯。

三、数据安全的共治模式：实现政府管控、网络服务商防控统一

随着网络空间的"去中心化"和"扁平化"，网络空间治理，尤其是在网络数据安全犯罪的防控方面，网络服务商较之政府具有更大的优势，成为网络数据安全保障不可否认、不可忽视的重要管控主体。整体上讲，法律法规赋予网络服务商管控义务的有效实施，可以最大限度发挥网络服务商对数据安全的保障功能。但是，从另一个层面讲，如何将法律法规规定的义务，内化为网络服务商内部管理制度，由外在的法律强制义务转化为网络服务商内在的积极主动的管理责任，是数据安全公私合治机制的又一重点原则与方向。

当前，以数据安全内控为连接点的"企业—政府共治"模式，尚处于雏形阶段，并没有明确企业内控机制的法定地位和作用，而是更多地将其视为内部控制的规则、流程或者自律机制，仅仅要求企业将相关的内部规则、自律规范等加以备案而缺乏实质审查。例如，2019 年 9 月 3 日，工业和信息化部网络安全管理局针对"ZAO"App 用户隐私协议不规范，存在数据泄露风险等网络数据安全问题，要求北京陌陌科技有限公司组织开展自查整改，依法依规收集使用用户个人信息，规范协议条款，加强新技术新业务安全评估，采取有效措施强化网络数据和用户个人信息安全保护，积极防范自有业务平台被利用实施电信网络诈骗等风险隐患。[1]事实上，经过严格审核、充分博弈形成的合规计划，在国家的犯罪预防和企业的责任认定两端都具有积极的意义。因此，目前公私合治的发展显得犹有不足，有必要将内控制度从当前的纯粹自律规范，转变为联结企业内部控制和国家外部监管的纽带，使行政法规中要求制定和实施的企业内控规范、自律规则，通过合规计划的形式得到真正的落实和遵循，从而实现数据犯罪风险的政府管控、企业防控、刑法预防的"三位一体"防控机制，使得企业内控机制真正内化为企业的数据安全意识与行动，实现数据安全保障与侵害数据安全犯罪的合力防治。总之，

---

〔1〕 布轩：《工信部就"ZAO"App 网络数据安全问题开展问询约谈》，载《人民邮电报》2019年 9 月 5 日，第 1 版。

犯罪共治模式的实质是要求体系化地看待犯罪治理问题，实现企业能动性与国家强制力间"一加一大于二"的整体性效果。而内控机制的构建正好为此整体效果的实现提供了契机：一方面刑法规则的落实需要内控机制来加以具体化，另一方面企业自律的实现也需要内控机制向刑事规范汲取强制性。企业内控在成为法官评估违法企业罪责的基础和法定标准的同时，也成为企业借鉴刑法的特征、模式实现内部治理的工具，在此过程中，公私合治机制将企业内控与国家刑事规制有机连接起来，成为构成数据犯罪共治机制的一大助力。

第四节　数据安全公私合治机制的构建思路与路径

数据安全公私合治机制的引入，是基于数据"动态安全"的防护、侵害数据安全犯罪的异化所进行的考量。因此，数据安全公私合治机制的构建，应当立足于数据"动态安全"风险这一基础性命题，保证数据公私合治机制的制定、实施能够在数据的采集、处理、存储、流动的全过程发挥作用，[1] 在数据安全各个环节建立起一整套的公私合治机制。

一、数据安全公私合治理念引入的模式选择

从国外相关实践来看，数据安全公私合治机制的形成主要依赖于刑法的强制力，通过刑法将制定内控制度作为一项刑法义务，怠于履行该义务便可能触犯刑法构成犯罪。同时，在通过刑法强制推动内控制度确立的同时，也进一步明确了积极履行内控义务的量刑奖励。整体上讲，关于公私合治机制的引入，大体可以归结为两种模式，即通过刑法专门立法设置相应罪名，对于不履行内控义务的企业给予处罚；通过刑法量刑奖励，在不进行刑法增设罪名的情况下，以积极的刑罚奖励或者责任减免引导企业建立内控机制，推动其积极开展数据安全防护工作。事实上，《欧盟通用数据保护条例》也是通过两方面的刑事化进路，推进企业合规计划的构建实施：一是对不合规的企业科以责任、制裁和处罚，从反面倒逼企业主动构建完善的内控机制，二是对实施数据保护合规计划的企业予以减免罚金的优待，从正面鼓励企业利用

---

〔1〕　王锡锌：《数据治理立法不能忽视法治原则》，载《经济参考报》2019 年 7 月 24 日，第 A08 版。

内控机制来防范违法犯罪的法律风险。对此，有学者建议增设新罪，具体到数据安全领域则是预防数据安全失职罪。这种思路的核心在于，通过扩张数据安全刑事责任主体的范围，倒逼相关主体积极履行数据安全的管控义务，激励企业去做好数据安全保障。

整体上讲，我国当前刑法修正较为频繁，刑法的罪名增设压力相对较重，短期内增设关于怠于履行内控义务的罪名不太具有可操作性，可以在立足现有的刑法手段和刑法框架内，在数据安全犯罪规制中引入公私合治理念。数据安全公私合治同我国刑法的关联，体现在总则方面，即单位犯罪的认定问题；体现在分则方面，即拒不履行信息网络安全管理义务罪等不作为犯罪的认定问题。我国刑法关于单位犯罪的规定，不同于西方大部分国家所规定的替代责任模式，而是将其作为与自然人犯罪相并列的犯罪主体。因此，内控制度的引入，事实上便可以起到判定相关互联网企业的罪过、是否体现单位意志、是否属于单位行为等要件的功能，这也决定了我国数据安全内控制度有别于西方的制度设计。同时，在现有刑法框架下，应当明确数据安全内控制度的量刑价值，对于建立内控制度的企业，在进行犯罪后果与责任认定的司法审查时，可以据此作为减轻处罚，甚至免除处罚的事由。当前，尽管企业内控作为量刑要素目前并没有得到法律的承认，但可以作为酌定的量刑情节加以考虑，未来甚至可以考虑作为单位犯罪的法定量刑情节写入刑法。

二、数据安全公私合治机制的基本内容导向

数据安全公私合治机制的核心目标在于，通过刑法手段促进数据获取、存储、流通传输、使用过程中的安全性，降低数据开放、数据共享过程中的技术风险性，避免违规行为具有刑事违法性，构成侵犯公民个人信息罪、非法利用信息网络罪、帮助信息网络犯罪活动罪、拒不履行信息网络安全管理义务罪等犯罪。因此，风险的分配，在预防侵犯数据安全犯罪的同时，实质上也最大限度兼顾技术发展与人类利益保护的平衡。在风险配置上，数据的获取者、存储者、传输者、使用者在合理边界内承担数据安全犯罪的风险。

明确数据安全公私合治机制的目标定位之后，关键的问题则在于公私合治机制的内容设置，尤其是防止数据获取者、存储者、传输者、使用者犯罪的内控机制。根据域外成熟立法的范例，数据安全内控制度应当满足两个条

件：（1）在内控机制的制定上，从实施方法上将刑法的义务具体化，即通过内控机制的制定，明确数据服务商在其业务经营范围内的作为义务，将刑法所要求各数据服务主体应承担的作为义务具体化，并设定相应的履行义务的措施和手段，以此实现刑法作为义务的内部制度化；（2）在内控机制的实施上，应当明确内控机制的实施比单纯制定内控机制更为关键，这是判定相关主体是否享受责任减免的重要依据。因此，如何保证数据安全内控机制的实施，成为数据安全公私合治的核心内容。对影响公众基本权利、涉及重大社会公共利益的个人数据、政府公共数据，通过建立完整的企业数据安全责任意识、内部制度，明确预防数据安全犯罪的防控机制，从数据获取、存储、传输、使用等关键性环节，进行更强的内部监管。[1]在组织层面上，具有参与制定和保障数据安全内控机制得以顺利实施的高管和具有专业而独立的内部风险防控人员参与，确立最高领导层的责任，即在防治数据安全犯罪上的既定目标、价值和程序的责任；规定中层领导者的责任，即负责在公司里设立相应的专业部门（如内控部门），以及向员工进行解释和培训。

数据安全公私合治机制功能目标以及制度架构实现的关键，在于完整而有效的风险防治体系。因此，数据安全公私合治机制的风险识别、风险评估、风险防范至关重要。在风险识别上，对数据获取、存储、传输、使用等关键性环节可能的风险盘点应当给予足够重视，即体系化地、连续性地对潜在的安全风险、实然的损害后果进行识别、梳理和确认。在此基础上，对于前面所发现的风险在设计方法、组织程序上进行风险评估和风险防范，对可能的风险进行量化，以此确定应当采取的防治措施，进而根据风险发生的可能性和可能造成的损害后果的严重程度，确定具体的防范方法和实施方案。[2]

三、数据"动态安全"保障视角下的公私合治机制及其实施

在大数据背景下，数据非法获取的最大风险源已经由单纯的个人犯罪行为转向企业化的行为。企业未经许可非法获取或者变相非法获取公民个人信息的行为，逐渐成为个人信息安全的重要隐患。有鉴于此，2019年5月我国

---

〔1〕　See Stefano Manacorda, Francesco Centonze and Gabrio Forti（eds.），*Preventing Corporate Corruption*，New York：Springer，2014. p. 334.

〔2〕　Kromschröder/Lück，DB 1998，1573（1574f.）.

发布的《网络安全实践指南——移动互联网应用业务功能个人信息收集必要性规范》提出："针对当前用户数量大、社会关注度高的移动互联网应用中存在的超范围收集、强制授权、过度索权等个人信息收集安全问题，亟需规范典型业务功能正常运行所必需收集的个人信息，为移动互联网应用规范个人信息收集必要性提供实践指引。"学界对我国刑法关于非法获取型的侵犯公民个人信息罪中"非法获取"的理解，大致存在形式违法性、实质违法性的判断，前者将非法获取解释为手段上的非法性[1]或没有法律依据的获取行为；[2]后者将"非法获取"解释为未经权利人同意而获取的行为。[3]当前，企业获取数据的途径主要包括：直接向特定信息主体采集相关的数据信息；通过技术手段对不特定的对象进行数据爬取。为了保证数据安全，避免信息数据在源头上被非法获取，有必要在《网络安全法》《电信和互联网用户个人信息保护规定》等现有的法律法规框架之内，明确企业获取公民数据的义务范围。企业采集个人信息必须明示收集、使用信息的目的、方式和范围，使用户知晓采集信息的具体情况，并在用户充分理解的前提下取得其真实同意；根据数据敏感程度不同，表示同意的方式也有区别；合理目的原则，是指采集用户相关个人数据必须有相应的服务场景，互联网信息服务提供者不得收集其提供服务所必需以外的用户个人信息，或者将信息用于提供服务之外的目的；企业应当在服务所需的最小范围内采集个人数据，不应过度延伸。某种程度上讲，违背上述三大原则而采集个人信息数据的行为，就具备了《刑法》第253条之一"非法获取"的风险。因此，企业在直接向数据主体获取数据时，应当将知情同意、目的合理、最小化等三项基本原则的遵守情况作为合规审查的重点，避免触犯侵犯公民个人信息罪。

数据存储、传输阶段，数据企业面临的最迫切的问题在于防止数据的非法泄露。近年来，国内外大规模数据泄露事件频发，安全情报提供商 Risk Based Security（RBS）的一份报告显示，2018 年公开披露的超过 6500 起数据泄露事件中，有三分之二来自商业部门，有 12 起数据泄露事件涉及人数超过

〔1〕 周海洋：《出售、非法提供公民个人信息罪和非法获取公民个人信息罪的理解与适用》，载《中国审判》2010 年第 1 期。

〔2〕 王昭武、肖凯：《侵犯公民个人信息犯罪认定中的若干问题》，载《法学》2009 年第 12 期。

〔3〕 慈健：《非法提供与获取公民个人信息行为的刑法规制：〈刑法修正案（七）〉第 7 条之解读》，载《西南科技大学学报（哲学社会科学版）》2010 年第 1 期。

1亿或更多；与此同时，超过5000起数据泄露的根源来自内部安全漏洞，这一数据远远超过了黑客攻击，成为数据泄露的主要原因。[1]根据《网络安全法》第24条、第41条、第42条等规定，网络服务提供者应当建立网站安全保障制度、信息安全保密管理制度、用户信息安全管理制度等相应的信息网络安全管理制度，并在其业务范围内进行相应的技术安全维护和保障。因此，在网络服务提供者普遍占有支配大量信息数据并将其置于较高风险的环境下，应当承担起安全防控的技术责任。例如，根据《网络安全法》第21条的规定："……网络运营者应当按照网络安全等级保护制度的要求，履行下列安全保护义务，保障网络免受干扰、破坏或者未经授权的访问，防止网络数据泄露或者被窃取、篡改：（一）制定内部安全管理制度和操作规程，确定网络安全负责人，落实网络安全保护责任；（二）采取防范计算机病毒和网络攻击、网络侵入等危害网络安全行为的技术措施；（三）采取监测、记录网络运行状态、网络安全事件的技术措施，并按照规定留存相关的网络日志不少于六个月；（四）采取数据分类、重要数据备份和加密等措施；（五）法律、行政法规规定的其他义务。"据此，企业应当尽可能采取高水平的技术防护措施并制定尽可能严格的数据管理制度。此外，《网络安全法》第47条规定了网络运营商的信息内容审查管理义务："网络运营者应当加强对其用户发布的信息的管理，发现法律、行政法规禁止发布或者传输的信息的，应当立即停止传输该信息，采取消除等处置措施，防止信息扩散，保存有关记录，并向有关主管部门报告。"该义务为企业履行信息内容审查管理义务提供了明确的法律依据。此外，针对具有特殊价值的个人数据，《网络安全法》还要求企业建立一整套专门负责数据安全与隐私规制的管理体系，包括设置个人信息保护的专门负责人、专门机构及专门人员，制定个人数据的管理和使用具体规则，建立、维护和更新数据分级分类清单，开展个人信息安全影响评估，组织个人信息安全培训，在产品或服务上线发布前进行检测等。

---

[1] 王林、孙吉：《AI安防企业被曝数据泄露，敲响人脸识别安全警钟》，载《中国青年报》2019年2月26日，第10版。

第十二章

人工智能犯罪规制中预防性理念的引入与展开

关于人工智能犯罪研究的既有成果，大多忽视了作为人工智能核心问题的数据安全和算法规制问题，就"人工智能"谈"人工智能"，以至于针对人工智能的刑法回应性研究大多集中在不可知化、科幻化的"机器人规制"层面。人工智能的刑法规制，应当立足于传统刑法基础理论和刑法框架，确立人工智能犯罪防治的"共治"思维、预防性思维，推动刑法规制的重心由事后的结果性评价转向兼顾事前的危险性预防。对此，有必要引入预防性理念在人工智能中的评价机制，以刑法为手段，推动人工智能刑法规制手段的内核式、外延式转变：在内核上，正视人工智能风险，实现防控机制的犯罪预防机能，推动传统刑法由事后制裁的评价模式转向事前预防；在外延上，实现防控机制的外部规制与自我管理的有机结合，在刑法规则具体化、情境化的基础上，实现刑法与人工智能企业规章制度的功能性协作。

伴随人工智能技术创新和发展产生的新风险与不确定性，既有的犯罪体系、责任体系乃至刑罚体系面临着全新挑战。围绕人工智能发展可能带来或者已经出现的潜在威胁、"失控风险"以及现实危险，刑法学界从主体论、责任论、刑罚论的角度开展了密集研究。但是，既有成果要么偏离了刑法学轨迹，专注于算法技术研究；要么关注人工智能"未来刑法学"甚至是"科幻刑法学"，桎梏于人工智能的主体化，无法有效为人工智能的刑法规制提供理论支撑。对此应当明确，对于人工智能的刑法规制而言，单靠刑法单一的评价手段已经无法有效应对。在人工智能风险日益增强的背景下，以预防性理念为视野，推动人工智能犯罪预防制度的确立，通过犯罪防控机制实现刑法规则的细化，倒逼人工智能产业者加强内部风险控制和自我管理，降低企业犯罪风险的同时实现人工智能犯罪的预防。从横向上来看，人工智能犯罪预防，应当跳出人工智能本身，在可控的范围内，以决定人工智能的数据、算法作为刑法评价的重心。从纵向上来看，人工智能犯罪预防应当将人工智能研发、部署、使用，在不同的层级、阶段上进行刑法的分级规制。从跨向上来看，人工智能犯罪预防，应当立足于网络时代下的"共治"模式，实现人工智能犯罪从外部规制到自我管理的转变。

第一节　人工智能刑法规制研究的现有缺憾与偏差

人工智能评价与规制不断成为刑法学界的热点话题，围绕人工智能的本体化、人工智能刑事责任论等领域形成了丰富成果。随着人工智能的不断发展，关于"人工智能犯罪"的问题将逐渐增多，也必然对现有刑法体系造成更大的冲击。因此，如何为人工智能发展提供理论助力、为防治人工智能犯罪提供刑法规制思路，成为刑法学界不可推却的时代课题。但应当注意的是，脱离基本刑法理论乃至基本法理常识，盲目开展想象式的未来式、科幻式研究，导致"泛人工智能化研究"现象凸显。[1]对此有必要明确，无论是人工智能算法问题，还是大数据问题，都应当立足于"工具论""客体论"的视角，[2]在坚持人类本位的基础上，立足传统刑法基础理论、传统刑法框架，对人工智能的刑法规制提供现实化的应对模式和解决思路。

一、人工智能刑法研究的观点争讼

刑法理论界关于人工智能的刑法评价思路，大体可以归纳为人工智能本体化与非本体化、人工智能刑事责任论、人工智能阶段规制论等观点。这些观点的共同性均在于强调人工智能犯罪的风险性和危害性，争议点则集中在人工智能是否主体化，以及人工智能致害后果的责任承担问题。[3]大体可以分为人工智能主体化论、人工智能主体化否定论、人工智能阶段化规制论。

---

〔1〕　参见刘艳红：《人工智能法学研究中的反智化批判》，载《东方法学》2019 年第 5 期。

〔2〕　参见高铭暄、王红：《互联网+人工智能全新时代的刑事风险与犯罪类型化分析》，载《暨南学报（哲学社会科学版）》2018 年第 9 期。

〔3〕　除了涉及人工智能相关犯罪问题的争议，学界对人工智能的研究还集中在人工智能侵权责任问题、人工智能社会地位问题、人工智能算法的演变及回应问题。参见皮勇：《人工智能刑事法治的基本问题》，载《比较法研究》2018 年第 5 期。

人工智能主体化论的观点认为，人工智能根据自我意思在人类既定的设计之外实施犯罪，表明其具有了独立的辨认能力与控制能力，应当赋予其刑法上的主体地位并承担相应的刑事责任。[1]相似的观点将人工智能体拟定为介于自然人与单位之间的特殊主体，根据人工智能的智能化程度作为判定其是否具备刑事责任能力的基本依据，[2]针对强人工智能阶段智能机器人独立实施的犯罪行为，应当对其进行独立的刑法评价，并建立适合该类主体的特殊刑罚体系。[3]与之相对，人工智能主体化否定论的观点认为，无论人工智能发展到何种阶段，都不能具有刑法意义上的主体资格。例如，有学者指出，智能机器人的认知和决定能力是由人类赋予的，即使未来出现"心智"完整的智能机器人也不存在"自由意志"，其所谓的"类人化"行为都区别于人的行为，[4]人工智能主体化不符合刑法的目的、任务等问题。折中论的基本立场是，弱人工智能阶段距离未来可能产生具有自主意志、人格独立的强人工智能甚至是超强人工智能依然十分遥远，因此现阶段仅需讨论作为"工具"和"产品"的人工智能引发的刑事犯罪问题，对可能产生自主意志和人格独立的人工智能不予分析评价。[5]

整体上讲，学界关于人工智能刑法评价的思路，围绕人工智能的主体化与否，以及在此基础上的刑法规制路径进行了展开。人工智能主体化论观点，机械地以"拟人"的标准对人工智能进行思考，并呈现出"泛人工智能化"，在以自然人特征为评判标准的传统刑法上，探究人工智能具有刑事责任能力的可能性，忽视了刑事责任能力本身即是自然人的"专属问题"，也就无法准确、可操作性地对人工智能主体化之后的评价思路给出令人信服的评价方案。

---

〔1〕 参见刘宪权、胡荷佳：《论人工智能时代智能机器人的刑事责任能力》，载《法学》2018 年第 1 期。类似论述可见刘宪权：《人工智能时代的"内忧""外患"与刑事责任》，载《东方法学》2018 年第 1 期。

〔2〕 参见马治国、田小楚：《论人工智能体刑法适用之可能性》，载《华中科技大学学报（社会科学版）》2018 年第 2 期。

〔3〕 参见吴波、俞小海：《人工智能时代刑事责任认定思路的挑战与更新》，载《上海政法学院学报（法治论丛）》2018 年第 5 期。See Sabine Gless, Emily Siverman, Thomas Weigend, If Robots Cause Harm, Who Is To Blame? Self-driving Cars And Criminal Liability, New Criminal Law Review: In International and Interdisciplinary Journal, Vol. 19, no. 3, Summer 2016, pp. 412-436.

〔4〕 参见庄永廉等：《人工智能与刑法法治的未来》，载《人民检察》2018 年第 1 期。

〔5〕 参见高铭暄、王红：《互联网+人工智能全新时代的刑事风险与犯罪类型化分析》，载《暨南学报（哲学社会科学版）》2018 年第 9 期。

二、人工智能刑法规制研究的错位与理论困境

通观学界关于人工智能刑法规制的研究，很大程度上偏离了以数据、算法为核心的人工智能本身的特有属性，尤其围绕人工智能主体化的研究更是偏离了传统犯罪论和刑罚论的基本轨道。

（一）人工智能刑法规制路径的错位与偏差

随着机器学习算法领域的飞跃性发展，自主能力和思维能力显著增强的智能机器人为传统法律制度带来了全新的挑战，人工智能不断被拟制为一种新兴法律主体。关于人工智能未来式、泡沫式的研究，大都忽视了"刑法是处罚人的法律"，[1] 以及"人"作为刑事责任主体地位的不可撼动性。当前刑法学界集中讨论的人工智能主体化之争，很大程度上是对刑法责任论根基的违反、是对刑罚目的论和功能论的背反，更是对人类中心主义的失守。一方面，刑法上的责任能力不单单是从技术层面进行的，还要经过法的价值选择，即人能够成为刑事责任主体的适格性，这种适格性是经过规范选择的"能不能成为责难主体"的适格性。[2] 相对于人类的本位价值而言，其他一切非人物种所固有或衍生的价值，仅仅具有工具价值或手段价值的意义。[3] 人工智能本质上是一种工具，是为了追求更好的生活目标所创造出的科技产物，就服务人类的工具属性而言，人工智能并非与人类并存的主体，仅具有客体属性。"机器人之父"阿西莫夫提出的机器人三定律其实已经揭示出人类在社会中的主导性，技术的发展永远要以人类的安全为终极目标。从社会构成的角度来看，若赋予人工智能以法律主体地位，则现行的社会秩序不得不演变成为新型的人机并存社会秩序，届时原有的由自然人组成的人类社会形态、社会关系、社会伦理、社会自治等一系列学说都将面临解构以及重构的巨大困境。[4] 另一方面，从刑罚论的角度看，关于人工智能具有接受刑罚的能力，因而可以成为刑事责任主体的观点逻辑，实质上颠倒了责任主体与接受刑罚能力的前后顺序。无论是借鉴刑法中的刑罚体系制裁人工智能，还是对人工智能可

---

〔1〕　[日] 西原春夫：《刑法的根基与哲学》，顾肖荣等译，中国法制出版社 2017 年版，第 2 页。

〔2〕　王韬：《论刑法上的责任》，中国社会科学出版社 2013 年 6 月，第 112 页。

〔3〕　参见舒年春：《走入真正的人类中心主义》，载《广西大学学报（哲学社会科学版）》2002 年第 2 期。

〔4〕　参见范忠信：《人工智能法理困惑的保守主义思考》，载《探索与争鸣》2018 年第 9 期。

以施以诸如删除程序等特殊的制裁体系，处罚人工智能的"刑罚"本质上不属于刑法的"刑罚"，而应将其视为人工智能的应用手册或技术手册，即属于一种对人工智能的处置性技术方法。可以说，现在人工智能是否主体化的理论旋涡与研究悖论，不仅会造成人工智能研究的"反智能化"和"泡沫化"，[1]而且也无法切实有效地发挥理论对人工智能产业发展和相关司法实践的指导作用。

（二）人工智能刑法研究困境的症结

人工智能犯罪的刑法规制是一个系统化工程，当前研究成果主要集中在对人工智能本身的刑法规制层面，大都没有认识到人工智能背后的技术实质、犯罪实质。客观讲，人工智能数据处理技术水平的提升，将其解决问题的能力推进至接近甚至超过人类智能的水平，网络空间的主体呈现异化趋势。人的主体性特征在网络空间中变得越发模糊，智能机器自主性决策的能力，使得人在世界中的绝对支配地位受到极大挑战，而法律体系的主体性条件也不再是唯一而无异议的。[2]可以说，以数据、算法为基础的新型法权关系正在信息时代的大环境中孕育生长，冲击着传统的法权结构，但此时更要强调人作为社会主体和法律主体的主导性。此种背景下，造成人工智能刑法规制研究困境的根源主要体现为三个方面：（1）算法不可解释、不可控制甚至不可知论，造成人工智能研究的科幻化、泡沫化，这种不可知论实质上是一种放任算法的做法，不仅不利于人工智能的有效规制，甚至会颠覆人工智能行业发展、颠覆人类传统社会及其建立在人类社会之上的传统规则体系。例如，人工智能主体化观点，实质上反映了理论在人工智能面前的无奈和妥协。（2）以传统人类社会的规则体系，以及对人类行为的评价标准来评价人工智能，忽视人工智能的迭代更新与技术实质，则会对人工智能研发、运行等行业及其人员产生过度的监管义务与法律责任，同样会阻碍人工智能技术发展，还会产生违反传统刑法罪责主义的责任追究效果。客观讲，刑法基于传统刑法的责任主义原则，难以对人工智能引发的危害后果进行有效评价。尤其随着人工智能决策的自主化，以评价人工智能危害后果为中心的刑法规制模式，已经无法适应于人工智能的迭代式发展。[3]（3）单一的部门法甚至单一的法律手段，

---

[1] 参见刘艳红：《人工智能法学研究中的反智化批判》，载《东方法学》2019年第5期。

[2] 参见陈璞：《论网络法权构建中的主体性原则》，载《中国法学》2018年第3期。

[3] 此种规制模式，主要限制对象为人工智能设计研发阶段具有主观罪过的研发设计行为，人工智能运行使用阶段具有主观罪过的部署和使用行为。

已经无力调整和评价人工智能，网络空间中的"共治"模式有待刑法层面的进一步发展。基于网络犯罪治理的经验表明，面对网络犯罪社会危害性的几何式倍增，以及网络空间的去中心化和扁平化、网监部门与司法机关的技术瓶颈、网络犯罪刑事责任的认定困难，[1]单纯依靠国家机关和刑法规制已经无法有效地防治网络犯罪。尤其对于本体化特色逐渐增强的人工智能犯罪，更是对传统刑法的犯罪治理模式提出了挑战。

客观讲，基于对大数据的挖掘预测与深度学习结合产生的自主性与分离性，人工智能时代的算法已经能够根据大数据自行进行深度学习进而形成独立的自主决策能力。此种人工神经网络算法（ANN）不同于监督学习状态下可受算法编写者控制的算法，算法编写者、使用者及其他相关利益者对基于深度学习算法的人工智能最终会作出何种行为难以预测和进行绝对的控制，人类无法准确预知人工智能失去控制后导致的损害结果的影响范围和社会危害程度。因此，人工智能时代建立以风险防范为目的的法律制度已成必然趋势，必须从人工智能算法的外部行为与后果和算法内部的设计规则进行规制，建立与风险防范相配套的法律制度。人工智能发展所带来的技术风险、规范风险乃至人类本位风险的增强，不断表明针对人工智能犯罪的刑法回应，应当超越人工智能本身，通过人工智能背后的算法规制、数据保护等核心命题来明确技术过错与人的过错的本质关系，明确人工智能在人类范式控制下的刑法评价路径。

第二节　人工智能刑法规制困境的突破：预防性理念的引入

数据、算法作为人工智能发展进化的关键，人工智能的刑法规制应当由规制"机器人"，转向对数据和算法研发的规制，转向对数据和算法过程本身的规制。有鉴于此，应从算法设计上对人工智能的识别能力、决策能力和行为方式预先进行审查，[2]确保人工智能决策系统公平地收集、存储和使用数据，从积极的一般预防的角度限缩、降低人工智能犯罪带来的危害后果。同

---

〔1〕　因果关系难以查明，罪过责任难以确立，等等。

〔2〕　参见马长山：《人工智能的社会风险及其法律规制》，载《法律科学（西北政法大学学报）》2018年第6期。

时，使人工智能犯罪预防责任内控化、制度化地由人工智能产业者承担，通过人工智能企业合规计划，倒逼人工智能产业者事前主动介入，增强人工智能犯罪的积极防控，以此带动人工智能产业者对人工智能风险防范与安全的自觉维护意识。

一、人工智能犯罪预防性理念引入的必要性思考

人工智能犯罪所呈现出的严重态势、严重危害性已经逐渐被学界所认同，但是，传统刑法的单一治理模式已经滞后于人工智能犯罪的防治。预防性理念核心目标在于通过加强企业内部治理规避刑法风险，预防企业犯罪。这些措施的范围涵摄从技术上的自我保护，到诱发犯罪之体制的消除，以及到以企业内部控制制度进行的预防。[1]

（一）人工智能犯罪的迭代异化：预防性理念是对人工智能风险的刑法回应

随着传统犯罪的网络异化、网络犯罪的传统化，人工智能带来的犯罪异化对于传统刑法理论、传统刑法规则更具挑战性。人工智能犯罪中，由于人的行为与人工智能决策之间的分离，使得刑事责任的确定和承担产生了模糊地带。整体上讲，人工智能犯罪的异化主要体现在：（1）危害行为的异化。危害行为作为犯罪论中的基石性概念，成为判定犯罪是否存在的基础和前提。但是，随着人工智能深度学习、自主决策能力的增强，"工具化"的人工智能逐渐向"本体化"的人工智能演变，使得"危害行为"的实施主体由人转变为人工智能体，造成了"危害行为"与人的分离。（2）因果关系的异化。人工智能引发的危害结果与人的行为之间的因果关系，呈现出极为复杂化的态势，即使判定行为人违反了相应的注意义务或者作为义务，造成危害结果，但这种注意义务或者作为义务的违反，是否与危害结果之间具有因果关系依旧难以判定。（3）主观罪过的异化。同因果关系的认定一样，对于人工智能犯罪责任的追究，行为人的罪过也是基本前提。但是，由于"危害行为"与人的分离，使得人的过错的认定较之网络犯罪更为复杂，更多地需要基于对注意义务或者作为义务违反的判断。（4）刑事责任的异化。人工智能犯罪同传统犯罪、其他网络犯罪不同，危害后果往往具有不可控性，且危害后果具

---

〔1〕 ［德］乌尔里希·齐白：《全球风险社会与信息社会中的刑法——二十一世纪刑法模式的转换》，周遵友等译，中国法制出版社 2012 年版，第 267 页。

有超越人类意思的算法自觉性，刑法传统的事后评价和谦抑性评价，客观上既无法有效评价人工智能犯罪的倍增性、不可控性的危害结果，主观上又无法解决人工智能犯罪的罪过认定问题。[1]因此，对于人工智能犯罪的刑法评价，应当积极呼应人工智能及相关犯罪的客观规律，增强人工智能犯罪的预防与风险防范。诚如有学者所言："国家制定的规范有时并不符合公司的具体情况，而与这些国家规范相比，公司的自治可以是一个有效得多的方法。对于控制公司犯罪而言，在一个自治框架内，效率的额外提高是可能发生的。"[2]

一方面，人工智能风险的不断倍增及人工智能犯罪的异化，要求刑法的前置化评价应对犯罪风险，即强调犯罪预防与及时干预。换言之，从犯罪的外部规制到自我管理，通过事前的积极预防，在人工智能设计研发、部署、应用等阶段提前介入，加强风险防范。另一方面，人工智能犯罪的异化对传统刑法的挑战也在于，受人工智能深度学习、自主决策的影响，传统刑法的危害行为、危害后果、因果关系、主观罪过、刑事责任等均受到了挑战，发生犯罪之后再动用刑法评价存在重大的理论障碍。详言之，算法的设计、部署、运行，在有人的过错时，均可以评价，但随着人工智能利用阶段化的发展，越接近于应用端，应用的时间越长，人类的可控性则越差，所谓的过错也更加难以评价。

（二）单一的刑法规制模式滞后：预防性理念实现刑法与企业制度间的功能性协作

人工智能背景下，网络犯罪防治面临着"前门拒虎、后门进狼"的严峻挑战，即传统网络犯罪尚未完全解决，人工智能犯罪又接踵而来。在传统刑法"救火式"被动解决网络犯罪时尚且疲于应对，对于算法异化后的人工智能犯罪更是治理效果有限，网络犯罪尤其是人工智能犯罪的刑法规制思路，单纯依靠刑法单一的制裁手段已经明显不足。[3]同时，人工智能较之传统互

---

〔1〕　除非认定人工智能的主体地位，基于人工智能的罪过，对人工智能判处刑罚，例如，报废、消除数据或者存储记忆。但此种"未来刑法"的思路罔顾人类中心主义，将报废、删除数据作为刑罚也违背了基本的法律认知。See Gabriel Hallevy, When Robots Kill: Artificial Intelligence under Criminal Law 144-159 (Northeastern University Press 2013).

〔2〕　[德] 乌尔里希·齐白：《全球风险社会与信息社会中的刑法——二十一世纪刑法模式的转换》，周遵友等译，中国法制出版社 2012 年版，第 264 页。

〔3〕　网络法有别于其他部分法的特有属性便在于，其改变了传统的单一法律调整模式，将法律评价与内部规则相统一、国家治理与企业治理相统一。单靠一种法律手段无法解决人工智能问题。

联网具有更强大的技术支撑，人工智能犯罪的防治更加依赖于专业的知识水平、技术水平，尤其是人工智能算法的掌握、数据抓取的筛查与管理。传统的政府监管手段与犯罪防治手段，在人工智能犯罪面前更加显得捉襟见肘。因此，有必要强化人工智能犯罪预防理念，通过加强企业内部管理降低犯罪风险，其实质便在于将企业纳入犯罪预防体系之中。与之不同，"刑事司法的传统观念排外地仅仅关注刑法和刑事司法本身，这显得太过狭窄因而难以捕捉有意义的行为"。[1]因此，在刑法与刑事司法的框架之外，发挥人工智能产业者在犯罪预防中的积极作用，通过刑法与企业内部制度的结合，赋予人工智能产业者合理有效的作为义务，可以倒逼人工智能产业者积极履行作为义务，防范人工智能犯罪及其发展中的潜在风险。通过预防性理念可以有效实现相关法律法规的具体化、可操作化，将法律责任、法定义务具体化地、情景化地细化、落实到人工智能研发、部署、应用及相关管理的日常工作中。

二、人工智能犯罪预防性理念引入的正当性基础

人工智能发展背后同时关涉国家、社会、公民以及互联网行业利益。人工智能技术性强，尤其算法的更新迭代发展使得国家监管更加困难，这也是互联网空间权力扁平化和去中心化的进一步体现。无论是基于强化第三人责任以控制违法犯罪行为的功能主义论，[2]还是基于犯罪评价的社会危害性论，都将人工智能产业者的网络安全管理义务推向人工智能风险防治的前台。[3]

（一）网络"共治"的模式优化：人工智能外部规制与内控管理的统一

实践中，对于公司和立法者而言，公司良治的新理念在世界范围内备受青睐："风险管理"（Risk Management）、"价值管理"（Value Management）、"公司治理"（Corporate Governance）以及"商业伦理"（Bussiness Ethics）、"诚信守则"（Integrity Codes）、"行为守则"（Codes of Conduct）、"公司社会

---

〔1〕 Sally S. Simpson, Making Sense of White-Collar Crime: Theory and Research, Ohio State Journal of Criminal Law, vol. 8, 2011, p. 481.

〔2〕 See Jonathan Zittrain, "A History of Online Gatekeeping" 19 Harvard Journal of Law and Technology 253 (2006).

〔3〕 于冲：《"二分法"视野下网络服务提供者不作为的刑事责任划界》，载《当代法学》2019年第5期。

责任"（Corporate Social Responsibility）等都是最常用的概念。[1]事实上，由于整体商业环境对企业承担社会责任的要求变高，各国对企业责任的策略性和主动性的要求界限都在不断提高。[2]例如，美国于2017年7月通过的《自动驾驶法案》（Self Drive Act）通过"纵向行政职权配置方式，要求各州履行无人驾驶汽车的监管职权及其安全责任，并要求交通行政部门制定无人驾驶汽车的安全标准和公众评价标准等事项"。[3]整体上讲，在当前网络犯罪"共治"模式的基本共识下，通过量刑减轻、免除甚至是正当化事由的认定，可以引导、倒逼企业积极履行基于法律规定的、业务要求的作为义务，实现企业自身在预防违法、犯罪行为上的自觉性、内在性，实现犯罪防治的"共治"合力。

（二）人工智能致害责任认定的最优路径：基于责任、预防与刑罚的关系

责任和预防作为刑罚论中的基石性概念，对于刑法功能的发挥具有关键作用。简言之，责任是科处刑罚的前提，预防是科处刑罚的目的，如何实现二者在犯罪评价中的融合，关涉刑法基础理论的构建。被具体化的预防性理念通过刑法的具体化、外部规制与内控管理的统一，能够有效将人工智能犯罪防治中的责任、预防与刑罚有机地统一在一起。从人工智能责任追究的演变历程来看，以民事责任为例，人工智能侵权责任经历了严格责任到过错责任，再到间接责任的演变。人工智能初期沿用传统的开发商严格责任，在维护社会公共利益的同时，却给企业增加了过重的责任。随着产品化的算法、产品化的人工智能的发展，算法设计的过错责任成为人工智能责任追究的主要根据，但过错责任却对人工智能产业者存在过度的宽容之嫌。因此，传统的严格责任、过错责任模式已经不能全面、有效地评价人工智能的"侵害后果"。有鉴于此，通过企业内控制度体系和具体化的法律规则，督促人工智能产业者在研发、部署、应用人工智能过程中，采取可能的、必要的以及可期待的措施预防犯罪，使平台免受刑事追诉和刑罚处罚，[4]以此实现人工智能

〔1〕［德］乌尔里希·齐白：《全球风险社会与信息社会中的刑法——二十一世纪刑法模式的转换》，周遵友等译，中国法制出版社2012年版，第237页。

〔2〕Jooyoung Park, Nohora Díaz-Posada, Santiago Mejía-Dugand, "Challenges in implementing the extended producer responsibility in an emerging economy: The end of life tire management in Colombia", Journal of Cleaner Production, 189, 2018, pp. 754-762.

〔3〕参见张玉洁：《论无人驾驶汽车的行政法规制》，载《行政法学研究》2018年第1期。

〔4〕Dennis Bock, Strafrechtliche Aspekte der Compliance-Diskussion-§130 QWiG als zentrale Norm der Criminal Compliance, ZIS 2009.

犯罪的防治。[1]例如，针对无人驾驶汽车、智能机器人等可能造成人类人身伤害和财产损失的智能产品，通过让人工智能设计者、生产者乃至应用者，对人工智能的设计、部署、运行，建立科学有效并可付诸实施的内控制度，引导他们选择更有可预见性、更可控的算法。[2]人工智能产业者在犯罪发生时如果明知不法行为存在而不履行安全管理义务，在具有结果避免可能性、作为相当性的情况下，则可能构成不作为犯罪。因此，人工智能产业者是否履行作为义务成为区分是否成立犯罪、确定刑事责任的关键依据。

三、预防性理念引入人工智能犯罪治理的可行性探究

人工智能产业发展较之传统互联网产业，具有更大的不确定性、责任难以认定性，必要性突出的同时，在制度设计、可操作等层面也具有了可行性。

（一）人工智能算法的可解释与人工智能风险的可识别

人工智能犯罪责任认定上，算法的可解释性成为关键性问题。2019 年 4 月，欧盟委员会发布的《可信赖人工智能道德准则》（Ethics Guidelines For Trustworthy AI）指出："可靠的人工智能应提供关于人工智能系统影响和塑造组织决策过程的程度、系统的设计选择以及开发合理性的解释。"[3]人工智能发展的基础也在于相关算法的可解释性，算法可解释性应当成为人工智能研发、投入应用的技术前提和法定义务。2018 年谷歌大脑团队研出一项名为"可解释性的基础构件"的技术成果，[4]意图对人工神经网络算法进行可视化操作，使算法的工作状态回到"人类尺度"，即使算法可以被非专业人士识别和理解。因此，从技术层面来讲，打破人工智能的不可知论和技术恫吓，正视人工智能算法的可解释性，是人工智能犯罪预防的基础和前提。例如，2019 年 5 月，经济合作与发展组织（OECD）通过的关于人工智能设计国际标准的

---

〔1〕 作为消费者的人工智能用户，在对人工智能犯罪没有故意或者过失的情况下，一般应认定为意外事件，不承担刑事责任。人工智能犯罪的防治主体，应主要聚焦于人工智能产业者。

〔2〕 Trevor N. White. Seth D. Baum, "Liability for Present and Robotics Technology", in Patrick Lin, Ryan Jenkins, and Keith Abney（eds.）, Robotics Ethics 2.0: From Autonomous Cars to Artificial Intelligence, Oxford University Press, 2017, pp. 66-79.

〔3〕 Ethics Guidelines For Trustworthy AI，载 https://ec. europa. eu/futurium/en/ai-alliance-consulta-tion，最后访问日期：2019 年 6 月 13 日。

〔4〕 参见马长山：《人工智能的社会风险及其法律规制》，载《法律科学（西北政法大学学报）》2018 年第 6 期。

政策（Recommendation of the Council on Artificial Intelligence）中提出了"为确保人类可以理解并质疑人工智能的决策结果，人工智能系统应具备透明度并能为其决策作出负责的解释"。[1]2019 年 4 月，欧盟委员会发布的《可信赖人工智能道德准则》将人工智能的算法和数据的可追溯性与可解释性作为评价人工智能是否可信赖的七大依据之一。[2]

　　通过加强人工智能产业者内部管理制度和风控措施，对于深藏在内部管理制度、平台运营中的网络安全风险，最大限度地及时发现、提前解决人工智能更加不可控、危害性更大的网络犯罪隐患。企业关于贯彻风险管理的义务，使得人工智能犯罪防治涉及风险识别、防范等进行调查和评价成为可能。[3]人工智能研发设计者应当承担起透明、公开、程序合法、说明理由等义务，使人工智能算法等技术化的监控和决策手段不再是无法被问责的"黑箱"。同时，督促人工智能相关产业者通过技术正当程序，加强自主决策系统中的透明性、可责性以及被写进代码中的规则的准确性。例如，谷歌大脑团队公布的"可解释性的基础构件"的研究成果，将算法比喻成"人工神经网络的核磁共振成像"，这种开源化处理使得其他技术人员能够在此基础上编写适用于不同算法和场景的解释性算法。[4]

　　（二）实现刑事规则的具体化、情境化

　　与核技术、基因技术应用一样，人工智能带来巨大便利的同时，也伴随重大风险，而且这一风险不仅在于人工智能是否进化出自主意识和超级智能，更在于人工智能是否会基于其不可知论、不可控论成为少数人控制社会的工具，两种风险同时需要刑法的有效规制。防控人工智能风险，应对人工智能的研发、产品提供和应用进行全过程的安全控制，刑法应发挥其不可或缺的

　　〔1〕　Organisation for Economic Co-operation and Development：Recommendation of the Council on Artificial Intelligence，载 https://legalinstruments. oecd. org/en/instruments/OECD-LEGAL-0449，最后访问日期：2019 年 6 月 13 日。

　　〔2〕　Ethics Guidelines For Trustworthy AI，载 https://ec. europa. eu/futurium/en/ai-alliance-consultation，最后访问日期：2019 年 6 月 13 日。

　　〔3〕　Dennis Bock, Strafrechtliche Aspekte der Compliance-Diskussion- § 130 QWiG als zentrale Norm der Criminal Compliance, ZIS 2009.

　　〔4〕　参见李婕：《算法规制如何实现法治公正》，载 http://www. jcrb. com/procuratorate/theories/academic/201807/t20180710_ 1883975. html，最后访问日期：2019 年 6 月 3 日。

功能。[1]根据人工智能发展的不同阶段，不同的应用类型、应用领域、服务内容，以及安全风险等具体情况制订系统的犯罪预防方案，将外化的法律规则转化为内在的公司章程，不仅有助于法律法规的有效实施，更能发挥人工智能产业者在智能化时代维护网络空间安全、预防人工智能犯罪的企业社会责任，实现相关法律法规的具体化、可操作化，将法律责任、法定义务具体化地、情景化地细化、落实到人工智能研发、部署、应用及管理的日常工作中。因此，有必要基于人工智能风险管理的刑法义务的确定、相关主体内部风险管理的刑法上的要求，通过风险管理、内部标准的制定与实施，在具体措施和方法上将刑法上的义务具体化、可操作化，弥补刑法中缺乏明确性规定的不足。

第三节　人工智能犯罪预防性应对的基本路径：
以数据安全与算法规制为中心

算法、数据和算力作为人工智能发展的三要素，三者缺一不可。人工智能的本质在于数据和算法处理，"类人化"的物理形体并非构成人工智能的必备要素，即使是人形机器人，也只不过是算法主导下的一个硬件系统。[2]因此，现有人工智能存在的失控问题主要与人工智能体中所应用的数据和算法有关，人工智能犯罪预防的关键，就在于规制人工智能体中的数据和算法。整体上讲，当前关于人工智能的法律规制模式，主要体现为以专业化审查、算法规制为核心的美国模式，以及以个人数据权利与数据安全的保护，以数据源规制为核心的欧盟模式。[3]我国应当立足于人工智能风险防范的关键，通过人工智能产业链上的算法规制与数据规制，实现人工智能风险防范与犯罪的防治。

---

〔1〕　参见皮勇：《人工智能刑事法治的基本问题》，载《比较法研究》2018 年第 5 期。

〔2〕　参见胡凌：《人工智能的法律想象》，载《文化纵横》2017 年第 2 期。

〔3〕　Drew Simshaw, Nicolas Terry, Kris Hauser, M. L. Cummings. Regulating Healthcare Robots: Maximizing Opportunities While Minimizing Risks [J]. Richmond Journal of Law & Technology, 2016, 22 (3): 1-38.

一、人工智能犯罪的源头治理：数据安全保障

人工智能作为根据数据输入、决策参数，自动提供结果的决策过程，[1]数据成为人工智能运作的基础原料，并在人工智能运作下得到进一步分析、产生新数据。随着大数据分析方法逐渐应用到人工智能中决策指导，数据瑕疵带来的风险也将会日益增加。[2]例如，工程机械、医疗类、自动驾驶等与人类性命攸关的系统，如果发生因原始数据瑕疵而导致输出瑕疵结果，则会导致严重的危害后果。[3]为了避免这类结果发生，人工智能决策所依托的数据监管则显得越发必要。例如，由于人工智能加密技术的缺失、采用默认密码等技术措施的不足，使得网络安全存在风险、隐私保护存在威胁。2018年初，剑桥分析公司在未经允许的情况下收集了5000万Facebook用户的个人信息，严重侵犯用户个人信息。[4]在这种情况下，必须对人工智能产业链各个环节上的不同主体进行制约和监督，确保数据的收集和使用合法有序进行。[5]

因此，人工智能犯罪预防的基础任务，就是对人工智能决策源头的数据安全的风险识别、动态评估、监测预警、举报调查、奖惩机制、事后救济等，架构系统的风控管理制度。一方面，人工智能原始训练数据安全，应当成为人工智能犯罪预防的基础工作。人工智能深度学习乃至人工智能算法的自我进化，都很大程度上依赖于原始训练数据。如果原始训练数据本身存在故意或者疏忽的瑕疵，那么经由算法运算后的结果数据、新增数据也会存在瑕疵，人工智能的进化则将会进一步放大这些瑕疵及其带来的不良后果。一般认为，数据具有天然的过时性、滞后性，数据采集者、数据抓取算法设计过程中故意的或者疏忽的价值偏见的影响，进一步导致人工智能数据失真和片面的输

---

〔1〕　沈亮亮：《算法在市场竞争中的应用与法律难题——从大数据杀熟谈起》，载《太原学院学报（社会科学版）》2019年第3期。

〔2〕　彭兰：《假象、算法因徒与权利让渡：数据与算法时代的新风险》，载《西北师大学报（社会科学版）》2018年第5期。

〔3〕　李智勇：《终极复制：人工智能将如何推动社会巨变》，机械工业出版社2016年版，第90页。

〔4〕　Mae Anderson：Facebook privacy scandal explained，载https://www.ctvnews.ca/sci-tech/facebook-privacy-scandal-explained-1.3874533，最后访问日期：2018年4月6日。

〔5〕　雷悦：《人工智能发展中的法律问题探析》，载《北京邮电大学学报（社会科学版）》2018年第1期。

入结果，〔1〕由此造成数据瑕疵、引发人工智能不良决策，甚至违法犯罪行为。因此，人工智能犯罪的基础本源在于数据采集、数据抓取算法过程中的人的过错。基于此，应当在数据的收集和使用环节中，通过引导和规制尽可能避免包含价值性歧视的数据被纳入人工智能机器学习的数据库中，识别和挑战数据应用中的歧视和偏见，实现人工智能的"数据透明"。因此，一方面，产生和拥有数据的原始主体和数据的使用者，应当从源头上注重自身隐私保护，限制数据的收集与使用，关注数据的授权范围和跟进数据后续的实际使用情况。另一方面，制定人工智能数据收集、使用过程的监管与安全制度，将"必要原则""公开原则"和"有限原则"等贯穿到人工智能犯罪预防体系的制定、实施、监督等一系列过程中。事实上，我国 2019 年发布的《数据安全管理办法（征求意见稿）》也为人工智能犯罪预防的具体制度设计提供了规范依据，其中第 17 条第 1 款规定："网络运营者以经营为目的收集重要数据或个人敏感信息的，应当明确数据安全责任人。"

二、人工智能犯罪预防的关键核心：算法规制与风险管理

人工智能本质上是以大数据为基础，以深度学习算法为核心的自动化分析决策智能系统，即人工智能从某种意义上来说可视为一种能够自主学习、判断和决策的算法，〔2〕算法设计对人工智能的"行为"及其自主决策具有重要影响。人工智能时代，人类将选择权和决策权让渡于算法，算法取得了很大领域的决策权、控制权，甚至引发对公权力和管理部门的权力挑战。算法的高度技术性，使其运行机制和决策依据往往掌握在少数专业人士手中，应当打破算法的神秘化、不可知性的"技术恫吓"，打破算法规制与传统法律规制之间的技术鸿沟和法律隔阂。因此，无论是对于网站推荐、检索服务，还是智能机器人，人工智能犯罪预防的重心，都应当立足于人工智能算法研发者、部署者、使用者的行为。

首先需要明确的问题是，算法并非绝对中立的，即使技术的中立也不等于价值中立。人工智能研发者、应用者很大程度上决定了人工智能影响社会的具体模型、路径，归结到实质上，不当的人工智能算法设计、算法应用都

---

〔1〕 周涛：《数据的偏见》，载《金融博览》2017 年第 9 期。
〔2〕 参见郑戈：《算法的法律与法律的算法》，载《中国法律评论》2018 年第 2 期。

会对既有的社会秩序、法律规则形成巨大挑战甚至颠覆。诚如有研究者指出：人工智能的发展并不能以技术中立为由来回避它的商业偏好、善恶价值和社会风险。[1]人工智能算法所产生的偏见、偏差乃至违法犯罪"行为"，实质上都可以归结为技术过错、技术霸凌。人工智能决策过程看起来并非人为、也非人控制的决策行为，但算法内嵌程序在算法设计阶段不可避免地会带入设计者的价值取向、伦理道德素质、指标标准、结果导读等因素。因此，机器学习算法所产生的偏见和偏差问题，本质而言属于人的过错。例如，谷歌公司开发的 Google Photos 智能机器人误将两名黑人标注为"大猩猩"并截图发至 Twitter 上引发的"人种歧视"，微软公司智能聊天机器人上线不到 24 小时，由于发布涉及种族主义、性别歧视和纳粹主义的言论被紧急叫停。与个人歧视的局部性不同，算法歧视是系统化的，一旦形成将对整个社会的公正伦理道德观造成严重影响。因此，人工智能犯罪预防的重心，应当也必须落脚到人工智能背后的人的行为上。解决人工智能刑法规制问题的重点在于，正视人工智能的技术实质及其犯罪规律，在人类可控、传统规则可控的范围内，解决人工智能犯罪问题。事实上，通过对人工智能背后的算法治理，解决人工智能犯罪的刑法防治问题是在人类规则可控范围内最大限度防范人工智能风险的有效路径。通过刑法等法律法规所赋予的作为义务实现内部的具体化和可操作化，在人工智能研发、部署、应用的各环节、各流程构建可量化、可评估的风险预防、风险监测和风险消除机制，通过算法设计、算法部署、算法应用的治理实现人工智能犯罪的防治，实现人工智能算法过错背后的人的过错的责任认定。同时，除了人工智能算法研发设计中隐含的歧视与不公，有些算法甚至还存在利益集团的操控。[2]因此，通过促进算法公开、算法透明，促进"黑箱社会"转向"可被了解的社会"，更加有力地对算法暴政的情况进行规制。

---

[1]　参见马长山：《人工智能的社会风险及其法律规制》，载《法律科学（西北政法大学学报）》2018 年第 6 期。

[2]　参见姜野：《算法的规训与规训的算法：人工智能时代算法的法律规制》，载《河北法学》2018 年第 12 期。

第四节 人工智能犯罪预防的基本立场与路径架构

在预防性理念之下，为了实现人工智能犯罪风险防控机制的应有价值和功能，应当明确防控机制的出罪功能与量刑奖励功能，通过量刑激励甚至是出罪激励模式，推动人工智能企业加强内控与风险治理，实现人工智能犯罪的积极预防。通过在人工智能设计研发、部署、运行以及事后保障、救济阶段的刑法规制，引导、保障人工智能的合理合法生产、部署和运行，架构相应的程序规则、职责规则及技术规则，用来识别、评估和消除人工智能犯罪风险。[1]

一、人工智能犯罪预防的目标定位

随着人工智能由"工具化"向"本体化"转变，人工智能自我决策能力不断增强，对于人工智能犯罪的致害后果往往难以被归责于人的行为，预防性刑法对于人工智能的规制愈加具有必要性。换言之，人工智能犯罪的本体化特征意味着一旦发生危害后果将难以有效控制，并且难以评价，对于人工智能的犯罪，刑法的事后评价机制应当转化为事前的积极预防。犯罪预防机制本质上体现为为预防违法犯罪行为而设置的程序规则、职责规则及技术规则，主要价值在于使公司遵守刑事实体法。[2]因此，人工智能犯罪预防的核心目标在于，通过刑法手段促进人工智能的"法律规划"或者"法律驯化"，降低其社会危害性和技术风险性，通过积极的一般预防模式将人工智能的技术风险转变为刑法的可评价、可规制对象。根据积极的犯罪一般预防理念，刑罚预防犯罪最合理且最唯一的目的应当是在犯罪之前培养守法文化和法律信仰，通过基于守法的自觉和对法秩序的积极维护，主动、积极地预防犯罪的发生。[3]人工智能犯罪预防的关键也在于根据人工智能产业者业务流程、服务类型与内部管理制度，为预防人工智能犯罪对关涉刑法的不当举止进行预防、调查与制裁。[4]同时，关于犯罪预防机制的基本功能或主要功能，一

---

[1] Vgl. nur BGH NStZ 1997, 545 (546).

[2] B. Fateh-Moghadam, Criminal Compliance (Fn. 7), S. 25 (27).

[3] 张明楷:《刑法学》，法律出版社 2016 年版，第 24-26 页。

[4] D. Bock, CriminalCompliance, 2011, S. 19 ff. (22).

致意见显然占据主导地位,即避免"刑事责任"。[1]犯罪预防机制作为企业防范法律风险的内控制度,对于人工智能犯罪预防作用的实现息息相关,应当赋予其积极的量刑功能,甚至是出罪价值,使得人工智能犯罪预防同刑法紧密相连,使其成为人工智能犯罪预防体系中的重要一环。具言之,人工智能犯罪预防性理念的实质在于,通过内控制度的实施避免因为人工智能研发、部署、应用过程中可能的违法犯罪行为,以及对相应不法行为刑事可罚性的降低。[2]因此,犯罪预防风险的分配,在预防人工智能犯罪的同时,实质上也最大限度兼顾技术发展与人类利益保护的平衡。在风险配置上,人工智能的设计者、编程者、部署者、使用者在合理边界内承担人工智能"失控"的风险。

二、人工智能犯罪预防机制的内容

明确人工智能犯罪预防的目标定位之后,关键的问题则在于预防机制的内容设置,尤其是防止人工智能产业者犯罪的预防机制。根据域外成熟立法的范例,人工智能犯罪预防机制应当主要包括:(1)人工智能产业者相关的特定风险分析,以及基于风险预防而制定的企业内部执行的制度与程序。对那些影响公众基本权利、涉及重大社会公共利益的人工智能算法,通过建立完整的企业文化与网络安全责任意识、内部制度,明确预防人工智能犯罪的防控机制,从研发内容、内容判断标准、推荐标准、干预手段等关键性环节,进行更强的内部监管。[3](2)具有参与制定、实施和保障防控机制得以顺利实施的平台高管参与,具有专业而独立的防控人员。确立最高领导层的责任,即在防治人工智能犯罪上的既定目标、价值和程序的责任;规定中层领导者的责任,即负责在公司里创立相应的专业部门(比如合规部门),以及向员工进行解释和培训。(3)建立旨在揭露和查明人工智能犯罪及其风险的信息系统,尤其是对内部人员和事务进行的控制、报告义务,接收匿名举报的"内部告发制度",并建立向监管部门自我申报等方式来实现风险防范。(4)实施

---

〔1〕　D. Bock, Compliance und Aufsichtspflichten in Unternehmen, in: Kuhlen u. a. (Hrsg.), Compliance und Strafrecht, 2013, S. 57.

〔2〕　T. Rotsch, Compliance (Fn. 13), Rn. 6.

〔3〕　Stefano Manacorda, Francesco Centonze and Gabrio Forti (eds.), Preventing Corporate Corruption, New York: Springer, 2014. p. 334.

层面上，开展有效的内控制度培训，对防控机制的实施进行有效的动态监管和审查，对防控机制定期进行评估和完善；为防控机制要素设置外部的控制人员和控制方式，建立用以防范、制裁技术滥用行为的内部措施。（5）建立用以执行和继续发展上述措施的有效的激励机制，设置完善的奖励、惩戒考评机制。[1]

同时，除了犯罪防控的制度架构之外，基于人工智能产业者经济风险管理的刑法义务的确立，以及对于相关企业内部风险管理的刑法层面的要求，人工智能犯罪预防还需要满足两个条件：一是，在方法上将刑法的义务具体化；二是，组织上成为刑法上欠缺的防控机制的组成部分，即自治、共治的统一。具言之，人工智能犯罪预防机制功能目标以及制度架构实现的关键，在于完整而有效的风险管理体系以及风险防治体系。首先，体系的重要性体现为对法律风险的防范，因此，人工智能犯罪预防的风险识别、风险评估、风险消除至关重要。在风险识别上，对于人工智能风险管理尤其是人工智能研发、部署、应用过程中可能的风险盘点应当给予足够重视，即体系化地、连续性地对潜在的安全风险、实然的损害后果进行识别、梳理和确认。在此基础上，对于前面所发现的风险在设计方法、组织程序上进行风险评估和风险消除，对可能的风险进行量化，以此确定应当采取的防治措施，进而根据风险发生的可能性和可能造成的损害后果的严重程度，确定具体的防范方法和实施方案。[2]

三、人工智能犯罪预防的路径架构

人工智能具有主观性、价值性、可修改性、可解释性等特性，这些特性在不同阶段的突出程度有所不同，也决定了预防性义务在人工智能的不同应用阶段具有差异性。人工智能研发阶段，通过犯罪预防的制度架构、有效实施，对算法研发者的引导和规制，实现对算法的间接规制。尽管人工智能（尤其是超人工智能）自主决策主要是基于数据自动化处理得出的算法结果，但实质上仍然体现为人为编制的运算法则，其中的回报函数很大程度上体现了

---

〔1〕 ［德］乌尔里希·齐白：《全球风险社会与信息社会中的刑法 二十一世纪刑法模式的转换》，周遵友等译，中国法制出版社 2012 年版，第 246 页。

〔2〕 Kromschröder/Lück, DB 1998, 1573（1574 f.）.

算法设计研发者的价值取向和设计意图。因此，在人工智能算法设计研发过程中，通过预防性理念的引入，可督促人工智能算法治理的法律归化。[1]通过犯罪防控机制的制定，在风险识别上，要求人工智能研发者、具有监督人工智能行为义务的相关人员，须以"对计算机行为之技术能力的常规化预期"[2]为标准，能够预见智能机器的行为可能性。对此，有必要借鉴美国关于人工智能算法的监管模式，建立可供评估的企业内部的算法委员会，[3]赋予人工智能研发阶段的算法伦理审查义务、算法的测试义务，以及指导应用过程中的配套技术服务、止损义务。在此之外，构建算法伦理标准，避免算法歧视、算法黑箱，防止人工智能研发阶段的算法操纵所产生的人工智能应用阶段的损害后果。制定算法禁止性标准，在选定算法及数据库时，尽量剔除任何可能产生歧视的因素，避免造成人工智能算法运行的结果歧视。在此基础上，对基于深度学习在输出结果上存在异化可能性的人工智能部署、应用，设置针对性的防范措施和监控手段。由此可见，人工智能研发阶段的算法责任更多的是一种风险预防责任，不在于后果的责难，而在于风险防范的督促。例如，针对无人驾驶汽车以及智能机器人等，可能造成人类人身伤害和财产损失的智能产品，企业合规计划中可以明确相应的风险识别、风险评估的防范措施与责任人员，从而引导他们选择更有可预见性、更可控的算法。[4]事实上，2017 年 7 月，国务院发布的《新一代人工智能发展规划》，要求"开展与人工智能应用相关的民事与刑事责任确认、隐私和产权保护、信息安全利用等法律问题研究，建立追溯和问责制度，明确人工智能法律主体以及相关权利、义务和责任等"。某种程度上讲，这一外部规制的明确化，也为人工智能犯罪预防的具体架构提供了规则性指引。

人工智能部署、应用阶段，算法的可修改性成为对其进行风险管理"自治"的关键——算法投入运行过程中，赋予设计研发人员在人工智能使用、运行过程中的监管义务，适时对人工智能使用过程中包含的偏见、瑕疵、漏

---

〔1〕　参见何明升：《中国网络治理的定位及现实路径》，载《中国社会科学》2016 年第 7 期。

〔2〕　Gunther Teubner, "Rights of Non Humans? Electronic Agents and Animals as New Actors in Politics and Law", Journal of Law and Society, Vol. 33（2006）, p. 509.

〔3〕　Macaulay T. Pioneering computer scientist calls for National Algorithm Safety Board. 2017, 201.

〔4〕　Trevor N. White. Seth D. Baum, "Liability for Present and Robotics Technology", in Patrick Lin, Ryan Jenkins, and Keith Abney（eds.）, Robotics Ethics 2. 0: From Autonomous Cars to Artificial Intelligence, Oxford University Press, 2017, pp. 66–79.

洞代码进行修改，从规则与技术的双重进路防范人工智能技术异化引发的危害后果。因此，人工智能部署、应用阶段的风险识别、风险评估以及风险消除义务，对于防止人工智能"非因果性和不确定性"带来的安全风险，[1] 更具有关键意义。有鉴于此，各国针对人工智能领域中的安全故障问题，出台了对应的法律法规，要求安装数据记录的相关设置，以实现证据保存。例如，英国《自动驾驶汽车测试实践准则》[2]明确规定了自动驾驶汽车应当配备专门的数据记录设备等，[3]德国则在《道路交通行为法修正案》中提出自动驾驶汽车要安装黑匣子用于数据记录和证据保存。[4]整体上讲，人工智能犯罪预防的制度架构与执行过程中，风险识别、风险评估与风险消除尤为重要。因此，人工智能犯罪风险防控机制中，贯彻风险管理的义务使得对人工智能风险及其防范进行调查和评价成为可能，[5]进而实现人工智能犯罪的自治、共治的有效统一，实现人工智能风险背景下相关犯罪的积极的预防。

---

〔1〕 参见张成岗：《人工智能时代：技术发展、风险挑战与秩序重构》，载《南京社会科学》2018 年第 5 期。

〔2〕 Department for Transport in UK. The Pathway to Driverless Cars: A Code of Practice for Testing. 2015-07.

〔3〕 唐钧：《人工智能的风险善治研究》，载《中国行政管理》2019 年第 4 期。

〔4〕 Federal Ministry of Transport and Digital Infrastructure. The German Road Traffic Act Amendment Regulating the Use of Motor Vehicles with Highly or Fully Automated Driving Function. July 17, 2017.

〔5〕 Heine（Fn. 97），S. 134.

第十三章

网络平台犯罪刑法规制的基础、功能与路径

　　伴随信息时代背景下网络安全风险的增强，网络平台在网络空间中的法律义务与责任不断扩张，其所面临的法律风险也在提高。企业内控机制作为预防法律风险、避免刑事责任的内控制度系统，对于网络平台防范法律风险、降低刑事可罚性具有重要价值。同时，除了内控机制最为主要的法律风险预防功能之外，网络平台还应当立足信息时代的网络安全属性，在网络"共治"模式下，发挥网络平台预防网络犯罪、维护网络安全的社会责任。整体上讲，网络平台应当立足于我国现有的刑法框架与单位犯罪模式，探索性地发挥网络平台内控的现有价值，通过平台内控实现刑法所赋予平台的网络安全管理义务的具体化，在平台内部风险防控与刑法规则相统一的基础上，倒逼网络平台积极履行网络安全管理义务，推动网络平台内控制度的功能实现。

　　内控制度作为企业自觉遵守法律的系统性行为，对于敦促企业在开展业务过程中遵守法律法规、养成守法意识，对于预防犯罪、发现犯罪均具有重要的实践价值。[1]信息时代背景下，网络平台对于网络空间安全的防护责任和触刑风险不断增强，典型体现为：行政法层面，行政法律法规、部门规章赋予了网络平台较大的空间管理义务和安全防控义务；刑法层面，刑法增设拒不履行信息网络安全管理义务罪，倒逼网络平台配合政府履行网络安全监管义务。在此背景下，通过规范平台内部治理、防范平台法律风险，实现网络法律法规关于平台责任规定的具体化，实现网络"共治"模式下平台内部制度层面平台风险管控与国家法律规范层面政府网络监管职责的统一，进而

---

[1]　Michael Goldsmith & Charl W. King, "Policing Corporate Crime: The Dilemma of Internal Compliance Programs", 50 *Vand. L. Rev. 1*, 9 (1997).

发挥网络平台在预防网络犯罪、保障网络安全方面的企业责任与社会责任。

第一节　网络平台犯罪刑法规制的现实性考量

随着立法对于平台网络安全管理义务的不断增强，也为网络平台刑法规制的开展提供了法律方向和规范依据。通过将法律义务分配到研发、运行、监督、销售、观测等基本阶段，[1]不仅有助于平台内部的风险防控有序发展，也更加有助于网络平台内部治理与相关网络立法实施的具体化和有效化。对此，首先需要明确网络平台犯罪刑法规制的现实基础。

一、网络安全风险倍增下平台社会责任的迫切需求

网络平台内控除了作为企业内控制度防范企业刑事风险的价值之外，对于预防犯罪、维护社会公共利益均具有更深层次的法律功效和社会意义。因此，网络平台内控的立足点和价值亮点，首先便突出体现为对网络安全风险的防范及其背后所蕴含的平台的社会责任。一般认为，网络空间具有典型的风险性、开放性、不确定性，网络空间所型构的"网络社会"成为一种典型的风险社会。在这种风险社会中，网络平台的行业属性、业务属性往往关涉公民个人信息安全、人身财产安全乃至国家安全、公共安全、社会秩序，在信息时代背景下具有更强的全球性、开放性、风险性以及不确定性。因此，随着网络平台在更多的领域和范围内对关涉国家、社会和公民法益安全发挥重要甚至是独导性的作用，如何发挥网络平台对网络安全风险防范的单位职责和社会责任成为不可回避的话题。[2]例如，2017 年底，约有 5700 万使用Uber 软件打车的乘客和司机用户的个人资料被黑客入侵并盗取，但 Uber 并没有及时告知信息相关个人，因其对数据泄露的隐瞒严重损害了公众的知情权，被美国华盛顿州指控违反该州《数据泄密通知法》，被提起公诉。在这些案例背后，网络平台应否以及在何种程度上对其所存储、搜集的数据具有保护义务，并承担何种程度、何种类型的刑事责任亟待回应，履行风险管理的义务，

---

〔1〕　Dannecker (Fn. 92), 209 (217).

〔2〕　有学者提出了"代理式监管思路"，即为了解决海量信息传输带来的内容监管问题，由互联网企业自身来承担对传播信息的审查责任，承担发现、阻断、报告等信息网络安全协助监管义务。参见周光权：《拒不履行信息网络安全管理义务罪的司法适用》，载《人民检察》2018 年第 9 期。

使网络平台对风险的识别、防范等进行调查和评价成为可能。[1]因此，通过内控制度加强单位内部管理制度和风控措施，对于深藏在内部管理制度、平台运营中的网络安全风险，[2]最大限度地及时发现、解决信息时代背景下更加不可知、危害性更大的网络犯罪难题，恰恰成为网络平台内控制度必要性和迫切性的时代背书。

二、网络犯罪异化下平台触刑风险的增强

"4G 改变生活，5G 改变社会"这种广告式的注脚形象阐明了信息时代技术对社会型构所带来的巨大冲击力。当前信息时代背景下，网络平台扮演更强大的管理功能，已经远远突破了 21 世纪初平台服务提供者的"从属性、工具性和中立性"，而代之以主动性、自主性和空间性，成为网络空间中的一种"社会组织形式"。在这种网络空间组织配置的异化背后，网络平台的连接力、聚合力在带来现代生活最大限度便捷的同时，也为违法犯罪行为带来了新空间和新工具，更使得网络服务提供者在更大的范围内、领域内成为网络犯罪的犯罪工具、犯罪平台提供者，与之相对，网络服务提供者以不作为成立网络犯罪的可能性增加。对此，《国家网络空间安全战略》发布会上，中央网信办有关负责人指出：个人信息安全将从网络运营商抓起。[3]在此背景下，通过合规计划结合网络平台自身发展的性质、规模等因素，建立起预防、发现和解决网络违法行为、网络犯罪行为的系统性制度，使其成为降低、免除平台责任的规范性机制，从制度上督促平台积极履行、实施内控机制，倒逼网络平台承担与其业务范围、经营范围、技术能力相对应的网络安全管理义务。

三、平台法律义务范围扩张下法律风险的提高

网络服务提供者尤其是网络平台，在网络空间中所呈现的管理能力、管理水平已经成为不可否定的客观事实，尽管有学者基于平台履行义务能力、履行成本、市场营利主体的局限性等因素质疑平台监管责任的"超强度性"，

---

〔1〕　Dennis Bock, Strafrechtliche Aspekte der Compliance-Diskussion - § 130 QWiG als zentrale Norm der Criminal Compliance, ZIS 2009.

〔2〕　周振杰：《企业适法计划与企业犯罪预防》，载《法治研究》2012 年第 4 期。

〔3〕　唐孜孜：《网络运营商大多超范围搜集个人信息》，载《南方都市报》2016 年 12 月 28 日，第 5 版。

但不容否认的是，作为与政府并行于网络空间、网络社会中的"共治主体"，无论是基于强化第三人责任以控制违法犯罪行为的功能主义论，[1]还是基于犯罪评价的社会危害性论，都将网络平台的信息网络安全管理义务推向网络空间治理的前台。有鉴于此，《民法典》《网络安全法》《电子商务法》等法律法规普遍设定了网络服务提供者对网络空间的管理义务。例如，《网络安全法》确立了网络服务提供者的主体责任，明确要求网络服务提供者健全用户信息保护制度，并分别规定了技术防控义务和损害补救义务。因此，网络平台在网络犯罪发生时如果明知不法行为存在而不履行信息网络安全管理义务，在具有结果避免可能性、作为相当性的情况下，则可能构成不作为犯罪。此种背景下，可通过内控机制的实施，明确平台责任的范围、边界以及操作性路径，保障网络平台主动履行法律义务的同时，健康开展经营业务行为。详言之，可通过内控机制，有助于平台系统厘清法律法规甚至大量的部门规章对网络平台所设立的网络安全管理义务，制定有效的合规政策、程序和控制措施，用以预防、减少网络安全风险和犯罪风险，进而减轻、免除平台责任。同时，网络平台所承担的责任也并非无边界的，伴随法律义务的履行也存在与之相对应的免责性条款，这也为平台内控的有效开展提供了规范性前提。

第二节　网络平台犯罪刑法规制的目标与基本理念

网络平台犯罪刑法规制的目标，除了基于刑法对网络平台安全管理义务的增加、平台风险防控的内部要求，督促平台采取可能的、必要的以及可期待的措施预防犯罪，使平台免受刑事追诉和刑罚处罚之外，[2]还应体现为通过平台内控，实现相关法律法规的具体化、可操作化，将法律责任、法定义务具体化地、情景化地细化、落实到平台管理的日常工作中，根据不同平台的类型、服务内容、安全风险等具体情况制订系统的内控方案，将外化的法律规则转化为内在的公司章程，不仅有助于法律法规的有效实施，更能发挥网络平台在信息时代维护网络空间安全、预防网络犯罪的企业社会责任。因

---

〔1〕　See Jonathan Zittrain, "A History of Online Gatekeeping" 19 Harvard Journal of Law and Technology 253 (2006).

〔2〕　Dennis Bock, Strafrechtliche Aspekte der Compliance-Diskussion-§130 QWiG als zentrale Norm der Criminal Compliance, ZIS 2009.

此，网络平台内控无论是对平台法律风险的防范，还是对网络安全风险的管控，都具有重要意义。

一、网络平台责任范围的厘清与法律风险、刑事可罚性的降低

随着网络犯罪立法由系统思维到网络思维，再到平台思维的逐渐转化，《刑法修正案（九）》增设了拒不履行信息网络安全管理义务罪，体现了立法对网络服务提供者不作为行为的重点关注，但同时也暗含了由刑法推动甚至鞭策网络服务提供者积极履行网络安全管理义务的立法意图。有学者对刑法增设拒不履行信息网络安全管理义务罪予以质疑，认为这是对网络平台管理义务的扩张，以管控网络的目的加重了网络平台的责任。[1]客观讲，根据"守门人责任理论"，网络平台对网络安全维护具有最便利的管控条件和最低的管控成本。[2]但这并非网络平台承担不作为责任的有效根据。刑法要求网络平台承担刑事责任，不仅仅是因为网络平台对犯罪行为治理的便捷性和实用性，也非简单因为其具有技术优势、雄厚的资本和经济资源就赋予其管理义务和刑事责任，更非因为借助网络平台提高执法的效率，关键原因在于，网络平台基于业务属性直接、间接地同网络安全发生了紧密联系，无论是风险支配，还是结果避免，均自然产生了对其业务范围内网络安全的管理义务。[3]当网络平台对于网络安全取得支配地位，同时被法律法规赋予相应的网络安全管理义务时，网络平台因怠于履行其管理义务造成危害结果，便应当在其可归责的范围之内承担相应的不作为责任。对此曾有学者提出担忧：在网络行政法规体系尚不健全的情况下，"信息网络安全管理义务"的不明确将导致司法机关对于该义务的认定作扩大化解释，进而造成该罪名适用的扩大化。[4]笔者认为，本罪所指称的信息网络安全管理义务，并非主动的风险审查与控制义务，这一条款将归责条件与免责义务同步设置，清晰地明确了网络服务提供者的责任边界。

---

〔1〕　刘艳红：《无罪的快播与有罪的思维——"快播案"有罪论之反思与批判》，载《政治与法律》2016年第12期。

〔2〕　See Reinier H. Kraakman, Gatekeepers: The Anatomy of a Third-Party Enforcement Strategy, Journal of Law, Economics and Organization, vol. 2, No. 1, 1986.

〔3〕　鉴于网络服务商对网络控制权的现实考量，法律法规不断加强网络服务商的网络监管义务。

〔4〕　刘仁文、张慧：《刑法修正案（九）草案有关网络犯罪规定的完善建议》，载《人民法院报》2015年8月12日，第6版。

因此，拒不履行信息网络安全管理义务罪的增设，其目的绝对不是对网络平台等网络服务提供商增加严苛的刑罚负担，也不是为了加大对网络平台等网络服务提供商的处罚力度，而是暗合了犯罪预防的基本理念，并客观上产生了通过刑法手段助推、引导网络平台开展内部风险防控的规范效果。具言之，网络平台通过内控机制的实施，以责任清单的形式进行风险识别、风险评估、风险消除，如此不仅不会加重网络平台的管理义务，反而可以明确网络平台的责任边界，并有助于平台提前、及时发现运行中的网络安全风险，不仅有利于保护平台本身免受违规、违法风险，也有利于保护网民用户的权益，兼而实现网络平台内控的单位风险防范效果和社会公共利益保护的效果。因此，拒不履行信息网络安全管理义务罪的设置，实际上最大限度地限缩了网络服务提供者的刑事责任空间。尤其通过网络平台内控机制的实施，全面厘清平台承担的义务范围、职责内容以及平台内部各运行环节的相互关系，并将其以平台内部规章制度、实施程序的形式予以具体化。当平台积极履行行政机关所要求履行的义务，并积极有效地实施了内控机制，网络平台对于危害后果便无须承担责任。事实上，除了刑法关于本罪的设置体现了这种合义务即可免责的思路之外，其他相关的法律法规也为网络平台内控机制的有效探索和开展提供了规范支撑。例如，《互联网信息服务管理办法》在全面增设平台行政责任的同时，依然为其设置了合理注意义务的限制性规范，即发现"明显违法"而不采取措施。[1]因此，网络平台很大程度上承担的是一种不配合责任，是因其怠于履行结果避免义务的结果责任，平台内控机制的制定和有效实施很大程度上可以成为网络平台减轻责任、免除责任甚至予以正当化的重要事由。[2]

二、网络犯罪预防与网络安全风险的防控

伴随网络犯罪社会危害性的异化和倍增，网络犯罪的事后惩治很大程度上难以有效保障、恢复被犯罪所侵害的法益，在网络风险与日俱增的信息社会背景下，网络犯罪防治的路径前置化逐渐成为共识。但是，受制于刑法手

---

〔1〕 国外立法普遍规定了网络平台服务商的豁免规则，即平台责任的成立需要对违法内容的明知。See OECD, the Role of Internet Intermediaries in Advancing Public Policy Objectives, 2011, pp. 10 –17.

〔2〕 于冲：《"二分法"视野下网络服务提供者不作为的刑事责任划界》，载《当代法学》2019年第5期。

段自身的局限性，网络犯罪防治的前置单靠传统的刑法中预备行为实行化、帮助行为正犯化，单靠刑事手段本身的预防功能和惩治功能进行"救火式"的治理，已经难以有效应对类型复杂、危害巨大的网络犯罪。有鉴于此，通过网络平台内控机制的实施，将网络犯罪预防责任内控化、制度化地由网络平台承担，通过网络平台事前的主动介入，增强网络犯罪的积极防控，增强网络平台的守法意识和责任意识，以此带动网络平台对网络安全的自觉维护意识。

（一）以网络安全风险、积极的网络犯罪预防为导向

根据积极的犯罪一般预防理念，刑法预防犯罪最合理且最唯一的目的应当是在犯罪之前培养守法文化和法律信仰，通过基于守法的自觉和对法秩序的积极维护，主动、积极地预防犯罪的发生。[1]预防功能是内控制度最为主要的功能，网络平台内部风险防控的关键也在于根据网络平台业务流程与内部管理制度，为预防网络犯罪对关涉刑法的不当举止进行预防、调查与制裁。[2]因此，面对纷繁复杂的网络安全风险，网络平台内控制度的构建和实施应当以网络安全风险为导向，对不同平台类型、不同服务环节可能存在的合规风险，进行有针对性的制度构建。例如，对于涉及数据信息收集、处理的网络平台，其面临更大的数据安全、个人信息安全风险，因此，对于可能触及侵犯公民个人信息罪、侵犯商业秘密罪、泄露国家秘密罪等犯罪的业务类型、业务环节便应当成为重点的预防对象。因此，网络平台内控机制的制定和实施，应当完整地反映法律法规风险、社会责任风险等问题，并将其融入内控机制的设计中；另外，还应着眼于动态的业务往来中的风险，将诸如业务经营中可能遭遇的信息沟通风险、商业秘密风险、平台技术风险、安全保障风险等考虑在内，为内控机制的实施赋予可调整应对的空间，以应对临时可能发生的刑事风险。其中，鉴于网络的开放性，尤其网络平台业务的链条化、产业化、中介化特征明显，网络平台内控机制中同样应当重视商业伙伴的风险识别。近年来，由于商业伙伴的违法违约行为，网络平台遭受巨大负面影响的事件屡见不鲜。例如，标榜不卖假货的某电商平台，在经历了"六六维权"事件后，品牌形象遭到极大破坏。[3]因此，基于积极犯罪一般

---

〔1〕　张明楷：《刑法学》，法律出版社 2016 年版，第 24-26 页。

〔2〕　D. Bock, CriminalCompliance, 2011, S. 19 ff.（22）.

〔3〕　叶鸣：《消费维权，电商不可推责》，载《人民日报》2018 年 3 月 30 日，第 17 版。

预防的理念，网络平台内控机制的有效实施，有必要对合作伙伴的经营资格、业务活动、履约能力、信用状况进行调查，再结合其他条件来决定是否与其开展合作，最大限度地降低网络平台刑事风险的同时，推动网络空间守法文化和网络安全维护责任意识的自觉践行。

（二）网络平台犯罪风险的识别与评估

通过网络平台内控预防网络犯罪的功能，首先体现在犯罪风险的发现识别上。根据我国 2018 年 7 月 1 日起实施的《合规管理体系指南》，"合规风险指不确定性对合规目标的影响"，即网络平台基于自身发展而所预想实现的结果的过程中，所存在的阻碍目标达成的主客观因素的识别。对于网络平台刑事风险而言，考虑到平台所触犯的罪名更多集中在不作为犯（包括纯正不作为犯，如拒不履行信息网络安全管理义务罪；不纯正不作为犯，如侵犯公民个人信息罪）中，风险的识别也应以不作为犯的义务来源、风险防控为核心，同时兼顾以作为形式体现出的可能的触刑风险，制度化、内控化地将网络犯罪预防内置于、具体化于日常的工作和业务活动中。

通过梳理法律法规、部门规章对网络平台赋予的义务以及《合规管理体系指南》的要求，可以发现，网络平台合规义务可以细分为合规要求、合规承诺。其中，合规要求（compliance requirement）指平台有义务履行的需求或期望，是一种平台负有的强制性义务，包括但不限于国家的法律法规、地方政府的规章条例、监管机构的制度规定等。例如，《网络安全法》《电子商务法》《民法典》等法律中，规定了网络平台在网络安全维护、数据安全与个人信息保护、产品质量安全等方面的强制性法律义务，这是刑事风险中放在首要位置的防范对象。合规承诺（compliance commitment）则指平台资源遵守的需求或期望，虽然属于平台自愿承担的义务，但是仍然存在较强的合规风险，也对平台的形象塑造有着较大的影响力。例如，2018 年 10 月 10 日，阿里、京东、美团等十家网络平台共同签署了《电子商务诚信公约》，对虚假广告、刷单炒信等行为予以坚决抵制，承诺不采取诱导、欺骗、威胁消费者删改售后评价等行为。[1]这便是典型的平台合规承诺，从义务来源看，网络平台的承诺本身也可以视为一种作为义务，同时如果存在诱导欺骗、威胁强迫等行

---

〔1〕 张胶：《阿里、京东等 10 家电商平台签署〈电子商务诚信公约〉》，载 http://news.cyol.com/yuanchuang/2018-10/10/content_ 17669993.htm，最后访问日期：2019 年 4 月 15 日。

为，也可能触犯诈骗罪、损害商业信誉、商品声誉罪等罪名。因此，网络平台犯罪风险的识别过程中，有必要系统、完整地梳理相关的平台义务，这种无缝隙、完整化的平台犯罪风险识别反过来更加有助于增强网络平台的守法意识和维护网络安全的责任意识，有效实现网络犯罪的积极的一般预防。

三、网络犯罪"共治"模式下发挥网络平台的企业价值

随着信息网络在社会管理、社会治理层面所带来的"扁平化"和"去中心化"，[1] 网络平台的单纯中介服务特征、中立特征逐渐淡化，全面参与到了网络空间的运行，以及网络资源的搜集、存储、传输、应用等各个环节之中，在社会管理方面具有了较为权威性的地位和能力，[2] 甚至成为同政府相分庭的网络"共治主体"和"无形之手"。[3] 网络平台内控可以通过平台内部运行机制与安全防控制度，以具有可能性、必要性与可期待性的方式实现网络犯罪的预防与"共治"。事实上，网络平台客观上已经绝对拥有了其营业范围之内所涉事项的管控权力，网络空间治理也已经开始由单一的国家治理转向国家治理与网络平台的共治格局。在这种协同治理模式下，如何避免网络平台"法定作为义务"被额外附加和政府义务转嫁，实现政府网络监管与网络平台管理义务相平衡，成为网络空间"共治"亟须解决的关键问题。网络平台内控机制很大程度上可以为解决上述问题提供思路和方案，即通过网络平台内控机制的制定和实施，明确网络平台在网络安全管理层面的义务范围与责任边界，实现平台内部制度层面、平台风险管控与国家法律规范层面政府网络监管职责的统一，在合理限度内发挥网络平台在信息时代维护网络空间秩序和网络安全的企业价值。

具言之，网络平台内控所面临的两大基本问题的统一，即平台内部的风险防范控制制度、刑法中关于网络平台的涉刑罪名，很大程度上体现了平台内控的价值，也是对信息时代背景下网络共治模式的一种科学阐释和制度践

---

〔1〕　信息网络的开放性打破了传统的国家权力机关垄断社会管理权的现状，主体的多元化并存成为网络空间治理的典型特征。

〔2〕　例如，腾讯先后自发开展的"守护者计划""雷霆行动"，阿里巴巴打击制假售假"专项行动"，在防治电信诈骗、网络黑产、销售假冒伪劣产品等方面显示出强大的治理能力和管控力度。

〔3〕　See Anne Cheung, Rudolf H. Weber, Internet Governance and The Responsibility of Internet Service Providers, Wisconsin International Law Journal, Vol. 26, Nr. 2, pp. 406-408.

行。整体上讲，网络平台内控的基本路径，便在于通过内部风险防控机制的制定和实施，将法律法规赋予的法定义务转化为公司内部制度，实现网络平台内控机制和法律法规尤其是刑法的统一。因此，网络平台内控机制根据平台自身的特有属性、业务特征、内部规章、网络伦理等因素，以一种企业自律的形式，同法律法规、部门规章等规范相统一，积极地践行企业责任，预防网络犯罪、网络违法违规行为的发生。[1]例如，对于即时通信平台（如微信、QQ等），平台内控制度很大程度上应当防范平台成为犯罪勾连工具、虚假恐怖信息传播的载体，同时避免侵犯公民个人信息，将刑法中可能触及的犯罪类型以内部风险控制制度形式予以防范；对于电子商务平台（如淘宝、京东等），平台内控制度的重点则在于对交易安全风险、数据安全风险的防范，并对合作伙伴进行积极的审查和风险防范。因此，在网络空间"共治"已经逐渐成为共识的情况下，网络平台内控的特殊价值和意义还在于，通过内控机制将外化的国家法律法规同平台内部的制度规章相统一，将国家对网络安全的管控和平台的自觉管理相统一。网络平台由于自身业务的特殊性，能够更便捷地对刑事犯罪进行预防、治理；通过其对自身责任意识的加强，治理能力的提高，能够在内部很好地消除网络违法犯罪发生的原因和基础。在此基础上，平台通过内控明确平台责任清单，同政府网络监管在各自的"责任田"内实现网络空间的共管、共治。

第三节　网络平台犯罪刑法规制机制的功能定位

从内控制度的起源看，德国合规思想主要来源于经济法领域，其主要目的在于规避广泛的法律责任风险。客观讲，网络平台内控的主要功能也主要体现为刑事责任的避免或者刑事可罚性的降低。[2]同时，从另一个层面讲，除了内控制度传统的减轻、免除责任甚至正当化的功能之外，在我国现有的刑法体系和制度框架下，内控制度在网络平台犯罪入罪的认定尤其是不作为犯中作为义务、作为可能性的判定上也具有特殊的功能，对此应当予以特别

---

〔1〕 Stefano Manacorda, Francesco Centonze and Gabrio Forti（eds.），Preventing Corporate Corruption, New York：Springer, 2014. p. 334.

〔2〕 D. Bock, Compliance und Aufsichtspflichten in Unternehmen, in：Kuhlen u. a.（Hrsg.），Compliance und Strafrecht, 2013, S. 57.

关注。

一、网络平台内控制度的减责、免责与出罪功能

一般认为，平台内控机制的有效实施可以作为检察机关在审查起诉阶段作不起诉处理或暂缓起诉，或在追诉后撤销起诉的事由；抑或在庭审过程中，作为法院减免刑罚、判定无罪的事由。整体上讲，网络平台内控制度减轻甚至免除刑事可罚性的机能大体分为两类：第一类是刑事实体法上减免刑事可罚性的机能，包括但不限于减轻责任、免除责任甚至正当化；第二类是刑事诉讼法上降低刑事可罚性的机能，包括但不限于不起诉、暂缓起诉、撤销起诉等。

（一）刑事实体法中的减责、免责与出罪机能

平台内控制度降低刑事可罚性的功能，在刑事实体法中主要体现为减免罪责和出罪两个方面。在出罪事由的设置上，主要体现为将有效实施内控机制作为排除犯罪成立的正当化条件。例如，英国 2011 年《反贿赂法》"商业组织预防贿赂失职罪"规定：商业组织的相关人员为了获取或保留组织业务，或者为了获取或保留该组织的某些商业优势而行贿的，构成本罪；但是如果组织能够证明其已制定了较完备的程序以防止行贿发生的，不构成本罪。事实上，我国《刑法》第 286 条之一规定的拒不履行信息网络安全管理义务罪与之有异曲同工之效，该罪的设置初衷便是为了处罚网络平台等网络服务商不积极配合政府网络监管的行为，反言之，对于网络平台遵行法律、行政法规规定的信息网络安全管理义务，积极履行网络平台内部风险防控义务，便成为该罪的出罪或者免责要件。因此，网络平台如果实施了完善的内控机制，在涉嫌相关罪名的指控时，便可以通过内控机制有效实施进行出罪或者免责。例如，在荷兰·弗尼斯公司案中，联邦法院判决公司履行了"合理注意"义务，并且对于相关犯罪事实不知情，免除公司刑事责任。[1] 无独有偶，《美国联邦量刑指南》明确规定内控机制为企业的法定义务，如若犯罪行为发生时，企业有着有效的合规计划，便可以相应地减免罪责。同时，该指南明确规定如果企业构建了完善的合规体系，那么其最高减刑幅度可达 95%；反之，将会被处以高额的罚金，以督促企业实施有效的内部风险防控机制。这种模式

---

〔1〕　Holland Furnace Co. v. United States, 158 F. 2d（6th Cir. 1946）.

可以更好地适用于网络平台的责任减免，在网络平台实施有效内控机制的前提下，基于网络犯罪不可控性、高风险性的考量，即便发生相应的网络犯罪，在网络平台已经尽到全部或者大部分注意义务时，免除或者减少平台的刑事责任。

（二）刑事诉讼法中的减责、免责与出罪机能

平台内控制度的出罪、减责机能，在刑事诉讼法中主要体现为不起诉、撤销起诉、暂缓起诉、认罪认罚等程序中。首先，就不起诉程序而言，一个有效的内控机制甚至可以在审查起诉阶段发挥作用，检察机关如果认为网络平台内控机制得到了有效实施，符合不起诉条件，可以作出不起诉决定。其次，就暂缓起诉程序而言，我国《刑事诉讼法》第282条针对未成年人，规定了对于特定条件下的特殊犯罪，确有悔罪表现的，检察机关可以作出附条件不起诉的决定；其中，悔罪表现在实践中主要包括自首、立功、犯罪中止、退赃退赔、赔偿损失、赔礼道歉等方面。[1]笔者认为，这一制度不仅在未成年人犯罪中可以发挥作用，在网络平台可能的犯罪中也具有很高的适用价值。网络平台犯罪不同于自然人犯罪，鉴于其在网络空间中的地位和实际作用，其受到追诉后的附带效应可能是互联网平台、互联网产业乃至社会公众难以承受的。[2]因此，参照未成年人犯罪中悔罪表现的认定，可以将网络平台在案发后及时建立或整改内控制度、发掘犯罪风险、及时止损、妥善赔偿等方面作为其考量内容，对符合某些条件、罪责相对较轻的犯罪进行暂缓起诉的处理，这对于网络平台积极整改、积极履行《网络安全法》等法律法规、部门规章赋予的报告、事后止损、删除、通知等均具有很好的促进作用。

二、网络平台内控制度的入罪功能[3]

一般认为，企业内控制度作为一项防范法律风险，降低企业刑事可罚性

---

〔1〕 王元元、高旭冉：《未成年人犯罪附条件不起诉制度研究》，载《河北青年管理干部学院学报》2019年第2期。

〔2〕 李本灿：《认罪认罚从宽处理机制的完善：企业犯罪视角的展开》，载《法学评论》2018年第3期。

〔3〕 根据企业内控的制度价值，企业内控应当成为减轻刑罚的事由，而非积极入罪和加重刑罚的根据。因此，本书所谈及的内控入罪机能是在判定网络平台触犯罪名犯罪构成要件的层面上，基于平台内控机制判定该条件是否成立。

的企业内部制度，预防功能和减责效果应当是其核心价值。但是，在我国现有刑法体系下，网络平台仍然是大量犯罪的主体，在我国单位犯罪罪名体系下，从入罪层面思考网络平台内控制度的价值，事实上也能起到预防网络平台犯罪的价值。

（一）作为判定网络平台主观罪过的重要根据

根据责任主义原则，网络服务提供者如果未能预见到违法犯罪行为的存在，其客观上的不作为便因欠缺主观罪过而不具有可责性。对于信息庞杂、手段隐蔽的网络犯罪而言，网络平台的触刑风险，更多源于对发生于平台内部犯罪行为的放任，对此罪过的认定可以结合平台内控制度进行综合判定。对此，网络平台内控制度及其是否有效实施，可以成为平台主观罪过的重要根据。网络平台在内控机制的制定过程中，应当充分吸纳已有的法律法规对网络平台罪过责任认定和推定的规则，将其吸纳入内控机制的设计构建中，从而实现通过内控机制否定其罪过的效果。例如，浙江省高级人民法院 2009 年 12 月发布的《关于审理网络著作权侵权纠纷案件的若干解答意见》第 30 条对于"如何判断网络服务提供者已尽到合理的注意义务"分别从"网络服务提供者的信息管理能力""侵权信息的明显程度"，以及"设链网站与被链网站间是否存在利润分成、合作经营"等方面进行了认定，对于网络平台内控机制的制定和建构也具有参考和借鉴价值。

（二）作为判定网络平台作为可能性、结果避免可能性的重要根据

网络平台在危害行为类型上除了少数的作为犯之外，更多地集中在不作为犯。因此，网络平台内控对于判定网络平台不作为犯的成立具有重要作用，典型地体现为对网络平台不作为义务的判定、作为可能性、结果避免可能性等层面。首先，在作为义务的认定上，由于网络安全保障义务具有较大的变化性和不确定性，会随着技术的发展、类型的增多不断变化；[1]同时，网络平台自身的中介特性，使得义务类型会随着商业伙伴的经营类型而转变。因此，在关于网络平台等业务犯罪的责任认定中，对于平台作为可能性、结果避免可能性的认定具有重要价值。详言之，网络平台的责任追究，应当根据当前网络平台的类型划分，将责任范围限缩在不同网络平台的服务类型之内。通过网络平台内部风险防控制度及其是否有效实施的调查，可以发现网络平

---

〔1〕　王思源：《论网络运营者的安全保障义务》，载《当代法学》2017 年第 1 期。

台是否履行风险防控义务以及作为是否实施风险防控行为的根据。例如，拒不履行信息网络安全管理义务罪中，规定了行为人承担责任的四种不同危害后果，在对不同平台类型进行追责时，借助于平台内控的审查判定危害后果的发生是否属于网络平台的可避免范围，以及网络平台是否采取了可行的、必要的以及具有可期待性的防范避免措施。如果网络平台已经建立了完整的内控机制，并且得到了有效实施，则可以对平台进行责任的减免甚至予以正当化。但是，如果网络平台没有建立或者只是形式上确立了内控制度，未有效实施内控机制则可以作为判断其是否具有作为可能性的根据。

第四节　网络平台犯罪刑法规制的基础性问题与实施路径

客观讲，内控制度本质上体现为为预防违法犯罪行为而设置的程序规则、职责规则及技术规则，主要价值在于使公司遵守刑事实体法。[1]为了实现平台合规制度的应有价值与功能，网络平台应当积极采取所有可能的、必要的和可期待的措施用来识别、评估和消除网络违法犯罪风险。[2]

一、单位"自己责任"论与"替代责任"论在网络平台内控机制中的差异化体现

美国起初遵照英国普通法的传统，否认企业可以受到刑事追诉的做法。但随着市场经济的发展，企业逐步成为市场的主要参与者，并通过企业的行为对整个社会产生重要影响。因此，美国司法界逐步肯定单位的责任，并以1909 年 New York Central R. Co. V. United States 的判例为标志，建立起企业在刑事方面的替代责任理论，随后又通过大量判例逐步扩大了严格责任的范围，企业不仅要为未授权的代理人担责，甚至要为明显违反企业指示的代理人行为负责。这种做法使得企业极易增加被追诉的可能性，也为企业内控制度的建立提供了必要性和内在动力。反观我国，1979 年《刑法》虽然没有直接对单位犯罪进行规定，但是在具体罪名中已经有所体现，例如第 121 条规定的偷税、抗税罪，主要就是针对单位而设定的；1997 年《刑法》更是在刑法总

---

〔1〕　B. Fateh-Moghadam, Criminal Compliance (Fn. 7), S. 25 (27).

〔2〕　Vgl. nur BGH NStZ 1997, 545 (546).

则第二章中专门明确规定了单位犯罪。在我国刑法体系下，单位作为独立的犯罪主体，具有独立的犯罪构成评价标准，[1]单位并不会因为代理人或员工的行为而轻易招致刑事追诉。因此，我国单位犯罪的认定同西方国家的责任根基不同，也就决定了网络平台内控制度的重点应当放在网络平台自身的犯罪风险防控上。一方面，网络平台内控制度的构建，无须像西方国家防范单位基于员工过错承担罪责，而是应当将风险的防范集中在平台自身运营，加强风险的识别，以及对于相应的法定义务履行之上。另一方面，值得注意的是，网络平台内控机制的实施在监督过程中，还应当设置科学有效的制度范式，避免网络平台借由内部风险防控将平台责任转嫁于员工，避免由个别自然人替代单位承担相应的刑法后果。

二、网络平台内控制度中"平台"的主体性明确

网络平台作为网络服务商的一种，同一般经营性公司内控机制的制定与实施有所差别，平台在内部风险防控义务的履行、责任的承担等方面要轻于直接从事相关业务的企业。例如，外卖平台的风险不同于餐饮公司，租车平台的风险不同于出租车公司。因此，网络平台内控机制的制定，在制度设计上首先需要明确的便是平台属性的确定问题，避免具有直接从事业务经营的单位假借平台身份免除自己相关的法定义务。以电子商务平台为例，根据《电子商务法》第9条第2款规定，电子商务平台经营者，是指在电子商务中为交易双方或者多方提供网络经营场所、交易撮合、信息发布等服务，供交易双方或者多方独立开展交易活动的法人或者非法人组织。据此，电子商务平台主要包括以下几个特征：在行为主体上，是指通过互联网等信息网络媒介从事经营活动的自然人、法人和非法人组织。在经营形式上，电子商务平台主要是为交易双方或者多方提供网络经营场所、交易撮合、信息发布等服务，其中，交易撮合、信息发布网络平台经营的具体内容。[2]据此可以发现，电子商务平台的主要业务形式体现为，借助信息技术搭建具有持续稳定且具备一定交易规则的虚拟交易平台，并且为交易提供信息收集、分类、筛选服

---

〔1〕 李冠煜：《单位犯罪处罚原理新论——以主观推定与客观归责之关联性构建为中心》，载《政治与法律》2015 年第 5 期。

〔2〕 王泽均：《电子商务平台经营者的界定——结合〈电子商务法〉第九条的分析》，载《人民法治》2018 年第 20 期。

务，通过前文所搭建的经营场所，促成买卖双方在网络平台上的交易，其所提供的更多是一种交易机会的传递。因此，网络平台的核心特征在于其提供的中介服务，平台本身并不会直接构成交易的主体，只是在交易过程中扮演一种居间角色。这也就决定了网络平台在内控机制的设计上，明显不同于专门从事直接经营业务的单位，在内控机制实施的可能性、必要性、可期待性上均具有不同的实施方案。同时，不同类型的网络平台在内控机制的实施过程中，也应当基于特殊的经营形式、业务范围、法律义务进行具体化的内控机制设计。在此应当强调，鉴于网络平台与从事具体交易的企业在风险防控、作为义务、法律责任层面的差异，在对于网络平台内控机制的审查和监督实施过程中，应当对网络平台合规主体的属性进行重点审查。

三、网络平台内控制度设计的具体路径

网络平台内控制度作为一个系统的风控管理制度，不仅包含平台内部规范、行为准则的制定，还涉及风险识别、动态评估、监测预警、举报调查、奖惩机制、事后救济等内容。整体上讲，网络平台内控制度设计的具体路径主要在于通过内控机制将刑法赋予平台的作为义务实现内部的具体化和可操作化，在平台运营的各环节、各流程构建可量化、可评估的风险预防、风险监测和风险消除机制。

（一）通过网络平台内部制度的标准化实现法律上的具体化

现代信息社会中，国家公权力机关对于保障网络安全的能力已经稍显力不从心，网络安全与网络空间治理的责任不断地由法律法规、部门规章赋予网络平台。[1]但是，对于网络平台如何落实法律义务、能否落实法律义务以及落实法律义务所采取措施的可能性、必要性、可期待性通常缺乏明确的法律规定，这种情况下，有必要通过网络平台安全标准、风控标准以及相关具体措施进行弥补，这也是网络平台内控机制的重要功能。一般认为，每个单位犯罪的成立和责任人的可罚性都是源于单位刑法义务的违反。[2]因此，网络平台内部风险防控的关键点便在于基于网络安全风险管理的刑法义务的确

〔1〕 Dennis Bock, Strafrechtliche Aspekte der Compliance-Diskussion- § 130 QWiG als zentrale Norm der Criminal Compliance, ZIS 2009.

〔2〕 Dennis Bock, Strafrechtliche Aspekte der Compliance-Diskussion- § 130 QWiG als zentrale Norm der Criminal Compliance, ZIS 2009.

定、网络平台内部风险管理的刑法上的要求，通过风险管理、网络平台内部标准的制定与实施，在具体措施和方法上将刑法上的义务具体化、可操作化，弥补刑法中缺乏明确性规定的不足。例如，拒不履行信息网络安全管理义务罪所违反的信息网络安全监管义务，基于刑法的设定主要包括对违法信息、涉案用户信息事前的管理义务与事后的屏蔽、消除义务，以及对于刑事案件侦办的配合义务。同时，网络平台拒不履行信息网络安全监管义务成立犯罪，除了满足基本行为要件之外，在成立范围上也有很大的限制，即致使违法信息大量传播、致使用户信息泄露造成严重后果等四种情形。由此可以看出，网络服务提供者成立本罪主要在于对违法信息管控义务、用户信息保护义务，以及刑事案件侦办的配合义务，这事实上是刑法对本罪名打击半径的限制。因此，网络平台合规管理的着力点便在于对刑法中所赋予的义务、施加的要求，通过合规体系将其转化为平台内部的具体化制度，这种合规体系的制定、实施、监督等一系列过程既是对刑法立法目的的贯彻落实，也是对网络平台触刑风险的避免和对刑事可罚性减免降低的根据，更是网络平台积极预防网络犯罪的社会责任的体现。

（二）网络平台内控的具体制度与实施流程

根据域外成熟立法的范例，网络平台内控应当主要包括：（1）制度层面，具有关于平台内部完整的企业文化与网络安全责任意识、内部制度，为预防网络犯罪而制定的防控机制；（2）组织层面，具有参与制定、实施和保障内控机制得以顺利实施的平台高管参与，具有专业而独立的风险防控人员；（3）实施层面，开展有效的内部风险防控机制培训，对内控机制的实施进行有效的动态监管和审查，对内控机制定期进行评估和完善；（4）配套保障制度层面，设置完善的奖励、惩戒考评机制。[1]具言之，网络平台内控的实质在于，通过内控机制的实施避免网络平台运营过程中可能的违法犯罪行为，以及降低相应不法行为的刑事可罚性。[2]因此，完整而有效的体系对于网络平台内控制度效能的发挥极为关键内控。首先，内控机制的重要性体现为对法律风险的防范，因此，网络平台内控的风险识别、风险评估、风险消除至关重要。

---

〔1〕　Stefano Manacorda, Francesco Centonze and Gabrio Forti（eds.），Preventing Corporate Corruption，New York：Springer，2014. p. 334.

〔2〕　T. Rotsch, Compliance（Fn. 13），Rn. 6.

在风险识别上，应当对网络平台风险管理尤其是网络平台可能的风险盘点给予足够重视，即体系化地、连续性地对潜在的安全风险和潜在的损害后果进行识别、梳理和确认。[1]在此基础上，对于前面所发现的风险进行评估，对可能的风险进行量化，根据风险发生的概率和造成的损害后果的严重程度，确定具体的防范方法和实施方案。[2]最后，根据对相关风险的评估，制定所谓的风险地图、风险矩阵、风险组合和风险草图，进行相关风险的消除。[3]

但值得注意的是，完整的内控制度只是内控机制发挥功能的第一步，其关键还在于内控机制的具体实施，缺乏有效实施的内控制度一般不会带来积极的刑法奖励，甚至还会产生相应的不利后果。在希尔顿酒店案中，判决明确指出："如果针对犯罪风险仅仅对员工作出一般性的指令避免行为，没有通过积极的手段来使危险行为得到阻止，内控机制便不能作为减轻甚至免除刑事责任的判定依据。"[4]我国《网络安全法》第三章第一节系统规定了网络运营者的信息网络安全保护义务，主要包括两个层面：（1）防范技术措施：网络运营者对危害网络安全行为的防范义务、监测义务、记录义务、数据备份和加密义务；（2）应急补救措施：及时处置安全风险义务、应急预案义务。因此，网络平台内控的重点除了完整科学的制度设计之外，更为关键的是，对相应的防范技术措施、应急补救措施及相关义务、预案的制定和实施。欠缺相应有效的实施体系，不仅不会为网络平台在责任方面进行减免，而且当平台服务者已经明知其平台范围内存在犯罪行为的情况下，能采取措施而不采取措施，依然为其提供互联网服务的，则可能构成不作为的帮助网络犯罪活动罪。

---

〔1〕 Kromschröder/Lück, DB 1998, 1573 (1574).

〔2〕 Kromschröder/Lück, DB 1998, 1573 (1574 f.).

〔3〕 Frank Saliger, Grundfragen von Criminal Compliance, in: RW 2013, S. 263.

〔4〕 Richard S. Gruner, Corporate Crime and Sentencing §3.3.6 (1994).

第十四章

"二分法"视野下网络服务提供者不作为的
刑事责任划界

    将网络服务提供者不作为的刑事归责路径立足于不作为犯类型的二元划分，以义务犯原理为基础，明确网络服务提供者构成真正不作为犯与不真正不作为犯的不同归责路径与责任边界：（1）明确真正不作为犯认定的"递进式"路径，进而厘清网络服务提供者刑法不作为责任与行政监管部门行政不作为责任的边界，厘清网络服务提供者行政违法与刑事违法的边界，倡导合规管理视野下网络犯罪治理的"共治"模式；（2）明确不真正不作为犯的"超规范"路径限缩，强调网络服务提供者不真正作为义务的形式类型与实质审查，强调网络服务提供者作为可能性的技术判断与规范审查，强调网络服务提供者作为相当性的教义学内涵与实质标准。应当看到，无论是基于"危险制造与控制"的妨害者责任，还是附属于政府监管的配合责任，首先应确立网络服务提供者刑事归责的从属性，进而通过主观罪过与结果归责的形式限缩、义务违反与因果关系的实质判定、真正作为犯与不真正不作为犯罪名的适用范围，系统化明确网络服务提供者的不作为责任。

    当前信息时代背景下，在网络技术服务提供者之外扮演着更强大管理功能的网络服务提供者，已经远远突破了20世纪技术服务提供者所具有的"被动性、从属性、工具性和中立性"，而代之以主动性、自主性和空间性。基于此背景，鉴于网络服务提供者在网络空间中日渐凸显的"共治"地位[1]、

---

    〔1〕信息网络的开放性以及信息网络管理的"扁平化"和"去中心化"，打破了传统的国家权力机关垄断社会管理权的现状，主体的多元化并存成为网络空间治理的典型特征。See Anne Cheung, Rudolf H. Weber, Internet Governance and The Responsibility of Internet Service Providers, Wisconsin Interna-

保证人地位[1]及其不作为行为的法益侵害性，要求其履行特定的事后报告义务和删除义务，实现立法网络思维向平台思维、空间思维的转化，成为一种信息时代的必然要求。[2]在此背景下，网络服务提供者不作为责任逐渐成为学界关注的焦点和热点话题，并围绕网络服务提供者所承担的责任类型、归责条件、责任范围等具体问题形成了一系列研究成果，[3]但并没有针对真正不作为犯、不真正不作为犯两种类型进行有差异化的追责路径研究。笔者认为，在我国目前关于不作为犯的"二分法"视野下，对于不同类型的不作为犯成立的关键要素与路径判断存在明显差别，有必要厘清两种不同不作为形式的归责路径，推动网络服务提供者不作为责任认定的规范化和明确化，倒逼网络服务提供者通过完善内控机制与合规计划，履行网络安全管理义务，降低网络服务提供者刑事风险的同时提升网络犯罪的治理模式。

第一节　"二分法"视野下网络服务提供者 不作为的犯罪类型

随着传统犯罪的网络异化和新型网络犯罪的高发，刑法评价和制裁的重心由单一的以行为人责任为中心转向行为人责任、平台责任并重，网络服务提供者的刑事责任认定成为网络空间治理不容回避的关键问题。与此同时，网络的技术风险与犯罪促发现状，使得网络服务提供者在更大的范围内、领域内成为网络犯罪的犯罪工具、犯罪平台提供者，与之相对，网络服务提供者以不作为成立网络犯罪的可能性增加。根据我国刑法理论关于不作为犯的分

（接上页）tional Law Journal, Vol. 26, Nr. 2, pp. 406-408.

　〔1〕 相似的论据有"守门人责任理论""代理式监管思路""排除妨害者责任"。参见周光权：《拒不履行信息网络安全管理义务罪的司法适用》，载《人民检察》2018 年第 9 期；See Reinier H. Kraakman, Gatekeepers: The Anatomy of a Third-Party Enforcement Strategy, Journal of Law, Economics and Organization, vol. 2, No. 1, 1986.

　〔2〕 网络运营者义务的承担并非简单的政府责任转嫁，并不排除政府的监管、审查义务。See La Rue, Frank, Report of the Special Rapporteur on the Promotion and Protection of the Right to Freedom of Opinion and Expression, United Nations Office of the High Commissioner of Human Rights, 17 April 2013.

　〔3〕 截至 2018 年 9 月 16 日，笔者以网络服务提供者为关键词进行检索，刑法方面文章 102 篇，集中在中立帮助行为、拒不履行信息网络安全监管义务罪、不作为义务来源、网络服务商主体类型与责任范围、刑事责任模式等内容。

类,主要包括真正不作为犯、不真正不作为犯,前者强调行政处罚的前置性和罪刑法定性,后者关注基于不同主体、不同保证人地位的义务违反。在传统刑法关于不作为犯的"二分法"视野下,尽管两种不作为犯罪类型的共通点在某种程度上都可以归结为义务违反,并以此为前提整体化地探讨网络服务提供者的不作为责任模式,但仍然不能忽略二者在责任认定上的实质差别。

一方面,真正不作为犯的成立更多地强调行为的行政前置违法性与行为的构成要件该当性,其实质可以归结为附属于政府监管责任基础之上的法定义务犯。[1]随着网络犯罪立法由系统思维到网络思维,再到平台思维的逐渐转化,《刑法修正案(九)》增设了拒不履行信息网络安全监管义务罪,体现了立法对网络服务提供者不作为行为的重点关注。事实上,刑法上相似罪名还有消防责任事故罪、拒绝提供间谍犯罪证据罪,消防事故、不提供间谍犯罪证据,这些原本并非刑法上的不作为犯,也不属于刑法制裁和评价的范围,但出于对公共安全、国家安全保障的考虑,刑法通过类型化的形式将其入罪化。这种入罪化很大程度上属于对特定主体"法定作为义务"的额外附加和政府义务转嫁。需要明确的是,这种附加或者转嫁并非政府义务的直接转移,而是将政府监管与社会、个人义务相平衡,即设置了经有关机关介入仍拒绝履行的前提,这也成为真正不作为犯成立的关键问题,即行政违法性判断的前置。根据刑法规定,拒不履行网络安全监管义务罪的成立,刑法设置了两个限制性构成要件要素,即经监管部门责令采取改正措施而拒不改正、造成严重后果。从刑法的条文设置上可以明显看出,网络平台的不作为责任并非独立的绝对责任类型,而是经过政府监管部门责令采取改正措施之后的依然不作为,这种不作为类型对社会的危害性更大。有学者对网络服务提供者的不作为责任质疑,认为这是对网络服务提供者管理义务的扩张,以管控网络的目的加重了网络服务提供者的责任。[2]笔者认为,义务和权利是相对的,网络服务提供者对于信息网络的管理乃至保护义务,恰恰是其在业务经营过程中收集、存储、使用公民信息、公共数据获得相应收益权利所对应的

---

〔1〕 在此应当厘清义务犯与支配犯的实质性差异,仅具有支配地位或者支配性并不必然产生作为义务,更不必然成立相应不作为犯罪。See Reinier H. Kraakman, Gatekeepers: The Anatomy of a Third-Party Enforcement Strategy, Journal of Law, Economics and Organization, vol. 2, No. 1, 1986.

〔2〕 参见刘艳红:《无罪的快播与有罪的思维——"快播案"有罪论之反思与批判》,载《政治与法律》2016 年第 12 期。

等价义务，是与其服务范围、业务类型相对应的业务保证义务，并不仅仅是政府责任的粗暴转移。因此，真正不作为犯的成立仍然需要判断政府的先行义务履行与先行执法行为的存在和正当与否。

另一方面，除了刑法所规定的真正不作为犯之外，还大量存在着基于其他法律设定的作为义务、业务或者职业要求、法律行为、先行行为所产生的不真正不作为犯。网络服务提供者，尤其是网络平台服务提供者，他们所提供的服务并非某种单一的业务，而是依托互联网所架构的一种综合性、交互性、跨地域的新服务类型。[1]这种运营模式下，网络服务提供者逐渐迈入网络空间权力的中心，并且由于网络的社会危害性具有聚焦性和倍增性，政府在网络空间中的监管能力受到极大限缩。值得注意的是，真正的不作为与作为之间并没有绝对清晰的楚河汉界，在德国也曾经就网络服务提供者实施的危害行为是属于作为还是不作为引发了争论，[2]这种争议在司法实践中尤其明显。例如，"快播案"判决书指出：快播公司基于缓存技术实现的资源共享，决定其实质介入了传播淫秽视频的传播行为，因其未能充分履行相应的网络安全管理义务而成立传播淫秽物品罪的正犯。[3]但是，这一判决结论受到了学界的质疑，尤其是将不履行管理义务与积极的传播行为相混同明显有违刑法基本要义。因此，在网络服务提供者的责任认定上，还有必要厘清作为犯与不作为犯的本质区别，避免将作为形式的行为类型以不作为认定。[4]事实上，由于作为犯与不作为犯之间界限的相对性，往往存在作为与不作为的竞合现象，此种情况下，考虑到不作为犯认定的繁杂性、价值判断性，以及因果关系认定、相当性认定的争议性，应当优先适用作为犯的相关罪名。诚如我国台湾地区林钰雄教授所言："由于不作为行为乃作为的补充形态，因此，只要招致构成要件该当（结果）的行为是作为方式，此时不作为就退居其次，直接论以作为犯。"[5]

---

[1] See DougLichtman, Eric Posner, Holding Internet Service Providers Accountable, Supreme Court Economic Review, vol. 14, 2006.

[2] 德国 Compu Serve 公司因其信息服务器传播儿童色情物品被慕尼黑州检察院起诉，该公司作为网络接入服务和平台服务提供者，根据当时德国主流观点，其作为平台服务者具有德国刑法规定的刑事保证人义务，同时具有对不法内容的明知，且具有删除相关信息的可能性，因此被认定为不采取相应控制措施的消极不作为。See Sf. Sieber, 1996 *Juristen Zeitung*（JZ），p. 428-9 et seq.

[3] 参见北京市海淀区人民法院刑事判决书（2015）海刑初字第 512 号。

[4] 参见杨彩霞：《网络服务提供者刑事责任的类型化思考》，载《法学》2018 年第 4 期。

[5] 林钰雄：《新刑法总则》，元照出版有限公司 2014 年版，第 524 页。

第二节 真正不作为犯的归责思路：
义务违反与刑事违法的判断

拒不履行信息网络安全管理义务罪作为法定的真正不作为犯，其成立受到严格的罪刑法定原则限制，在该罪名的认定上，需要考虑三个层面的问题，即根据网络服务提供者的类型进行作为义务的判断[1]、信息网络安全管理义务违反的规范审查、义务违反归责的程序限制，这三个层面作为型构该罪的基本要素，具有层层递进、层层限制的关系，需要严格把握。而在这三个层面判断的背后，所共同指向的在于网络服务提供者刑法不作为责任与行政监管部门行政不作为责任的厘清，在于网络服务提供者行政违法与刑事违法的厘清，进而倒逼网络服务提供者通过责任风险的内部控制机制与合规计划，更好地履行其信息网络安全管理义务。

一、第一层次的判定：基于网络服务提供者主体类型的义务导向

根据提供服务内容的不同领域，网络服务提供者主要分为两种基本类型：（1）对于通过网络发布的信息经过处理和加工，称为网络信息内容提供者（Internet Content Provider）；（2）未参与信息实质内容的处理，而是仅对网络信息的传播提供一种媒介服务，如搜索链接服务、网络社交平台服务、电子商务平台服务等，又称网络中介服务者、网络平台提供者（Internet Presence Provider）或者网络接入服务提供者（Internet Access Provider）。[2]一般认为，主体要件的核心价值在于构成要件符合性的判定，但同时依然具有保证人地位的判断价值。这是因为，不同类型的网络服务提供者所承担的信息安全管理义务有着主体间的规范差异，也就产生了不同的作为义务、不同的豁免事由。因此，明确网络服务提供者的类型，其教义学价值不简单止于犯罪主体要件的认定，而在于作为义务的差异化、分级化厘清，以及在此基础之上的

---

〔1〕 德国刑法学者罗克辛教授指出，身份本身就是一种保证人地位，行为人要么基于对危险源的监督控制、要么基于特定法益的保护而具备了成立身份犯的行为人资格，因此，身份犯属于典型的义务犯；许乃曼教授将义务犯归为"保证人身份犯"，即居于保护性支配地位的身份犯。参见许玉秀：《当代刑法思潮》，中国民主法制出版社2005年版，第590页。

〔2〕 参见谢望原：《论拒不履行信息网络安全管理义务罪》，载《中国法学》2017年第2期。

责任减免判断。换言之，关于网络服务提供者的不同类型认定与教义学明确，其价值不仅仅局限于构成要件内，而是更突出地体现为基于不同网络服务主体，根据风险支配与服务类型，确定相对应的作为义务边界。例如，根据德国 2001 年《远程服务法》规定，提供网络接入的网络服务提供者不存在对网络传输信息的一般性审查和监视义务。[1]

由此可见，网络服务提供者的不同类型认定，形式上体现为主体性构成要件要素的判定，在构成要件层面具有积极意义，但在实质上仍需进一步探讨的还有基于不同网络服务提供类型所承担的作为义务根据。例如，1997 年德国《电信服务法》（German Tele Services Act）第 5 条对网络服务提供者的功能进行区分，进而实行分级作为义务的判定。无独有偶，2000 年 6 月 8 日《欧洲议会及欧盟理事会关于共同体内部市场电子商务若干法律问题的第 2000/3l/EC 号指令》也根据网络服务提供者所提供服务内容的不同而区别责任承担，网络服务提供者的服务类型被作为确定风险分担和认定义务违反的影响因素而存在。例如，网络平台服务提供者在信息传输过程中，由于不参与对信息实质内容的加工与处理，对于违法信息以及侵犯公民个人信息的事实缺乏主观认知，根据责任主义原则，在缺乏主观罪过的情况下，不得过度强调结果归责，不能仅凭危害结果而将责任归咎于仅具有媒介地位和作用的网络平台服务提供者。在犯罪豁免事由上，该指令对于网络服务提供者的免责事由进行了分类规定，仅限于提供"纯技术性、自动的、被动的"[2]网络服务，对于服务的内容超越"暂时存储"或者"纯粹传输"的，则不能当然适用豁免条款。同时，德国也以共犯理论解决网络服务提供者的刑事责任认定问题，其责任认定模式相比我国而言更加细化，对于不同类型的网络服务提供者设置了不同的犯罪成立要件。例如，德国《电信服务法》对于网络接入服务提供者规定了成立犯罪的基本条件：网络接入服务提供者故意与用户共同实施犯罪，其刑事责任豁免权丧失，以共犯承担刑事责任。[3]

---

〔1〕 Vgl. Marcel A. Niggi/Christian Schwarzenegger, Strafbare Handlung im Internet, SJZ2002, S. 70ff.; Anette Marberth-Kubicke, Computer-und Internetstrafrecht, C. H. Bech, 2005, S. 109 ff.

〔2〕 Directive 2000/31/EC of the European Parliament and of the Council of 8 June 2000 on certain legal aspects of information society services, in particular electronic commerce, in the Internal Market. (42).

〔3〕 参见涂龙科：《网络服务提供者的刑事责任模式及其关系辨析》，载《政治与法律》2016 年第 4 期。

二、第二层次的判定：法定义务违反的规范审查

根据刑法规定，拒不履行信息网络安全管理义务罪成立的前提，必须违反法律法规明确设定的管理义务，即没有按照法律、行政法规的规定履行相应的作为义务。[1]关于网络服务提供者的义务认定，曾有学者提出担心：在网络行政法规体系尚不健全的情况下，"信息网络安全管理义务"的不明确将导致司法机关对于该义务的认定作扩大化解释，进而造成该罪名适用的夸大化。[2]对此担忧，笔者认为，本罪所指称的信息网络安全管理义务，并非主动的风险审查与控制义务，这一条款同时将归责条件与免责义务同步设置，清晰地明确了网络服务提供者的责任边界。因此，刑法所规定的安全管理义务，实质上并非网络服务提供者的审查控制义务，而是一种附属于监管部门的配合义务，也正是法定的真正不作为犯的设置，事实上极大限缩了网络服务提供者的刑事责任空间。

（一）事先的技术和制度保障义务

根据《网络安全法》第24条、第41条、第42条等规定，网络服务提供者[3]应当建立网站安全保障制度、信息安全保密管理制度、用户信息安全管理制度等相应的信息网络安全管理制度，并在其业务范围内进行相应的技术安全维护和保障。以数据安全保障义务为例，网络服务提供者要么基于业务服务获取信息数据，要么出于给用户提供更为人性化的优质服务、提高市场竞争力等目的在业务经营过程中采集用户的相关信息数据。[4]因此，网络服务提供者在普遍占有支配大量信息数据并将其置于较高风险的环境下，应当承担起安全防控的技术责任。根据我国《网络安全法》第21条第2项规定，网络服务提供者应当"采取防范计算机病毒和网络攻击、网络侵入等危害网络安全行为的技术措施，履行网络安全保护义务，确保网络免受干扰、破坏或者

---

〔1〕 关于违法的义务类型，有观点认为包括了违反禁止性规定、违反命令性规定，也有观点认为仅包括违反命令性规定。参见张明楷：《刑法学》，法律出版社2016年版，第1049页。

〔2〕 参见刘仁文、张慧：《刑法修正案（九）草案有关网络犯罪规定的完善建议》，载《人民法院报》2015年8月12日，第6版。

〔3〕 《网络安全法》表述为"网络运营者"，网络服务提供者属于网络运营者的一部分，本书统一表述为"网络服务提供者"。

〔4〕 网络服务提供者大多超范围搜集个人信息，即用户一般只有在同意信息被收集的前提下，才能获得相应服务。

未经授权的访问"。对于数据存储的安全保障，企业除了针对黑客的外来攻击而采取数据加密的技术措施以外，对于内部人员泄露信息需要引起同样的重视，应当对内部工作人员设置数据访问权限，通过该访问控制技术，避免"内鬼"利用职责之便获取与非法利用用户信息。无独有偶，美国 2002 年的《联邦信息安全管理法》（Federal Information Security Management Act）针对"信息安全"（information security）保障作出明确规定：为了确保信息数据的保密性、完整性和可用性，企业根据与用户达成的数据采集约定收集用户信息，这些信息一般通过公用网络进行传输，因此应当对信息进行加密，以对抗在传输过程中可能发生的数据窃取、泄露和篡改等风险隐患，防止未经授权的非法访问、窃取、篡改、干扰或者破坏。[1] 例如，"棱镜计划"正是对网络中心服务器中所收集的数据通过截留的方式进行非法获取，进而引发严重数据信息泄密事件。

（二）事后的通知和止损义务

我国《网络安全法》第 42 条第 2 款规定，"在发生或者可能发生个人信息泄露、毁损、丢失的情况时，应当立即采取补救措施，按照规定及时告知用户并向有关主管部门报告"。基于同样的思路，2018 年 5 月 25 日实施的《欧盟通用数据保护条例》第 33 条规定了有关数据泄露的通知义务：发生数据泄露的机构在知悉泄露事实后的 72 小时内，向相关数据保护监管机构进行报告，不得无故拖延；当数据泄露将对个人的权益造成高风险时，必须立即通知数据当事人。由此可见，网络服务提供者被行政立法赋予了事前积极的技术防控义务、危害行为发生后的止损义务，典型体现为在发生用户数据泄露时，通过及时告知用户以避免先一步的其他犯罪侵害可能。当前，在网络黑产日益膨胀，网络犯罪链条化、集团化趋势明显的背景下，网络犯罪治理的"链条化""集团化"也应及时跟进。但是，网络服务提供者的配合责任并非无限制的，在其履行配合义务的同时，也应存在与之相对应的免责性条款。例如，《电子商务法》第 45 条规定："电子商务平台经营者知道或者应当知道平台内经营者侵犯知识产权的，应当采取删除、屏蔽、断开链接、终止交易和服务等必要措施；未采取必要措施的，与侵权人承担连带责任。"由此可见，"通知—删除"作为事后补救和配合义务，只要网络服务提供者对相关信息内容不知情或者没有履行积极的作为行为，并能够履行"通知—删除"

---

[1] Federal Information Security Management Act. Section3542. (b) (1).

的配合义务便可免责,[1]而刑事归责与民事归责的豁免事由在这一点上是一致的。从这个层面讲,拒不履行信息网络安全管理义务罪的增设,很大程度上对于推动网络服务提供者合规管理计划的实施,实现网络触刑风险的预防与网络安全管理义务的履行,均具有引导性价值。

三、第三层次的判定:义务违反是否满足行政前置程序

拒不履行信息网络安全管理义务罪属于典型的义务犯,是"更严格"的义务犯,即不履行法律、行政法规规定的义务并不当然成立犯罪,还需要"经监管部门责令采取改正措施而拒不改正"的限制。与其他不作为犯的义务违反要件不同,本罪的义务违反仅仅是成立犯罪的可能条件,即使违反义务、造成危害后果,如果欠缺有关部门的责令改正,依然不构成本罪。因此,不履行信息网络安全管理义务是成立拒不履行信息网络安全管理义务罪的先决性条件,同样也是该罪责任阻却的消极性要件。[2]进而言之,本罪名中的义务违反是附属于有关部门的责令改正,这也是平衡政府监管与网络服务提供者责任的立法优化。因此,"拒不履行监管职责"作为本罪处罚的基本要件,是对于网络服务提供者承担刑事责任的必要性限制,是国家职能部门对于网络安全监管与网络服务提供者监管的义务平衡。

当前大数据时代背景下,如果过度苛责于网络服务提供者的不作为义务,将政府监管责任置于一旁,必然不利于互联网产业的健康发展。有鉴于此,根据我国《刑法》第286条之一的规定,拒不履行信息网络安全管理义务罪的成立除了义务违反之外,还要求满足"经监管部门责令采取改正措施而拒不改正"(行政前置程序),明确了监管部门与网络服务提供者的责任分配。因此,从这个层面讲,拒不履行信息网络安全管理义务罪实质上限缩了网络服务提供者的责任范围,是对网络服务提供者责任的法定化和限缩化。美国《数字千禧年版权法》(Digital Millennium Copyright Act)对网络服务提供者(Internet Service Provider)的责任承担最早提出了"避风港原则",旨在通过规定"通知"和"移除"两项具体内容来限制和减轻网络服务提供者的责任,

---

[1] Andrej Savin, EU Internet Law, Edward Elgar Publishing, 2013, p. 50.
[2] 从反义解释的角度,网络服务提供者履行相应的信息网络安全管理义务,即使造成危害后果,依然不构成犯罪。

即网络服务提供者事先不知其存储、提供链接的信息含有侵权内容的，在接到著作权人的通知后，及时删除侵权内容或者断开链接的，则不承担赔偿责任。我国 2010 年 7 月 1 日施行的《侵权责任法》中引入了避风港规则，[1]明确网络服务提供者的责任承担应当采取过错责任原则，即在认定网络服务提供者的民事责任时，将网络用户权利人的通知作为必要前提。实质上看，《刑法》第 286 条之一所设置的行政前置程序，与"避风港原则"有着异曲同工之处，即通过降低平台责任来实现行政监管部门与网络服务提供者的责任平衡。同时，关于"监管部门"内涵与外延的界定，应当"根据具体职能的不同进行划分，包括工业和信息化部门、宣传部门、公安部门、工商管理部门等共计 16 个职能部门"。[2]虽然在我国网络安全监管体系中，除行政监管之外，企业之间自发形成的行业监管同样发挥着管理与维护网络安全的重要作用，但不能据此加大对于网络服务提供者的惩治力度和打击范围，而将政府监管扩大解释为包括企业内部监管。进而言之，"假如在监管部门做出责令改正的行政指令之前，网络服务提供者存在违反相关法律法规规定的义务的行为，并已造成用户信息泄露，产生严重后果，但只要行政监管部门尚未发出'责令改正'的通知，则不构成本罪。而且，在监管部门责令改正后，如果网络服务提供者积极采取改正措施的，同样不构成本罪"。[3]

第三节　不真正不作为犯的归责思路："超规范"[4]路径的实质审查与严格限缩

拒不履行信息网络安全管理义务罪作为真正的不作为犯，鉴于其严格的

〔1〕 2010 年《侵权责任法》第 36 条第 2 款规定："网络用户利用网络服务实施侵权行为的，被侵权人有权通知网络服务提供者采取删除、屏蔽、断开链接等必要措施。网络服务提供者接到通知后未及时采取必要措施的，对损害的扩大部分与该网络用户承担连带责任。"第 3 款规定："网络服务提供者知道网络用户利用其网络服务侵害他人民事权益，未采取必要措施的，与该网络用户承担连带责任。"

〔2〕 参见刘素华：《大数据时代保障公民数据信息安全的网络治理》，载《理论视野》2016 年第 11 期。

〔3〕 参见李佳伦：《影响网络服务提供者采取措施及时性的因素》，载《当代法学》2017 年第 3 期；谢望原：《论拒不履行信息网络安全管理义务罪》，载《中国法学》2017 年第 2 期。

〔4〕 不真正不作为犯较之于法定的真正不作为犯，其成立的判定需要借助价值论、规范论的多重解释方法，尤其"相当性"的判定往往存在结论的差异，从这个层面，本书将不真正不作为犯称为"超规范"的不作为犯，这也是本书所强调的应当以真正不作为犯适用为主来认定网络服务提供者的责任，限制不真正不作为犯适用的根据之一。

构成要件限制和责任阻却事由，司法适用有着严格的认定条件。与之相反，不真正不作为犯因为其罪名的广泛性和可选择性，很大程度上更容易成为网络服务提供者触刑的路径，例如，以不作为形式构成侵犯公民个人信息罪、帮助网络犯罪活动罪等，以致有学者担忧基于不真正不作为犯理论造成传统罪名的过度适用。[1]因此，此类罪名成立的关键，须严格把握超规范之外作为义务的成立、可能性与该当性的审查。

一、网络服务提供者作为义务的形式判定与实质限缩

网络服务提供者不真正不作为犯的成立，前提依然是作为义务的判断问题。根据形式义务来源说，作为义务主要包括法律规定的义务、基于职务业务产生的作为义务、先行行为产生的作为义务、法律行为产生的作为义务。根据实质义务来源说，保证人地位的产生主要包括危险源的管理人、弱势法益的保护人、基于法益发生危险特殊领域支配性的阻止义务人。一般而言，网络服务提供者绝大多数（除了网络内容服务商）并未参与信息内容的实质处理，因此，网络服务提供者义务来源的判断，主要体现为基于业务行为产生的平台的配合支持义务、基于法律法规规定的法定义务。

（一）不真正不作为犯义务违反的类型与限缩

网络服务提供者在网络空间中拥有绝对的技术优势地位，而网络恰恰又是充斥了各种安全风险的多维空间，这便使网络服务提供者产生了对其所运营的网络平台"危险源"的控制义务。例如，《网络安全法》第三章第一节系统规定了网络运营者的信息网络安全保护义务，主要包括两个层面：（1）防范技术措施：网络运营者危害网络安全行为的防范义务、监测义务、记录义务、数据备份和加密义务；（2）应急补救措施：及时处置安全风险义务、应急预案义务。此外，第48条第2款特别规定了电子信息发送服务提供者和应用软件下载服务提供者的内容安全管理义务，即停止服务+消除处置措施+保存记录+报告。由此可见，《网络安全法》关于网络运营者的防范义务和补救义务，本质上并非监管义务，而是附属于政府监管与网络安全风险防范的配合义务、辅助义务。

但是，需要正视的问题在于，随着网络服务提供者在网络空间中的监管能

---

[1] 此种担忧有一定警醒性，但事实上，网络服务提供者不作为犯罪的成立仍然受制于我国单位犯罪的立法限制，传统罪名的过度扩张仍具有一定限度。

力逐渐被社会所注意，其在行政法层面被赋予了越来越多的监管责任，主要体现为"停止+报告"（例如，2000年国务院《互联网信息服务管理办法》第16条）、"发现+消除+报告"（例如，2013年全国人民代表大会常务委员会《关于加强网络信息保护的决定》第5条）两种设置模式。由此可见，互联网法律法规普遍为网络服务提供者设定了一定的网络安全保障职责，并且不断地趋于严密化，从"停止+报告"向"发现+消除+报告"的模式转化更是体现了法律法规对网络服务提供者监管责任的过于强化。因此，从保护互联网产业的健康发展和互联网企业的主体性质上考虑，不宜赋予网络服务提供者过多的网络管理义务，只能是附属于行政监管的消除义务或者阻损义务。尤其对于不真正不作为犯义务判定的相对模糊和主观化，对于网络服务提供者可能过度增加相应的注意义务，更加需要严格限缩其安全管理义务的存在空间。例如，《浙江省高级人民法院民事审判第三庭关于审理网络著作权侵权纠纷案件的若干解答意见》（以下简称《解答意见》）第29条明确指出，网络服务提供者只对其提供信息的合法性承担注意义务，不负有事先审查、监控信息侵权的义务。在民事领域，德国联邦最高法院分别基于现实进行的侵权行为和将来妨害行为，对网络服务提供者设置了排除侵权义务和审查控制义务。[1]尤其在审查控制义务的认定上，联邦最高法院很大程度上突破了基于"技术中立"确立的"避风港原则"，赋予网络接入服务提供者风险审查的义务，体现了互联网内容思维向平台思维、系统思维向数据思维的转变，也推动了网络服务提供者作为义务外延由内容管理向平台治理、由系统防护向数据管控的扩张。但值得注意的是，这种突破和扩张并非毫无限制，在网络服务提供者义务外延扩张的同时，相应的免责条款也在不断完善跟进。例如，根据德国《无线传媒法》第8条规定，如果网络服务提供者没有进行主动传输不法信息内容、没有对信息内容进行修改，或者没有对信息内容、受众群体进行有选择性的传输，那么对于通过其通信网络传递的信息内容，其不承担法律责任，具有侵权的明知或者共同的故意除外。[2]

（二）不真正不作为犯与真正作为犯义务违法的差异化明确

对于不真正不作为犯的成立，核心问题在于行为人保证人地位的确立，无

---

〔1〕 参见德国《民法典》第1004条、第823条关于"妨害人责任"条款的规定。BGH MMR 2004，668，671 f；BGH MMR 2007，507，511；BGH NJW 2008，758，762.

〔2〕 Vgl. Art. 8, TMG.

论是基于形式的义务来源，还是基于实质的义务来源，判明保证人的存在是核心问题。与之相反，真正不作为犯作为法定罪名，法律规定构成本罪的行为本身就是不作为，其认定的前提不再是保证人地位的确立，而是在法益保护指引下不作为要件该当性的判断。因此，在作为义务的构成要件地位上，二者的区别主要体现在两个方面：（1）义务认定的性质上，拒不履行信息网络安全监管义务罪所违反的信息网络安全监管义务，基于刑法的设定主要包括对违法信息、涉案用户信息事前的管理义务与事后的屏蔽、消除义务，以及对于刑事案件侦办的配合义务，其义务属性更凸显配合性、从属性和明确性。不真正不作为犯的成立，是因行为人不作为构成法定作为之罪，此时对于行为人作为义务与"相当性"的判断尤为重要。在不真正不作为犯作为义务的认定上，网络服务提供者的注意义务、审查义务尤为明显，需要进行实质判断来确定行为人的作为义务是否存在、是否可行。[1]（2）义务来源的范围上，拒不履行信息网络安全监管义务罪的义务范围应当严格限缩。根据《刑法》第286条之一的规定，网络服务提供者拒不履行信息网络安全监管义务成立犯罪，除了满足基本行为要件之外，在成立范围上也有很大的限制，即致使违法信息大量传播、致使用户信息泄露造成严重后果等四种情形。由此可以看出，网络的服务提供者成立本罪主要在于对违法信息管控义务、用户信息保护义务，以及刑事案件侦办的配合义务，这事实上是刑法对本罪名打击半径的限制。与之不同，不真正不作为犯在涉案范围、领域上具有理论上的无限扩张空间，只要满足保证人地位的存在，网络服务提供者触刑的概率即可被无限放大。从这个层面讲，对于不真正不作为犯的认定，应当予以更加严格的限缩。

二、网络服务提供者作为可能性的技术判断与规范审查

除了网络内容服务提供商、网络连接服务提供商之外，网络平台服务提供者等主体不再局限于单纯的技术支持、内容展示、内容传输，而是以信息网络管理者的样态呈现。因此，无论是作为义务层面，还是作为能力层面，网络服务提供者对于服务过程中、业务范围内相关的违法犯罪行为、风险均具有刑事

---

〔1〕 审查义务往往具有主动性，注意义务是对于已经发生且显而易见的情况，较之审查义务相对要低。事实上，网络服务提供者只有对其网络传输内容等履行合理的审查义务，才可能履行合理的注意义务。

归责的可能性，而这也成为不真正不作为犯成立的关键。例如，日本《刑法》第12条规定，有义务防止犯罪事实发生的人，能够防止该事实的发生却有意没有防止事实的发生，因而导致该事实发生的，应与作为引起该事实的人一样处罚。[1]

（一）技术视角：基于网络技术服务的主动性、空间性和自主性

在明确网络服务提供者对于网络安全管理义务必要性的基础上，需要回答的就是其作为可能性的问题。当前，否认网络服务提供者作为义务可能性的观点，大体可以归结为欠缺期待可能性论、欠缺改正能力论、影响技术发展论。欠缺期待可能性论者认为，在信息网络技术瞬息万变的背景下，让网络服务提供者或者网络运营商负担过多网络安全监管义务欠缺期待可能性，[2]甚至阻碍互联网技术创新与发展。[3]欠缺改正能力论者认为，应当设定评价网络服务提供者是否具有可以改正的技术能力的客观标准，不能苛责毫无改正能力的人去采取改正措施。[4]影响技术发展论者认为，"从经济发展的角度来看，这无疑让每个经营者对消费者的消费意图都具有审查的义务"，[5]"'违法信息'的范围过于宽泛，包括种类众多、涉及广泛的违反行政法律、法规及侵犯他人民事权利的所有违反法律、法规的信息在内，将致使网络服务提供者背负着过重的法律义务负担，步履维艰"。[6]前述观点对于网络服务提供者欠缺作为可能性的阐述，大多属于脱离刑法罪名体系的超规范解读，缺乏对网络服务提供者的业务属性、技术属性、空间属性等的系统思考。网络服务提供者作为型构网络空间、开启信息网络社会的关键主导者，对于加入其中的社会个体，具有当然的、合理限度内的安全保障义务。原因有三：（1）网络服务提供者依托其型构的网络平台、网络空间开展营利活动，具有管控空间的边界性和空间可能性；（2）网络服务提供者基于其业务属性、经营范围，在其业务属性内履行合理限度内的安全保障义务具有技术可能性和业务要求性，即网络服务提供者对于信息网络安全管理应当承担起与其经营活动相一致的

---

［1］　张凌、于秀峰编译：《日本刑法及特别刑法总览》，人民法院出版社2017年版，第61页。

［2］　参见周光权：《网络服务商的刑事责任范围》，载《中国法律评论》2015年第2期。

［3］　参见车浩：《谁应为互联网时代的中立行为买单？》，载《中国法律评论》2015年第1期。

［4］　参见《车浩：法律无需掌声，也不能嘲弄》，载http://www.legal-theory.org/？mod=info&act=view&id=21821，最后访问日期：2018年3月12日。

［5］　参见孙万怀、郑梦凌：《中立的帮助行为》，载《法学》2016年第1期。

［6］　涂龙科：《网络服务提供者的刑事责任模式及其关系辨析》，载《政治与法律》2016年第4期。

注意义务，这种注意义务是一种强制性义务，[1]是与其经营现状、服务类型等相对应的安全防控义务；（3）网络服务提供者承担的信息网络安全保障义务为合理限度内的保障义务，即合理的注意义务，以及特定的、具体的审查义务，是对于其服务内容的安全保证，具有内容的可控性和保障可能性。

（二）规范视角：基于网络业务范围内的控制性、主导性

网络空间中，掌握有绝对技术优势的网络服务商，掌管着网络空间从接入到传输、传播、接收的全过程控制权，尽管危险源并非自己所造成，但鉴于发生在网络空间中的危害行为，网络服务商具有绝对的主导和控制，应当产生阻止的义务。对于是否制造危险源，是否推进危险的发生，在客观归责理论内部也有不同的判定标准，不同的观点亦可能得出不同的结论。有学者指出，网络服务提供者中立行为的帮助，如果没有制造不被法律所容许的危险，就不应该被认定为帮助犯进行定罪处罚。[2]还有学者认为，不能单纯"因为行为人在个别情况下多少知道他人可能会利用其行为实施犯罪"，就将外观上合法的日常行为作为犯罪进行制裁。[3]此类观点，在否定网络服务提供者非创设网络安全危险源的基础上，进而否定其刑事归责略显片面，这也反映出目前学界关于网络服务提供者刑事归责思路的滞后性。网络服务提供者的责任认定模式，最早溯源至美国国会1998年通过的《数字千禧年版权法》，这部作为解决网络版权侵权问题的法律成为今后解决网络服务提供者责任的立法范本和一般规则。[4]但是，《数字千禧年版权法》所规范的对象被限定为技术服务提供者，规范设置与责任认定的前提基础在于互联网1.0时代网络技术服务提供的"被动性、工具性和中立性"特征，这就造成当前网络服务提供者的责任认定规则的严重滞后性。例如，国内奉之为网络服务提供者承担责任重要根据的"红旗标准"，实质却是由版权人承担向网络服务提供者提供侵权证据和通知删除的法律责任。[5]换言之，平台没有寻找"红

---

〔1〕 See Doug Lichtman, Eric Posner, Holding Internet Service Providers Accountable, Supreme Court Economic Review, vol. 14, 2006.

〔2〕 参见陈洪兵：《网络中立行为的可罚性探究——以P2P服务提供商的行为评价为中心》，载《东北大学学报（社会科学版）》2009年第3期。

〔3〕 涂龙科：《网络服务提供者的刑事责任模式及其关系辨析》，载《政治与法律》2016年第4期。

〔4〕 参见刘文杰：《网络服务提供者的安全保障义务》，载《中外法学》2012年第2期。

〔5〕 See Robert A. Gorman, Jane C. Ginsburg, Copyright: Cases and Materials, 7th ed., Foundation Press, 2006, p. 887.

旗"的义务。但是，随着网络服务提供者尤其是平台服务提供者在网络空间中管理能力的强化，在其业务范围内承担相应的安全保障义务已非不可能。例如，尽管德国立法并没有赋予网络服务提供者的主动审查义务，但汉堡州法院却开创性地作出了较为严厉的认定：在网络空间、现实空间，网络社会、现实社会共生共存的"双层社会"，网络服务提供者作为开启、控制网络空间这一"风险源"的主导性主体，[1]当然产生与其运营规模、服务范围、服务领域相对应的安全保障义务。因此，欠缺相关的人力、物力和技术能力不能绝对成为拒绝履行安全保障义务的根据，因为网络服务提供者可以根据其能力条件来限制其经营规模和经营范围，甚至退出互联网市场。[2]

三、网络服务提供者作为"相当性"的教义学内涵与审查

一般认为，不真正不作为犯应当受到刑事处罚的根据，除了作为义务的违法之外，更重要的还要求不作为与作为行为构成该罪具有"相当性"。诚如德国《刑法》第13条所规定，只有依法应当阻止危害结果发生，且不作为同作为在刑法规定的构成要件上具有相当性时，对于该不作为引发刑法规定的危害结果才具有可罚性。[3]行为人以不作为的形式构成犯罪，该不作为行为要与作为行为相当，这也成为认定不真正不作为犯的关键。因此，对于不真正不作为犯的认定，无论是学界，还是实务界，都采纳了较为严格的认定标准。

（一）"相当性"认定的理论争讼与实践难题

不真正不作为的成立，除了作为义务、作为可能性审查之外，最为关键的就是作为相当性的判断。同真正不作为犯不同，网络服务提供者可触犯的不真正不作为犯罪名无论是横向还是纵向层面都有较大的触刑空间。例如，网络服务提供者可能以不作为形式触犯的侵犯公民个人信息罪、帮助网络犯罪活动罪、预备实施网络犯罪活动罪等网络犯罪罪名，以及传播淫秽物品罪、传播淫秽物品牟利罪、开设赌场罪、侵犯著作权罪等传统罪名，"相当性"的

---

〔1〕 参见德国《民法典》第1004条和第823条所确立的网络服务提供者的"妨害人责任"，以及安全保障义务的事实根据——"危险源的开启与控制"。Siehe Dieter Medicus, Schuldrecht Ⅱ, Besonderer Teil, Verlag C. H. Beck, 13. Aufl., 2006, Rn751-756.

〔2〕 LG Hamburg, MMR 2006, 491. OLG Hamburg, MMR 2006, 744.

〔3〕 Vgl. Art. 13 St GB, 52 Auflage, Beck-Texte im dtv, 2014.

判断至关重要。以传播淫秽物品罪为例,"快播案"中,对于快播公司不作为形式的传播淫秽物品,未能履行对利用其软件上传下载和缓存的淫秽物品信息进行有效的删除义务,是否等同于作为形式的传播淫秽物品行为引发了诸多争议。北京市海淀区人民法院认为,快播公司客观上负有与网络视频信息服务相关的网络安全管理义务,且具有作为可能性;主观上明知存在淫秽视频仍提供缓存服务,放任危害结果发生,因而成立不作为犯罪。[1]与之相反,有学者认为"不履行管理义务≠传播",以此否定不作为形式的传播淫秽物品行为。[2]此种争议仅仅体现了不真正不作为犯认定中的难题,更体现了信息时代网络服务提供者被赋予较多、较广的作为义务的情况下的触刑可能性与触刑争议点的增多、增高。

(二)"相当性"的教义学特征

根据不真正不作为犯成立的构成特征,不履行相应的信息网络安全管理义务本身是成立不作为犯罪的前提性要件,具有相应的作为义务是成立不真正不作为犯的必要但非充分条件,应在满足前述构成要件的基础上,结合网络服务业务的技术性、网络犯罪的案发特征等因素综合判断不作为犯成立的相当性问题。

在客观层面,如前文所述,网络服务提供者在其业务领域、服务内容的范围内承担相应的管理义务,以网络平台服务商为例,网络平台对于平台内容不具有事前监管义务,首先不具有回避的可能性,这也是传统避风港的基本之义;同时,要求网络平台服务者履行事前的监管义务,也不具有期待可能性,鉴于平台信息的庞杂,赋予平台服务商事前的监管义务明显是勉为其难。因此,刑法并不要求平台服务商未尽监管义务构成犯罪。但是,当平台服务者在已经明知其平台范围内犯罪行为的情况下,能采取措施而不采取措施,依然为其提供互联网服务,构成不作为的帮助网络犯罪活动罪,这种并非为网络服务商增加了额外的社会负担,也并不会干涉网民的表达自由和网络自由,因为这明显已经是一种犯罪行为,即同作为形式的犯罪行为具有了相当性。明知网络用户利用其提供的信息网络服务实施个人信息违法犯罪而

---

[1] 参见北京市海淀区人民法院刑事判决书(2015)海刑初字第512号。

[2] 参见刘艳红:《无罪的快播与有罪的思维——"快播案"有罪论之反思与批判》,载《政治与法律》2016年第12期。

不予以制止，在法益侵害的等价性方面，与积极为信息违法犯罪提供网络服务，对法益造成的影响并无根本不同；[1]其次，从义务违反行为对于引起危害结果发生的因果流程的支配程度方面来看，网络服务提供者的不作为与作为犯罪对于该因果流程的支配程度相当，[2]在同时满足法益侵害等价与支配程度等价两方面要求的情况下，便足以认定网络服务提供者对于信息安全管理的不作为，与作为的犯罪之间具有等价性。在主观层面，有学者指出：没有认识到正犯行为的业务行为是无罪的，但仅因为认识到正犯行为依然提供业务行为便摇身一变成了犯罪行为，缺乏说服力。[3]此种观点显然站不住脚，根据刑法一般理论认为，无认识无责任，即使客观上实施犯罪行为，也是不具有有责性的。相反，具有主观上明确的认识，依然实施相关的帮助行为，则同时具有了违法性和有责性，且符合构成要件的规定，当然成立犯罪。同时，根据信赖原则，如果仅对对方实施犯罪具有可能的认识，继而提供了相应的商品或者服务，行为人只要合理信赖对方不用利用自己提供的商品或者服务实施犯罪，就不应受到处罚，因为如果只要确信绝对安全才能提供商品或者服务，无疑会给社会的正常运转带来障碍和困难。但是，当合理信赖的基本前提已经失去，已经出现犯罪倾向甚至犯罪的时候，依然不停止或者中断相关服务的，则成立帮助犯。

第四节 "二分法"视野下网络服务提供者不作为的责任边界

网络服务提供者不作为责任的确立，是信息时代背景下网络监管规律、网络空间特征、网络社会管理权力异化等现实因素的必然要求，也是基于刑法客观归责理论、不作为犯理论的教义学回应。但是，网络服务提供者毕竟有别于以作为形式实施犯罪的行为人，也有别于承担社会管控义务的国家机关，对于网络服务提供者不作为责任的确立，应当严格厘清其责任边界，在通过不作为责任非难网络服务提供者的不作为行为时，也应避免传统罪名适

---

[1] 参见葛立刚：《网络服务商不作为刑事责任的边界》，载《西南政法大学学报》2016 年第 6 期。
[2] 参见何庆仁：《义务犯研究》，中国人民大学出版社 2010 年版，第 73 页。
[3] 参见周光权：《网络服务商的刑事责任范围》，载《中国法律评论》2015 年第 2 期。

用的过度扩张和政府责任的不当转嫁。

一、不作为责任的形式边界：主观罪过与危害结果限定

网络服务提供者消极地不履行信息网络安全管理义务，无论是基于真正不作为犯，还是基于不真正不作为犯的归责路径，都要求行为人主观上对于违法犯罪行为的发生具有预见或者认识，即认识、预见到包含于构成要件之中的事实，[1]这也是基于构成要件形式层面的归责限制。

（一）主观预见程度的判断：明确罪过认定的标准

网络犯罪往往存在违法信息难以鉴别、难以发现、难以控制的客观技术障碍，因此对于部分客观上造成严重危害后果的行为也不宜"一刀切"地追究网络服务提供者的不作为责任，在存在客观危害结果的同时，尚需行为人存在主观罪过的证成。对于网络服务提供者不履行作为义务的罪过心态，有观点认为，"如果行为人明确知道其行为一定会或者很大概率上可能导致危害结果的发生，而仍不采取制止措施的，则认定其具有追求或者希望结果发生的故意"。[2]换言之，"对于不履行网络安全管理义务将导致的网络犯罪危害结果，如果其主观心态为'明知或应知'，即排除成立过失之可能，因为网络服务提供者如果已经预见到其不履行安全管理义务将导致危害结果发生具有高度盖然性，其对于网络犯罪危害结果发生的主观心态至少应为放任的间接故意"。[3]因此，在具体认定上如何确立网络服务提供者的主观罪过标准成为至关重要的问题。网络服务提供者对于网络犯罪危害结果发生的预见程度，作为一种主观意图难以被外界探知，但通过相关影响因素的外在表现，仍可以将主观心态客观地反映出来。[4]最后需要强调的是，"避风港原则"不能成为网络服务提供者的挡箭牌，应当受到"红旗条款"的限制，技术有门槛，

---

[1] 参见［日］山口厚：《刑法总论》，付立庆译，中国人民大学出版社2011年版，第188页。

[2] 参见［德］乌尔斯·金德霍伊泽尔：《刑法总论教科书》，蔡桂生译，北京大学出版社2015年版，第264页。

[3] 陈盼晴：《信息化时代网络服务提供者不作为刑事责任问题研究——兼谈对拒不履行信息网络安全管理义务罪的思考》，东南大学2017年硕士学位论文。

[4] 2014年《最高人民法院关于审理利用信息网络侵害人身权益民事纠纷案件适用法律若干问题的规定》第9条，根据网络服务提供者是否存在相应的处理行为、信息管理能力、社会影响程度及浏览量等要素，提供了对于网络服务提供者主观认知程度认定的影响因素和客观标准。

但并不都属于不可抗力。[1]即使根据美国《数字千禧年版权法》的规定，网络服务提供者不承担寻找"红旗"的义务，但当"红旗"已经自己出现或者经过政府机关、权利人、被害人通知而出现之后，行为人仍怠于履行其信息网络安全管理义务，则应受到刑事追责。

（二）结果归责的限缩：避免危害结果认定的过度扩张

不同于传统犯罪，网络犯罪的危害后果具有倍增性、放大性、放射性和不可控性，对于网络犯罪行为人，尤其是网络服务提供者不作为造成的危害结果认定，应当严格以网络服务提供者的服务类型为根据，以直接结果为原则，避免结果归责链条的横向、纵向拉宽、拉长。详言之，网络服务提供者的责任追究，应当根据当前学界关于网络服务提供者的类型划分，将责任范围限缩在不同网络服务提供者的服务类型之内。例如，拒不履行信息网络安全管理义务罪中，规定了行为人承担责任的四种不同危害后果，不难发现前三种危害后果作为不同类型的网络服务提供者，其所承担的责任类型、责任范围就应该明确区分。

同时需要明确，网络服务提供者仅就因不履行法定义务而造成的结果扩大部分承担责任，而不能将信息犯罪所单独导致的犯罪结果也一并归责。这是因为，在不成立共同犯罪的情况下，网络服务提供者的不作为对于网络犯罪没有加功作用，因此不作为行为与因网络犯罪行为导致的危害结果之间不存在刑法上的因果关系，而只对因其怠于履行安全管理义务的行为所引发的危害后果承担责任。民事领域在法律追责上也秉承了同样的原则，《民法典》第1195条第2款规定，在被通知后仍未及时采取必要措施的，网络服务提供者仅就"损害的扩大部分"与侵权网络用户一同承担责任。虽然与刑法具有的惩罚犯罪的功能不同，民事责任在承担上主要以恢复原状、损害赔偿为主，目的在于弥补和修复被侵害的状态，但这并不代表界定损害结果范围和责任限度在刑事犯罪认定和责任承担上就不具有任何意义，因为在谨慎追究网络服务提供者的法律责任这一法律理念上，二者是相互契合的。

二、不作为责任的实质边界：义务违反与因果关系判断

需要明确，即使存在保护支配地位或者监督支配地位，也并非直接产生

---

〔1〕 互联网的技术使网络服务提供者具有了识别、删除非法内容的条件，应赋予其相应的监控义务。参见陈锦川：《网络服务提供者过错认定的研究》，载《知识产权》2011年第2期。

行为的可归责性，仍需要借助于价值判断，即相关义务违反与因果关系的实质审查。

（一）结果避免义务与结果预见义务的博弈

"注意义务说"主张网络服务提供者不作为的违法根据与责任基础在于，其因从事特定业务而产生的对于他人信息犯罪危害结果的预见义务和避免义务。但是，在对网络服务提供者等业务人员的责任认定中，其中最为关键和最实质的影响因素，不是结果预见义务，而是结果避免义务。日本学者大塚仁教授也认为，"业务犯罪的责任根据不在于业务人员的预见义务，因为对同一行为所要求的预见义务也应当是相同的，而不应以行为主体的身份不同而升高或者降低这种注意义务要求"。[1]因此，网络服务提供者因其不作为被刑事归责的根据，除了其对业务范围内发生的网络违法犯罪事项具有更高的预见能力之外，更重要的原因在于，其对于在其支配领域下发生的违法行为的危害结果具有更高的避免能力。换言之，如果网络服务提供者对于违法犯罪行为及其危害后果应当预见，但却没有预见，仅就其违反预见义务的行为尚不足以成为认定网络服务提供者不作为责任的根据，还应结合其对于危害后果的发生是否具有避免可能性进行综合判断。在及时采取补救措施也不可能避免危害结果发生的情况下，则不能认为其义务违反与危害后果发生之间具有刑法意义上的因果关系，网络服务提供者也就不成立不作为犯罪。进而言之，网络服务提供者的刑事归责，不能仅从其形式上所具有的特殊主体身份判断，而是应根据其身份要素背后所从事的特定业务内容、违法犯罪类型判断，即取决于网络服务提供者服务内容是仅提供网络接入服务还是参与实质信息内容的处理，从而判断其对于信息违法犯罪结果的发生是否具备避免能力。因此，网络服务提供者基于其从事业务内容的结果回避能力，而非其作为业务人员的特殊身份，构成了对于信息违法犯罪不作为的责任基础。

（二）义务违反与因果关系的证成：以"中立技术行为"的认定为例

西原春夫教授指出：对于注意义务的判断不是脱离具体事实而作出的抽象评价，而是应该从义务违反与结果发生之间存在的因果关系方面去寻找。[2]因

---

〔1〕　[日]大塚仁：《刑法概说（总论）》，冯军译，中国人民大学出版社2009年版，第464页。

〔2〕　参见[日]西原春夫：《犯罪实行行为论》，戴波、江溯译，北京大学出版社2006年版，第126页。

此，义务违反与因果关系的判断之间存在着密切的互证关系，认定网络服务提供者不作为与危害结果之间是否存在因果关系，应当以对犯罪结果发生是否具有结果避免义务作为理论依据。日本学者大谷实认为，"不作为犯罪以假定的因果关系为犯罪成立前提，即'假如行为人实施了被期待的行为，则结果就能够被避免'，正因为这种因果关系不是事实存在的，所以如果能够认定防止结果发生不具有可能性的话，那么行为对于因果关系进程便不具有控制力，假定因果关系也就不存在"。[1] 换言之，如果网络服务提供者对于危害结果的发生根本不具有避免可能性，那么即便其存在违反法定作为义务的行为，也不能认为该不作为与危害后果之间具有相当因果关系，也就意味着网络服务提供者不成立不作为犯罪。同时，即使网络服务提供者明知存在违法犯罪行为而以不作为形式提供网络技术帮助，如果对方没有利用该帮助则仍然属于欠缺有效因果关系。[2]

具体到实践应用层面，对于中立技术行为的刑事归责，一度成为理论界和司法实务界争议的焦点。有学者指出：中立帮助行为的可罚性确立的根据，应避免主观方面的过多考虑，而应当主要依据帮助行为与正犯行为之间的物理的、心理的因果关系的认定。主观方面只能作为帮助者主观恶性评价的标准，帮助者只需要对犯罪意图有所认识即可。[3] 一般认为，同售卖刀具作为一种日常交易行为一样，提供网络服务的行为也具有一般性与业务性，网络服务虽增加了犯罪结果发生的风险，但因其属于法律上容许的风险而不具备可责性。但是，当商贩明确知道购买者买刀是为了杀害其他人，仍向购买者出售刀具的，此时"法所容许的抽象的危险已经转化为法益所面临的现实存在的危险，作为风险的制造者也因此产生了避免危害结果发生的义务"。[4] 同理，网络服务提供者在明知网络技术被用于违法犯罪后，仍不及时采取删除、断开链接等有效措施的，因为已经预见到危害结果具有发生乃至扩大的高度盖然性，此时的不作为与进一步产生的危害结果之间便具有相当因果关系，网络服务提供者也就不能主张技术中立原则排除其应依法承担的不作为责任。因此，不可罚的中立行为并非所有的业务行为均为不可罚，业务行为

---

〔1〕 ［日］大谷实：《刑法讲义总论》，黎宏译，中国人民大学出版社 2008 年版，第 128 页。

〔2〕 参见 ［日］渡边桌也：《电脑空间における刑事的规制》，成文堂 2006 年版，第 111-122 页。

〔3〕 参见孙万怀、郑梦凌：《中立的帮助行为》，载《法学》2016 年第 1 期。

〔4〕 参见葛立刚：《网络服务商不作为刑事责任的边界》，载《西南政法大学学报》2016 年第 6 期。

并非违法犯罪行为的"保护伞",如果网络服务提供者对于已经发生的犯罪存在确切的明知,仍然为相关犯罪提供网络服务或者怠于履行结果避免义务的,即可认定其事后的不作为同犯罪之间具有因果关系,应当归责于其帮助行为。

三、罪名选择的边界:真正不作为犯与不真正不作为犯的适用空间

从法定性与谦抑性上讲,真正不作为犯作为刑法明确设定的罪名,为网络服务提供者不作为的刑事归责规定了明确的构成要件,最大限度地实现了网络服务提供者不作为责任的法定化。因此,从合理平衡网络服务提供者不作为责任的角度出发,真正不作为犯罪名的适用,应当成为网络服务提供者刑事归责的主要路径。

(一)不真正不作为犯的限制适用:以真正不作为犯的适用为中心

网络服务提供者基于不作为造成危害后果承担刑事责任,应最大限度地以固有立法罪名为主,限缩不真正不作为犯的适用范围。对此,有学者指出,如果大范围出现不真正不作为犯的判定,可能会产生为了实现网络空间管控的目标而盲目扩大传统罪名评价半径的后果。[1]因此,鉴于网络服务提供者所承担责任的主体属性、责任属性,以及网络服务提供者所承担行政义务的广泛性,应当避免因法律法规甚至部门规章对平台网络安全管理义务的扩张引发犯罪圈的扩张。刑法对于不作为犯的设置,具有很强的行政犯色彩,有学者针对刑法的谦抑性和最后性,指出刑法对于犯罪的规定应当以行政法、民商法等为基础,刑法所设置的犯罪圈应当小于其他部门法的违法圈,否则便成了无源之水。[2]因此,对于网络服务提供者的不作为追责,应当优先适用真正不作为犯罪名,配之以严厉行政责任,避免基于不真正不作为犯适用造成的企业刑事责任重负。

(二)明确真正不作为犯的责任属性:以配合责任为中心

拒不履行信息网络安全监管义务罪的设置,实际上是最大限度地限缩了网络服务提供者的刑事责任空间,在行为人不履行作为义务的基础上,置入了经责令履行而拒不履行的行政前置性要件,将网络服务提供者的刑事责任

---

〔1〕 参见刘艳红:《无罪的快播与有罪的思维——"快播案"有罪论之反思与批判》,载《政治与法律》2016年第12期。

〔2〕 参见田宏杰:《行政犯的法律属性及其责任——兼及定罪机制的重构》,载《法学家》2013年第3期。

明确为一种辅助责任、配合责任。例如，《互联网信息服务管理办法》在全面增设平台行政责任的同时，依然为其设置了合理注意义务的限制性规范，即发现"明显违法"而不采取措施。[1]因此，网络服务提供者承担的应当是一种结果责任，是因其怠于履行结果避免义务而产生的结果责任。不容否认，随着网络犯罪的高发，刑法对于网络犯罪的打击半径不断前移，共犯行为正犯化、预备行为实行化成为刑法应对网络犯罪的重要思路。但是，网络服务提供者作为商事主体，其本身并不具有管理社会的职能，不能将政府监管职能无限地向其进行转移，更不能将刑法前移的打击手段强加于网络服务提供者。

---

[1] 国外立法普遍规定了网络平台服务商的豁免规则，即平台责任的成立需要对违法内容的明知。See OECD, the Role of Internet Intermediaries in Advancing Public Policy Objectives, 2011, pp. 10 –17.